KB033087

트렌드 코리아 2023

서울대 소비트렌드분석센터의 2023 전망

트렌드 코리아 2023

김난도
전미영
최지혜
이수진
권정윤
이준영
이향은
한다혜
이혜원
추예린

미래의 창

서문

RABBIT JUMP

웅크렸던 토끼가 더 높이 뛴다. 도약하라!

첩첩산중이다. 지난 3년 내내 우리의 삶을 집요하게 뒤흔들고 있는 팬데믹 사태는 여전히 현재진행형인 가운데, 경기마저 나빠지고 있다.

자본주의 경제는 '회복 → 성장 → 둔화 → 침체'의 4단계 주기를 반복한다고 알려져 있다. 문제는 우리 경제가 지금 어느 단계에 와 있으며 앞으로 얼마나 빨리 회복할 수 있느냐는 것이다. NH투자증권 백찬규 연구위원이 주가·경기실사지수·장단기금리차·PMI(구매자관리지수) 등 여러 경기선행지표를 분석한 결과에 따르면, 세계경제는 완연한 둔화 내지 침체 국면에 접어든 것으로 보인다. 특히 미국이 문제다. 물가가 급등하면서 금리를 계속 인상하고 있다. CPI(미국소비자물가지수)는 1980년대 이후 30년 만의 최고 수준을 보이고 있고, 미국 10년물 국채 금리 역시 역대 최고 수준인 3.5%다. 소비도 위축되고 있다. 실질가계소득이 감소하는 가운데, e-커머스 매출은 줄어들고 신용카드 미상환액은 늘고 있다. 거시·미시, 생산·소비를 막론하고 거의 모든 지표가 부정적이다. 미국 국립경제연구소National Bereau of Economic Research는 2023년 1~2분기에 미국 경제가 침체의 바닥을 짚을 것으로 전망한다.

한국 경제는 대외의존도가 높아 미국 경기에 1, 2분기 정도 후행해왔던 점을 고려하면, 우리 경기는 2023년 상반기 둔화 국면을 계속하다가 3~4분기에 바닥에 이를 것이라는 추론이 가능하다. 다시 말해, 2023년 내내 경제가 좋아지기 어렵다는 의미다. 심지어 경제 위기를 우려하는 목소리도 나온다. 〈매일경제신문〉과 한국경제연구원이 무역수지, 수출금액, 생산자물가, 경기선행지수 순환변동치, 코스피, 600대 기업 대상 기업경기실사지수BSI 등의 경기선행지표 여섯 가지로 개발한 경제예측모델은 2022년 7월 기준으로 향후 1년 안에 외환 위기에 버금가는 경제 위기가 발생할 확률이 66%인 것으로 추정한다.[1]

국제 정세도 심상치 않다. 개전 초기 곧 해결될 것으로 보였던 우크라이나 전쟁은 2023년까지 이어질 것으로 전망된다. 경제의 측면에서 보면, 이 전쟁의 핵심은 "언제 끝날까" 혹은 "누가 이길까"보다는 "대對 러시아 제재가 얼마나 어떻게 계속될 것인가?"의 문제다. 러시아에 대한 강력한 경제 제재와 러시아의 유럽 가스 수출 금지가 계속되어 유럽에 지속적으로 경제적 충격이 가해진다면 세계경제에도 그 여파가 미칠 것이기 때문이다. 중국-대만-미국을 둘러싼 갈등도

격화되고 있다. 일각에서 우려하는 것처럼 중국이 대만을 직접 침공할 가능성은 낮겠지만, 3국 간의 크고 작은 도발과 국지적인 갈등이 지속될 가능성은 충분하다. 미국과 중국에 대한 정치·경제적 의존도가 높은 대한민국으로서는 매우 어려운 딜레마를 풀어나가야 하는 2023년이 될 것으로 예상된다.

사실 1980년대 이후 30년간의 국제 정치·경제 질서를 한 마디로 표현하자면 '평평한 지구'였다. WTO·FTA 등을 통해 각국 간의 무역 장벽을 낮추고 정치적인 갈등은 최소화하며 자유로운 시장경제를 도모했다. 그런데 그 '경제우선의 시대'가 저물고 있다. 한국투자증권 신환종 상무에 의하면, 이제는 각국의 정치 논리가 시장의 효율을 압도하는 시기가 시작되고 있다. 특히 전 세계를 휩쓴 코로나19 팬데믹이 이러한 경향을 더욱 가속화시켰다. 국가 간에 장벽을 쌓고, 이념이 실리보다 중요해지는 현상이 심화되고 있다. 이러한 시기에는 과거와 같은 '양적인 경제분석'만으로는 현상의 해석이나 전망이 쉽지 않다. '지정학적 리스크'에 대한 분석이 함께 이뤄질 때 정확한 이해가 가능해진다. 이래저래 전망하기 어렵고, 그나마도 매우 부정적인 전망이 압도하는 2023년을 목전에 두고 있다.

무엇이 반복되고 무엇이 달라질 것인가

2023년은 여러 면에서 2008년을 떠올리게 한다. 2008년은 전년도 미국의 서브프라임 모기지 금융시장의 위축으로 시작된 세계 금융위기가 전 세계를 흔들었던 해다. 물가 상승과 경기 침체가 동반하는 스태그플레이션이 세계경제를 위협했다. 국제유가가 급등하면서 세계적으로 물가가 빠르게 올랐다. 우리나라에서도 원/달러 환율이 한 때 1,500원대까지 치솟았고, 무역수지 역시 급속히 악화됐다. 러시아가 개입한 그루지아(현 조지아) 전쟁이 있었으며, 전년부터 이어진 세계적인 가뭄으로 농산물 가격이 급등하며 지구촌이 식량 위기로 몸살을 앓았다. 2008년은 노무현 정부에서 이명박 정부로 정권 교체가 이뤄진 해이기도 하다. 미분양이 늘고 기존 주택 시장이 급속도로 위축되자 새로 들어선 보수 성향의 정부는 주택 공급을 늘리기 위해 전前 정부의 고강도 주택 시장 규제를 풀어, 양도세·종부세 등 세제를 손보고 분양가상한제·재건축부담금 등 재건축 관련 규제를 완화했다.

소위 '평행이론'을 펼치려 이미 15년이나 지난 2008년의 기억을 소환하는 것은 아니다. 당시와 지금은 차이점도 많다. 오늘날에는 무엇보다 한국 경제의 기초체력이 훨씬 더 단단해졌고, 반도체·배터리 등 세계적인 경쟁력을 갖춘 산업 기반이 견조하며, K-콘텐츠로 일컬어지는 엔터테인먼트와 게임 등을 포함한 새로운 성장동력도 갖췄다. 2023년의 소비트렌드를 전망하고자 하는 지금, 무엇이 반복되고 무엇이 달라질 것인가를 구별하는 작업이 필요하다.

불황기 소비에는 일정한 패턴이 있다. 먼저 소비지출이 줄고 저렴한 상품에 대한 수요가 늘어난다. 2008년의 주된 키워드 또한 '합리'였다. 기존 노트북의 4분의 1 가격에 휴대성을 높인 '넷북'이 열풍을 일으켰고, 합리적 가격에 패션감각을 드높인 스페인의 SPA 브랜드 자라Zara가 국내에 진출한 것도 2008년이다. 그 전에 진출해 있던 유니클로도 이때부터 폭발적인 매출의 성장세를 보이기 시작했다. 이러한 측면에서 2022년 중반을 지나며 대형마트의 저가 치킨이 큰 인기를 끄는 것은 주목할 만하다. 그 외에도 도시락 싸기, 무無지출 챌린지, 반값 시리즈 열풍, 외식·배달보다 가정식 선호 등 최근 실용과 합리를 강조하는 소비가 늘고 있다.

불황기의 패션을 설명하는 두 키워드는 '복고'와 '본능'이다. 호황기에 새롭고 대담한 스타일이나 실루엣을 강조하는 패션이 주로 뜬다면, 불황기에는 복고 스타일이나 신체적 매력을 강조하는 패션이 주목받는다. 현재 'Y2K 패션'이라고 불리는 복고풍 패션 혹은 '포켓몬빵' 같은 추억의 맛이 젊은이들 사이에서 유행이다. 흔히 불황에 미니스커트가 유행이라는 속설이 있는데, 최근에는 언더붑(가슴의 아래쪽을 강조하는 노출 패션) 스타일로 바뀐 것이 차이라면 차이다. 하의에서 상의로 자리를 옮겼을 뿐, 신체적 매력을 강조하는 불황기 패션의 문법을 그대로 따르고 있다.[2] 불황기 도서 시장에서는 독자들을 위로해주는 힐링 혹은 상담 관련 내용이나 재테크 서적이 베스트셀러에 오르는 경향이 있고, 상품 시장에서는 본능적이고 자극적인 아이템이 뜨는 경향이 있다. 요즘 상담 관련 서적과 더불어 강한 색깔의 색조화장품, 콘돔 등 피임용품, 달콤하거나 도수 높은 술 등이 인기를 끌고 있다. 결론적으로 말해서 최근 관찰되는 여러 소비트렌드는 불황기 소비의 전형적인 패턴을 그대로 보여주고 있다.

하지만 불경기라고 해서 무조건 소비가 위축되는 것만은 아니다. 오히려 명품 시장은 성장하는 경향이 있는데, 이 또한 단지 소득 격차가 커지기 때문만은 아니다. 소위 '작은 사치small luxury'를 위한 상품, 새로운 수요를 창출한 상품, 구매의 열망을 불러일으키는 상품

등은 불황기에도 견조하기 때문이다. 그래서 불경기라고 하더라도 소비 시장을 획일적인 시각이 아니라 소비자 세그먼트segment별로 세밀하고 다양한 관점에서 파악한다면 새로운 기회를 찾을 수 있다. 전술했듯이 2023년이 불경기라고 하지만, 지난 몇 년 사이에도 커다란 변화가 있었다. 엄청난 기술의 진보를 이뤘고, 앱·가상·비대면 경제가 크게 발달했다. 무엇보다 MZ라고 불리는 주된 소비층의 세대 교체가 이뤄지고 있다. 결국 핵심은 이러한 추세적 변화가 경기 침체라는 주기적 변화와 만나 어떠한 트렌드를 만들어낼 것인가를 추론하는 일이다.

소비의 전형성이 사라지는 시대의 트렌드

이러한 점들을 고려해 2023년 10대 소비트렌드를 도출했다. 열 가지 트렌드는 경제·사람·기술의 세 가지 축으로 유형을 나눌 수 있다. ① 한국 사회의 방향성 전환과 불황에 따른 시장 변화(평균 실종, 체리슈머, 뉴디맨드 전략), ② 새로운 세대의 등장에 따른 가치관 변화(오피스 빅뱅, 인덱스 관계, 디깅모멘텀, 알파세대, 네버랜드 신드롬), ③ 기술의 진보에 따른 유통과 공간의 변화(선제적 대응기술, 공간력) 등의 세 가지 변화가 어떻게 2023년의 트렌드를 움직여나가는가에 초점을 맞췄다.

최근 우리 사회에서 가장 두드러진 변화는 하나의 '전형성'이 사라지고 있다는 점이다. 우리는 한가운데 존재하는 '평균' 주변에 수가 제일 많고 중심에서 멀어질수록 빈도가 줄어드는, 완만한 종 모양의 이른바 '정규분포'를 전제로 집단을 이해해왔다. 그래서 이 평균에 잘 맞추면 가장 다수의 고객을 확보할 수 있었던 것이다. 그런데

이 정규분포 개념이 무너지고 있다. 자주 거론되는 양극화가 대표적인 예다. 불황기에 사람들은 초절약 상품을 찾지만 이와 더불어 초고가 명품 시장도 함께 크는 경향이 있다. 위축되는 것은 '평균적인' 대중mass 시장이다. '평균 상실'의 시대에는 말 그대로 평균적인 무난함으로 버텨내기 힘들다. 특단의 대책이 필요하다. 매년 키워드의 처음은 그해의 트렌드를 아우르는 벼리가 될 수 있는 것으로 제안하고 있는데, 그래서 올해의 첫 키워드로 **'평균 실종'**을 내세웠다.

이어서 불황기 소비의 일반화된 특성을 살펴봤다. 앞에서 대형마트의 저가 치킨을 예로 불황기 소비자는 가성비와 합리성을 추구한다고 했는데, 2023년에는 이런 현상이 한층 업그레이드됐다. 다양한 앱과 플랫폼을 적극 활용하며 가장 저렴한 비용으로 원하는 것을 최대한 얻어내고자 한다. 멤버십이 주는 혜택은 부지런히 따먹으면서 막상 구매는 별로 해주지 않는 소비자를 '체리피커cherry picker'라고 불렀다. 이에 소비자끼리 합치고 나누고 쪼개며 극한의 합리적 소비를 추구하는 요즘의 소비자들을 **'체리슈머**cherry-sumer**'**라고 부르고자 한다. 체리피커에는 얌체 같다는 약간의 부정적인 뉘앙스가 있었는데, 체리슈머는 이러한 가성비 추구 행동이 일반화됨에 따라 중립적인 의미를 띤다는 점에서 체리피커보다 다소 진화한 개념이다.

그렇다면 기업은 닫혀가는 소비자의 지갑을 열기 위해 무작정 '저렴이 상품'에만 집중해야 할까? 그렇지는 않다. 불황기에는 소비에서도 선택과 집중이 이뤄진다. 생존을 위해 어쩔 수 없이 구매해야 하는 상품은 극도로 가성비를 따지지만, "이건 사고 싶다"고 열망을 느끼는 상품에 대해서는 아끼고 아낀 자금을 총동원한다. 어떻게 그 열망을 불러일으킬 것인가? 이 불경기에 명품화를 하겠다고 무작정 가격을 올릴 수도 없는 노릇이다. 그래서 필요한 것이 새로운 수요를 창출할 수 있는 **'뉴디맨드 전략'**이다. 뉴디맨드 전략은 교체수요와 신규수요를 창출해낼 수 있는 획기적인 상품력 향상을 위한 구체적인 방법론을 제안한다.

앞에서 같은 불황이지만 2008년과 가장 달라진 점은 소비의 주역이 바뀐 것이라고 지적한 바 있다. 최근 가정과 직장은 물론이고 시장에서 변화의 가장 큰 근인根因은 흔히 MZ라고 부르는 새로운 세대의 등장이다. "석 달이면 세대 차이를 느낀다"는 시대에 1980~2009년에 이르는 30년 세대를 MZ라는 하나의 이름으로 몰아넣는 것이 매우 거친 작업이기는 하지만, 이 새로운 세대가 우리 사회의 요소 하나하나에서 큰 변화를 불러일으키고 있는 것만은 분명하다.

그 실감이 가장 두드러진 곳이 직장이다. 미국에서는 '대사직 시대The Great Resignation'라고 부를 만큼 사직인구가 급격히 늘고 있는 가운데, 대한민국의 조직 문화도 크게 바뀌고 있다. 산업화 이후 유지됐던 조직 문화가 빅뱅 수준으로 격변하고 있다는 의미에서 이를 **'오피스 빅뱅'**이라고 명명한다. 오피스 빅뱅 현상은 최근 크게 늘고 있는 이직에 대한 논의뿐만 아니라 조직에 대한 소속감의 변화 원인을 탐색하고, 어떻게 좋은 인재를 유치·유지할 수 있을 것인가에 대한 실제적인 방안을 모색한다.

혼자서는 살아갈 수 없는 사회적 존재인 인간에게 가장 중요한 일은 '관계 맺기'다. 과거 우리는 가족이나 절친처럼 아주 친한 사이부터 스쳐 지나간 인연까지 관계의 농도에 따라 친한 사이와 친하지 않은 사이로 관계를 구분해왔다. 하지만 요즘에는 여러 종류의 SNS를 그때그때 번갈아 사용하면서 이러한 관계 구분이 과거처럼 단순하지 않게 됐다. 더구나 코로나19 팬데믹의 영향으로 대면 만남이 현격히 줄어들었고, 이에 따라 인간관계의 층위와 밀도가 매우 복잡하고 다차원화됐다. 그냥 "친하다/안 친하다"가 아니라 관계에도 인덱스index(색인)를 붙여 관리해나간다는 의미에서 **'인덱스 관계'**라고 부를 수 있다. 이 관계 맺기의 새로운 양상은 비단 개인적인 인간관계뿐만 아니라, 소비와 직장생활을 포함한 우리 경제의 트렌드에도 심대한 영향을 미치게 될 것이다.

인간은 몰두하는 존재다. 일이든 사랑이든 취미든, 우리는 몰두할 때 자기 삶의 의미를 구할 수 있다. 이것은 시대를 초월하는 아주 보편적인 문제이지만, 요즘 젊은 세대의 몰두는 조금 특별한 데가 있다. 최근 유행하는 '과몰입'이라는 단어가 말해주듯 과도한 몰입을 통해 자기를 찾고, 발견하고, 표현하고, 과시하는 것이다. 이러한 현상에 **'디깅모멘텀'**이라고 이름 붙였다. 디깅digging이라는 말은 '채굴' 혹은 '발굴'이라는 의미로, 특정한 대상을 깊이 파고들어가 종국에는 자기 존재를 발견하는 경지에 이른다는 점을 중의적으로 표현한 것이다.

이러한 '젊은 사고방식'이 비단 MZ로 불리는 젊은 세대만의 전유물은 아니다. 그 선배들인 X·베이비부머·산업화 세대 모두의 문제다. 젊어지는 것이 이 시대 최고의 미덕이자 지향점이 되고 있다. 동화 『피터팬』에서 영원히 늙지 않고 어린아이로 남았던 피터팬과 친구들이 살았던 곳이 '네버랜드'다. 지금 대한민국은 모두가 젊은이로 남고자 하는, **'네버랜드 신드롬'**에 빠져 있다. 이는 단지 외모를 젊게 보이고자 하는 성형과 미용의 문제만은 아니다. 사고방식과 가치관 전반에 걸쳐 청년식 사고가 '추앙'되고 있다. 네버랜드의 빛과 어둠, 긍정적·부정적 측면을 함께 살펴본다.

지금 우리 사회에서 가장 어린 세대는 알파세대다. 마지막 영문자 Z세대의 다음 세대라서 다시 처음으로 돌아가 알파α라는 이름을 붙였다. 하지만 2010년 이후에 태어난 이들은 태어나면서부터 디지털 기기를 접한, 인류 최초의 진정한 디지털·모바일 네이티브라는 의미에서 신인류의 시작, '알파'라 부를 만하다. 영유아기의 알파세대는 스스로 의사결정을 내리기는 이른 나이이기 때문에 양육과 교육이 중요한 이슈다. 이들의 부모인 밀레니얼 세대는 양육에서도 매우 새로운 트렌드를 보인다. 알파세대의 최연장자는 초등학생들인데, 이 새로운 인종의 '사회생활'은 어떤 형태로 나타나게 될지 **'알파세대'** 키워드에서 흥미롭게 풀어보았다.

다시 2008년과의 평행이론으로 돌아가자면, 같은 불황이라도 디테일이 다를 수밖에 없는 더 중요한 이유는 기술이 눈부시게 발전했기 때문이다. 15년 전에는 생각도 하지 못했던 기술들이 인간의 생활을 편리하게 하는 것을 넘어 생존에 필수불가결한 요소가 되고 있다. 예컨대 소위 '언택트' 기술이 없었다면 지난 3년간의 코로나19 팬데믹 시기의 경제생활은 어떻게 전개됐을까? 본서에서는 매년 주목할 만한 기술을 선정해 집중적으로 살펴보는데, 올해 주목하는 기술은 **'선제적 대응기술'**이다. 지금까지 기술은 인간이 요구하면 그것을 해결해주는 형태로 발전해왔다. 이제는 지극히 개인화된 빅데이터를 인공지능으로 분석함으로써, 그 요구가 있기 전에 미리 필요를 선제적으로 파악하고 대응하는 방향으로 진화하고 있다.

기술 발전에 따른 가상공간의 진화는 실로 놀랍기만 하다. 가상공간은 단순한 소통의 매개체를 넘어 상거래와 정치적 의사표현을 포함해 인간생활의 새로운 터전이 되고 있다. 이러한 시대의 공간 개념은 어떻게 재편돼야 하는가? 오프라인이라고 폄하되는 실제공간의 미래는 어떻게 될 것인가? 메타버스를 비롯한 새로운 가상공간은 어떻게 발전해나갈 것인가? 이러한 질문에 대한 답을 **'공간력'** 키워드가 담고 있다. 가상의 시대에도, 아니 가상의 시대일수록, 공간의 힘은 강력하다. 그 힘의 본질을 살펴보도록 한다.

도약을 준비하는 검은 토끼의 해

2023년은 계묘癸卯년 검은 토끼의 해다. 토끼는 작고 수줍은 초식동물이어서 겁 많고 유약하다는 인상이 강하지만, 속담이나 설화에서는 꾀 많고 영리한 지략의 상징으로 자주 등장한다. '수궁가'로도 널리 알려진 구토설화에서 토끼의 간을 구하러 온 별주부 자라로부터 기지를 발휘해 위기에서 벗어난 것은 유명한 일화다. 토끼의 지혜를 잘 나타내주는 표현이 '교토삼굴狡兔三窟'이라는 말인데, "교활한 토끼는 3개의 숨을 굴을 파놓는다"라는 뜻이다. 재난이 닥쳤을 때 피할 수 있는 플랜B, 플랜C를 함께 마련해둔다는 의미로, 요즘 식으로 표현한다면 "계란을 한 바구니에 몰아 담지 않고 리스크 헷징risk hedging

을 잘한다"는 의미도 되겠다. 2023년 예상되는 경제적·지정학적 위기에 대비해 '교토삼굴'의 지혜를 발휘하면 좋겠다.

토끼는 걷지 않는다. 깡충깡충 뛴다. 큰 귀와 초롱초롱한 눈을 가지고 있어 잘 듣고 잘 본다는 느낌도 준다. 2023년 전반적인 트렌드의 흐름을 토끼가 들어가는 10글자의 영문으로 표현하기 위해 많은 대안을 검토한 가운데, 이 "뛴다"는 이미지가 유난히 마음에 들어왔다. 위기로 일컬어지는 새해를 맞고 있지만, 잘 듣고 잘 보는 토끼처럼 지혜롭고 유연하게 뛰어올랐으면 좋겠다는 소망을 담아 **'RABBIT JUMP'**를 타이틀 키워드로 삼아 책의 부제를 정했다. 불황으로 다소 주춤하기는 하겠지만 웅크렸던 토끼가 더 높이 점프할 수 있을 것이라는 기대를 담고 있다. 이 시기를 잘 버티고 나면 또 한번의 비약적인 도약이 가능할 것이다.

선거에서 고정표를 집토끼, 부동표를 산토끼라고 표현하곤 한다. 시장에서도 마찬가지일 것이다. 충성스러운 고객을 집토끼, 새로 잡아야 할 고객을 산토끼라고 한다면, 소비자의 브랜드 충성도가 날로 떨어지는 혼란스러운 오늘날의 시장에서는 집토끼 소비자를 지키는 것조차 버거운 일이 됐다. 나아가 예전과는 크게 달라진 산토끼 소비자를 잡는 것도 보통 문제가 아니다. 토끼처럼 어디로 뛸지 모르는 소비자들을 어떻게 잡아낼 것인가는 모두의 큰 과제가 될 것이다.

올해의 표지색은 '노랑'이다. 옛이야기에서 토끼는 달에 살며 계수나무 아래서 절구를 찧고 있다고 하는데, 토끼와 가까운 달의 이미지를 직관적으로 떠올릴 수 있는 레몬옐로Lemon Yellow색으로 정했다. 사람들은 달을 보면 소원을 빈다. 나아가 흔히 점진적인 개선이 아니라 파괴적이고 과감한 혁신적 사고를 "달에 닿을 수 있는 생각"이라는 의미에서 문샷씽킹moon shot thinking이라고 표현한다. 이러한 달의 느낌을 은은하게 전달할 수 있는 색으로 노랑이 제격이라고 생각했다. 불황과 어려움을 딛고 달까지 도약jump하는 것은 물론이고, 독자 여러분의 소원이 이뤄지는 2023년이 되기를 기원한다.

감사의 말씀

2008년 처음 〈트렌드 코리아〉 시리즈를 낸 이후로, 매년 출간을 위해 도와주는 분들이 늘어나고 있다. 책의 완성도가 매년 나아지고 있다면, 이 감사한 분들의 덕분이다. 이번 책이 나오기까지 도움을 주신 분들께 감사의 말씀을 드리고자 한다. 거친 초고를 아름답고 바른 문장으로 다듬어준 조미선 작가, 여러 가지 행정 업무와 교정 작업을 도맡아준 김영미 연구원, 아름다운 프레젠테이션 파일을 제작해준 전다현 연구원, 원어민의 입장에서 영문 키워드의 적정성을 검토해주는 미셸 램블린Michel Lamblin · 나유리 교수에게 감사드린다. 서울대 소비트렌드분석센터와 소비자행태연구실 연구원들의 노고도 컸다. 집필 과정의 조정과 일부 원고까지 맡아준 전다현 연구원, 10대 트렌드 상품 조사 및 트렌드분석 기초자료 조사를 위해 헌신적 노력을 보여준 윤효원 · 박수현 · 박지현 · 박이슬 연구원, 중국 트렌드 관련 자료를 모으는 데 수고해준 고정 · 임욱 연구원에게 감사한다. 탄탄한 빅데이터 분석을 통해 키워드의 타당성을 높여주신 신한카드 임영진 사장님과 신한카드 빅데이터연구소, 온라인 버즈의 추세를 파악하는 소셜분석을 통해 트렌드 가설을 꼼꼼하게 분석해주신 코난테크놀로지 김영섬 대표님과 데이터 사이언스 사업부, '대한민국 10대 트렌드 상품'을 선정하는 과정에서 까다로운 조사를 신속하고 정확하게 실시해준 마크로밀엠브레인에 특별한 감사의 말씀을 드린다. 2023년은 국제경제적·지정학적 변화의 폭이 커서 그 전망과 관련해 별도의 자문을 받았다. NH투자증권의 오인아 상무, 백찬규 연구위원과 한국투자증권의 신환종 상무께 깊이 감사드린다. 마지막으로 지난 15년간 변함없이 출간을 허락해주신 미래의창 성의현 사장님과 직원 여러분께도 변함없는 신뢰의 마음을 전하고 싶다.

> "격변의 시대에 가장 위험한 것은 격변 자체가 아니니다. 지난 사고방식을 버리지 못하는 것이다(The greatest danger in turbulent times is not turbulence, but to act with yesterday's logic)."

세계적인 경영사상가 피터 드러커의 말이다. 이러한 시대에 가장 위험한 일은 과거 큰 성공을 거뒀지만 그 성공의 방정식이 앞으로도 계속될 것이라고 믿는 일이다. 학자들은 이러한 생각을 오만hubris이라고 부르며, 극도로 경계할 것을 요구하고 있다. 글로벌 컨설팅 그룹 BCG 코리아의 이병남 전 대표는 저서 『COMMON SENSE 상식, 불변의 원칙』에서 "대다수 산업에서 향후 3~5년의 산업성장성을 예측할 때는 보통 '추세외삽법extrapolation'을 사용하는데, 이는 과거의 일정한 산업 성장 추세가 향후 수년간에도 지속될 것으로 예측하는 방식이지만, 안타깝게도 현실은 이와 반대로 흘러가는 경우가 많다"고 지적한다. 이제 산업 환경은 새로운 경쟁자의 출현과 산업 사이클의 변동성으로 2~3년에 한 번은 새로운 국면에 진입하기 때문에, "시스템과 관행을 3년 주기로 갈아엎어야 한다"는 것이다.[3]

배는 항구에 있을 때 가장 안전하다. 그러나 그것이 선박의 존재 이유는 아니다. 거센 풍랑이 예고되는 2023년이지만, 어쩌면 그 위기가 우리의 근본부터 다시 돌아보게 하는 절호의 기회가 될 수 있다. 토끼의 해를 맞아 도약의 점프를 할 수 있느냐 없느냐는 오직 자기 혁신에 달려 있다. 위기 자체는 문제가 아니다. 그것을 대하는 우리의 자세가 문제다. 변혁의 시대에 '바꾸다'의 상대어는 '유지하다'가 아니다. 이제 우리에게 주어진 선택지는 "바꾸거나 죽거나", 둘 중 하나다.

2022년 가을, 저자들을 대표하여

김난도

CONTENTS

2 · 2023 트렌드

2023년 10대 소비트렌드 키워드

Redistribution of the Average 평균 실종

평균, 기준, 통상적인 것들에 대한 개념이 무너지고 있다. 소득의 양극화는 정치, 사회 분야로 확산되고 갈등과 분열은 전 세계적인 현상이 됐다. 소비 역시 극과 극을 넘나들고 시장은 '승자독식'으로 굳혀지고 있다. 중간이 사라지는 시대, 평균을 뛰어넘는 당신만의 대체 불가한 전략은 무엇인가?

Arrival of a New Office Culture: 'Office Big Bang' 오피스 빅뱅

팬데믹 이후 일터로의 복귀를 거부하는 '대사직', 최소한의 일만 하는 '조용한 사직' 현상이 나타나고 있다. 출퇴근과 워라밸, 재택과 하이브리드 근무가 뒤섞이는 가운데 과거의 직장 문화는 이제 역사 속으로 사라진다. 송두리째 달라지는 일터에서 조직과 개인은 무엇을 준비해야 하는가?

Born Picky, Cherry-sumers 체리슈머

구매는 하지 않으면서 혜택만 챙겨가는 소비자를 '체리피커'라고 한다면, '체리슈머'는 한정된 자원을 극대화하기 위해 최대한 알뜰하게 소비하는 전략적 소비자를 일컫는다. 무지출과 조각, 반반, 공동구매 전략을 구사하는 이들은 현대판 보릿고개를 지혜롭게 넘고자 하는 진일보한 합리적 소비자들이다.

Buddies with a Purpose: 'Index Relationships' 인덱스 관계

관계의 '밀도'보다 '스펙트럼'이 더 중요해지고 있다. 로빈 던바가 말한 인간관계의 적정한 수 150명은 이 시대에도 맞는 걸까? SNS를 통한 목적지향적 만남이 대세가 된 오늘날, 소통의 스펙트럼이 넓어지면서 관계는 여러 인덱스(색인)로 분류되고 정리된다. 이제 나의 친구는 어디까지인가?

Irresistible! The 'New Demand Strategy' 뉴디맨드 전략

아이폰을 내놓은 스티브 잡스는 말했다. "사람들은 자신이 뭘 원하는지 모른다." 소비자가 아예 생각지도 못한 제품을 내놓았을 때 그들은 줄을 서고 지갑을 연다. 사지 않고는 배길 수 없는 대체 불가능한 상품, 지금껏 써왔지만 더 새롭고 매력적인 상품, 결제 방식이 유연한 상품 등 다채로운 뉴디맨드 전략을 만나보자.

Thorough Enjoyment: 'Digging Momentum' 디깅모멘텀

파고, 파고, 또 파고, 끝까지 파고들어가 행복한 '과몰입'을 즐기는 사람들, 디깅러의 세상이 오고 있다. 자신의 열정과 돈, 시간을 아낌없이 투자하는 이들은 과거의 오타쿠와 달리 현실도피적이지 않으며 덕후와 팬슈머보다 더 진일보한 사람들이다. 우리 모두 다같이, Let's dig in!

Jumbly Alpha Generation 알파세대가 온다

2010년 이후에 태어난 진짜 신세대, 알파세대가 떠오르고 있다. 태어나서 처음 한 말이 '엄마'가 아닌 '알렉사'였다는 이들은 단순히 Z세대의 다음 세대가 아니라 완전히 새로운 종족의 시작이다. 100퍼센트 디지털 원주민이자 벌써부터 세상을 놀라게 하는 알파세대, 그들의 미래가 곧 우리의 미래다.

Unveiling Proactive Technology 선제적 대응기술

지금 기분에 맞는 노래 뭐가 있을까? 실내가 좀 어두운데 밝으면 좋겠어. 냉장고에 남은 우유가 있던가? 살면서 마주하게 되는 이 모든 순간에, 요구하기 전에 미리 알아서 배려해주는 기술이 나오고 있다. 이른바 '선제적 대응기술'이다. 삶의 각종 편의를 넘어서, 사회적 약자를 돕고 사고를 미리 예방하는 차원에서도 매우 중요한 기술이다.

Magic of Real Spaces 공간력

멋지다고 소문이 난 공간은 어디에 있든 늘 사람들로 붐빈다. 실제공간은 단지 온라인의 상대 개념이 아니라 우리 삶의 근본적인 토대이자 터전이다. 아무리 정교한 가상공간이라도 실제를 이길 수는 없다. 소매의 종말이 언급되는 시기지만, 매력적인 컨셉과 테마를 갖추고 '비일상성'을 제공하는 공간력은 리테일 최고의 무기가 될 것이다.

Peter Pan and the Neverland Syndrome 네버랜드 신드롬

요즘 어른 되기를 한껏 늦추는 사람들이 늘어나고 있다. 모두가 어린아이로 영원히 살아가는 곳, 이른바 '네버랜드'의 피터팬이 되고자 하는 것이다. 젊음을 미화하고 우상시하는 분위기 속에서 진짜 어른을 만나기 힘든 오늘날, 우리는 어떻게 청춘의 열정과 어른의 지혜를 조화시킬 수 있을 것인가?

Transition into a 'Nano Society'

Incoming! Money Rush

'Gotcha Power'

Escaping the Concrete Jungle - 'Rustic Life'

Revelers in Health - 'Healthy Pleasure'

Opening the X-Files on the 'X-teen' Generation

Routinize Yourself

Connecting Together through Extended Presence

Actualizing Consumer Power - 'Like Commerce'

Tell Me Your Narrative

1

2022 대한민국

나노사회로의 전환

2022년은 우리 사회를 구성하는 다양한 면면이 나노 단위로 분해되고
쪼개진 한 해였다. 시장의 단위부터 가족의 구성, 노동의 형태까지
모든 것들이 계속해서 나노화되고 있다.

2022년 1월, 평범한 학생들이 좀비들과 사투를 벌이는 이야기로 개봉과 동시에 넷플릭스 글로벌 순위 1위를 기록한 오리지널 시리즈 〈지금 우리 학교는(이하 지우학)〉의 홍보를 위해 제작된 포스터는 약 30여 종에 달한다. 영상 콘텐츠 한 편당 5~7종의 포스터를 제작하는 것이 보통인데, 〈지우학〉은 5배나 많은 포스터를 제작한 것이다.[1] 그 이유는 무엇일까? 바로 소비자의 선호가 세분화되는 '나노취향' 때문이다. 블록버스터를 선호하는 사람에겐 좀비와 주인공이 쫓고 쫓기는 포스터가, 로맨스를 좋아하는 사람에겐 주인공들이 손을 잡고 서로를 다독이는 포스터가 노출되어야 수많은 영상 콘텐츠들 사이에서 소비자의 선택을 받을 가능성이 조금이라도 높아진다.

작고 미세한 단위로 쪼개진 것은 영화 포스터만이 아니었다. 2022년은 우리 사회를 구성하는 다양한 면면이 나노 단위로 분해되고 쪼개진 한 해였다. 러시아-우크라이나 전쟁 발발 이후, 국제 정세는 자국에 이익이 되는 국가끼리 뭉치고 그렇지 않은 경우 대립하는 모습을 보였다. 한국 사회 내부도 성별·나이·직업 등으로 분열되는 양상을 보였다. 시장을 구성하는 단위도 계속해서 작아졌다. 소비자 취향이 세분화되고 개인 맞춤 기술이 고도화되면서, 이에 발 빠르게 대응하는 기업이 기회를 얻었다. 사람들의 가치관도 나노화됐다. 결혼 대신 비혼을 선택하고, 조직에 소속되기보다 혼자 일하는 노동을 선택하는 사람들이 증가했다. 이 모든 변화의 결과로서 구성원 사이의 공통분모는 계속해서 작아지며 사람들의 가치관은 점차 '나 중심'으로 변해갔다. **나노사회**로 빠르게 전환되어간 2022년을 ① 공동체, ② 시장, ③ 가치관의 세 가지 국면에서 되돌아보고, 앞으로 우리 사회가 나아가야 할 방향을 점검해보자.

TREND KEYWORD 2022

나노사회

개인의 취향, 산업의 형태, 사회적 가치가 점차 극소 단위로 파편화되는 현상을 설명하기 위해 『트렌드 코리아 2022』에서 명명·제안한 키워드다. 산업화 이후 꾸준히 제기돼 온 문제이기는 하나, 그 경향성이 점점 더 강력해졌을 뿐만 아니라 다양한 트렌드 변화를 추동하는 중요한 동인이 되고 있다. 공동체가 개인으로 모래알처럼 흩어지고 개인은 더 미세한 존재로 분해되며 서로 이름조차 모르는 고립된 섬이 되어간다.

『트렌드 코리아 2022』, pp. 168~193

나노공동체: 분열된 집단

“지난 30년간 우리가 경험해왔던 세계화는 끝났다.”

세계 최대 자산 운용사 블랙록의 래리 핑크Larry Fink 회장이 2022년 3월, 주주들에게 보낸 서한에 담은 메시지다. 1990년대 이후 진행된 세계화는 한국을 비롯한 세계경제를 지탱하는 원동력이었다. 하지만 2022년 2월 24일, 러시아의 우크라이나 침공을 시작으로 우리는 ‘세계화 시대의 종언’을 목도하고 있다.[2] 세계화의 종식은 곧 국가 간의 분열을 의미한다. 우크라이나 전쟁은 단순히 러시아와 우크라이나 사이의 전쟁이 아니다. 이들의 대립은 곧 미국·유럽·일본·한국 등을 포함한 자유주의 진영과 러시아·중국·북한으로 구성된 사회주의 진영의 대립으로 이어져 ‘신냉전 시대’를 다시금 떠올리게 한다.[3] 서방의 대對러시아 제재와 이에 대한 러시아의 반발로 초래된 에너지 전쟁 및 식량 위기도 가열되고 있다. 대만과 중국의 갈등, 미국과 중국 간 대립 등 그간 하나의 공동체를 지향하던 세계는 자원·외교·안보를 중심으로 분열되기 시작했다.

국가 내부의 분열도 극에 달했다. 미국은 ‘낙태 제도’로 촉발된 정치적 분열이 심화되면서 급기야는 내전을 염려하는 목소리까지 나왔다. 2022년 6월 24일, 미국 연방 대법원은 임신 6개월 이전까지 여성의 낙태를 합법화한 이른바 ‘로 대對 웨이드’ 판결을 공식 폐기했다. 문제는 이 판결에 대한 사람들의 찬반이 정치적 의견으로 확대됐다는 점이다. 영국의 여론조사 기관 유고브와 경제주간지 〈이코노미스트〉가 2022년 8월 미국인 1,500명을 대상으로 실시한 여론조사에 따르면, 미국인 43%가 "10년 내 내전 발생할 것"이라고 응답하기도 했다.[4] 2022년 11월 중간선거를 앞두고, 조 바이든 대통령은 취임 이후 최저 수준의 지지율로 내몰리며 국론 분열의 중심에 서 있다.

국내 정치도 혼란스럽기는 마찬가지다. 2022년 9월 열린 '2022 경제발전경험공유사업KSP 성과 공유 콘퍼런스'에서 세계적인 경제학자 대런 애쓰모글루Daron Acemoglu MIT 교수가 한국 사회가 해결해야 할 최우선 과제로 '정치적 분열 해소'를 꼽을 정도로 갈등이 심각하다.[5] 여당과 야당 모두 내부 계파 갈등이 끊이지 않고, 주요 당직자들은 결집을 도모하기는커녕 오히려 내부 분열을 조장한다고 해서 'X맨'이라 불리기도 했다. 그 어느 해보다도 '분열'이란 단어가 한국 정치면에 빈번하게 등장한 2022년이었다.

●●● 갈등과 분열은 세계적인 현상이다. 그간 하나의 공동체를 지향했던 세계는 자원, 외교, 안보를 중심으로 갈라지기 시작했다.

정치권뿐만이 아니었다. 국민들마저도 서로의 생각에 동조하지 못하는 집단과 첨예하게 대립했다. 성별·직업·나이 등으로 쪼개진 사람들이 서로를 공격하며 날을 세웠다. 대표적인 사례가 특정 집단의 매장 입장을 금지하는 '노○○존'이다. 아이들의 입장을 거부하는 '노키즈no kids존', 반려동물의 출입을 금지하는 '노펫no pet존'에 이어 서울의 한 캠핑장에서는 중년층의 입장을 금하는 '노중년존'을 공지해 논란이 되기도 했다.

성별을 둘러싼 갈등도 극에 달했다. 2021년 12월, 〈헤럴드경제〉가 한국사회여론연구소에 의뢰해 실시한 조사 결과에 따르면, 한국 사회에서 가장 심각한 갈등은 남녀 갈등(33.5%)인 것으로 나타났다. 이는 빈부 갈등(32.5%), 이념 갈등(12.8%)보다 높은 결과로, 나이가 어릴수록 남녀 갈등을 더 심각하게 인식하고 있었다.[6] 성별을 둘러싼 갈등은 언어에도 반영됐다. 예컨대 한 잡지사에서 2021년 12월, 한국사회를 묘사하는 5대 신조어 중 하나로 선정한 '퐁퐁남', '설거지론'과 같은 단어는 사회에 만연한 남녀 갈등을 단적으로 보여준다. 좋은 직장을 다니는 순진한 남성이 결혼 전 연애경험이 많은 여성과 결혼하게 될 때, 해당 남성을 '퐁퐁남'이라고 지칭하고 이런 결혼을 '설거지 당하는 것'이라고 말한다. 이 단어는 남녀 갈등을 넘어 기혼 남성과 미혼 남성의 갈등까지 조장한다. 설거지론을 주장하는 미혼 남성들은 "기혼 남성이 여성에게 호구 잡혀 산다"고 조롱하고, 기혼 남성들은 "설거지론은 외모나 경제적 능력이 부족한 도태남들의 열등감 표현"이라며 서로를 공격한 것이다.[7]

나노시장: 작은 것들의 반란

시장에서도 나노타깃을 대상으로 하는 '나노시장' 현상이 두드러졌다. 나노시장은 두 가지 형태로 전개됐다. 첫째, 타깃이 작아지다 못해 나노 단위로 쪼개지는 '나노타깃팅'이다. 1명의 소비자가 1개의 시장을 넘어 0.1개의 시장으로 규정되면서 개인과 맥락을 최적화하는 **초개인화 기술**도 함께 성장했다. 둘째, 타깃의 미세화에 따라 산업 형태도 소형화됐다. 개인 간 물건을 거래하는 플랫폼이 성장하고, 소비자의 선호를 기반으로 신속하게 생산·판매하는 '나노유통'이 확산했다.

개인화 알고리즘의 발달과 나노타깃팅

소비자의 선호가 잘게 쪼개지는 나노취향 현상은 산업의 판도를 바꾸고 있다. 요즘은 아무리 재미있게 본 드라마나 영화라도 다른 사람에게 함부로 추천하면 안 된다고 한다. 워낙 다양한 OTT 플랫폼들이 상존하다 보니 상대방이 구독 중인 OTT 플랫폼에서 내가 추천한 영상을 서비스하고 있는지 알기 어렵기 때문이다. 신한카드 빅데이

TREND KEYWORD 2020

초개인화 기술

실시간으로 소비자의 상황과 맥락을 파악하고 이해하여 궁극적으로 고객의 니즈를 예측해 서비스와 상품을 제공하는 기술을 설명하는 용어로, 『트렌드 코리아 2020』의 키워드였다. 모든 개인을 상황별로 구체화하고 더 자세히 접근하는 것이 특징으로 개인에게 얼마나 더 세심하게 맞출 수 있는지가 핵심이다.

『트렌드 코리아 2020』, pp. 291~314

출처: 키노라이츠

다수의 OTT 채널이 생기면서 내가 원하는 드라마나 영화를 어디에서 볼 수 있는지 알려주는 서비스가 등장하기도 했다.

OTT 서비스 이용 개수별 비중 변화

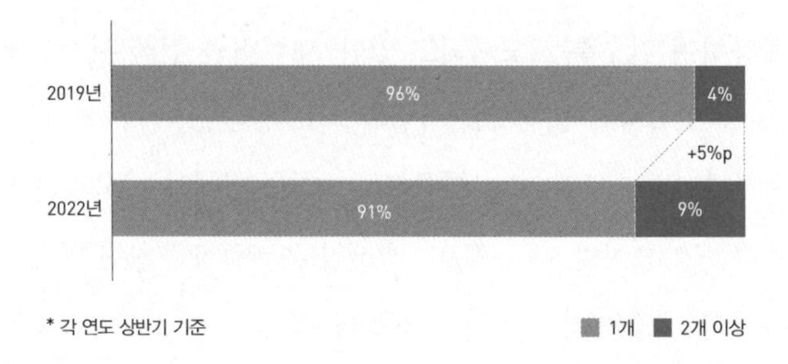

출처: 신한카드 빅데이터연구소

2022년 상반기 2개 이상 서비스 이용 고객의 성/연령 비중

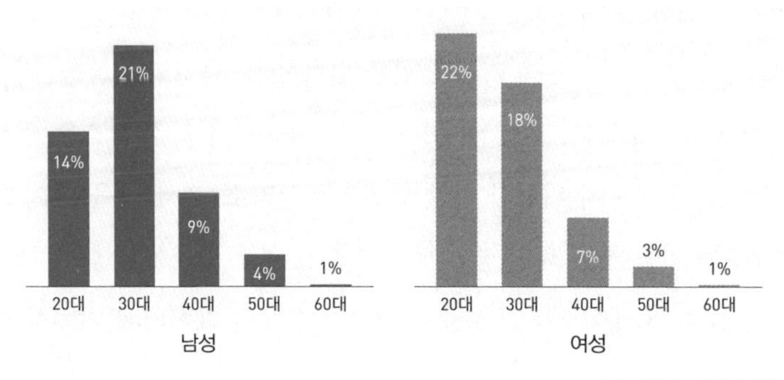

출처: 신한카드 빅데이터연구소

터연구소 분석에 따르면, 2개 이상의 OTT 서비스를 이용하는 소비자 비중도 2019년 4%에서 2022년 기준 9%로 늘었다. 덕분에 어떤 OTT에서 어떤 콘텐츠를 제공하고 있는지 검색해주는 '키노라이츠'와 같은 플랫폼이 2022년 인기를 끌었다. 네이버 역시 2022년 6월부터 검색 결과에서 OTT 콘텐츠 정보를 찾아볼 수 있도록 서비스를 제공하고 있다. 전 국민이 모두 함께 지상파 방송만을 시청하던 과거의 미디어 환경과 대비해보면, 콘텐츠와 서비스가 얼마나 다양하고 미세하게 쪼개지고 있는지 격세지감이 느껴진다.

검색 기술 역시 그간 축적된 데이터를 바탕으로 한 개인화 알고리즘을 활용하여 갈수록 고도화되고 있다. 네이버는 검색 시스템에 인공지능AI을 도입하며 검색하는 사람의 의도에 맞춘 '취향 검색'을 강화했다. 2021년 선보인 '스마트블록'은 AI가 검색하는 사람의 의도를 추측하는 기능이다. 예를 들어 '맹장염 초기증상', '창원 버스요금'처럼 하나의 정답을 찾고자 하는 경우와 '캠핑', '손세차'처럼 다양한 정보를 찾고자 하는 경우를 구분해 각기 다른 결과를 보여준다. 검색하는 사람도 구분한다. 캠핑을 가보지 않은 사람과 캠핑을 자주 가는 사람이 '캠핑'을 검색했을 때 결과가 각각 다르게 표시되는 것이다.[8] 2022년에는 스마트블록 기능을 한층 강화한 '로컬 스마트블록' 기능도 새롭게 선보였다. 로컬 스마트블록은 사용자가 특정 장소를 검색한 경우, 그 주변에 위치한 가볼 만한 맛집·명소·카페 등을 함께 제안해주는 기능이다. 해당 장소 방문 전후로 찾은 장소들도 함께 제공된다. 길 찾기 데이터처럼 실제 소비자가 활용한 데이터에 기반한 만큼 정확도도 높다.

전통매체인 TV 플랫폼에서도 타깃 기반 광고가 등장했다. 원래 TV에서는 같은 시간, 같은 채널을 보고 있는 사람 누구에게나 똑같은 광고를 송출한다. 반면 2022년 새롭게 등장한 '어드레서블addressable TV'는 마치 페이스북·인스타그램이 개인별로 다른 광고를 노출하듯, 사람들의 관심사를 기반으로 맞춤형 광고를 제공하는 서비스다. 동일한 채널을 보더라도 골프를 좋아하는 시청자에게는 골프 제품 광고가, 투자에 관심 있는 사람에게는 금융 상품 광고가 방영되는 형태다. 이것이 가능한 것은 IPTV를 통해 수집한 데이터 덕분이다. LG U+·SKB·KT 등 IPTV 회사가 셋톱박스를 통해 소비자가 어떤 채널을 즐겨 보는지 데이터를 수집하고, 이를 바탕으로 KBS N·SBS 미디어넷·MBC와 같은 채널에 개인 맞춤형 광고를 제공하는 것이다.

한편 사용자에게 최적화한 개인화 알고리즘 기술이 부상하자, 이에 반발하는 소비자의 움직임도 나타났다. 기술에 피로감을 느끼는 사람들이 알고리즘 추천을 역으로 활용해 개인화 기술로부터 벗어나고자 하는 것이다. 예컨대 유튜브·넷플릭스 등을 시청하고 나서 수시로 검색 기록과 시청 기록을 삭제한다. 로그아웃 상태로만 유튜브를 시청하거나 아예 학습용·게임용·음악용 등으로 계정을 분리해 사용하는 사람들도 있다.[9] 내가 피하고자 하는 단어를 "○○ 싫다"라는 검색 키워드로 입력해서 알고리즘을 학습시키기도 한다.

수요를 중심으로 재편되는 나노유통

유통시장 역시 더 작은 단위로 쪼개졌다. 소비자의 취향이 미세화되는 만큼, 이를 빠르게 포착해 대응하는 '작은 유통'이 경쟁력을 갖는다. 『트렌드 코리아 2022』에서는 개인 혹은 기업이 소비자의 '좋아요like'를 기반으로 수요를 확보한 후, 신속하게 생산·판매하는 수요 중심 유통 과정을 **'라이크커머스'** 키워드로 소개한 바 있다.

먼저, 일반 개인이 자체 브랜드를 만들어 다른 소비자에게 판매하는 C2C Consumer to Consumer 모델이 빠르게 성장했다. 개인 브랜드 론칭도 쉬워졌다. 대표적인 영역이 바로 뷰티 시장이다. 예컨대 ODM(제조자개발생산) 업체를 통하면 토너·에멀션·크림의 경우 약 100개 정도로 소량생산이 가능하다. ODM 업체에 생산을 위탁하고 본인은 판매만 담당하는 '화장품책임판매업자' 역시 2022년 약 5,333건이 추가로 등록됐는데, 전년 동기간 신규 등록한 2,632건과 비교해 약 2배에 달하는 규모다.[10] 코스맥스와 한국콜마는 누구나 쉽게 화장품을 만들 수 있도록 지원하는 자체 플랫폼 '코스맥스 플러스'와 '플래닛147'을 각각 선보이기도 했다.

생산에 대한 부담이 적은 일부 업종에서는 POD Print On Demand(주문

TREND KEYWORD 2022

라이크커머스

크리에이터가 팔로워의 '좋아요'를 기반으로 수요를 확보한 후, 제조 전문 업체에 제조를 위탁하고 물류 전문 업체를 이용해 유통을 해결하는 비즈니스를 말한다. 『트렌드 코리아 2022』에서는 이렇듯 '좋아요'에서 출발하는 소비자 주도 유통 과정을 '라이크커머스'라고 명명했다. 초기 인플루언서들이 기성제품의 '판매'에만 집중하던 '세포마켓' 트렌드가 진화한, 세포마켓2.0 트렌드라고 볼 수 있다.

『트렌드 코리아 2022』, pp. 378~403

제작인쇄) 모델을 적극적으로 활용하고 있다. POD란 창의적인 디자인 도안만 있으면 상품 판매를 위한 복잡한 머천다이징 절차 없이 온라인에서 상품을 만들어 판매가 가능한 새로운 형태의 비즈니스 플랫폼이다. '마플샵'은 나만의 디자인으로 브랜드를 손쉽게 론칭할 수 있도록 상품 제작·판매·배송 등을 대신해주는 POD 커머스다. 오리지널 굿즈를 판매해 수익을 창출할 수 있어 이미 자신만의 콘텐츠와 팬덤을 구축하고 있는 크리에이터들 사이에서 인기가 높다.[11] 좋아하는 크리에이터의 굿즈를 갖고 싶어하는 팬들이 크리에이터에게 마플샵을 소개하며 굿즈 제작을 요청하기도 한다.[12]

제조사가 유통사를 거치지 않고 소비자에게 직접 판매하는 D2C Direct to Consumer 모델도 한층 성장했다. 면도기와 리필용 면도날을 판매하는 생활용품 스타트업 '와이즐리'는 D2C 모델을 활용해 면도기를 일반 가격의 5분의 1 수준에 공급해, 2021년 기준 한국 면도기 시장에서 약 9.3% 점유율을 차지했다. 오프라인 체험관과 소셜미디어를 통해 매트리스를 판매하는 스타트업 '삼분의일'은 유통·배송 거

출처: 각사 홈페이지

●●● 제조사가 소비자에게 직접 판매하는 D2C도 나노시대의 새로운 유통 방식으로 자리잡았다

품을 뺀 '반값 매트리스'로 창업 1년 만에 매출 100억 원을 달성하기도 했다. 대기업의 경우에도 D2C가 시장 확대를 위한 돌파구가 되고 있다. 주로 대리점을 통해 침대를 판매했던 시몬스는 2022년 4월, "D2C 리테일 체제로 전환한 후, 2년 만에 총매출이 1,016억 원 증가했다"고 발표했다.[13]

소비자의 니즈를 모아 신속하게 생산해내는 C2M Customer to Manufacturer 모델도 새로운 가능성을 발견했다. '온디맨드' 비즈니스는 생산자와 제조사를 연결하는 C2M 모델의 대표적인 사례다. 온디맨드란 공장에서 제품을 미리 만들어놓지 않고, 소비자의 주문이 들어오면 즉각 제품을 만드는 생산 방식을 뜻한다. 판매하기 최소 1년 전 해외 공장에 대량생산 주문을 넣어야 하는 패션 시장에 이런 온디맨드 생산 방식이 적용되기 시작했다. 미국의 유명 디자이너 브랜드 레베카 밍코프 Rebecca Minkoff는 온디맨드 제조 업체인 레저넌스 컴퍼니 Resonance Company와 협력해 일부 라인을 온디맨드 방식으로 생산한다. 소비자가 옷을 주문하면, 도미니카 공화국에 위치한 '레지던스 공장'에 클라우드로 디자인이 전송된다. 공장에서는 원단을 디지털 방식으로 인쇄한 뒤 로봇을 이용해 패턴에 맞게 자른다. 재단된 원단은 소비자와 가장 가까운 곳에 위치한 미국 내 공장으로 보내져 바느질해 옷으로 완성된다. 소비자가 주문한 옷을 받기까지 걸리는 기간은 약 1~2주에 불과해 생산혁신이라는 평가를 받고 있다.[14]

나노자아: 혼자를 지향하는 개인주의 가치관

가치관 측면에서도 집단에 동조하기보다는 개인적 가치를 우선시하는 현상이 두드러졌다. 언론사 〈뉴시안〉이 여론조사 전문 기관 리얼미터와 함께 2022년 시행한 설문조사에서 MZ세대의 가장 대표적인 특징으로 '개인주의(61.8%)'가 선정됐다. '남에게 피해를 주는 것도 받는 것도 싫어한다(48.3%)', '다른 사람과의 갈등을 회피한다(31.3%)'는 응답도 그 뒤를 이었다. 이들이 말하는 개인주의는 자신의 이익만을 중시하는 '이기주의'와는 다르다.[15] "당신을 존중할 테니 나도 존중해달라"는 뜻으로, 타인의 평가와 영향력에서 벗어나 나로서 온전히 살아가고 싶다는 의미다. 나노사회와 나노시장으로부터 촉발된 개인화 경향이 개인주의 가치관으로까지 투영되어 나타난 것이다.

나노가족의 등장과 고독사회

'우리'를 중시하는 가족에서조차 개인주의 가치관이 강화된다. 혼자 사는 가구가 증가하고, 가구원 수는 점차 감소하며, 함께 산다고 해도 서로의 라이프스타일을 공유하지 않는 '나노가족'이 한국 가족의 보편적 모습으로 자리 잡고 있다. 나노가족의 대표적 형태인 '1인 가구' 숫자는 매년 빠르게 증가하고 있다. 통계청에 따르면 2021년 한국의 1인 가구 비중은 33.4%였는데, 이 비중은 점차 높아져 2050년이면 39.6%까지 확대될 것으로 전망된다. 가구당 평균 가구원 수 역시 2010년 2.7명에서 2020년 2.37명으로 줄어들었고 2040년에는 1.97명을 기록할 것으로 예상된다.[16] 가족 형태가 나노 단위로 빠르

●●● 4인 가족이 보편적 가족 구성이었던 한국에서도 1인 가구를 비롯해 딩크족, 재혼·입양 가정, 친구나 연인 등이 함께 사는 등 새롭고 다양한 가족 형태가 출현하고, 그 비중이 날로 증가하고 있다.

게 전환되고 있는 것이다.

나노가족 현상이 가속화되면서 그동안 우리 사회에서 쉽게 논의되지 못했던 가족 형태가 수면 위로 올라오기도 했다. 이를테면 이혼·사별로 인해 혼자 사는 사람들이나 재혼으로 새롭게 구성된 가족 등이 있다. 이런 변화는 대중문화에도 반영되어 나타나고 있다. 젊은 부부가 결혼과 이혼을 선택하는 과정을 솔직하게 다루어 화제가 된 티빙의 〈결혼과 이혼 사이〉, 5~6%의 시청률을 기록하며 시즌4를 준비 중인 MBN의 〈돌싱글즈〉 등의 프로그램은 '가족'이라는 이름으로 개인을 희생해야 했던 과거와 달리, 나만의 삶을 적극적으로 찾아 나서는 가치관 변화를 잘 보여준다.[17] 비혼으로 자녀를 양육하는 경우도 있다. 『비혼이고 아이를 키웁니다』를 쓴 백지선 작가는 고정관념에서 벗어난 '새로운 가족'에 대해 이야기한다. 꼭 혈연이 아니어도 서로 지지하는 진정한 가족을 만들 수 있으며, '정상 가족' 이데올로기에 사로잡히기보다는 본인이 가장 원하는 방식으로 가족을 만들 수 있어야 한다는 메시지를 전한다.

가족 단위의 미세화, 가족 구조의 다양화와 함께, '외로움'과 '사회적 고립'이 사회적 이슈로 대두되기도 했다. 사회적 고립도는 인적·경제적·정신적 도움을 구할 곳이 없는 사람의 비율을 나타내는데, 2022년 1월 통계청이 발표한 한국의 사회적 고립도는 34.1%로 2년 전 조사보다 6.4%p 증가하며 역대 최고 수준을 기록했다. 대한민국 국민 3명 중 1명은 고립 상태에 놓여 있는 셈이다. 몸이 아플 때 집안일을 부탁할 사람이 없다는 응답은 27.2%를, 우울할 때 이야기할 상대가 없다는 응답도 20.4%를 기록하며 조사를 처음 시작한 2009년 이후 최고치를 보였다.[18] 가족이라는 고정관념을 벗어나 개인의 가치를 최우선시하는 사회적 변화 속에서 인간의 근원적 감정인 외로움에 근간한 '고독사회'의 등장이 우리 사회가 당면한 새로운 과제로 부상하고 있다.

혼자 일하는 나노노동의 성장

조직에 소속되기보다는 혼자 일하는 '나노노동'도 2022년 눈에 띄게 증가했다. 통계청 국가통계포털에 따르면 2022년 7월 기준 '고용원 없는 자영업자' 수는 전년보다 4만9,000명 증가한 433만9,000명을 기록했다. 전체 비중으로 보면 약 76.2%에 달하는 수치다. 반면, '고용원 있는 자영업자' 비중은 같은 기간 29.1%에서 23.8%로 줄었다. 배달대행 업체 등에 소속된 노동자들이 '고용원 없는 자영업자'로 분류된다는 점으로 볼 때, 이 같은 변화는 배달 앱 같은 플랫폼 노동자 증가, 키오스크와 서빙로봇을 활용한 무인 매장 증가로 인한 결과로 해석된다.[19]

일의 형태도 '나노노동'으로 쪼개지고 있다. 정규직 직업을 갖고도 틈새 시간을 쪼개 추가 수익을 올리는 아르바이트가 나노노동에 해당된다. 취업포털 알바천국이 2022년 1월, 경력 5년 미만 직장인 100여 명을 대상으로 실시한 조사 결과에 따르면, 응답자 10명 중 8명(78.5%)은 취업 후에도 아르바이트 병행을 고민한 적이 있는 것으로 나타났다. 아르바이트를 지원하는 사람들의 나이대에도 변화가 나타났다. 아르바이트 시장의 주축인 20대의 지원 건수는 감소한 반면, 40대와 50대는 각각 27.7%, 64.4% 증가했는데, 이는 30~50대 직장인이 아르바이트 시장에 뛰어들면서 나타난 변화로 해석된다.[20]

• • •

배려사회를 향하여

사회는 각자의 이익을 좇아 더 잘게 쪼개지고, 사람들의 취향은 점점 더 세밀해지며, 집단주의적 가치관보다 개인주의 가치관을 우선하는 나노사회 현상은 앞으로 더욱 가속화할 것이다. 이 같은 변화 앞에서 갈등과 분쟁을 줄이며 서로를 인정하는 '성숙사회'로 나아가기 위해서 우리 사회가 풀어나가야 할 과제는 무엇일까?

우선, 사회를 구성하고 있는 '나노집단'의 규모가 작다고 해서 배

척하고 차별하기보다는 이들을 있는 그대로 인정하고 받아들이는 가치관이 확대되어야 할 것이다. 예를 들어 앞으로는 LGBTLesbian, Gay, Bisexual, Transgender(레즈비언, 게이, 양성애자, 트랜스젠더)를 바라보는 시선에도 변화가 생길 것으로 예상된다. 2022년 여름, OTT 서비스 웨이브에서는 국내 최초로 성 소수자 관찰 예능 프로그램 2편이 연달아 공개되어 화제가 됐다. 성 소수자 커플 4쌍의 일상과 사회적 편견을 다룬 〈메리퀴어〉와 게이들의 연애 리얼리티쇼 〈남의 연애〉다. 일부 온라인 카페에서 해당 프로그램에 대해 찬반양론이 뜨겁게 펼쳐지기도 했지만, 이러한 파격적인 주제가 화두로 던져졌다는 사실만으로도 상당히 고무적이다.[21]

타인의 취향을 존중하고 배려하는 노력도 꾸준히 지속되어야 한다. 일본의 펫pet 친화 공동주택 엘리베이터에는 반려동물 탑승 여부를 표시할 수 있는 '펫버튼'이 설치되어 있다. 동물을 무서워하는 사람들을 배려해 엘리베이터에 반려동물이 탑승한 경우 펫버튼을 눌러 대기 중인 사람들에게 탑승 여부를 선택할 수 있도록 한 것이다.[22] 나의 취향을 강요하기보다 나의 취향을 싫어하는 타인을 배려하는 것에서 새로운 변화의 움직임이 엿보인다.

혼자가 더 편한 나노사회에서 반드시 조직을 운영해야 하는 기업들의 고민은 앞으로 더욱 커질 것이다. 향후 기업은 나노사회 구성원이 서로를 배려하는 조직 문화를 만들기 위해 힘써야 한다. 글로벌 IT 기업 '시스코Cisco'는 친절함을 베푼 직원을 시상하는 제도를 운영하고 있다. 안내데스크 직원에서부터 시니어급 관리자에 이르기까지 누구든 친절직원으로 뽑힐 수 있으며, 선정된 직원에게는 약

100~1만 달러의 보상이 제공된다. 시스코의 이직률은 산업 평균의 절반 수준인데, 전문가들은 기업이 직원에게 "당신의 친절·도움·협력의 가치를 인정한다"는 메시지를 전달하는 것만으로도 직원의 조직 충성도를 높일 수 있다고 조언한다.[23]

노리나 허츠Noreena Hertz 영국 유니버시티칼리지런던UCL 특임교수는 최근 저서 『고립의 시대』에서 '외로움의 경제loneliness economy' 개념을 소개한 바 있다. 외로움의 경제는 사람들에게 타인 및 공동체와의 연결을 제공하는 서비스·제품을 기반으로 한 경제를 뜻한다. '외로움'이 곧 시장에 새로운 기회를 가져오는 동력이 된다는 사실은 우리 사회에 만연한 개인주의의 슬픈 단면을 보여준다. 외로움 경제의 출현은 나노사회가 낳은 필수불가결한 현상이겠지만, 앞으로 우리 사회가 이를 발판 삼아 서로를 포용하는 배려사회로 진일보하기를 기대해본다.

대투자 시대 생존법

요즘 소비자는 일의 연장선이었던 기존의 투자 방식에서 벗어나
자신만의 재테크 방법을 만들어간다. 본인의 만족감을 높일 수 있는
수익 창출 수단을 모색해 대투자 시대를 살아가는 것이다.

"무엇이 삶을 의미 있게 하는가?" 미국 여론조사 업체 퓨리서치센터가 17개국 성인에게 물었다. 14개국 국민은 '가족'을 꼽은 반면, 유일하게 한국 국민은 '물질적 풍요material well-being'를 꼽았다. 여기서 물질적 풍요란 충분한 수입, 빚이 없는 상태, 음식과 집 등을 의미하는데, 다른 나라에서 상위권에 오른 '직업'이나 '친구', '취미'는 순위 내에서 찾아볼 수 없었다.[1]

대한민국에서 살아가기 위해서는 역시 물질적 풍요가 가장 중요해서였을까? 투자 환경이 급격하게 위축됐던 2022년에도 **'머니러시'**는 계속됐다. 고공행진 하는 금리와 오르지 않는 월급 사이에서 어쩔 수 없이 투자로 내몰린 사람들에게 머니러시는 선택이 아닌 생

TREND KEYWORD 2022

머니러시

세대와 관계없이 월급 이외의 돈을 만드는데 지대한 관심을 가진 모든 경향성을 보여주는 용어로 『트렌드 코리아 2022』의 키워드였다. 주로 파이프라인이라고 불리는 수입원 다각화에 초점을 맞춘다.

『트렌드 코리아 2022』, pp.194~219

존을 위한 필수 전략일지도 모른다. 코난테크놀로지의 분석에 따르면 '레버리지/빚투/영끌' 이슈어 분석에서 인플레이션, 금리 인상, 대출 규제, 불안과 같은 단어들의 언급량이 많았다. 요동치는 경제 상황 속에서 불안한 소비자의 단면을 확인할 수 있다. 2022년 대한민국 소비자들은 ① 돈을 투자하는 '재테크', ② 시간을 투자하는 '시테크', ③ 좋아하는 것에 투자하는 '덕테크'의 형태로 수익 창출을 시도했다.

재테크

인플레이션과 금리 인상으로 투자자들이 직격탄을 맞은 한 해였다. 부동산 시장, 가상자산 시장, 주식 시장 할 것 없이 모두 급속도로 얼어붙었다. 2022년 7월 전국 주택청약종합저축 가입자 수가 사상 처음으로 감소해 주택 구매에 관한 관심이 다소 줄어든 양상을 보였으며, 가상화폐 '루나'가 하루아침에 휴지 조각이 되며 모두를 충격으로 몰아넣기도 했다. 불안정한 시장 상황에서 대다수 소비자는 공격적인 재테크를 잠시 접어두고 위험을 최소화하는 투자 방법으로 우회하는 모습을 보였다.

전략 1: 안전자산으로 돌아오기

저금리 시기에는 은행에 돈을 넣어두는 것은 바보 같은 행동이라고 여겼다. 그런데 2022년 하반기에 접어들어 그동안 거들떠보지도 않던 예·적금 상품의 인기가 높아졌다. 불과 1년 만에 재테크 시장의 판도가 바뀌었다. 금리 상승 기조가 계속되고 증시가 폭락하자 안전한 투자처를 찾으려는 '역逆머니무브' 현상이 나타난 것이다. 소비자들은 발 빠르게 위험자산과 손절하고 안전자산으로 이동했다. 금융권에 따르면 KB국민·신한·하나·우리·NH농협의 정기 예·적금 규모는 2022년 들어 8개월 만에 757조6,808억 원을 기록해 지난해 말 대비 약 10%(67조6,442억 원) 늘어난 것으로 알려졌다.[2] 반면, 9개 증권사 MTS(모바일 주식거래)의 평균 월간활성사용자수MAU는 2022년 8월 기준 33.4%로 전년 동기(49.8%) 대비 16.4%p 감소했다.[3] 주식시장에서의 가파른 자금 이탈을 엿볼 수 있다.

경제가 불안하면 소비자는 자산에 대한 통제권을 확보할 때 안정감을 느낀다. 유동적인 경제 상황에 맞춰 신속한 대응이 가능하기 때문이다. 이러한 소비자의 특성을 고려해 안전자산 상품을 기존보다 짧은 호흡으로 재편한 금융 상품이 인기를 끌었다. 대표적인 상품은 인터넷전문은행들이 각축전을 벌이고 있는 '파킹통장'이다. 잠시 자동차를 주차하듯 언제든지 자금 입출금이 가능한 파킹통장은 하루만 예치해도 높은 수준의 금리가 제공된다. 금리가 지속적으로 인상되는 시기에 사람들이 다른 상품으로 갈아탈 수 있는 대기성 자금을 이용해 안정적인 수익 창출을 꾀한 것이다. 비슷한 맥락에서 '월이자 지급식 채권'에 대한 관심도 늘어났다. 개인투자자의 수요에 맞춰 통상 3개월 주기였던 이자 지급 시기를 1개월로 단축했다는 점이 주목할 만하다. 현대카드·현대캐피탈, 롯데카드·롯데캐피탈, 신한카드, 메리츠캐피탈 등이 잇따라 월이자 지급식 채권을 발행하면서 해당 분야의 경쟁이 과열되는 양상마저 나타났다.

일부 소비자는 국내외 증시 폭락으로 회생이 불가능한 상태에 이르기도 했다. 특히 무리하게 빚을 내 일확천금을 노린 2030세대의 피해가 막중했다. 자본시장연구원에 따르면 2022년 7월 개인회생 신청 건수 중 2030세대의 비율이 54%였고, 청년층 채무액은 5년 전 대비 32.9% 증가했다.[4] 영혼까지 끌어모아 집을 구매한 일명 '영끌족' 또한 역풍을 맞고 있다. 집값은 내려가고, 금리는 올라가는 상황에 이자 부담이 크게 늘었기 때문이다. 한편, 손해를 입은 투자자들이 단기 고수익을 좇는 움직임도 두드러졌다. 전통적 대형주보다 단기간에 큰 수익을 얻을 수 있는 '밈meme 주식(온라인 커뮤니티·SNS 등에서 화제가 되면서 개인투자자들이 갑작스럽게 몰리는 주식 종목)' 열풍이 다시 분 것이다.

전략 2: 소액으로 투자하기

"구글 1,000원어치, 테슬라 2,000원어치, 애플 1,000원어치 주세요."

경기 침체가 전망되면서 빠르게 얼어붙고 있는 재테크 시장 속에서 '소액 투자'만이 활기를 띠었다. 비싼 주식을 0.1주, 0.01주와 같이 소수점 단위로 쪼개 구매하는 '소수점 거래'나 현물을 소액으로 나누어 투자하는 '조각투자'가 여기에 해당한다. 큰돈을 투자하기 부담스러운 경제 상황에서 소비자는 자산을 소액으로 나누어 투자함으로써 위험을 분산시키고 안정적인 이익을 도모했다.

소수점 거래는 투자 자본이 넉넉하지 못한 투자자에게 고가 주식에 접근할 기회를 제공하며, 투자 포트폴리오의 다각화를 용이하게 한다는 이점이 있다. 소수점 거래는 투자자가 소수점 단위의 주문을 하면 증권사가 주문을 취합해 부족한 부분을 채운 뒤 거래하는 방식으로 이루어진다. 2022년 8월 말 기준으로 소수점 거래를 사용한 국내 투자자 수는 100만 명이 넘었다. 이 가운데 자산 규모가 상대적으로 작은 2030세대가 70%를 차지했다.[5]

소액 투자는 비단 주식 거래뿐 아니라 현물 재테크에서도 나타났

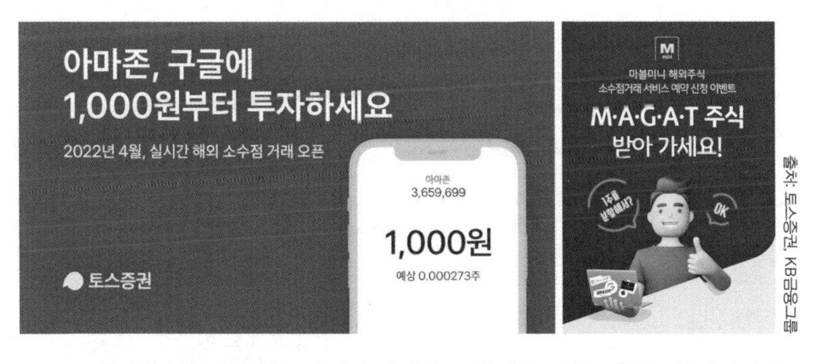

●●● 개미투자자들의 관심을 모은 소수점 거래는 구글이나 아마존, 애플 등 주당 가격이 높은 해외 주식에 소액으로 투자할 수 있다.

다. 부동산 조각투자 플랫폼 '카사코리아'의 경우 상업용 빌딩과 같은 부동산 소유권을 댑스DABS라는 증권 형태로 투자자에게 판매한다. 투자자는 지분에 비례해 임대 수익을 배당받으며, 부동산이 매각되면 차익을 나눠 갖게 된다. 이처럼 최근 고가의 현물에 소액 투자할 수 있는 플랫폼들이 생겨나면서 재테크 분야가 넓어지고 있다. 『트렌드 코리아 2022』에서 소개했던 음악 저작권료 조각투자 플랫폼인 '뮤직카우'가 금융위원회로부터 혁신금융 서비스로 지정받은 가운데,[6] 다양한 조각투자 플랫폼들이 출현하고 있다. 예를 들어 스타트업 '트위그'는 고급 슈퍼차 페라리의 소유권 일부를 확보해 이용자들이 조각투자할 수 있도록 상품화했다. 슈퍼카의 소유권은 소유자에게 있지만, 판매 시 가격이 오를 수 있는 희귀자동차의 특성을 감안해 판매수익이 발생하면 조각투자한 사람들이 투자한 만큼 수익을 분배받는 방식이다.[7] 이 외에도 농가와 투자자를 연결해 한우에 투자하는 '뱅카우', 롤렉스 시계에 투자하는 '트레져러' 등을 통해 소비자는 시세 차이나 판매로 수익을 올릴 수 있다. 이러한 현물 조각투자는 소수점 거래와 마찬가지로 투자에 대한 장벽을 낮춘다는 점에서 자산 규모가 작은 투자자에게 기회로 활용되고 있다.

시테크

'커피 1잔은 4분, 권총 1정은 3년, 스포츠카 1대는 59년.' 모든 비용을 돈 대신 시간으로 계산하는 미국 영화 〈인타임〉의 내용이다. 과연 돈이 시간으로 대체되는 세상이 오게 될까? 광고를 시청하는 5초의 시간을 '지불'하고 유튜브 콘텐츠를 시청하는 것이 당연해진 시대에 영화 〈인타임〉의 내용을 마냥 허무맹랑한 공상으로 치부하긴 어렵다. 적어도 유튜브 구독료를 내는 방식에서는 돈과 시간이 상호대체가 가능한 대상이 됐다. "시간은 금"이라는 오래된 격언이 있지만, 요즘에는 이 격언이 매우 새로운 방식으로 실현되고 있다. 소비자가 자신의 시간을 플랫폼 등에 할애하고 그 대가를 수익의 형태로 받는 '시時테크(시간+재테크)'가 등장한 것이다. 요즘의 시테크는 소비자 일상의 시간들을 수익을 얻는 경로로 활용할 수 있다는 측면에서 기존의 '돈 벌기'와 구별된다. 이제는 운동을 하거나 잠을 자고 있는 시간으로도 수익을 올릴 수 있다. 2022년의 소비자가 일상생활 속 나의 시간을 공유하거나 기록하면서 수익을 창출하는 다양한 모습을 살펴보자.

전략 1: 내 시간 보상받기

일상생활을 파고든 '리워드 플랫폼'들이 소비자의 시간에 보상을 주고 있다. 소비자의 역할은 단순하다. 걷는 시간, 운동 시간, 운전 시간, 수면 시간, 게임 시간 등의 일상을 보내면서 스마트폰의 해당 앱을 켜 놓는 것이다. 그러면 소비자의 활동을 인식해 일정한 보상(리워드)이 지급된다.

소비자의 시간을 보상하는 리워드 서비스의 종류는 다양하다. 소비자가 움직일 때 보상을 제공하는 것을 'M2E Move to Earn'라고 하는데, 캐시워크, 지오디비GeoDB, 스테픈STEPN 등이 대표적인 예다. 대중에게 친숙한 만보기 앱 캐시워크는 소비자의 광고 시청 시간에 포인트를 지급하는 기본적인 모델이다. 지오디비는 소비자의 위치 데이터 수집을 위해 데이터 제공 기여도에 따라 블록체인 기술을 사용해 암호화폐처럼 사용할 수 있는 '토큰'을 지급한다. 스테픈은 앱 내에 NFTNon-Fungible Token(대체 불가능한 토큰) 운동화를 보유한 이용자가 야외에서 걷거나 뛸 경우 스마트폰 GPS와 연동되어 운동량에 따른 보상으로 토큰을 제공하는데, 이 토큰은 가상자산 거래소를 통해 현금화하거나 운동화 업그레이드를 위해 사용할 수 있다.[8]

이러한 비즈니스 모델이 가능한 것은 리워드 서비스를 제공하는 과정에서 소비자의 자사 앱 사용을 촉진하고, 무엇보다 관련 '데이터'를 얻을 수 있기 때문이다. 이에 스타트업뿐만 아니라 전통적인 산업에서도 리워드 서비스의 요소들을 적용하고 있다. 특히 금융권의 적극적인 시도가 눈길을 끈다. 신한카드는 신한 플레이pLay 앱을 통해 'pLay 오락실'에서 게임을 하면 현금처럼 사용할 수 있는 포인트를 지급하는 'P2Eplay-to-earn'를 선보였으며, 삼성금융네트웍스는 송금 기능만 이용해도 현금성 포인트 '젤리'를 리워드로 지급하는 금융 앱 모니모를 출시했다. 전술한 M2E를 결합한 이색 적금도 소비자의 눈길을 끌었다. KB국민은행의 'KB반려행복적금'은 반려동물의 애정 활동인 산책과 양치, 몸무게 체크 등을 한 뒤 인증샷을 남기면 금리를 올려주고, BNK부산은행의 '펫적금'은 펫 다이어리를 작성하면 우대금리를 제공한다. 농협은행과 하나은행도 소비자의 걸음 수에 따라 금리가 올라가는 상품을 판매해 인기를 모았다. 금융사들이 이런 방식으로 포인트를 지급하는 이유는 MZ세대 고객을 잡기 위해서다. 신한카드 관계자는 "다양한 정보를 습득하는 데 능숙하고, 금융투자

뿐 아니라 여러 영역에 관심이 많은 '민지MZ'에게 어필할 수 있는 핵심 콘텐츠를 지속적으로 업데이트해나갈 예정"이라고 말했다.[9]

전략 2: 내 시간 공유하기

한 남성이 자동차 뒷좌석에 앉아 선글라스와 헤드폰을 쓴 채 혼자 20분 동안 드라이브를 즐긴다. 카메라에 눈길조차 주지 않으며, 바람 소리 외에 어떠한 음향도 없는 이 영상은 가수 악동뮤지션의 멤버인 이찬혁이 운영하는 유튜브 채널에 올라온 '이찬혁과 밤에 드라이브(20분)'다. 항간에 화제였던 이 영상은 어떠한 편집이나 연출 없이 일상을 날것 그대로 보여준다. 나의 일상생활을 가공해 콘텐츠화한 브이로그가 유행했다면, 최근에는 가감 없는 나의 일상에 시청자를 동참시키는 '○○윗미with me' 영상이 화두다. 함께 일하는 워크윗미work with me부터 함께 코딩하는 코드윗미code with me, 함께 청소하는 클린윗미clean with me, 함께 달리는 런윗미run with me, 함께 잠자리를 준비하는 겟슬립윗미get sleep with me까지 공유하는 시간의 종류와 성격도 다양하다. 영화 러닝타임에 버금가는 긴 시간 동안 유튜버들은 카메라를 켜놓고 일상생활을 하고, 이를 보는 시청자는 함께 무언가를 하는 듯한 동질감을 느낀다. 이제는 별도의 노력 없이 나의 시간을 단순 공유하는 것만으로도 구독료를 받을 수 있게 된 것이다.

"3만8,000원 내고 대치동 아파트 3시간 체험하세요~." 오프라인에서도 일상 시간을 공유해 돈을 버는 시테크의 활용이 활발하다. 개인 공간 방문 중계 앱 '남의집'에서는 게스트가 일정 비용을 지불하면 호스트의 일상 공간과 시간을 체험할 수 있다. 호스트는 가정집

뿐만 아니라 작업실, 동네 가게와 같은 개인 공간에서 자신의 일상을 게스트와 공유한다. 게스트는 제한된 시간 동안 다른 사람의 일상에 초대받아 새로운 경험을 한다. 실제로 남의집을 통해 대치동 아파트를 체험한 한 가정주부는 "아이 학원 때문에 이사를 고민하는 시점에 대치동 아파트 생활에 대해 알 수 있는 시간을 보내서 좋았다"고 평가했다. 게스트가 구매한 경험이 단순한 공간 방문이 아닌 공간 속 호스트의 시간이라는 것을 알 수 있는 대목이다. 시간을 공유하는 공급자에게 시테크의 시간은 따분한 일상 속 시간일 수 있지만, 시간을 구매하는 수요자에게는 어디에서도 구매하지 못하는 새로운 차원의 경험인 것이다.

요즘 소비자는 대단한 유명 인사뿐 아니라 지극히 평범한 일반인의 일상에도 흥미를 갖는다. 동기부여, 대리만족, 정보 획득 등 소비자는 저마다의 이유로 타인의 일상 시간을 구매한다. 타인의 시간을 구매하려는 사람과 본인의 시간을 공유하려는 사람의 니즈가 만나 '시테크'가 등장한 것이다.

덕테크

자신만의 취미 활동인 '덕질'도 재테크 수단이 될 수 있다. 타인과 고립되어 좋아하는 분야를 파고드는 행위인 덕질에 대해 기존에는 부정적 인식이 지배적이었다. 그러나 최근에는 즐거움·행복·열정과 같은 긍정적 정서와 결부된 행위로 여겨지며 하나의 능력인 '덕질력'

으로까지 인정받는다('디깅모멘텀' 참조). 덕질력은 재테크의 양상마저 바꾸고 있다. 수익 중심의 결과만이 중시됐던 재테크에 덕질하는 '과정'의 즐거움이 추가됐기 때문이다. 이제는 '무엇이 수익성이 높을까'보다 '나는 어떤 것을 통해 돈을 벌어야 즐거울까'에 우선순위를 둘 수 있게 됐다. 이에 많은 소비자들이 수익과 즐거움을 모두 충족하는 '덕테크(덕질+재테크)'를 시도하고 있다.

전략 1: 좋아하는 대상에 투자하기

아이돌·드라마·게임·애니메이션·그림·작가……. 덕질의 대표 카테고리들이 이제는 재테크의 대상이 됐다. 원하는 것에 아낌없이 지갑을 여는 MZ세대를 필두로 덕테크의 범위가 나날이 확장하고 있다. 2022년 3월 중고거래 플랫폼 번개장터가 발표한 '인기 검색어 톱 10' 조사 결과는 의외의 양상을 보인다. 진짜 중고 제품이 아닌, 덕질을 겨냥한 다수의 상품 거래가 상위권을 차지했기 때문이다. 인기 검색어 톱 10에는 1위인 포켓몬을 비롯해 주술회전(애니메이션)·앙스타(게임)·방탄소년단(K-팝 아이돌)·실바니안(인형) 등이 자리했다.[10] 필요한 물품 거래가 주된 목적인 중고거래 플랫폼이 각양각색의 덕질템을 거래하는 '덕테크의 장'으로도 기능하고 있는 모습이다.

"평소 좋아하는 작가이고, 제가 가장 잘 아는 분야인데, 투자를 주저할 이유가 없죠." K-콘텐츠 투자 플랫폼인 '펀더풀funderful'은 온라인 소액 공모 형식으로 영화·공연·전시·드라마 등 다양한 카테고리의 문화 콘텐츠에 투자할 수 있는 중개 서비스다. 좋아하는 대상에 대한 남다른 지식과 애정, 투자 과정에서 오는 재미가 만났을 때 소비자는 덕테크에 합류하게 된다. 문화 콘텐츠의 큰 비중을 차지하는 미술품도 2022년 재테크 시장을 뜨겁게 달구었다. 특히 미술품 시장이 디지털 중심으로 재편되고 자신의 취향에 적극적인 MZ세대가 경제인구로 성장하면서 디지털 세대 컬렉터들의 감성에 호소할 수 있는 NFT 예술이 주목받았다. 기업들 역시 발 빠른 대응으로 덕질을 겨냥한 NFT 시장에 합류했다. 롯데홈쇼핑은 자체 캐릭터 '벨리곰'에 멤버십 혜택을 연계한 NFT를 발행했으며, LG U+ 또한 자사 대표 캐릭터인 '무너'를 활용한 NFT를 발행했다. 아트 마케팅으로 선두를 달리고 있는 시몬스 침대도 아티스트 3인과 자사의 2022년 브랜드 캠페인을 NFT 작품으로 발행했다.

즐거움이 중요한 덕테크 영역에서는 투자에 재미와 특별한 경험을 함께 제공하는 것이 암묵적인 규칙이다. 문화 콘텐츠의 경우 작가와의 대화 시간, 관람권과 소정의 굿즈 등 투자자가 아니면 별도로 구매할 수 없는 부가 서비스를 함께 즐길 수 있다. 현물도 운의 요소를 가미한 드로우draw나 래플raffle, 제품의 희소성에서 비롯한 오픈런

출처: 펀더풀

“좋아하면 투자해.” 내가 좋아하는 콘텐츠를 즐기는 것만으로 성이 차지 않는다면 투자자로 나설 수도 있다. K-콘텐츠 덕후들을 위한 투자 플랫폼이 탄생한 배경이다.

득템력

TREND KEYWORD 2022

『트렌드 코리아 2022』에서 명명·제안한 키워드로, 지불 능력만으로는 얻을 수 없는 상품을 얻어내는 소비자의 능력을 일컫는다. 사치의 대중화로 높은 가격보다 획득의 어려움이 차별화의 기호가 됐다.

『트렌드 코리아 2022』, pp.220~245

과 같은 경험을 거쳐 '**득템**'한 이후에만 덕테크를 할 수 있다. 이러한 덕테크의 재미, 희소성, 특별함은 유통 업계에서 집객을 위한 수단으로 활용되기도 한다. 매번 화제가 되는 더현대서울의 팝업스토어는 '진로 1924 헤리티지' 팝업으로 다시 한번 소비자를 '소주런(소주를 사기 위해 줄을 서는 행위)'하게 만들었다. 아직 판매되지 않은 신상품에 대한 선점 욕구, 래플을 통한 구매 자격 부여라는 장치는 10만 원대 소주를 모두 완판시켰다. 한편, 신한카드는 재테크에 관심이 많으면서도 드로우, 래플 등 추첨식 프로모션에 익숙한 요즘 소비자를 겨냥한 '신한카드 래플'을 출시했다. 월마다 추첨 서비스를 통해 소비자에게 포인트를 지급하는 형식이다. 덕테크는 수고를 더 들이더라도 자신의 안목과 취향을 적극적으로 활용하는 자본주의 키즈의 새로운 소비법을 보여준다. 이들만의 어법으로 대상에 대한 애정을 표현하는 수단인 것이다.

전략 2: 좋아하는 취미 활동으로 N잡하기

미국의 주간지 〈뉴요커〉는 직장인 881명을 대상으로 설문조사를 했는데, 10명 중 4명(41.4%)이 부업 경험이 있다고 답했다.[11] 하나의 직업에만 얽매이지 않고 다양한 파이프라인으로 수익을 창출하는 N잡러가 보편화되고 있는 것이다. 한편 직장인 커뮤니티 블라인드가 N잡을 하는 이유를 조사한 결과, 돈벌이와 노후 준비와 같은 경제적 이유 외에도 '즐길 수 있는 일을 하려고(34.7%)'와 '자기만족·자아실현(26.5%)'이 나란히 3위와 4위를 차지했다.[12] 이제는 N잡을 할 때 수익 못지않게 과정상의 즐거움과 만족감을 중요하게 생각한다는 것을 알 수 있다. 안정적인 수입원은 유지하되 좋아하는 취미 활동으로 부수입을 올릴 수 있는 덕테크는 워라밸이 중요한 요즘 소비자가 일과 생활의 균형을 잡으면서 수익을 창출하는 방법이다.

잎 한 장에 수백만 원의 수익을 내는 희귀식물 재테크가 언론에 보도되면서 평소 좋아하던 식물 키우기에 도전해 수익을 냈다는 경험담이 커뮤니티에 이어지고 있다. 식물 외에도 레터링 풍선·캔들 공예·액세서리 등 취미 활동의 부산물을 통해 부수익을 얻는 N잡러들을 심심치 않게 목격할 수 있다. 단순히 보고 즐기는 취미 활동에 그치던 덕질이 이제는 디지털 기술과 플랫폼에 힘입어 수익화할 수 있게 된 것이다. 수공예품 거래 플랫폼 아이디어스, 크라우드펀딩 플랫폼 와디즈뿐만 아니라 인스타그램이나 블로그와 같은 개인 SNS도 덕테크의 창구로 적극 활용됐다. N잡러 작품을 구매하는 사람들은 제작자의 취향과 정성이 반영된 제품의 특별한 가치를 구매 동기로 꼽는다. 공장에서 찍어낸 기성품이 채워주지 못하는 소비자의 니즈를 N잡러의 작품이 충족시켜준 것이다.

현물 판매 외에도 재능과 지식거래도 각광받았다. 알바몬이 출시한 지역 기반 재능거래 앱 '긱몬'은 다운로드 수 37만 회를 넘기면서 급성장세를 보이고 있으며,[13] 반려동물을 좋아하는 사람들 사이에는 반려동물 전용 택시 운전사인 '카카오T펫 메이트'가 새로운 인기 부업으로 부상하고 있다. 취미 부자가 아닌 사람들도 자신의 취미를 찾을 수 있도록 도와주는 클래스101 · 프립 · 탈잉 등의 오픈 교육 플랫폼 시장이 덩달아 확대되는 추세다. 요리와 공예부터 인문학, 재테크까지 세분화된 카테고리로 회원들의 취미를 지원하는 교육 플랫폼 클래스101은 자사의 성장이 크리에이터들의 팬덤 덕분이라고 설명한다. 좋아하는 관심사 중심으로 활동하는 요즘 소비자가 각 분야의 크리에이터를 중심으로 덕질하는 양상을 포착하고, 덕질의 대상인 크리에이터에게 직접 배울 수 있는 기회를 제공한 것이다.

• • •

끊임없는 변화에 유연하게 대응하라

지금까지 살펴본 바와 같이, 재테크가 선택이 아닌 필수가 된 현실에서 소비자는 휴식 시간마저 투자와 N잡을 통해 부수익을 올리는 데 사용한다. 본업과 자산 관리라는 두 가지 일을 동시에 해내는 요즘 소비자는 일의 연장선이었던 기존의 투자 방식에서 벗어나 자신만의 재테크 방법을 만들어간다. 본인의 만족감을 높일 수 있는 수익 창출 수단을 모색해 대大투자 시대를 살아가는 것이다. 그렇다면, 대투자 시대에 생존하기 위한 재테크는 앞으로 어떻게 전개될까?

우선, 재테크는 소비자에게 금전적 수익 이상의 '가치'를 줄 수 있어야 한다. 결과 못지않게 과정을 중시하는 요즘 소비자를 사로잡기 위해서는 소비자가 돈을 버는 과정에서도 충분한 효용을 느껴야 한다. 재미와 성장, 소속감 등의 부가적인 가치가 함께 창출될 때 소비자의 능동적 관심을 지속할 수 있을 것이다. 가령 단순히 걸으면 돈을 주는 리워드 앱에서 나아가 투표·보상·포인트·콘테스트·경쟁 등 게임 메커니즘을 통해 재미를 주거나 커뮤니티를 활용해 소속감을 주는 것도 좋은 방법이다.

재테크는 끊임없는 변주를 시도하는 유연함을 갖춰야 한다. 돈을 쓰는 행위인 동시에 돈을 버는 행위로 소비의 패러다임이 전환되고 있는 시점에 재테크가 본연의 기능을 넘어 다양한 산업군에 접목될 가능성이 무궁무진하기 때문이다. 블록체인 기술이 적용되면서 재테크의 대상과 방법이 시시각각 확장되고 있는 만큼, 새로운 변화를 포착하고 발 빠른 대응이 요구된다. 나아가 안정적 수익 구조, 투명한 수익 분배, 법적 안전장치 마련 등이 뒷받침되어 본래의 목적을 달성했을 때 비로소 새로운 변화에 대한 논의도 진행될 수 있다는 점을 잊지 말아야 한다.

머니러시는 자본주의 경제 아래서 모두가 좇아야 하는 필생의 과업일지도 모른다. 그러나 앞에서 살펴보았듯, 수익만을 중시하던 재테크 시장에 미묘한 지각 변동이 감지되고 있다. 재테크를 하면서도 나만의 가치를 표현하는 사람이 늘어나고 있다. 다각화되어가고 있는 재테크 수단에 힘입어 이러한 추세는 계속 이어질 것으로 보인다. 시장이 부여하는 보상 대신 내가 의미를 부여하는 나다운 재테크를 준비해야 할 때가 다가오고 있다.

슬기로운 엔데믹 생활

●

큰 성공이 어려워진 저성장기 시대에는 반복되는 일상에서
자아의 의미를 찾는다. 평범한 인생일지라도 최선을 다하겠다는
자기 다짐적 삶을 살아내며 바른생활과 일상력을 추구하는 것이다.

'배달 음식 끊기, 물 마시기, 침구 정리하기, 반려견과 산책하기, 멍때리기.' 익숙하고 사소한 일들이지만, 이들은 모두 코로나19 확산 이후 등장한 '갓생(신을 의미하는 'God'과 인생을 뜻하는 '생生'의 합성어로 부지런하고 타의 모범이 되는 삶을 뜻하는 신조어)' 라이프의 '소소하지만 확실한 성취' 요건으로 주목받은 것들이다. 이런 일들의 공통점을 찾아보면, 기본적인 자기계발의 면모와 함께 불확실한 세상에서 자신을 지켜내고자 하는 '자기 돌봄' 성격이 강해지고 있다는 것이다. 코로나19의 주기적 유행이 지속되면서 혼자 예측할 수도, 통제할 수도 없는 상황들이 끊임없이 발생했다. 불안해진 소비자들은 스스로 작은 규칙과 반복된 습관을 만들며 자신을 방어해나갔다. 엔데믹 시대

의 소비자는 크고 어려운 성공을 추구하기보다 작은 미션들을 하나씩 달성하며 슬기롭게 일상을 지켜냈다.

티끌 모아 성장

"티끌은 모아도 티끌이다."

모 개그맨의 한 마디가 젊은 소비자들 사이에서 '띵언(명언)'으로 조명받은 적이 있다. 성실하게 모아 태산을 일구는 것이 불가능한 저성장의 경제 상황을 비관하는 사회적 분위기에 많은 이들이 공감했기 때문이다. 그 속에서 어떤 사람은 '한탕주의'를 꿈꾸기도 했지만, 또 다른 행보를 보인 이들이 있다. 바로 스스로 자신의 일상을 성실하게 지켜내기 위해 노력한 **바른생활 루틴이**들이다. 거창한 미래보다 티끌 같은 하루를 알차게 꾸려나간 루틴이들의 노력이 그 어느 때보다도 돋보인 한 해였다.

TREND KEYWORD 2022

바른생활 루틴이

외부적 통제가 사라진 상황에서 루틴을 통해 스스로의 일상을 지키고자 노력하는 요즘 사람들을 일컫는 트렌드 용어로, 『트렌드 코리아 2022』의 키워드였다. 이들은 자진해서 목표를 만들어 자신을 묶고, 함께 '습관 공동체'를 만들어 타인의 도장을 받고, 매일매일을 되돌아보며 의미를 부여함으로써 작은 성취를 확인해나간다.

『트렌드 코리아 2022』, pp.326~353

온라인으로 관리하기

루틴이들은 '티끌 모아 성장'을 꿈꾸며 여러 방법들을 적극 도입했다. 이들은 책상이나 달력에 목표와 다짐을 기록하던 예전과 달리 모바일 앱을 활용한다. 이 앱들은 목표 달성에 이르지 못하면 알림을 보내 경각심을 주고, 달성 시에는 적절한 보상을 제공하는 등 당근과 채찍으로 행동 변화를 이끈다. 루틴 관리에 관한 관심이 늘면서 온라인으로 자기계발을 돕는 플랫폼의 이용도 꾸준히 상승했다. 신한카드 빅데이터연구소에 따르면 패스트캠퍼스, 클래스101 등 주요 온라인 자기계발 플랫폼 6곳을 대상으로 조사한 결과, 자기계발 플랫폼 이용 건수는 2021년 상반기 대비 2022년 상반기에 약 118% 증가한 것으로 확인됐다.

또한 습관 관리 플랫폼이 MZ세대 소비자들의 독무대만은 아니었다는 점도 눈길을 끈다. 물론 주 이용자는 2030세대지만 최근 4060세대의 이용 비중이 눈에 띄게 증가했다. 2022년 상반기 습관 관리 플랫폼 이용 건수의 변화를 보면 전년 동기 대비 30대가 2%p

6대 자기계발 플랫폼 이용 건수 변화 추이

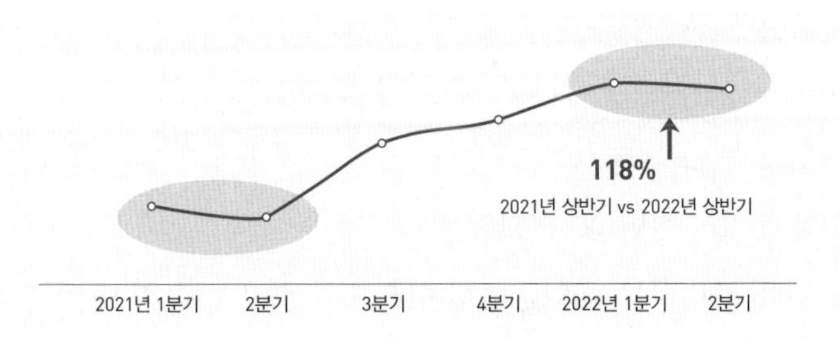

출처: 신한카드 빅데이터연구소

습관 관리 플랫폼 연령별 이용 건수 비중 변화

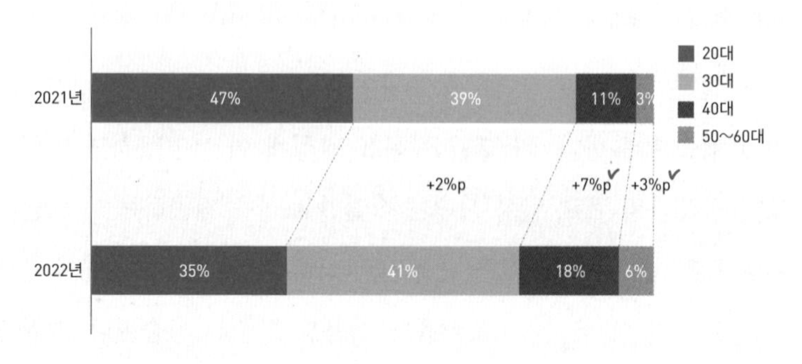

출처: 신한카드 빅데이터연구소

늘어난 것에 비해 40대는 7%p, 50~60대는 3%p 증가했다. 시장의 성장에 발맞춰 새로운 소비자들의 유입이 늘어난 것으로 해석된다.

이러한 흐름 속에서 SNS의 변화도 눈여겨볼 만하다. 40~60대가 가장 많이 사용하는 SNS인 네이버 밴드가 대표적이다. 밴드는 출시 초기에는 학급·동창회·골프·학부모 밴드 등 지인 모임을 위한 '폐쇄형 SNS'로 주로 활용됐지만, 다양한 트렌드를 커뮤니티 문법으로 풀어내 적용하며 서비스를 확대해가고 있다. 2019년에 추가된 '미션 인증' 기능은 친목 도모를 넘어 이용자들이 서로 미션을 공유하고, 달성 과정을 응원하는 등 루틴이들을 끌어모으는 데 큰 역할을 했다. 2022년 9월까지 누적 미션 인증 글이 2,000만여 개에 이를 정도다.[1] 바른생활 루틴이라는 트렌드가 비단 2030세대에 한정된 흐름이 아니었음을 다시 한번 알 수 있다.

시험을 준비하는 취업준비생이나 수험생이 모여 함께 공부하는 것을 일컫는 '스터디'도 일상 전반의 활동으로 확장됐다. 취직 혹은 합격이라는 단순한 목표를 넘어 취미 생활과 습관 형성과 같은 자기 관리를 위해서 스터디를 이용하는 사람들이 많아졌다. 이들의 목적은 사소한 일상 챙기기가 대부분이라 본래의 스터디와는 달리 직접 만나는 경우는 드물고, 온라인에서 인증하는 형태로 서로를 견제해 준다. 가령 운동하기, 이불 개기, 반려견 산책시키기와 같은 특정 습관 행동을 설정하고, 이를 꾸준히 수행하는지 서로 인증사진을 통해 결과를 공유한다. 습관의 종류도 각양각색이다. 매일 자정 배달 앱 주문 내역 화면을 캡처한 사진을 공유하며 배달 음식을 먹지 않았다는 걸 인증하는 '배달 음식 끊기', 매일 필요 없는 물건을 하나씩 버리는 '집 비우기', 심지어 '멍 때리기'나 '메일함 삭제하기'도 있다.

오프라인으로 관리하기

2015년 출간됐다가, 2022년 5월 MBC 예능 프로그램 〈나 혼자 산다〉에 등장하며 베스트셀러 차트를 역주행한 책이 있다. 바로 『5년 후 나에게 Q&A a day』라는 다이어리 북으로, 이 책의 특징은 매일 한 가지 지혜로운 질문에 답하며 삶의 변화와 성장을 기록해나가는 것이다. 1년 중 어느 날에 시작해도 상관없어 많은 독자들에게 좋은 반응을 얻었다.[2] 습관을 유지하기 위해 꼭 필요한 것은 기록이다. 목표치를 설정하고, 피드백을 통해 성장하는 과정 그 자체가 중요하기 때문이다. 다이어리 북이 루틴이들의 필수용품으로 등극한 이유도 이와 관련이 있다.

습관을 기록하기 위해 다양한 플랫폼을 효과적으로 활용하는 루틴이들이 많아졌지만, 이들 못지않게 직접 작성하는 '손맛'을 추구하는 이들도 많다. 그래서일까? '종이 다이어리 꾸미기'가 엔데믹 시대에 핫한 취미로 떠올랐다. 요즘 표현을 빌리자면 "소비자들은 루틴을 기록하는 것에 진심"이었다. 실제로 인스타그램에 '#다꾸'라는 해시태그를 검색하면 '다꾸러'·'다꾸스티커'·'다꾸용품' 등 200만 개 이상의 관련 게시물을 찾을 수 있다. '#다이어리'가 달린 검색 게시물도 260만 개가 넘는다(2022년 9월 기준). 다이어리 판매도 지속적으로 성장했는데, 온라인 쇼핑몰 29CM에 따르면 2021년 다이어리 매출은 코로나19 이전인 2019년과 비교해 78% 증가했다.

'다꾸' 니즈 덕분에 소비자들이 선호하는 다이어리와 스케줄러의 디자인도 달라졌다. 예전에는 개별 페이지가 '위클리weekly' 기준으로 되어 있는 다이어리의 매출이 가장 높았는데, 최근 1~2년 사이 '데일리daily' 디자인의 다이어리 판매가 훨씬 많아진 것이다. 위클리 레이아웃은 하루 동안 기록할 수 있는 면이 좁지만, 데일리 페이지는 꾸미기에 좋도록 면이 넓어 요즘 소비자들이 많이 찾는다고 한다.[3] 그만큼 하루하루를 상세히 기록하고 예쁘게 꾸미고 싶은 소비자들의 니즈가 이전보다 높아졌다.

조금 더 확실하게 지출 관리를 하고자 하는 사람들은 모바일 앱이 미덥지 않았는지 알뜰한 부모님 세대가 그랬던 것처럼 종이 가계부를 찾기도 한다. G마켓에 따르면 2022년 6월 13일부터 7월 13일까지의 가계부 판매량이 전년 동기 대비 34% 증가했다. 더불어 고물가·고유가·고금리로 대변되는 3고高 불황의 경제 상황에서 '무無지출 챌린지'가 유행하면서 '생활비 달력'의 매출도 전년 동기 대비 77% 늘었다. 달력에 달린 주머니에 매일 사용할 일정 금액을 넣어놓고 쓰는 것으로, 요즘 세대에게는 계획적이면서 알뜰하게 소비할 수 있도록 도와주는 제품으로 꼽힌다.[4] 손으로 직접 만지고, 변화 과정을 실제로 체감하는 것이 가장 효과적으로 습관을 지킬 수 있다는 것을 잘 아는 바른생활 루틴이들의 단면을 확인할 수 있다.

재미 모아 건강

2022년, 다양한 목표들이 루틴 형성을 위해 등장했지만 가장 많은 루틴이들이 추구했던 것은 건강이었다. 코난테크놀로지에 따르면, '루틴' 관련 주요 이슈어 중에서 '운동'이 2만910건으로 가장 많이 언급됐고, '공부'가 8,741건으로 2위를 차지했다. 특히 건강을 향한 젊은 루틴이들의 관심이 커지면서 건강과 관련된 새로운 트렌드가 부상하고 있다. 과정과 결과가 모두 즐겁고 지속가능한 건강관리, **헬시플레저**다. 건강과 다이어트를 위해 고통을 감수하거나 절제하기보다는 더 즐겁게 편리를 누리려는 분위기가 커졌다.

헬시플레저를 가장 간단히 실현하는 방법은 건강기능식품을 활용하는 것이다. 신한카드 빅데이터연구소 분석에 의하면, 건강기능식품 전문 쇼핑몰의 2022년 상반기 이용 금액은 2020년 동기 대비 약 33% 증가했다. 과거 젊은 소비자들은 주로 부모님 등 중장년·노년층에 선물하기 위해 영양제를 구매했지만, 최근에는 친구나 연인을 위해 선물하는 경우가 크게 늘었다.

카카오커머스에 따르면 2021년 카카오톡 선물하기의 건강기능식

'루틴' 관련 주요 이슈어의 언급량

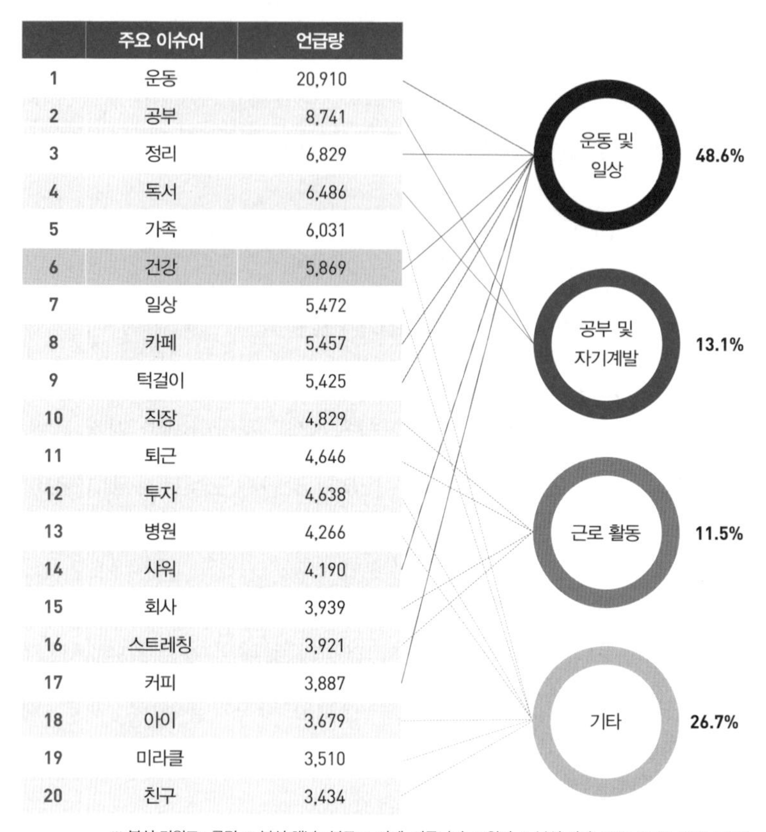

	주요 이슈어	언급량
1	운동	20,910
2	공부	8,741
3	정리	6,829
4	독서	6,486
5	가족	6,031
6	건강	5,869
7	일상	5,472
8	카페	5,457
9	턱걸이	5,425
10	직장	4,829
11	퇴근	4,646
12	투자	4,638
13	병원	4,266
14	샤워	4,190
15	회사	3,939
16	스트레칭	3,921
17	커피	3,887
18	아이	3,679
19	미라클	3,510
20	친구	3,434

※ 분석 키워드 : 루틴 ※ 분석 채널 : 블로그, 카페, 커뮤니티, 트위터 ※ 분석 기간: 2020.10.01~2021.06.30.

출처: 코난테크놀로지

TREND KEYWORD 2022

헬시플레저

건강관리가 즐거워진다는 의미로, 『트렌드 코리아 2022』에서 키워드로 제안한 신조어다. 요즘 소비자들은 더 이상 건강과 다이어트를 위해 고통을 감수하거나 절제하려 하지 않는다. 젊은 세대가 건강에 관심을 두기 시작하면서 과정과 결과가 모두 즐겁고 지속가능한 건강관리 방법이 각광받고 있다. 건강관리 영역에서도 '힙'함이 중요한 선진국형 라이프스타일로 이행하고 있음을 보여준다.

『트렌드 코리아 2022』, pp.274~299

MZ세대 건강기능식품 이용 추이

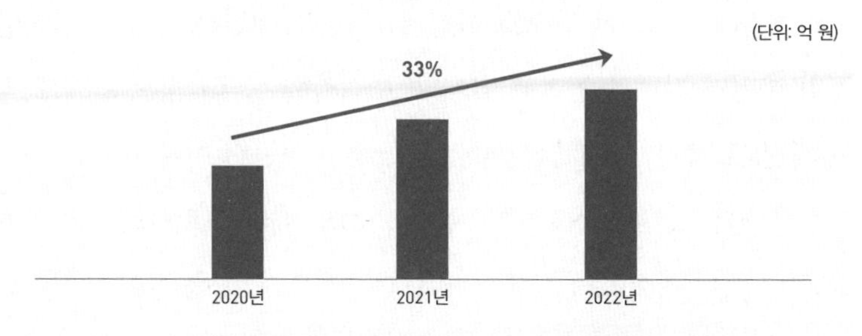

* 2020년 상반기 vs 2022년 상반기, 신한카드 이용금액 기준

출처: 신한카드 빅데이터연구소

품 카테고리 거래액은 전년 대비 51% 증가했다. 이 중 20대와 30대의 거래 증가율은 각각 56%와 66%로 가파른 성장세를 보였다.[5] 한국건강기능식품협회에 따르면, 2021년 2030세대의 건강기능식품 소비자 비중은 전년보다 4% 증가한 32%를 차지했다. 젊은 세대가 영양제 시장의 큰손으로 자리 잡을 날이 머지않아 보인다.[6] 여기서는 구체적인 헬시플레저 전략을 무언가를 뺌으로써 실천하는 '마이너스 전략'과 더함으로써 이루려는 '플러스 전략'으로 나누어 살펴보려 한다.

마이너스 전략

한 상 가득 차린 음식을 짧은 시간에, 그것도 혼자 옹골차게 먹어 치우는 먹방의 인기가 여전한 가운데, "한 입이면 충분하다"고 말하는 사람들이 돌연 등장했다. 이른바 '소식좌'들이다. 소식小食에 일인자를 뜻하는 유행어 '좌座'를 붙여 불리는 이들은 대식가들과 정반대의 먹방을 선보인다. 과자 한 입을 오물거린 뒤 "배부르다"라고 하며, 아이스 바닐라 라테 한 잔으로 아침 겸 점심을 해결하고, 저녁에는 따뜻한 바닐라 라테로 공복을 달랜다. 소식좌들이 극단적으로 적게 먹는 과정 그 자체가 새로움과 즐거움을 낳고 있는 것이다.

이에 시장도 반응하고 있다. 물만 마셔도 배가 부르다는 소식좌들을 위해 미니 사이즈의 식품들이 속속 출시됐다. 예를 들어 초정탄산수의 다양한 용량들 중에서 가장 인기가 많은 것은 한 입에 마시기 좋은 190밀리리터 사이즈였다. 롯데제과의 프리미엄 아이스크림 브랜드 나뚜루도 기존 아이스크림 케이크의 크기를 부담스러워하는 소비자를 위해 미니 사이즈 제품을 출시했다.[7] 이처럼 합리적인 소용량으로 오히려 소비자들의 만족도를 높이는 식품들은 불경기 속에서 계속 늘어날 것으로 보인다('체리슈머' 참조).

식품에 첨가된 특정 성분을 제외하는 것도 지속가능한 건강을 위한 또 다른 방법으로 꼽혔다. 저칼로리로 즐길 수 있는 '속세의 맛'을 지닌 음식들의 향연이 펼쳐졌기 때문이다. 특히 식품 시장에서 당도와 열량을 낮춘 로low푸드의 위상이 높아졌다. 실제로 위메프에 따르면, 2022년 6월 한 달간 로푸드와 관련한 식품 판매량이 전년 동기 대비 급증했다. 예컨대 '제로칼로리' 탄산음료 판매량은 396% 증가했고, 카페인이 전혀 들어 있지 않은 '무카페인' 제품의 수요도 늘어 매출이 96% 신장했다. 커피의 대체품으로 떠오른 '보리커피'의 판매량은 589% 껑충 뛰었다. 간식류에서는 '저칼로리 과자(635%)'가 많이 팔렸고 밀가루 없이 만든 제품을 뜻하는 '글루텐 프리(3,768%)' 식품의 판매량도 크게 늘었다.[8] 탄산음료 중에서는 칼로리뿐 아니라

당이나 색소가 없는 제품들도 많은 사랑을 받았다. 마이너 음료였던 '나랑드사이다'는 칼로리 · 색소 · 설탕 · 보존료 등을 첨가하지 않은 '4 Zero' 제품이라는 건강 이미지를 앞세웠다. 기존 탄산음료 대신 건강한 음료를 찾는 소비자들이 늘면서, 2019년부터 매년 2배 이상의 매출 증가를 기록하고 있다.

주류 시장에서도 '마이너스 전략'은 주효했다. 맥주 · 소주 할 것 없이 첨가물을 제외하고 출시된 주류가 대세로 자리 잡았다. 저칼로리 맥주가 대표적이다. 독일 밀맥주 브랜드 에딩거가 선보인 '에딩거 알코올프라이'는 지방과 콜레스테롤이 들어가지 않은 저열량이라 칼로리 부담이 없어 건강을 챙기는 소비자들의 지지를 받고 있다.[9] 무알코올 맥주에 이어 과당을 사용하지 않은 소주 제품들도 등장했다. 롯데칠성음료가 16년 만에 선보인 신제품 '처음처럼 새로'는 과당을 사용하지 않은 '제로 슈거Zero Sugar' 소주로 출시 전부터 고객들의 큰 관심을 받았다.[10]

채식도 헬시플레저의 대표적인 마이너스 전략 사례다. 육식을 줄

출처: 각 제품 홈페이지

● ● ● 무언가를 뺌으로써 실천하는 헬시플레저의 마이너스 전략은 주로 음료와 주류 시장에서 주효했다. 용량 · 칼로리 · 색소 · 설탕 등 다양한 방식으로 마이너스 전략을 적용한 제품들이 건강을 챙기는 소비자들에게 많은 사랑을 받고 있다.

이려는 니즈가 커지면서 편의점 업계도 비건 카테고리의 신상품들을 속속 출시해 소비자들의 환영을 받고 있다. CU는 비건을 위한 간편식 라인인 '채식주의 간편식 시리즈'를 론칭해 3년 만에 누적 판매량 500만 개를 돌파하는 등 소비자들로부터 호응을 얻었다. 이 중 가장 높은 인기를 차지하고 있는 식품은 '채식주의 참치마요 김밥'으로, 100% 식물성 원재료만 사용한 것이 특징이다.[11]

플러스 전략

최근 식품 업계에서 새롭게 주목받는 식품군은 '화이트 미트White Meat'다. 닭·오리·칠면조 등의 가금류 고기와 광어나 대구 같은 흰살 생선 등을 지칭한다. 열량이 낮고 단백질이 풍부해 맛있으면서도 몸에 좋은 음식으로 각광받고 있다. 슈퍼푸드로 알려진 칠면조 햄이 들어간 터키 샌드위치부터 어묵바, 오리 바비큐에 이르기까지 종류 또한 다채롭다. 즐기면서 건강관리를 하고 싶은 소비자들에게 매우 매력적인 제품들이다.[12] 이처럼 플러스 요소를 갖춘 풍부한 식품으로 식단을 짜는 것도 헬시플레저를 추구하는 또 다른 방법이다.

이러한 분위기 속에서 식단에 플러스할 수 있는 대장주 격 영양소인 단백질의 활용법이 달라졌다. 헬스 마니아들이 빠르게 운동 효과를 보기 위해 섭취하는 분말 형태의 단백질 보충제가 음료 형태로 바뀌면서 이를 아침 식사 대용이나 간식으로 먹는 소비자들이 늘어났다. 운동 전용 식품으로 여겨지던 단백질 관련 제품이 일상 속 가벼운 먹거리로 진화한 것이다. 단백질 제품은 1세대 분말 형태에서 2세대 시리얼 바, 과자를 거쳐 3세대 즉석 음료로 진화해 꾸준히 성장 중이다. 실제로 한국농수산식품유통공사에 따르면 국내 단백질 식품 시장 규모는 2018년 814억 원에서 2021년 3,364억 원으로 4배 이상 늘었다. 업계에서는 2022년 단백질 식품 시장이 4,000억 원대 규모로 추산될 것으로 전망한다.

더불어 특정 기능을 증진하는 영양소를 담은 음료도 소비자들에게 꾸준한 인기를 얻고 있다. 장 건강이나 스트레스 해소 등에 도움이 되는 기능성 차 음료들이 흥행 중인데, 2021년부터 인기를 끌기 시작해 업체들이 앞다퉈 출시하고 있는 콤부차가 대표적이다. 콤부차는 홍차나 녹차에 발효를 일으키는 유익균 '스코비'를 첨가해 만드는 발효음료로 발효 과정에서 탄산과 프로바이오틱스가 생성돼 마실 때 소화작용과 위장 건강을 돕는다고 알려져 있다. 실제로 콤부차 등을 앞세운 티젠은 2021년 매출 407억 원을 기록해 전년 대비 2배가량 성장하기도 했다.[13]

힘을 모아 가치

수년간 목표 설정, 동기부여, 의사결정 등을 연구해온 아옐릿 피시배크Ayelet Fishbach 교수는 저서 『반드시 끝내는 힘』에서 "개인 혼자서는 목표에 도달하기 어렵다"는 결론을 내렸다. 타인의 도움을 통해 개인의 목표를 이루는 것이 훨씬 수월하다는 것이다. 사이클 선수들이 경기 중 혼자 달릴 때보다 다른 선수들과 함께 달릴 때 속도가 더 빠르다는 것은 널리 알려진 사실이다. 이처럼 타인이 나를 지켜볼 때 더 열심히 일하는 경향을 '사회적 촉진social facilitation'이라고 한다. 엔데믹 시대, 소비자들은 혼자가 아닌 힘을 모아 가치를 만드는 루틴이가 되기를 자처했다.[14]

사람을 모아 더 큰 가치를

함께 운동하면 혼자 하는 것보다 시너지가 난다. 함께할 때, 고통은 N분의 1로 줄어들고 즐거움은 N배가 된다. 코로나19 팬데믹도 '함께하는 즐거움'을 완전히 빼앗아가지는 못했다. 산행대회는 그동안 국내 단체여행의 대명사 격이었다. 하지만 전염병이 유행하는 상황에서 단체 모임의 부담을 덜기 위해 산행대회의 운영 방식에도 변화가 생겼다. 삼성생명의 경우 산행대회를 각자 개별적으로 참여하되, 앱을 통해 인증하는 방식으로 치렀다. 한화생명도 연례행사인 '63계단 오르기' 대회를 언택트 방식으로 진행했다. 꼭 63빌딩이 아니더라도, GPS를 탑재한 앱을 다운받아 참가자가 원하는 장소에서 63빌딩 계단 수인 1,251개에 달하는 계단을 앱을 켜고 오르며 챌린지를 수행했다.[15] '함께하지 않는 듯 함께하는' 엔데믹 시대의 단체 운동법이었던 셈이다.

나아가 플랫폼을 이용해 비대면으로 함께하는 운동도 각광받았다. 선의의 경쟁 관계를 만들기도 하고, 성취에 따른 적절한 보상을 통해 서로를 독려한다. 예컨대 교육·피트니스 플랫폼 야나두에서 내놓은 '야핏 사이클'은 현금처럼 쓸 수 있는 마일리지 적립 시스템이 결합된 운동 서비스다. 전면부에 부착된 전용 태블릿PC 화면 속 가상 캐릭터를 움직여 친구들과 사이클 경주를 하거나 주요 도시의 랜드마크 일대를 달리면서 '금괴 수집' 등의 미션을 수행한다. 이 서비스는 출시 6개월 만에 매출 100억 원을 돌파했으며, 2022년에는 300~500억 원의 매출을 올릴 것으로 기대하고 있다.[16] 마라토너의 페이스메이커처럼 옆에서 응원해주는 앱도 유행했다. 비대면 달리기 앱 '런데이RunDay'는 개인 트레이너가 옆에서 같이 달려주는 것처럼 느껴지게 육성으로 운동 방법을 알려주는 서비스다. 러닝을 처음 시작하는 초보부터 숙련된 러너까지 맞춤형 플랜도 다채롭게 구성되어 있다. 각자 원하는 장소에서 달리고 기록을 서로 비교할 수 있는 '버추얼 레이스' 시스템으로 많은 이들의 환영을 받았다.

챌린지를 모아 사회적 가치를

습관 형성 앱의 인기는 꾸준히 이어지고 있다. 국내의 대표적인 습관 형성 앱으로 꼽히는 '챌린저스'의 2022년 4~6월 평균 월간활성사용자수MAU는 약 20만 명에 달한다. 루틴 관리 앱 '마이루틴' 역시 2022년 1분기 MAU가 전년 동기 대비 8배 상승한 것으로 알려졌다. 그런데 이러한 앱들의 역할은 개인의 생활 습관을 유지하는 것에만 한정되지 않는다. 다양한 사회적 가치를 반영한 챌린지를 진행하는 등 중요한 신념을 환기시키고, 긍정적인 영향력을 발휘하고 있다.[17]

습관 형성 앱은 기업과의 협업을 통해 소비자들이 사회적 가치를 높일 수 있는 챌린지들을 다채롭게 선보였다. '챌린저스'는 여러 기업들과 제휴해 캠페인형 챌린지를 개설하며 고객들의 건강한 삶과 지구 친환경, 지역사회의 안정에 기여하기 위한 행보를 이어갔다. 실제로 '챌린저스'와 함께 캠페인형 챌린지를 개설한 누적 제휴 기업

수는 2022년 4월 기준 전년 동기 대비 11배 이상이며, 개설된 챌린지 수도 16배 이상 증가하는 등 1년 사이에 가파른 성장세를 보이고 있다. 삼성전자·한화생명·신한금융투자 등 굴지의 기업들뿐 아니라 환경부·한국관광공사와 같은 관공서에서도 챌린저스와 함께하는 캠페인을 시행했다.

깨끗한 지구를 지키기 위한 친환경 캠페인도 다양하게 진행됐다. 환경부에서 '물의 날'을 맞아 개최한 '생활 속 물 절약 챌린지'에는 7,000여 명이 참여하며 일상에서 지킬 수 있는 물 절약 미션을 실천했다. 환경부의 '대중교통 이용하기 챌린지'와 신한금융투자의 '마스크 올바르게 버리기', 화장품 기업 토니모리에서 진행한 '오하착: 에코백 사용하기 챌린지', '클린스트리트 챌린지' 등도 대규모 인원이 참여해 평균 97%를 웃도는 달성률과 평균 4.9점의 높은 이용자 만족도를 기록했다.[18]

특정 사람들만을 위한 생활 습관 개선 앱도 새롭게 등장했다. 가령, 1인 가구 큐레이션 플랫폼 혼족의제왕은 앱 내 생활 습관 개선 미션 서비스 운영 노하우를 기반으로 자취 습관 형성 챌린지 프로그램인 '자취원정대' 베타 서비스를 선보였다. 자취원정대는 1인 가구가 절약과 집안일에 어려움을 많이 느낀다는 점에 착안해 '도전 원룸 탈출'과 '도전 오늘의 살림' 등으로 미션을 세분화했다. 21일간 집안일과 절약 미션을 수행하며 좋은 자취 습관을 형성하는 것을 목표로 한다. 미션을 수행하면 기부금이 적립되어 사회공헌에 일조할 수 있다는 장점도 있다.[19]

기업과 소비자 모두 낙숫물이 바위를 뚫는 인내를

큰 성공이 어려워진 저성장기 시대에는 반복되는 일상에서 자아의 의미를 찾는다. 평범한 인생일지라도 최선을 다하겠다는 자기 다짐적 삶을 살아내는 것이다. 그렇다면 바른생활과 일상력을 추구했던 루틴이 트렌드는 앞으로 어떻게 발전할까?

첫째, 소비자 입장에서 루틴이 트렌드는 불황 경제의 생존법으로 대두되고 있다. 고물가 시대, 소비자들은 '짠테크'를 실천하기 위한 습관 만들기에 더욱 전념할 것이다. '0원으로 일주일 살기', '무지출 챌린지'처럼 일상에서 미션을 수행하며 절약을 습관화하는 것이다. 챌린지 방식이 인기를 끄는 것은 혼자 하는 것이 아니어서 중도에 포기할 확률이 낮기 때문이다. 블로그에 절약 기록을 남기거나, SNS를 통해 다양한 팁을 공유하고 응원하면서 습관을 유지하도록 도와준다. 이러한 챌린지들은 소비자들의 "나는 할 수 있다"라는 '효능감'과 연결되어 있다. 올바른 삶을 살아냈을 때 자신의 효능감을 증진시킬 수 있는 것처럼 절약 챌린지를 하면서 스스로 바른 삶을 살아내고 있다는 자신감을 느낀다. "티끌 모아 티끌"일지라도, 하루하루 성취한 자신을 돌아보며 만족감을 채우는 것이다('체리슈머' 참조).

둘째, 기업 입장에서는 챌린지 방식을 소비자의 직접 참여를 도모하고 사회적으로 기여해 자사를 홍보할 수 있는 마케팅 전략으로 활용할 수 있다. 기업의 사회적 책임은 이제 거스를 수 없는 중요 경영 요선으로, 루틴이 트렌드는 기업의 ESG 경영 실천을 위한 효과적인 활용책으로 더욱더 주목할 필요가 있다. 소비자들의 참여를 끌어내면서도, 가치 있는 신념에 대한 기업의 선한 영향력을 전파하는 데 제격이기 때문이다.

많은 조직에서도 루틴이의 성실한 하루를 지원하는 커뮤니케이션 전략을 도입하고 있다. 이를 위해 인사·조직 관리에서도 루틴이들의 업무 자율성을 보장하는 한편, 이들이 최대한의 성과를 낼 수 있도록 독려하는 피드백 기반의 상시적 평가 시스템을 구축해야 한다. 핵심은 빠른 피드백과 구체적인 칭찬이다. 오랜 시간이 필요한 원대한 목표보다는 일상에서 성취하는 소소한 목표 달성에 무게중심이 쏠리고 있기 때문이다. 이를 고려하여 장기적이고 거대한 피드백 대신 오늘 한 일에 대해 분명하게 알아봐주고, 정확하게 현황을 언급하는 노력이 중요하다.

이루지 못한 목표는 아쉽고, 아득한 미래를 생각하면 불안해지기도 한다. 하지만 무언가를 위해 노력했던 경험, 그 목표를 달성했던 성취감, 그 과정에서 느낀 감정들은 분명 변화의 씨앗이 된다. 새벽에 일찍 일어나 변화된 삶을 상상하고 그 하루를 조용하게 수련하는 동안 우리는 조금씩 변하고 있다. 그리고 그 변화를 추구하는 한 사람 한 사람이 모여 궁극적인 공동체의 변화가 시작된다. 내면의 작은 변화가 커다란 전체를 바꾸는 힘의 원천이다.

'수적천석水滴穿石.' 작은 물방울이라도 끊임없이 떨어지면 결국엔 돌에 구멍을 뚫을 수 있다는 사자성어다. 유례없는 경제 불황이라는 위기 상황에서 해답은 '꾸준함'에 있을 것이다. 낙숫물이 바위를 뚫듯이, 꾸준함이 꿈을 이루는 2023년을 기대한다.

일상 속 오아시스를 찾아서

기대만큼 나아지지 않은 일상에서 소소한 행복을 찾기 위해 고군분투한 2022년.
사막의 한복판에 놓인 것처럼 막막한 상황에서 우리는 어떻게든
살아남기 위해 자신만의 오아시스를 찾아 나섰다.

2022년 4월 18일 사회적 거리두기가 전면 해제됐다. 일상은 안정됐지만 마음은 그렇지 못했다. 코로나19가 엔데믹(풍토병)으로 전환됐지만, 재난 상황이 끝난 후 오히려 우울감이 증가하는 역설적인 현상이 나타났다. 이른바 '엔데믹 블루'라는 신조어까지 등장했다. 이는 일상이 회복되면서 오히려 상대적 박탈감과 피로감이 더해지는 현상을 말한다. 지난 2년간 외부 활동이 줄어들면서 스트레스를 겪었던 '코로나 블루'와는 반대되는 개념이다. 특히 재택근무에 익숙했던 직장인들은 다시 돌아온 출퇴근과 회식에 피로감을 호소했다.

재난은 모두에게 공평하게 잔인했지만, 일상이 회복되는 속도는 평등하지 않았다. 함께 공포를 느끼던 확산 국면 때보다 회복 국면

에 들어서자 오히려 상대적 박탈감을 느끼기 쉬워진 것이다. 2022년 5월, 〈동아일보〉가 10~60대 남녀 1,268명을 대상으로 설문조사한 결과 방역 조치가 엄격했던 코로나19 확산 초기(23%)보다 거리두기 해제를 앞둔 후기(61%)에 우울감을 느낀다는 답변이 더 많았다. 또한 엔데믹 이후에도 삶이 지금보다 나빠지거나 비슷할 것이라고 생각한다는 비관적인 답변도 절반 이상(57%)으로 나타났다. 이에 대해 백종우 경희대 정신건강의학과 교수는 "과거 동일본 대지진, 미국발 금융위기 등 큰 재난이 발생했을 때, 재난 직후보다는 시간이 흐른 뒤 더 큰 위기가 찾아왔던 것과 비슷한 경향을 보였다"고 분석한 바 있다.[1]

2021년이 일상 회복에 대한 기대감으로 버틴 한 해였다면, 2022년은 기대만큼 나아지지 않은 일상에서 소소한 행복을 찾기 위해 고군분투한 시기였다. 사막의 한복판에 놓인 것처럼 막막한 팬데믹 상황에서 우리는 어떻게든 살아남기 위해 자신만의 오아시스를 찾아 마음을 달랬다. 2022년 한 해 동안 소비자들이 일상에서 찾은 사막 속의 쉼터를 '시골 오아시스', '도시 오아시스', 그리고 '추억 오아시스'로 나누어 살펴보자.

시골 오아시스

팬데믹이라는 사막 속에서 일상의 오아시스를 찾는 첫 번째 방법은 '시골로 떠나기'였다. 시골로 향하는 양상에는 여러 가지가 있다. 우선 가볍게 시골 감성을 체험하고자 하는 수요가 늘었다. 럭셔리한 호텔에서 휴가를 즐기는 호캉스는 이제 흔한 단어가 됐다. 2022년의 힙한 여행이란 몸빼바지를 입고 아궁이에 불을 때는 시골여행이다. 2022년 9월 기준 인스타그램에서 검색되는 '#시골여행'이 달린 게시물은 3만2,000개, '#촌캉스'가 달린 게시물은 2만6,000개에 달한다. '농촌체험/산촌체험' 관련 SNS 언급량 추이를 살펴보면 최근 '촌 생활'에 대한 관심이 증가하고 있음을 명확하게 알 수 있다. '농촌체험' 관련 SNS 언급량은 2019년 이후 완만한 상승세를 보이는데 2021년에 갑자기 검색량이 급증했다. 인구밀도가 높은 도시를 벗어나 한적한 농촌 라이프를 즐기는 여행 트렌드가 2021년을 기점으로 확산된 것으로 보인다.

시골여행을 선호하는 분위기에 힘입어 지자체들도 다양한 체험 프로그램을 내놓고 있다. 전라남도 해남군에서 운영하는 '땅끝마실'

'농촌체험/산촌체험' 관련 SNS 언급량 추이

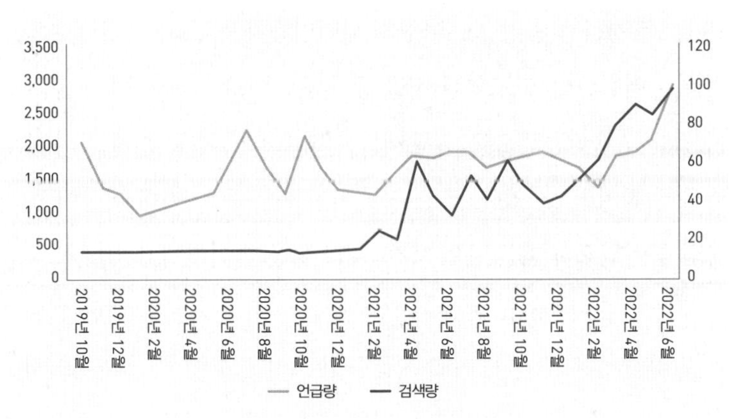

※ 분석 키워드 : 뷰맛집, 바다뷰, 산뷰, 논밭뷰, 숲멍, 물멍, 농촌체험, 산촌체험, 홈파밍 등
※ 분석 채널 : 카페, 블로그, 커뮤니티, 트위터 ※ 분석 기간: 2019.10.01~2022.06.30
출처: 코난테크놀로지

출처: 해남문화관광재단, 외암민속마을

●●● 시골여행이 힙해지면서 각 지자체에서는 관광객을 끌어모으기 위한 다양한 프로그램을 내놓고 있다. 전남 해남의 '땅끝마실', 충남 아산의 '외암민속마을' 등 고즈넉한 시골 마을들이 MZ세대의 촌캉스 명소로 주목받으며 인기를 끌었다.

이라는 생활관광 프로그램이 대표적이다. 김치 담그기, 낚시, 트레킹 같은 오롯한 시골 체험을 즐길 수 있는 이 프로그램은 시범 운영을 시작한 2021년 11월부터 2022년 9월까지 약 700명이 이용했다.[2] 조선시대 집성 마을의 전통을 잘 간직하고 있어 중요민속문화재 제236호로 지정된 충청남도 아산의 외암민속마을도 MZ세대의 촌캉스 명소로 떠올랐다. 고즈넉한 시골 풍경을 그대로 간직한 이 마을은 살아 있는 민속박물관으로, 여행객들은 떡메치기, 전통 혼례 등의 체험 행사에 참여할 수 있다. 코로나19 이전에는 주로 50대 이상이 즐겨 찾던 곳이었으나 최근 들어 MZ세대의 방문이 이어지고 있다.[3]

시골이 오아시스로 떠오른 기본적인 이유는 '촌'에 대한 이미지가 달라졌기 때문이다. 이제 시골은 촌스러운 곳이 아니라 편안하고 정감 있는 장소로 인식된다. 이러한 트렌드를 소개한 대표적인 키워드가 **러스틱 라이프**다. 러스틱 라이프는 빅데이터 분석에서도 확인

TREND KEYWORD 2022

러스틱 라이프

날것의 자연과 시골 고유의 매력을 즐기며 도시 생활에 여유와 편안함을 부여하는 시골향向 라이프스타일을 지칭한다. 러스틱 라이프의 층위는 도시와 시골 생활의 비중을 어떻게 나누느냐에 따라 '떠나기–머물기–자리 잡기–둥지 틀기'의 4단계로 구분된다. 러스틱 라이프는 과밀한 주거·업무 환경에 고통받는 도시민과 경제 위축·인구 감소로 고민이 큰 지방자치단체에게 새로운 기회가 되고 있다.

『트렌드 코리아 2022』, pp. 246~273

'시골' 감성어 추이 분석

	2019.10.01~2020.09.30		2020.10.01~2021.09.30		2021.10.01~2022.06.30	
1	좋다	473,772	좋다	513,619	좋다	554,897
2	예쁘다	148,733	예쁘다	163,610	예쁘다	185,862
3	추천	132,245	힘들다	139,741	추천	164,677
4	힘들다	128,769	추천	134,621	힘들다	157,066
5	행복	107,414	행복	122,726	행복	136,269
6	즐겁다	95,696	재미있다	91,319	재미있다	108,265
7	만족	93,475	멋있다	81,906	멋있다	95,213
8	편하다	92,525	깔끔하다	81,525	깔끔하다	91,472
9	깔끔하다	91,257	편하다	76,255	즐겁다	90,314
10	깨끗하다	68,792	깨끗하다	61,132	아름답다	88,186
11	불편	47,847	편안	50,042	편하다	85,691
12	매력	44,784	불편	44,567	깨끗하다	70,107
13	가고싶다	33,741	기대	43,292	건강하다	64,985
14	불안	32,058	신나다	42,841	친절	64,915
15	피곤	28,263	가고싶다	41,501	불편	60,014
16	무섭다	25,369	매력	39,063	가고싶다	51,285
17	더럽다	16,788	맘에들다	32,685	위험	40,153
18	무난하다	12,120	불안	28,911	맘에들다	36,348
19	헤매다	11,139	무섭다	27,971	고급	34,513
20	불만	10,362	정감가다	25,575	불안	32,789
21	지옥	9,788	망하다	21,157	설레다	27,539
22	최악	8,066	더럽다	17,368	알차다	24,779
23	눈부시다	6,851	쾌적	11,377	훌륭하다	24,650
24	지저분	6,338	상쾌	9,153	쾌적	15,824
25	찝찝	5,374	싱그럽다	6,438	세련	10,532

출처: 코난테크놀로지

할 수 있다. 2019년 10월부터 2022년 6월까지 카페·블로그·커뮤니티·트위터 등에 올라온 '시골' 관련 감성어 추이 분석을 살펴보면, '무난하다'는 평가에서 '설레다'·'훌륭하다' 등 시골에 대한 긍정적인 인식이 점차 확산되고 있다는 것을 알 수 있다.

일하는 장소도 시골로 향했다. 원격근무가 확산되면서 일하는 공간에 대한 제약이 줄어들자 한적한 시골로 업무 공간이 확대됐다. 특히 휴가지에서 근무하며 일work과 여가vacation를 동시에 누리는 워케이션workation을 위해 직장인들이 지방을 찾았다('오피스 빅뱅' 참조). 2022년 7월, 퍼시스그룹 계열 오피스 가구 브랜드 '데스커'는 서핑과 파티의 성지인 강원도 양양에서 '워케이션 캠페인'을 시작했다. 선정된 기업과 개인은 6박 7일 동안 사무 공간과 숙소를 지원받는데, 캠페인 시작 후 50일 만에 11월까지 예약이 마감됐다.[4] 동해시는 야놀자 임직원 60여 명을 대상으로 2주 동안 워케이션 시범 사업을 진행해,[5] 경제진흥원·동해문화관광재단과 손잡고 동해시를 워케이션 장소로 찾는 사람들에게 밀키트·기념품·지역화폐·관광지 입장권 등을 지원했다.[6]

시골에서 장기간 숙박하는 사람들도 많아졌다. 이에 맞춰 여행 업계에서는 이른바 '롱스테이족'을 겨냥한 마케팅을 전개했다. 여행 플랫폼 '여기어때'는 2022년 4월부터 예약 가능한 숙소의 최대 연박 기간을 기존 7박 8일에서 30박 31일로 확대했다. 실제로 여기어때의 1분기 연박(2박 이상) 예약 건수는 2021년 동기 대비 69% 급증한 것으로 나타나 여행 소비 패턴의 변화를 여실히 보여줬다.[7] 이에 지방자치단체들도 '로컬 스테이' 기반 확충에 힘을 기울이고 있다. 예컨대 동해시는 동호지구에 바닷가 책방마을을 조성하고, 로컬 스테이 체험단 프로그램을 운영하고 있다.

흥미로운 점은 MZ세대를 중심으로 유명 관광지보다 지방의 소도시를 찾는 경향이 늘어나고 있다는 것이다. 신한카드 빅데이터연구소의 분석에 따르면 2019년 7월 대비 2022년 7월 휴가 관련 업종의 오프라인 결제 건 증가율은 제주(37.4%)와 강원(37%)이 가장 높았으나, 전남이 32.6%로 부산을 제치고 3위에 올랐다. 신한카드 빅데이터연구소는 여수·순천·목포·담양·광양 등을 방문하는 2030세대가 증가했기 때문이라고 분석했다.[8] 실제로 여행 전문 플랫폼 '트리플'에 따르면 2022년 영호남과 충청의 시·군 단위 관광지 방문객이 무려 408% 증가했다.[9] 남들과 차별화된 여행지를 선호하는 MZ세대의 특성이 여행의 목적지를 촌으로 바꾸고 있는 것으로 보인다. 이러한 트렌드는 이슈어 분석을 통해서도 확인이 가능하다. '워케이션'과 '한달살기' 주요 이슈어 분석에 따르면, 대구·경주 등 전통적인 관광지가 아닌 새로운 도시들이 새롭게 등장하는 현상이 두드러진다.

이처럼 여러 이유로 지방에 머무르는 사람들이 많아지면서 2022년에는 지방 경제가 활성화될 것이라는 기대감이 높아졌다. 한국관광공사는 워케이션의 생산유발효과가 약 4조5,000억 원에 달할 것으로 추산하고 있다.[10] 실제로 신한카드 빅데이터연구소의 데이터에 따르면, 수도권에 거주하지만 주거래 지역에 지방이 포함된 고객의 수가 2020년 상반기 대비 2022년 상반기에 약 15% 증가했다.

지방을 찾는 사람들이 많아지면서 관광 콘텐츠에도 변화의 물결이 일었다. 특히 MZ세대 사이에서 특정 지역의 독특한 감성을 힙하

주거래 지역에 지방이 포함된 수도권 거주민 수 변화

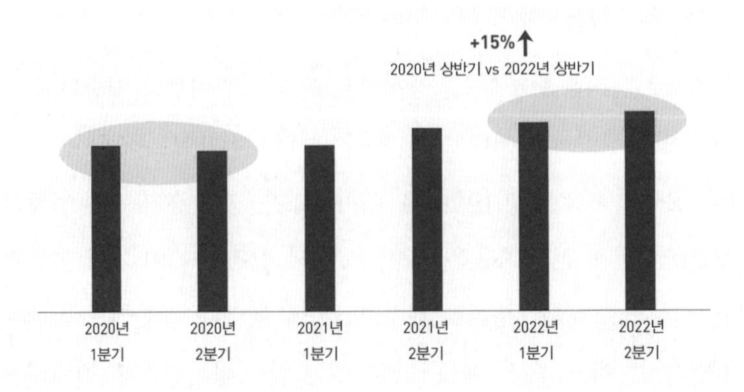

출처: 신한카드 빅데이터연구소

게 여기며 식품·공간·관광·굿즈·서비스·축제 등을 선호하는 '로컬 힙' 트렌드가 나타나면서 지방의 작은 브랜드들이 주목받았다. 경상남도 마산의 문화를 반영한 티셔츠와 굿즈를 판매 중인 '마사나이', 부산의 정체성을 담아낸 제품들을 모아 14년째 영업 중인 편집숍 '발란사' 등이 대표적이다.[11] 시골점방도 MZ세대의 눈길을 끌었다. 점방은 가게를 의미하는데, 마트와 편의점이 지금처럼 흔하지 않던 시절, 시골점방은 마을에 생활필수품을 제공하는 공급처이자 주민들이 휴식을 취하는 카페로 기능했다. 드물게 남아 있는 몇몇 시골점방들이 MZ세대의 필수 여행 코스로 자리 잡았다. 대표적으로 1964년 문을 연 경기 광주의 '번천상회'가 있다. 할머니가 운영하던 점방을 손녀가 물려받았는데, 오래된 인테리어와 소품에 요즘 감성을 더하면서 SNS에서 사진 맛집으로 유명해졌다.[12]

도시 오아시스

시간과 여유를 만들어 시골 오아시스로 떠나기 힘든 사람들은 지척에서라도 자기만의 아지트를 찾는 것이 최선이었다. 2022년 Z세대의 여가 트렌드를 반영하는 키워드 중 하나는 '욕실'이었다. 1인 가구의 비중이 높은 Z세대의 특성상 집에 욕조가 없는 경우가 많기 때문에 욕조가 있는 공간을 대여하는 방식으로 일상에서 힐링을 추구했다. 일례로 욕실 브랜드 이누스가 오픈한 1인 욕실 휴양 공간 '후암별채 이누스'는 석 달 치 예약이 꽉 차 있을 정도로 인기가 높다. 편백나무로 만든 욕조가 설치된 공간을 중심으로 휴식을 취할 수 있는 작은 방이 함께 갖춰져 있는데, 고급스러운 웰컴 티 · 휴대용 조명 · 블루투스 스피커를 구비해 여유로운 시간을 보낼 수 있도록 배려했다. 특이한 점은 원하는 날짜와 시간을 지정해 일 단위가 아닌 시간 단위로 예약을 할 수 있다는 것이다.[13] 욕실 문화 공간 '시지프' 역시 독립된 욕조 공간과 작은 마당을 프라이빗하게 사용할 수 있는데, 5시간 단

출처: 후암별채 이누스 인스타그램

●●● 멀리 갈 형편이 되지 않는 사람들은 도시에서 오아시스를 찾는다. 도심에서 만나는 1인 욕실 휴양 공간, 3달 치 예약이 꽉 차 있을 정도로 인기가 높다.

위로 예약이 가능하다. '휴식'에 진심이지만 매번 호캉스를 즐기거나 산이나 논밭을 찾을 수 없는 사람들을 위한 시간 쪼개기 오아시스인 셈이다('체리슈머' 참조).

도시에서 오아시스를 찾는 더 손쉬운 방법은 집 앞 편의점에서 로컬의 감성이 담긴 상품을 구매하는 것이다. 2022년 여름, 이마트24는 아이스크림 PB 상품으로 성주 참외콘과 부산 씨앗호떡콘을 출시했고, CU는 각 지역을 대표하는 중소 브루어리들과의 협업을 통해 서울 페일에일 · 경기 위트에일 · 강원 에일 · 충청 세션IPA · 전라 라거 등 수제맥주 시리즈를 선보였다.[14] 이러한 마케팅은 지역에 방문하지 않아도 가까운 거리에서 로컬 감성을 즐길 수 있게 해주었다.

로컬은 2022년 트렌드의 핵심이었다. 현대백화점 부산점에서 팝업스토어 '범일상회'를 운영한 사례가 대표적이다. 부산을 대표하는 주조 업체 '대선주조'와의 협업으로 1930년대 생산된 대선 제품과 1.8리터 유리병에 든 일명 '됫병 소주' 등을 전시해 볼거리를 제공했다. 대선주조 외에도 부산 사이다, 에어 부산 등 부산을 대표하는 브랜드의 팝업스토어가 연이어 열렸다.[15] 시몬스가 운영하는 로컬푸드 직매장 '시몬스 파머스 마켓'도 주목할 만한 사례다. 2018년부터 시몬스 침대 공장이 있는 이천시 '시몬스 테라스'에서 지역 농가들의 농 · 특산물을 판매하고 있는데, 하루 방문객이 최대 7,000여 명까지 몰리면서 도심 속 로컬 문화 공간으로 자리 잡았다.[16] 이러한 트렌드는 데이터로 확연하게 드러난다. 신한카드 빅데이터연구소가 2019년부터 올해까지 매년 1분기 중 신규 가맹점명 데이터를 분석한 결과, 부산 · 대구 · 전주 · 인천 등 지역 이름이 들어간 가게들이 많아진 것으로 나타났다. 이에 대해 신한카드 빅데이터연구소는 코로나19 이후 지역의 가치를 비즈니스로 연결해 소비자에게 친근함을 소구하는 '로코노미(로컬+이코노미)' 트렌드가 부상하고 있다고 분석했다.[17]

도심에서 오아시스를 찾기 어렵다면 가까운 곳에서라도 오아시스를 찾아야 한다. 코로나19에 지친 마음과 몸을 달래는 치유의 두 번째 방법은 도시에서 멀지 않은 곳에서 힐링의 공간과 아이템을 찾는 것이다. 『트렌드 코리아 2021』에서는 등산이 MZ세대의 힙한 취미로 부상하는 **'오하운'** 트렌드를 소개한 바 있는데, 코로나 사태가 장기화되면서 도심과 가까운 산과 숲이 여가의 장소로 여전히 인기를 누리고 있다. 산으로 향하는 MZ세대가 많아지면서 등산 풍경도 달라졌다. 서울과 경기권 주변의 산자락에는 도토리묵과 막걸릿집 대신 대형 베이커리 카페가 자리를 잡았다. 꼭 등산하지 않더라도 초록색으로 덮인 풍경을 보며 생활 여행을 즐길 수 있기 때문이다. 빵과 커피를 매개로 자연과 여유를 소비하는 셈이다.[18] 코난테크놀로지의 분

TREND KEYWORD 2021

오늘하루운동(오하운)

등산·골프·서핑·테니스 등 운동이 MZ세대 라이프스타일의 필수로 자리 잡은 현상을 뜻한다. 운동 열풍의 이면에는 코로나19의 영향으로 건강 증진에 관심이 커진 사회적 분위기도 있지만, 무엇보다 자기 관리에 진심인 MZ세대의 세대적 특성과 관련 기기 및 플랫폼 시장의 성장 등 복합적인 원인이 작용했다. 운동의 일상화는 한국인의 삶의 기준이 성취와 경쟁에서 즐겁고 건강한 가치를 찾는 것으로 이동하고 있음을 시사한다.

『트렌드 코리아 2021』, pp. 278~303

석에 따르면, '뷰맛집/산뷰/논밭뷰/숲멍/물멍' 등의 SNS 언급량과 검색량이 2019년 이후 지속적으로 상승하고 있다. 코로나19로 지친 마음을 시골에 기대고자 하는, 작은 여유를 추구하는 사람들이 많았다는 것을 알 수 있다.

가까이서 시골 오아시스를 찾을 수 있는 또 다른 방법은 콘텐츠를 소비하는 것이다. 2022년에는 지방의 고즈넉한 풍경을 담거나 시골 또는 섬을 체험하는 내용의 방송 프로그램들이 쏟아졌다. 시골 슈퍼의 정감을 담은 tvN 〈어쩌다 사장〉 시리즈, 섬에서의 자급자족을 다룬 MBC 〈안 싸우면 다행이야〉, 자연 속의 캠핑카 여행을 소재로 한 tvN 〈바퀴 달린 집〉 등 힐링 예능 프로그램들이 대중의 사랑을 받았다.[19] 지역 문화를 주제로 한 인플루언서들의 시장 영향력이 확대된 사례도 눈에 띈다. 대표적으로 2022년 9월 기준 구독자 수가 60만 명이 넘는 유튜브 채널 '여수언니정혜영'이 유명하다. SNS와 블로그에 올라오는 여수 여행 후기 중에는 '여수언니정혜영'의 브이로그를 보고 여수 여행을 왔다는 내용이 많다.[20] 유튜브 채널에 대한 호감이 해당 지역에 대한 관심으로 이어진 것이다.

추억 오아시스

팬데믹이 장기화되면서 과거 추억으로부터 위로를 얻는 어른이들이 많아졌다. 『트렌드 코리아 2022』에서 소개한 **'엑스틴'**과 1980년대생인 밀레니얼 세대는 소비력을 앞세워 일상에서 추억템을 소비하는

TRENDKEYWORD 2022

엑스틴 이즈 백

엑스틴은 1970년대생으로, ① 경제적·문화적으로 풍요로운 10대 시절을 보내면서 형성된 자유롭고 개인주의적인 성향을 간직하고, ② Z세대와 알파α세대의 사이에 있는 10대 자녀와의 라이프스타일을 공유하는 세대라는 의미를 포괄한다. 엑스틴은 40대에 접어들면서 가장 큰 소비력을 갖춘 집단이자 신구 세대를 잇는 한국 사회의 허리다. 큰 시장을 장악하려면 엑스틴을 잡아야 한다.

『트렌드 코리아 2022』, pp. 300~325

주요 소비자로 부상했다. 1999년 혜성처럼 등장해 1020세대에게 폭발적인 지지를 받았던 싸이월드는 2010년대 이후 모바일 중심으로 개편된 스마트폰 시대가 열리면서 사실상 추억 속의 플랫폼으로 사라졌다. 그러다가 2022년 4월, 우여곡절 끝에 부활에 성공한 싸이월드는 '그때 그 시절' 감성을 소환하고 싶은 어른이들의 큰 지지를 받았다.

추억을 소환하는 예능과 드라마도 인기였다. 1980년 10월 방송을 시작으로 2002년에 종영한 MBC 드라마 〈전원일기〉는 2021년 여름, 41년 만에 다큐멘터리로 부활했는데, 5%가 넘는 시청률을 기록했다. 옛날 콘텐츠의 힘은 특히 유튜브에서 빛났다. 무려 13년 전에 방영된 KBS의 〈1박 2일〉 시즌1의 인기 영상 조회 수는 2022년 9월 기준으로 1,800만 회를 넘었고, MBC의 간판 예능이었던 〈무한도전〉의 일부 에피소드는 조회 수가 3,000만 회가 넘는다. 옛날 예능 프로그램의 클립 영상을 제공하는 유튜브 채널 '옛능: MBC 옛날 예능 다시보기'는 105만 명의 구독자를 보유하고 있으며, 영상의 누적 조회 수는

16억5,176만 회에 달한다(2022년 9월 기준).[21]

추억 소환 콘텐츠는 음원 쪽에서도 대세였다. 리메이크 음원의 인기와 차트 역주행 현상이 지속됐다. 가온차트 조사에 따르면 2022년 상반기 동안 멜론·지니·바이브·벅스·플로 등 국내 주요 8개 음원 사이트의 톱 100 중 1위로 집계된 곡은 '취중고백'이었다. '취중고백'은 가수 필이 2005년에 발표한 곡을 보컬듀오 멜로망스의 김민석이 다시 부른 곡이다. 신곡 범람의 시대에 놀라운 역주행이었다. 옛 노래도 강세를 보였는데, 2012년에 발표된 성시경의 '너의 모든 순간'이 44위에 올랐고, 자우림의 2013년 발표곡 '스물다섯, 스물하나'가 동명의 드라마 흥행에 힘입어 79위에 진입했다.[22]

식품 산업은 레트로 마케팅이 가장 활발한 분야였다. 대표적으로 '포켓몬빵' 열풍을 빼놓을 수 없다. 1990년대 말에서 2000년대 '국민빵'으로 불렸던 포켓몬빵이 약 20년 만에 재출시되면서, 당시 어린 시절을 보냈던 30대의 추억을 자극했을 뿐 아니라 현재 1020세대에게도 신선한 **'뉴트로'** 감성을 제공했다. 공급이 수요를 따라잡지 못하

TREND KEYWORD 2019

요즘옛날, 뉴트로

뉴트로는 익숙하지 않은 옛것에서 새로움을 느끼고 참신함을 경험하는 트렌드를 의미한다. 레트로가 중장년층을 대상으로 지난날의 향수에 호소하는 것이라면, 뉴트로는 과거를 모르는 젊은 세대들에게 옛것에서 찾은 신선함으로 승부한다는 뜻에서 '새로운 복고'라고 할 수 있다. 뉴트로는 과거의 무조건적인 재현이 아니라는 측면에서 브랜드의 오리지널리티에 기반하되, 창의적인 해석이 깃들여져야 한다.

『트렌드 코리아 2019』, pp. 241~264

는 현상이 나타날 만큼 큰 인기를 모은 포켓몬빵은 2022년 2월 출시 된 후 6개월 만에 누적 판매량 8,100만 봉 이상을 기록하기도 했다.

포켓몬의 성공은 복고 열풍에 불을 붙였다. 일례로 롯데마트는 만화 '검정고무신'을 소환했다. 검정고무신은 1992년부터 2006년까지 만화 잡지 〈소년챔프〉에 연재되어 한국 코믹스 사상 최장기 연재 기록을 세운 작품이다. 롯데마트는 '검정고무신' 속 등장인물이 먹던 바나나·크림빵·만두·자장면 등에서 영감을 얻은 패키지 상품을 출시했는데, 주인공 기영이가 즐겨 먹는 바나나에서 착안한 'B750 검정고무신 바나나'는 출시 일주일 만에 초도물량 8만7,000개를 모두 소진했다.[23] 팔도는 1980년대생이라면 공감할 만한 추억의 학습지 교원 '빨간펜'과 함께 '빨간펜×팔도 도시락'을 출시했다. 제품 내에 총 4개의 난센스 퀴즈를 동봉해 어린 시절 학습지를 풀던 기분을 느낄 수 있게 했다.

게임 시장에서도 뉴트로는 유효했다. 2000년대 초반 3040세대들이 즐겼던 추억의 PC게임들이 2022년 모바일로 재출시되면서 관심을 끌었다. 2012년 서비스를 시작한 'DK온라인'의 IP Intellectual Property(지식재산권)를 활용한 게임 'DK모바일: 디 오리진'은 2022년 8월 4일 정식 출시 후 단 이틀 만에 인기 순위 1위에 올랐다.[24] 1990년대 PC게임으로 큰 인기를 얻었던 시리즈 '대항해시대'도 돌아왔다. 2022년 8월 IP 출시 30주년을 기념해 라인게임즈가 '대항해시대 오리진'의 국내 서비스를 시작했는데, 3040세대 게이머들의 추억을 자극하며, 모바일 매출 순위 상위권 안착에 성공했다.

위기 속에서 빛나는 본질적 가치의 힘

코로나19에서 벗어날 수 있으리라는 희망으로 2022년을 시작했지만, 여전히 팬데믹은 우리 사회를 짓누르고 있다. 여기에 더해 유행성 독감과 코로나19가 동시에 유행하는 트윈데믹 상황이 발생할 수도 있다는 비관적인 전망마저 나온다. 코로나19가 아니더라도 일상은 더욱 팍팍해지고 있다. 고물가로 인한 생활비와 고금리의 부담이 가계에 가중되고 있다.

그런데 불안이 커질수록 본질적인 가치가 재조명된다. 가족·행복·휴식·공동체 등 발전과 경쟁의 가치에 밀려 잊고 있었던 기준을 다시 돌아보게 되는 것이다. 마이크로소프트의 '2022 업무 트렌드 지표' 보고서에 따르면, 응답자의 47%가 '가족과 개인의 삶을 더 중시하게 됐다'고 응답했다.[25] 마빈 차우Marvin Chow 구글 마케팅 부사장과 케이트 스탠퍼드Kate Stanford 광고 마케팅 총괄 디렉터 역시 코로나19 이후로 구글에서 '우리동네' 및 '지원하기' 관련 검색어가 늘었다는 결과를 발표하며, 전 세계적으로 지역에 관한 관심과 공동체 의식이 향상되고 있음을 지적한 바 있다.[26]

소비자의 가치관이 변화하면, 시장은 새로운 기회를 맞이하기 마련이다. 특히 대도시에 집중된 분위기에서 지방의 다양한 문화를 즐기는 트렌드를 지속가능하게 만들기 위해서는 지방자치단체의 특단의 노력이 필요하다.

먼저, 자기 지역만의 컨셉을 개발하고 그것을 장기적으로 유지해야 한다. 간혹 특정 지방자치단체의 관광 프로그램이나 굿즈가 유행하면 비슷한 프로그램이 우후죽순 생겨나는 경우가 있다. 이는 해당 지역의 스토리를 고려하지 못한, 단순 복제에 지나지 않는다. 뉴트로를 시장에 성공적으로 안착시킨 사례들의 핵심은 자신의 역사성heritage을 정확히 이해하고 독창적인 자기만의 이야기, 소위 '잇스토리it-story'를 개발했기 때문이다. 이처럼 지역적 특성에 기반한 유일무이한 내러티브를 고민해야 한다.

둘째, 러스틱 라이프의 확산을 위해서도 **소비자경험**CX, Customer eXperience 설계가 필요하다. 2022년 삼성과 LG를 필두로, 업계의 화두는 단연 소비자경험이었다. 더 나아가 TXTotal eXperience라는 용어까지 등장했는데, TX란 기술과 제조뿐 아니라 사용자·직원·고객의 경험까지 상호연결해 모든 이해관계자를 위한 총체적 경험TX을 향상시키는 것을 말한다. 예를 들어 이를 지방자치단체에 적용하면, 지역에 방문하는 소비자들이 어떤 교통편으로 어떻게 찾아오는지, 어떠한 콘텐츠를 즐기고 어디에서 머무르는지 등 심리스한seamless 여행경험을 설계할 수 있도록 해주는 것이다. 심리스 여행의 일환으로 2021년 7월 제주도는 '빈손여행'을 도입한 바 있다. 제주공항을 이용하는 승

TREND KEYWORD 2021

CX 유니버스

CX란 기업과 고객의 접점인 매장·제품·점원·앱 등 경험의 총체적인 흐름을 일컫는다. 제품이나 서비스를 인지하는 순간부터 구입·사용·수리·폐기·재구매까지의 전체 과정에서 고객이 느끼는 경험과 정서를 관리하고 설계해야 한다는 의미로 쓰인다.

『트렌드 코리아 2021』, pp. 332~355

객의 수화물을 대신 찾아 숙소까지 배송하는 '짐 배송 서비스'를 제공했는데, 이용자들의 만족도가 높아 2022년 7월부터 전국 주요 공항으로 확대·시행됐다.[27] 한국공항공사에서는 국내 공항과 관광지 사이의 심리스한 연계를 강화하고자 카약, 트립닷컴 등과 파트너십을 체결해 공식 홈페이지에서 항공권·렌터카·호텔 등을 한번에 예약하는 원스톱One-Stop 서비스를 제공하고 있다.[28] 이와 관련해서 스타트업들의 새로운 시도도 이어지고 있다. 글로벌 여행용 짐 보관·배송 서비스 업체 굿럭Goodlugg은 인천공항으로 입국하는 휠체어 이용 고객의 짐을 대신 찾아주고 목적지까지 배송해주며, GS25 편의점을 짐 보관소로 활용하는 서비스를 제공한다.[29]

2022년은 팬데믹과 위기 속에서 산업 전체가 길을 잃은 한 해였지만, 그 결과 한국 사회는 경쟁과 개발을 쫓던 성장 논리 대신 '쉼'과 '돌아보기'의 가치를 재조명하게 됐다. 그 속에서 사람들은 자신만의 오아시스를 찾아 스스로를 위로했다. 팍팍한 현실을 헤쳐나가는 과정이 그동안 당연했던 삶의 기준을 다시 돌아보게 한 계기가 된 것이다. 가치의 변화는 사회의 모습을 바꾸고, 나아가 시장의 지형도를 바꾼다. 2023년은 팬데믹에서는 벗어나 회복 국면에 진입하겠지만, 동시에 경기 침체를 체감하게 될 것이다. 우리 시장의 트렌드가 또 어떻게 바뀌고 그것이 시장에 어떤 영향을 주게 될지 한층 더 촉각을 세워야 할 때다.

메타버스와 내러티브가 만드는 새로운 현실

다중감각, 즉 시각·청각·후각·촉각·미각 등을 자극하고,
이야기를 통해 감성과 지성을 커뮤니케이션하며 몰입시킬 수 있다면
소비자는 뜨겁게 반응할 것이다.

코로나19 팬데믹에 따른 사회적 거리두기가 완화되며 2022년 소비자들의 활동 무대는 매우 넓어졌다. 2년여의 코로나 기간 동안 확장된 메타버스와 가상 세계는 그 영역을 더욱 넓혀갔고, 가상과 현실이 이어지는 연계는 더욱 부드러워졌으며, 새롭게 물리적 만남이 가능해진 실제공간에서의 활동도 크게 늘어났다.

이에 기업들은 가상과 실제의 스펙트럼을 넘나들면서 이용자들이 몰입할 수 있는 새로운 현실reality을 구축하기 위해 많은 노력을 기울이며 소비자들을 새로운 경험으로 인도했다. 이미 삶의 한 축으로 성장한 온라인 세계는 코로나19 시대를 거치며 더욱 크게 발달했다. 초기에는 일부 대기업의 시험적 무대였던 메타버스metaverse는 컴퓨

터 시뮬레이션을 기반으로 독자적 확장은 물론이고, 현실까지 연결된 다차원적인 경험을 만들어내고 있다. 나아가 현실 세계에서는 다양한 내러티브narrative(서사)가 전에 없던 '세계관'을 구축하며 소비자들에게 새로운 현실을 보여줬다. 이러한 새로운 현실이 꼭 완벽할 필요는 없었다. 다중감각, 즉 시각·청각·후각·촉각·미각 등을 자극하고, 이야기를 통해 감성과 지성을 커뮤니케이션하며 몰입시키는 것이라면 소비자는 뜨겁게 반응했다.

그렇다면 2022년의 이 새로운 현실은 어떻게 오프라인과 온라인의 경계를 지우고 사용자와 플랫폼을 연결하는 기술적·담론적 가능성을 보여주었을까? 『트렌드 코리아 2022』에서 소개했던 '실재감테크'와 '내러티브 자본' 키워드를 중심으로 ① 더욱 발달한 '메타버스', ② 가상과 실제가 이어지는 '디지털 그라데이션', ③ 내러티브로 연출된 새로운 컨셉의 세계관으로 나누어 살펴보자.

메타버스, 영역을 넓히다

가상공간cyber space은 미국의 SF 작가이자 사이버펑크 운동의 선구자인 윌리엄 깁슨William Gibson이 1984년 소설 『뉴로맨서Neuromancer』에서 처음 사용한 용어로서, "사람들의 물리적인 위치와는 상관없는 곳으로, 시간과 공간의 제약을 받지 않으며 컴퓨터와 정보통신망을 통해 상호연결되어 있는 공간"을 말한다.[1] 1990년대 이후 전자통신 기술이 비약적으로 발달하면서 이 개념은 공상과학이 아닌 현실의 개념이 됐다. 실제를 뛰어넘어 새로운 방식의 사회를 생성하며 몰입경험을 가능하게 하는 가상 세계는 오프라인이 주는 한계와 부족함에 대한 기술적 보완이다.[2]

오늘날 가상공간은 전통적인 온라인 세상을 뛰어넘어 새로운 인지적 경험을 줄 수 있는 '메타버스'로 진화하고 있다. 3차원 가상 세계를 뜻하는 메타버스는 현실 세계를 의미하는 'universe(유니버스)'와 가공·추상을 의미하는 'meta(메타)'의 합성어로, 이용자들이 독자적으로 콘텐츠를 생산하고 독립적인 가상화폐를 사용한다는 특징이 있다. 특히 온라인 소통의 새로운 장을 열었던 페이스북이 '메타Meta'로 사명을 바꾸면서, 메타버스가 이끌 향후 가상 세계 소통 방식의 방향성에 업계의 이목이 집중되기도 했다. 2022년 초, 페이스북의 모기업 메타는 'AI 리서치 슈퍼 클러스터RSC'라는 이름의 슈퍼컴퓨터 개발을 공식화하며 3차원 가상공간을 구현하기 위한 막대한 컴퓨팅 파워를 지원할 것임을 강조한 바 있다.[3] 이제 디지털 안에서도 다양한 활동들이 이루어질 수 있는 인프라의 토대가 본격적으로 갖추어진 것이다. 메타버스가 선도하는 디지털 세계는 소수 기업들의 실험단계에서 벗어나, 사회·기술·법률·예술 등 인류의 모든 활동을 완전히 새로운 다음 단계로 발전시키는 거대한 장을 넘보고 있다.[4]

대표적인 메타버스 플랫폼 '제페토'는 2022년 8월 기준 누적 이용자 수가 3억2,000만 명을 넘어섰는데, 이 중 90%가 10~20대다.[5] 이에 수많은 브랜드들이 제페토 내에서 공식 협업 혹은 자체 마케팅을 진행하며 근미래를 준비하고 있다. 신한카드는 금융권 최초로 제페토 내에 가상공간 월드맵을 선보였다. 동화 컨셉의 가상공간을 바탕으로 미로 찾기, 장애물 게임을 혼합하고 히든hidden 맵을 찾아 월드를 정복하는 등 Z세대의 흥미를 불러일으킬 수 있는 다양한 게임적 요소gamification들을 반영한 게 특징이다. 메타버스 플랫폼을 활용해 가상과 현실을 잇는 디지털 지점의 역할을 강조한 것이다.

Z세대가 가장 친숙한 공간으로 여기는 편의점 역시 메타버스에 발을 들여놓았다. CU는 제페토 한강공원맵·교실맵 등에 매장을 열었으며, 빙그레·CJ제일제당 등과 협업 마케팅을 진행하며 인기 상품을 아이템화해 판매하고 있다. 세븐일레븐은 메타버스 게임 '플레이투게더' 안에 매장을 열었다. 세븐일레븐에서 판매되는 상품을 게임머니로 구매할 수 있고, 배달 미션을 수행하면 게임머니를 벌 수도 있어 현실과 가상을 넘나드는 경제활동이 가능하다.

메타버스 테마파크도 등장했다. 로블록스 기반 플레이댑 랜드에 자리 잡은 '메타에버랜드'는 장미정원부터 회전목마까지 주요 장소

출처: 에버랜드

●●● 실제로 테마파크에 가지 않더라도 메타버스 내에서 각종 놀이기구를 즐길 수 있다.

와 어트랙션은 물론, 반딧불이 체험이나 슈팅 워터 펀 등의 콘텐츠까지 실제 에버랜드와 동일하게 조성되어 있다. T익스프레스의 경우 이용자가 많이 몰리면 대기 시간도 발생하기도 하고, 탑승자 시점으로 화면이 전개되어 천천히 올라갔다가 급하강하는 느낌이 제법 생생하다는 평가를 받는다.[6]

현대백화점은 현대어린이책미술관의 전시 체험을 가상공간에 옮겼다. '메타버스 모카가든'이라는 이름에서 알 수 있듯, 남양주에 위치한 현대프리미엄아울렛 스페이스원의 전시공간 모카가든의 온라인 버전이다. '제37회 어린이 그림 그리기 대회' 수상작도 메타버스 모카가든에서 소개됐다. '아름다운 지구여행'이라는 이름으로 진행된 전시회에서 NFT로 변환된 수상작 16점이 공개됐으며, 매일 특정한 시간에 접속하면 NFT 아이템을 획득할 수 있는 게임 형식의 이벤트도 진행됐다.

의료 분야에서도 가상현실이 광범위하게 적용되기 시작했다. 개인이 경험하는 특정한 3차원 시공간 그대로 다른 사람과 공유하고 같이 경험할 수 있는 가상공간이야말로 의료 서비스라는 특수한 상호작용에서 가장 빛을 발할 수 있기 때문이다. 일산차병원이 제페토에 개원한 가상병원, 한림대학교 의료원이 메타버스 플랫폼 게더타운에 연 어린이화상병원, 경희의료원이 역시 게더타운에 구축한 경희 한슬림 건강상담 등에서는 병원 방문이 어려운 고객들에게 의료 체험의 기회를 제공하고 온라인 상담 등을 진행하고 있다.

나아가 인체를 대상으로 한 실험이나 재현이 쉽지 않은 의학적 신기술에 대한 수술 시연과 교육에서도 디지털 현실이 이용됐다. 예를 들어, 2021년 상반기 아시아심장혈관흉부외과학회에서는 분당 서울대병원 스마트수술실에서 메타버스 환경의 폐암 수술을 진행했다.[7] 참가 의료진들은 각자의 연구실에서 360도·8K·3D카메라를 통해 수술실 메타버스에 접속해, 집도의료진의 행동과 수술실 내 환경을 자세히 살펴볼 수 있어[8] 공간을 초월한 지식의 전달이 이루어졌다. 이외에도 환자의 입원부터 퇴원까지 모든 간호 과정을 시나리오에 따라 단계별로 학습할 수 있는 뉴베이스의 널스베이스NurseBase가 2022년부터 서비스를 시작했다. 해부학 구조물의 디지털 트윈 구현 기술을 보유한 메디컬아이피는 대한해부학회와 MOU를 체결하는 등 의학과 디지털의 융합이 확장되고 있다.

패션 업계 역시 가상 세계를 통해 새로운 비즈니스 영역을 개척하고 있다. 디지털 아이템을 패션 비즈니스의 한 분야로 받아들이기 시작한 것이다. 2021년 여름, 구찌가 로블록스에서 디오니서스 디지털 전용 가방을 4,115달러(약 585만 원)에 판매해 화제를 낳았다.[9] 이어서 발렌시아가는 메타버스 사업부를 출범시켜 게임 '포트나이트'에서 의류를 출시했고, 나이키는 메타버스용 신발·의류 관련 특허 7건을 출원하고 가상 의류·신발 제작 기업 RTFKT(아티팩트)를 인수하기도 했다.[10] 또한 로블록스에서는 랄프로렌이, 제페토에서는 신세계인터내셔널·리바이스·자라 등이 자사의 특징이 드러나는 디지털 의류를 판매하고 있다. 2022년 3월, 디센트럴랜드에서 열린 메타버스 패션위크에는 에트로·돌체앤가바나·파코라반·타미힐피거 등이 참여해 큰 관심을 끌기도 했다. 메타버스라는 특성상 전 세계에서 누구나 참관할 수 있고, 무엇보다 이벤트 기간 동안 전시된 아이템을 NFT

로 구매해 아바타에 적용할 수 있는 데다 일부 컬렉션의 경우 실제 제품을 거래할 수 있었기 때문에 인기를 모은 것으로 분석된다.[11]

'디지털 그라데이션', 가상과 현실을 잇다

날로 발달하고 있는 가상공간은 자체적인 영역을 넓히는 데 그치지 않고 현실 세계와의 적극적인 연결을 모색하고 있다. 온라인 가상공간의 경제활동이 오프라인 실제공간에서 구현되고, 오프라인 실제공간의 행동은 디지털 세상에서도 효력을 발휘한다. 가상과 현실이 연결되고 혼종화하는 **'디지털 그라데이션'**을 통해 일상은 더 편리해지고 더욱 실감 나게 몰입할 수 있게 된다. 순수한 가상공간이 '유희'에 중점을 둔다면, 현실의 아날로그와 가상의 디지털이 자연스럽게 연결되는 디지털 그라데이션은 '실용'을 지향한다.

먼저, 온라인상의 캐릭터로 출발한 디지털 휴먼의 활동 영역이 현실과 가상을 넘나들며 확장됐다. 가상 인플루언서라고 불리는 디지털 캐릭터들은 상황과 필요에 맞게 갖춰진 외모로 실제 사람처럼 다양한 분야에서 활동하고 있다. 예를 들어 패션 플랫폼 무신사는 배우 유아인의 모습을 한 가상 인플루언서 모델 '무아인'을 선보였다. 이 가상 모델은 무신사 스토어

디지털 그라데이션

그라데이션gradation이란 색조·명암·질감을 단계적으로 바꾸어가는 예술 기법을 의미한다. 이는 공간·거리·분위기·부피·곡선·곡면 등을 표현할 수 있어 동적인 효과를 낸다. 디지털 그라데이션은 실제로부터 가상으로 연결되어 이어지는 온·오프라인 믹스를 표현하기 위해 서울대 소비트렌드 분석센터에서 만든 용어다.

에 입점한 다양한 브랜드 컨셉과 스타일을 대변하는 패션의 아이콘으로서 각종 광고 및 쇼핑몰 내에 등장하고 있다. 제품의 타깃에 따라 그들이 선호하는 이미지와 가치관을 가상인물에 자유롭게 세팅할 수 있기 때문에 효과적으로 활용될 수 있다.[12]

가상모델의 가장 대표적인 성공 사례라고 할 수 있는 '로지'는 2022년 5월 신한라이프 광고모델 계약을 연장한 것으로 알려졌으며,[13] 인공지능AI을 이용한 이미지 처리 스타트업 네오코믹스에서 4대 보험을 적용받는 정직원으로 근무하는 '리아'는 가상인간 제작 사업인 네오엔터디엑스를 알리는 업무를 맡는 등[14] 가상인간들의 진짜 현실 같은 모습들이 화제가 되고 있다. 롯데홈쇼핑의 버추얼 인플루언서 루시는 '대한민국 광클절'의 홍보모델로 선정됐고, 쇼호스트로도 활동 영역을 넓혔다. 2022년에는 콘텐츠 제작사 초록뱀미디어와 아티스트 전속계약을 맺고 본격적인 엔터테이너 활동을 시작하기도 했다. 신차 발표회의 발표자로도 나섰고, TV드라마 출연까지 넘보는 등 실제 연예인 못지않은 행보를 보이고 있다.

실제 사람을 디지털 캐릭터화한 사례도 인기를 끌었다. 2021년 12월 디지털 싱글앨범 '리와인드RE:WIND'로 데뷔하며 각종 음원 차트에서 실시간 1위를 차지한 '이세계아이돌', 일명 '이세돌'은 사람의 얼굴 표정이나 몸짓을 그대로 구현하는 가상현실 아바타로 활동하는 온라인 아이돌 그룹이다. 이 그룹은 한 스트리머가 진행한 '사이버 아이돌 프로젝트'란 오디션을 통해 결성됐는데, 구독자 수만 명이 실시간으로 소통하며 참여했다. 첫 싱글의 공식 뮤직비디오 유튜브 조회 수는 1,000만 뷰에 육박하며, 2022년 3월에는 두 번째 싱글앨범

을 발매했다.[15]

가상과 현실을 잇는 사례는 몰입감을 극도로 높힌 각종 '이머시브 immersive 전시'들에서도 찾을 수 있다. 서울 광진구에 위치한 그랜드 워커힐 서울 내 워커힐 시어터의 공간을 활용한 몰입형 전시 '빛의 시어터'에는 3,000개 이상의 고화질 라이선스 이미지를 구현할 프로젝터 · 서버 · 스피커는 물론, 영상 음향 자동화 시스템, 3D 음향 등 최신 기술이 집약되어 있다. 이 전시의 주제 아티스트는 구스타프 클림트인데, 관람객들은 클림트의 작품 속 꽃밭이 비춰지는 바닥을 걷고 이와 어울리는 음악을 들으며 다중감각을 자극받는다. 이를 통해 마치 작품 속에 들어와 있는 듯한 몰입감을 느낄 수 있다. 카카오프렌즈 캐릭터를 활용한 실감형 콘텐츠 기반의 융·복합 멀티미디어 공간도 문을 열었는데, 계절의 특징을 반영한 컨셉으로 재미를 더했다. 예를 들어 부산 해운대의 그랜드 조선 부산에서는 여름 휴가를 보내는 라이언을 컨셉으로 공간이 조성되어 **실재감테크**의 체험이 가능하다.[16]

TREND KEYWORD 2022

실재감테크

'그곳에 있는 듯한 느낌'을 의미하는 주관적 인식인 '실재감'을 느낄 수 있도록 시공간의 물리적 한계를 극복하고 심리적 장벽마저 넘어서게 하는 기술을 말한다. 『트렌드 코리아 2022』에서 명명·제안한 개념이다. 현실과 가상의 연속성을 구현하는 일련의 기술들을 아우르는 실재감테크는 가상공간을 창조하고, 다양한 감각을 자극하며, 디지털 데이터와 아날로그 방식을 혼합하여 인간 생활의 스펙트럼을 확장하고 있다.

『트렌드 코리아 2022』, pp. 354~377

대중음악에서도 가상과 현실을 접목하기 위한 노력이 활발히 이뤄졌다. 2022년 3월, 팬데믹 이후 첫 대면 콘서트를 연 BTS는 초대형 LED 패널 2대와 가변형 이동식 LED를 이용해 무대에서의 멤버들의 움직임과 이에 맞는 미디어아트를 실시간으로 보여주며 콘서트장의 공간과 공연 시간을 초월한 퍼포먼스를 선보였다.

게임의 배경이나 문법이 현실 세계에서 구현된 사례 역시 흥미로웠다. 아이웨어 브랜드 젠틀몬스터는 2022년 2월에 블랙핑크 제니와 컬래버레이션을 기념하며 모바일게임을 론칭했다. 이어서 3월에는 복합문화공간 하우스 도산에 팝업스토어 '젠틀 가든'을 열었다. 게임의 일부를 그대로 옮겨온 듯한 설치물에 망원경으로 숨겨진 디테일까지 볼 수 있어, 모바일게임과 현실 스토어의 구분을 무색하게 했다. 이 밖에도 게임을 하며 모은 쿠폰으로 과자를 교환할 수 있거나(고양이정원), 게임 속에서 수확한 농산물이 실제 농산물로 배달되는(레알팜) 등 게임을 현실의 생활과 연결시키고자 하는 다양한 시도가 돋보였다.

내러티브, 세계관을 만들다

가상 세계가 메타버스로 독자적인 경험의 장을 구축하고 실제 세계와의 디지털 그라데이션을 모색할 때, 현실 세계에서도 흥미로운 변화가 진행됐다. **'내러티브'**라고 지칭하는 이야기들의 체계, 즉 서사 구조가 새로운 컨셉으로 무장하고 전에 없던 자기만의 '세계관'을 만들어나간 것이다. '알다gnarus'와 '말하다narrow'에서 유래된 라틴어 동사 'narrare'가 어원인 내러티브는 '무언가를 알기 위해 말하다'라는 뜻을 함축하고 있다. 따라서 내러티브가 브랜드와 만나면 미적·제품적·기술적 완성도를 넘어 브랜드의 존재감을 어필하는 핵심 메시지가 되며, 이를 통해 소비자는 브랜드에 단순한 애정 이상의 팬심까지 갖게 된다. 즉, 내러티브는 소비자들이 브랜드를 위해 행동하는 명분을 제공할 수 있다. 이 행동은 입소문이나 구매로만 한정되지 않는다. 설정된 세계관을 따르고 그 안에서 자유도를 누리며 소비자는 자신의 삶과 또 다른 세계로서 브랜드를 동일시하게 된다.

이름만 봐서는 과일가게일 것 같은 '김씨네과일'은 뜻밖에도 티셔츠를 파는 브랜드다. 이 이름에는 이들의 세계관이 담겨 있다. 김씨네과일은 마치 과일 트럭처럼 경승합차에 과일 그림이 프린트된 티셔츠를 싣고 전국을 돌며 판매하는데, SNS에 당일 판매 장소를 공지하면 오픈 전부터 대기줄이 길에 늘어설 만큼 인기가 높다.[17] 밀짚모자를 쓴 사장님이 손으로 찢은 게 분명한 상자에 매직펜으로 쓴 가격표를 보고, 사람들은 신선식품을 고르듯 플라스틱 소쿠리에 담긴 티

TREND KEYWORD 2022

내러티브 자본

세상에 의미를 부여하고 그것이 자신의 삶에 어떤 의미를 갖는지 해석해가는 과정을 강조하는 '내러티브'가 보이지 않지만 강력한 자본의 역할을 수행한다는 의미의 키워드다. 내러티브는 이야기의 모음이 아니라, 세상을 바라보는 방식이자 관념 및 의사결정에 영향을 미친다.

『트렌드 코리아 2022』, pp. 404~433

셔츠들을 살핀다. 누가 봐도 과일가게가 아니지만, 브랜드의 설정에 소비자들도 몰입하며 짐짓 신선한 과일을 비교하는 척하는 모습이 흥미롭다. 2022년 7월에는 TV홈쇼핑에도 진출하여 CJ온스타일에서 제품을 판매했는데, TV홈쇼핑의 메인 타깃인 4050세대를 위해 부채·스티커·비닐봉지를 함께 증정하는 방식으로 내러티브를 변형하기도 했다.[18]

서울 이태원에 위치한 비건 카페 '새비지가든'과 비건 레스토랑 '레이지파머스'의 컨셉 공간인 '남산대학 식물학과'도 눈여겨볼 만하다. '남산대학'은 공간 솔루션 기업 글로우서울이 이태원동 경리단길에서 전개하는 프로젝트로, 개별 가게들이 여러 학과를 담당한다.[19] 남산대학 식물학과의 내부 인테리어는 종자 보관실, 강의실, 동아리방, 도서관 등 실제 학교처럼 꾸며져 있어, 방문객으로 하여금 비건에 대해 배우며 식음료를 즐길 수 있는 상황에 한껏 몰입하게 한다.

친숙한 내러티브를 담은 **'콘텐츠 커머스'**의 다양한 사례들도 주목할 만하다. '쓱'이라는 마케팅으로 브랜드명을 각인시킨 SSG닷컴은 쇼핑몰 대표인 배우 유지태가 양동근·박희순·공효진·공유 등에게 납치된다는, 마치 액션영화의 예고편 같은 홍보영상을 TV와 유튜브에 공개했다.[20] 홍미진진한 영상에 집중하다 보면 말미에 신규가입 혜택과 할인 정보가 잠깐 등장한다. 2022년에는 '거상 박명수'라는 웹예능도 선보였는데, 인기 연예인이 출연해 미션을 수행하며 시청자에게 제공할 쇼핑

콘텐츠 커머스
영화·예능·공연 등의 콘텐츠 문법을 빌려 물건을 파는 커머스를 촉진하는 형태의 마케팅으로 소비자로 하여금 스토리에 빠져들게 해, 제품의 사용성을 보다 쉽게 인지하도록 하는 장치다.

혜택을 마련하는 과정을 담았다. 내러티브를 부각해 광고 같지 않은 광고로 소비자의 흥미를 높인 것이다.

비즈니스 내러티브를 구축하는 또 하나의 방법은 이종 제품 확장 전략이다. 본래의 업종과 전혀 상관없는 분야에서 브랜드 이미지와 일맥상통하는 라이프스타일을 전달해 세계관을 넓혀가는 것이다. 유니클로는 2021년 가을 도쿄 긴자점을 리뉴얼하며 '유니클로 커피'라는 카페를 오픈했다. 양질의 핸드드립 커피가 450엔, 버터쿠키는 200엔으로 긴자라는 매장 입지에 비해 상당히 합리적인 가격을 책정했다.[21] 꽃가게 '유니클로 플라워'도 한 다발에 390엔, 세 다발에 990엔이란 저렴한 가격을 전면에 내세웠다. 가격경쟁으로 승부하는 본래 브랜드의 의류 판매 방식을 다른 분야의 매장에도 도입하여 나름의 세계관을 형성한 것이다.

명품 브랜드도 식음료 매장을 통해 세계관 개념을 적용하고 있다. 구찌가 서울 이태원에 오픈한 이탈리안 레스토랑은 르네상스 양식

출처: 구찌 오스테리아 서울, 루이비통

●●● 서울 이태원과 청담에 각기 문을 연 구찌와 루이비통 레스토랑. 고유의 브랜드 세계관이 레스토랑으로 확장됐다.

과 구찌의 미학적 요소가 섞인 인테리어와 함께 구찌의 문화·음식·패션을 총체적으로 제공하는 복합문화공간으로 거듭났다. 루이비통 역시 2022년 봄, 청담동 매장에 팝업레스토랑을 열어 브랜드 로고를 닮은 꽃이 올려진 비빔밥을 판매했다. '구찌다운', '루이비통스러운' 것이 무엇인지 브랜드 특유의 세계관을 통해 구체적으로 보여준 쇼룸이었다.[22]

실제로 소비자들의 관심사가 브랜드 문화와 연결되고 여기에 시대정신이 결합되면 강력한 내러티브가 형성된다. 최근 창업자 부부와 자녀 둘이 보유한 약 4조 원 가치의 비상장 지분을 기후변화 대응을 위해 모두 기부하여 화제를 모은 아웃도어 브랜드 파타고니아는 세계관을 통한 컨셉의 궁극적인 실현을 잘 보여주는 사례다. 파타고니아는 1973년 창업 이래 친환경 재료만 사용한 제품을 판매하고, 적자를 본 해에도 매출의 1%를 환경보호단체에 기부해왔다.[23] 앞으로도 매년 파타고니아의 연간 수익 중 1억 달러를 지원할 예정이라고 한다. "지구를 위해 적극적으로 행동하는 사람을 위해 최대한의 자본을 투자할 것"이라는 창업자 이본 쉬나드Yvon Chouinard의 인터뷰에서 엿보이듯 브랜드 문화와 시대정신이 내러티브의 연속성을 완성한 것이다.

테슬라의 창업자 일론 머스크도 비전과 세계관을 담은 내러티브를 잘 활용하는 예시로 자주 언급된다. 그의 내러티브 요소 중 하나는 데이터 음영 지역을 줄이기 위한 저궤도위성 인터넷 사업 '스타링크Starlink'다. 스타링크는 2020년부터 시험 서비스 중이었으나 큰 감흥을 주지는 못했다. 그러다 2022년 초 러시아 침공으로 인해 인프

통신망이 파괴된 우크라이나에 인터넷 연결을 도운 '스타링크'. 이를 통해 일론 머스크는 '독재에 맞선 기술'이라는 새로운 내러티브를 만들어냈다.

라가 파괴된 우크라이나가 일론 머스크에게 스타링크 지원을 요청했고, 이에 일부 지역에 서비스를 시작했다. 덕분에 우크라이나의 생생한 전황이 전 세계에 알려졌을 뿐 아니라, 스타링크 기술의 실용성까지 검증됐다. 테슬라는 독재에 맞선 기술이라는 시대정신을 더해 비즈니스로 이어지는 컨셉 세계관을 구축하는 결과를 얻었다.

사람들이 직접 참여할 수 있는 장을 제공하라

우리나라 에너지 산업의 위상과 정책 성과를 집대성한 최초의 박물관이 2023년 이후 온라인으로 개관될 예정이라고 한다. 가칭 '에너지 사이버박물관'으로 불리는 이곳에서는 석탄이나 수력과 같은 특정 에너지원을 포함한 에너지 전반을 다루는데, 특히 입체적인 정보 전달을 목적으로 한 실감형 콘텐츠가 주요 형식으로 채택됐다.[24] 에너지라는 쉽게 접근하기 힘든 대상을 보여주기 위해, 또 그 역사를 관람객들이 편한 시간과 장소에서 볼 수 있게 하기 위해 '디지털 공간'이라는 새로운 세계를 박물관의 위치로 선택한 것이다.

메타버스로 대표되는 온라인 세계, 이를 현실과 잇는 방식, 그리고 스토리와 서사로 무장한 세계관을 통해 구축된 내러티브는 모두 실제로 받아들일 수 있는 또 하나의 세계로 기능한다. 이렇게 새로운 세계를 만들어내는 것은 현대인의 욕망이자 결핍이기도 한 존재감을 추구하기 위함이다. 존재감을 갖추려면 그럴듯한 세계에 내가 존재한다는 주관적 인지가 가장 필요하며, 이를 위해서는 사람들이 직접 참여할 수 있는 장場을 제공해야 한다. 그 장은 미래에 대한 비전을 제안하고 팬덤을 만들며 내 삶의 이상향을 꿈꾸게 하는 '새로운 현실'이다. 이곳에서 소비자는 감성과 이성의 조화를 통해 브랜드를 향한 친밀함과 열정, 신뢰라는 로맨스의 완성에 점점 더 가까이 다가갈 수 있을 것이다.

〈트렌드 코리아〉 선정 2022년 대한민국 10대 트렌드 상품

2022년에는 어떤 상품이 인기 있었고, 또 그 배경이 된 트렌드는 무엇일까? 서울대학교 생활과학연구소 소비트렌드분석센터가 선정한 '2022년도 10대 트렌드 상품'을 통해 살펴보자.

선정 방법

후보군 선정

먼저 '트렌드 상품'의 후보를 단순히 물리적인 제품뿐만 아니라, 인물·이벤트·사건·서비스 등이 모두 포함되도록 정의했다. 또한 조사

시점이 8월 초라는 점을 고려해, 2022년 트렌드 제품으로 선정되기 위한 기준 기간을 '2021년 10월부터 2022년 8월'로 조정했다.

후보 제품군은 주관적 및 객관적 자료를 기반으로 엄격하게 선정했다. 먼저 주관적 자료는 서울대 소비트렌드분석센터의 트렌드헌터 모임인 '트렌더스 날' 멤버 123명이 개인별로 10개 제품을 추천하고 중복을 제외해 총 216개의 후보군을 확보했다. 다음으로 객관적 자료는 국내 유통사와 언론사에서 발표하는 판매량 순위와 히트 순위 등을 다수 수집해 작성했다. 참고한 유통사는 TV홈쇼핑(CJ온스타일, GS홈쇼핑, 현대홈쇼핑, 롯데홈쇼핑, NS홈쇼핑)이며, 이외에도 대형서점(예스24, 인터파크, 교보문고), 포털사이트 인기검색어(구글, 네이버), 언론 기사(매일경제, 이투데이, 경향신문, 스포츠동아, 서울경제, 이코노믹리뷰), 영화진흥위원회의 통계를 참고했다.

이렇게 나열된 후보들을 한국표준산업분류의 대분류 및 산업중분류를 기준으로 하위 항목으로 분류하고, 각 분야마다 다양한 트렌드 상품 후보군이 등장하는지 확인했다. 최종적으로 식품, 패션·뷰티, 건강·운동, 전자, 가구, 자동차, 유통·장소, 여가·여행, TV, IT·게임, 애플리케이션, 인물, 금융, 공공, 기타 부문에 대해 30개의 후보 제품을 설문조사 대상으로 선정했다.

설문조사

조사 전문 기관 마크로밀엠브레인에 의뢰하여, 나이·성별·지역에 대한 인구 분포를 고려한 전국 단위의 온라인 설문조사를 실시했다. 응답 방식은 제시된 총 30개 후보 제품군 중 2022년을 대표하는 트렌드 제품 10개를 무순위로 선택하게 했고, 아울러 설문의 후보 상품 '보기' 순서를 무작위로 순환하도록 하여 예시의 순서가 선정에 미치는 영향을 최소화하도록 문항을 설계했다. 2022년 8월 5일부터 8월 10일까지 시행된 조사에 총 2,000명이 응답했으며, 표본 오차는 신뢰수준 95%에서 ±1.97%였다.

10대 트렌드 상품 선정

최종 마무리된 설문조사의 순위를 주된 기준으로, 서울대학교 생활과학연구소 소비트렌드분석센터의 연구원들의 치열한 토론과 심사를 거쳐 '10대 트렌드 상품'을 최종 선정했다. 전년도와 마찬가지로, 트렌드 상품 선정의 가장 중요한 기준은 "해당 연도의 트렌드를 가장 잘 반영하는 상품인가" 혹은 "트렌드를 만들고 선도하는 의미가 높은 상품인가"다. 따라서 단지 최근에 발생하여 소비자의 기억에 쉽게 회상되는 사례, 선거나 스포츠 행사처럼 반복되는 사건, 2022년이라는 특성을 반영하지 못하는 TV 프로그램 등은 제외됐다. 다만 동일한 경우라 할지라도 '그해의 특수한 현상'을 잘 반영하고, 후년 이것을 회상하는 것이 2022년 당시 우리 사회를 이해하는 데 도움이 된다고 판단된 경우에는 포함시켰다. 출시 시기 관련해서도 최초 출시된 시기에 초점을 두는 것이 아니라 그것이 화제가 된 시기를 주요 기준으로 했다. 이러한 기준을 바탕으로 최종 선정된 '2022년 10대 트렌드 상품'을 응답률이 높았던 순서대로 서술했다.

응답자의 인구통계적 특성

분류		응답자 수(%)
성별	남자	1,019(50.9%)
	여자	981(49.1%)
연령	만 19세 이하(최소 18세)	142(7.1%)
	만 20~29세	334(16.7%)
	만 30~39세	336(16.8%)
	만 40~49세	413(20.7%)
	만 50세 이상(최대 69세)	775(38.8%)
직업	직장인	1,027(51.4%)
	자영업	170(8.5%)
	파트타임	83(4.2%)
	학생	225(11.3%)
	주부	263(13.2%)
	무직	176(8.8%)
	기타	56(2.8%)
월평균 가계 총소득	200만 원 미만	190(9.5%)
	200만 원 이상~300만 원 미만	279(14.0%)
	300만 원 이상~400만 원 미만	324(16.2%)
	400만 원 이상~500만 원 미만	261(13.1%)
	500만 원 이상~600만 원 미만	303(15.2%)
	600만 원 이상~700만 원 미만	189(9.5%)
	700만 원 이상~800만 원 미만	125(6.3%)
	800만 원 이상	329(16.5%)

분류		응답자 수(%)
지역	서울	380(19.0%)
	부산	128(6.4%)
	대구	92(4.6%)
	인천	115(5.8%)
	광주	55(2.8%)
	대전	58(2.9%)
	울산	46(2.3%)
	경기	531(26.6%)
	강원	58(2.9%)
	충북	59(2.9%)
	충남	79(4.0%)
	전북	67(3.4%)
	전남	66(3.3%)
	경북	99(5.0%)
	경남	126(6.3%)
	제주	26(1.3%)
	세종	15(0.8%)

총 2,000명(100%)

10대 트렌드 상품의 소비가치

최종 선정된 2022년도 10대 트렌드 상품 리스트를 종합해보면, 우리 사회를 관통하는 2022년의 몇 가지 흐름을 발견할 수 있다. 첫째, 소비자가 제품 및 서비스를 선택하는 기준이 다양화되고 있다. 식품 자체보다 함께 동봉된 캐릭터 스티커를 얻기 위한 '캐릭터 기획 식품'이 인기를 끈다든지, 구매 단계에서부터 친환경 소비를 실천할 수 있는 '친환경 포장'을 적용한 상품들이 소비자들의 좋은 반응을 얻었다.

둘째, 자신의 이야기를 공유하거나 좋아하는 콘텐츠에 대해 소통하며 즐거움을 찾는 소비자들이 늘어났다. 〈진격의 할매〉, 〈고딩엄빠〉, 〈요즘 육아 금쪽같은 내 새끼〉 등과 같은 '상담 예능'이 인기를 끈 것은 나와 주변의 이야기를 적극 공유하면서 '희노애락'을 경험할 수 있는 공감의 장이 됐기 때문이다. 또한 OTT 서비스가 등장하여 좋아하는 콘텐츠를 함께 즐길 수 있게 되면서 'K-콘텐츠'가 전 세계인의 사랑을 받았다는 점에서 주목할 만하다.

셋째, 보편적으로 괜찮은 상품보다 소수의 니치한 니즈를 충족시키는 특화 상품이 중요해졌다. '제로음료'는 건강관리에 열심이지만 '맛'은 포기할 수 없는 요즘 다이어터들이 찾는 인기 음료가 됐고, '이색 주류'는 비싼 가격임에도 프리미엄한 가치가 돋보이면 소비자에게 선택받을 수 있음을 시사했다. 중·장년층의 고민인 새치를 보완해주는 '새치샴푸'는 기능성 제품으로써 뛰어난 제품력을 선보여 4060세대의 호평을 받았다.

마지막으로 팬데믹 국면이 완전히 종식되지는 않은 가운데, 일상에서 작은 비일상적 요소가 주는 편리와 재미를 추구하는 현상이 두

〈트렌드 코리아〉 선정 2022년 10대 트렌드 상품(응답률순)

상품	내용
K-콘텐츠	• 전 세계인의 한국 문화 콘텐츠에 대한 호감도 상승 • OTT 서비스의 확대
비대면 플랫폼	• 코로나 사태 이후 비대면 서비스 수요 유지 • 비대면 서비스의 확장을 지원하는 정책적 노력
캐릭터 기획 식품	• 캐릭터 마케팅의 확실한 효과 검증 • 득템력 과시에 대한 니즈 • 재테크 아이템으로 등장
상담 예능	• 출연자와 패널과의 자연스러운 공감대 형성 • 전문성 있는 고민 해결에 대한 신뢰 형성
친환경 포장	• 필환경 트렌드의 확산 • 절약보다 절제를 추구
제로음료	• 행복한 건강관리에 대한 관심 증가 • 회식 감소와 강압적 음주 문화의 변화
이색 주류	• 가성비에서 가심비로 변화된 주류 선택 기준 • 혼술·홈술 문화의 확산
셀프사진관	• 억눌렸던 대면 만남에 대한 니즈 • 사진으로 추억을 기록하는 놀이 문화 형성
새치샴푸	• 자기 관리의 일환으로 미용 소비를 즐기는 4060세대 소비자 부상 • 높은 제품력이 보장된 특화 제품의 등장
도심 근교 대형 카페	• 차별화된 컨셉이 적용된 카페 공간의 매력 • 코로나19 이후 가벼운 국내여행 선호

10대 트렌드 상품의 의미

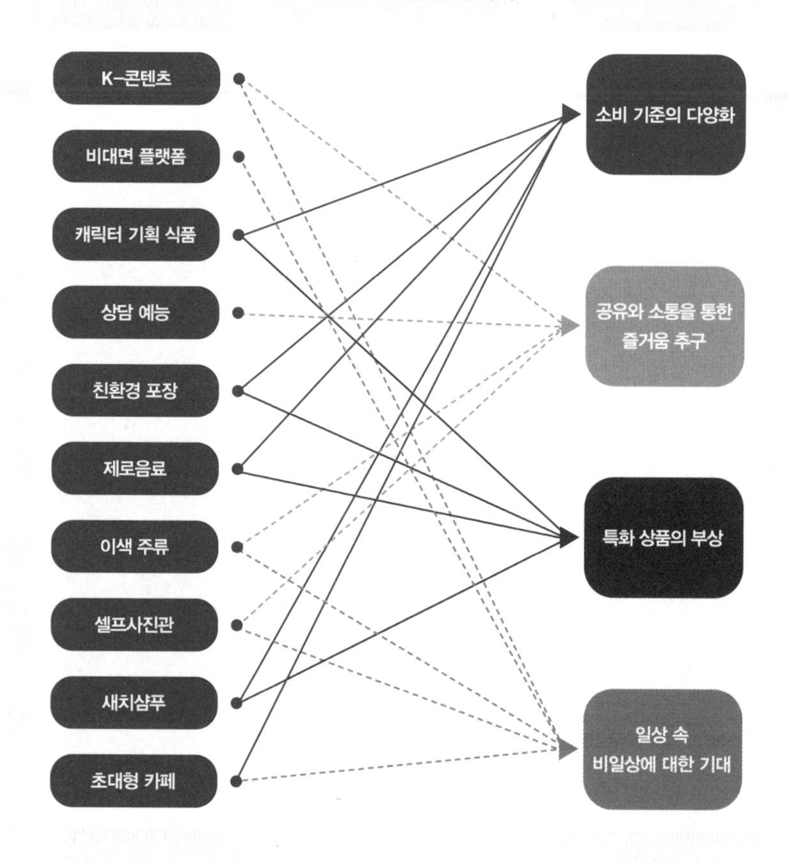

드러졌다. 익숙한 생활환경을 비대면으로 확장하여 새로운 경험적 요소를 제공하는 '비대면 플랫폼'의 인기가 점점 더 커졌다. 작은 부스에 입장하는 것만으로도 설렘을 선사하는 '셀프사진관'에 방문하는 것이 하나의 놀이 문화가 됐으며, 가벼운 국내여행에 대한 수요가 '초대형 카페' 투어로 옮겨졌다. 여전히 소비자들은 익숙함에서 벗어나 즐길 수 있는 뜻밖의 새로움에 마음을 열고 있는 것으로 보인다.

K-콘텐츠

2022년은 K-콘텐츠를 향한 전 세계인의 관심이 그 어느 때보다 뜨거웠던 한 해였다. K-콘텐츠 유행의 시작은 2021년 9월 넷플릭스에 공개된 〈오징어게임〉이었다. 전 세계 OTT 플랫폼 내 콘텐츠 인기 순위를 확인할 수 있는 온라인 집계 사이트 플릭스패트롤Flixpatrol에 따르면 〈오징어게임〉은 53일 동안 1위의 자리를 지켰고, 1년이 지난 2022년 9월에도 그 기록은 깨지지 않고 있다.[1] 이후 넷플릭스 오리지널 K-콘텐츠가 연이어 흥행하면서 〈지옥〉, 〈종이의 집: 공동경제구역 Part 1〉, 〈수리남〉을 제작한 콘텐트리중앙은 2021년 한 해에만 연말결산 기준 6,771억 원의 매출을 올려 전년 대비 87.9%의 성장률을 보였다.[2]

K-웹툰과 K-웹소설의 인기도 심상치 않다. 2022년 7월 네이버 오리지널 웹툰 '로어 올림푸스'는 만화계의 아카데미 상이라 불리는 '윌 아이스너 어워드' 웹코믹 부문에서 세로 스크롤의 장르로는 최초로 수상을 거머쥐었다.[3] 종합 콘텐츠 플랫폼 리디에서 공개한 로맨스 판타지 웹소설 '상수리나무 아래'는 세계 시장에서 예상치 못한 큰 인기를 끌기도 했다. 2022년 2월 영문판 출간 이후 미국 아마존의 로맨스 판타지, 서사 판타지, 검·마법 판타지 3개 부문에서 1위를 기록하며 종합 베스트셀러 15위에 올랐다.[4]

출처: 넷플릭스

배경 트렌드 및 향후 전망

『트렌드 코리아 2010』은 '한류'의 확산을 점치는 '코리안 시크'라는 키워드를 발표한 바 있다. 사실 이때부터 K-콘텐츠가 확산될 씨앗이 뿌려졌다고 말할 수 있을 것이다. 이후 한국 대중문화의 투자 환경이 좋아지고 그 수준 역시 매우 높아졌다. 문화체육관광부와 한국국제문화교류진흥원이 실시한 '2022 해외한류실태조사'에 따르면 현재 K-콘텐츠에 대한 인기도와 미래잠재력지수를 도출한 한국 문화 콘텐츠 브랜드파워지수BPI는 61.6점으로 전년 대비 3.1점 상승했고, 한국 문화 콘텐츠의 호감도는 드라마(81.6%)를 선두로 영화(80.6%), 예능(79.9%), 출판물(75.8%), 애니메이션(74.7%)을 포함한 모든 영역에서 증가한 것으로 나타났다. 비영어권 국가로서 세계 콘텐츠 시장에서 괄목할 만한 성장을 이뤄낸 데에는 한국의 국가 이미지와 문화 수준에 대한 세계인의 신뢰가 반영된 것으로 보인다.

또 다른 K-콘텐츠 부상의 배경으로 온라인 동영상 서비스 OTTOver The Top 플랫폼의 부상이 꼽힌다. 코로나19 바이러스가 야기한 팬데믹 사태로 많은 소비자들이 실내에서 안전하게 문화생활을 즐길 수 있는 방법으로 OTT 서비스를 선택하며 K-콘텐츠에 대한 경험 기회 자체가 확대됐다. 이렇듯 한국에 대한 세계인의 관심이 K-팝에 이어 K-푸드, K-뷰티, K-콘텐츠까지 확대되면서 그다음은 무엇이 될지 궁금증을 자아내고 있다.

관련 키워드: 『트렌드 코리아 2010』, 코리안 시크 **『트렌드 코리아 2020』**, 스트리밍 라이프 **『트렌드 코리아 2022』**, 내러티브 자본

비대면 플랫폼

비대면 플랫폼의 이용이 일상화됐다. 코로나19로 인해 2년 동안 지속됐던 사회적 거리두기가 종료된 이후에도 비대면 플랫폼을 찾는 소비자들이 많아졌다는 점에서 주목할 만하다. 특히 코로나19 시기에 입사한 신입사원은 대면근무를 낯설게 느끼고 재택근무의 편리함을 경험하면서 그동안 당연시됐던 업무 방식에 의문을 제기하기 시작했다. 이에 기업들은 무조건 출근을 강요하기보다 메타버스를 통한 유연한 방식의 '하이브리드 근무 제도'를 도입하고 있다. 2022년 5월, LG U+는 출근부터 퇴근까지의 모든 업무 과정이 실제 사무실처럼 가능한 자사 메타버스 플랫폼 'U+가상오피스'를 공개했다.[5]

2020년 2월부터 정부가 비대면 진료를 한시적으로 허용하면서 2022년 누적 진료 건수가 3,180만 건을 돌파했다.[6] 원격의료의 대중화가 일어나고 있는 것이다. 국내 1호 비대면 진료 앱 '엠디톡'은 2022년 9월 재방문 진료율 80%를 넘겼고, 3회 이상 진료 건수도 68%를 기록했다.[7] 2020년 12월부터 비대면 진료 서비스를 시작한 '닥터나우'는 2022년 9월 누적 이용 수 600만 건을 달성했고, 전국 800여 곳의 병원과 700여 곳의 약국과 제휴를 맺었다.[8]

비대면 교육 플랫폼의 인기도 계속 이어졌다. 국내 에듀테크를 선도하는 웅진씽크빅은 전 과목 AI 학습이 가능한 '스마트올'을 출시하여 회원 수 20만 명을 돌파했고, 단일 브랜드 기준 연매출 2,300억 원을 달성했다.[9] 취미 생활을 지원하는 비대면 교육 플랫폼을 이용하는 소비자들도 증가했다. 온라인 취미 플랫폼 클래스101은 2022년 5월 기준 3,000개 이상의 강좌를 개설하면서 누적 회원 수 360만 명을 기록했고, 매출액은 전년 동기 대비 59% 상승했다.[10]

출처: 엠디톡

배경 트렌드 및 향후 전망

디지털 트랜스포메이션의 시대를 맞아 소비자들은 비대면 플랫폼의 편리함을 실감하고 있다. 심지어 하나의 플랫폼에서 여러 가지 일을 한 번에 해결할 수 있는 '슈퍼 앱'을 선호하게 되면서 비대면 플랫폼들 역시 다양한 서비스를 지속적으로 추가하고 있다.[11] 소비자들의 전환비용을 높여 제대로 된 록인lock-in 효과를 기대하고 있는 것으로 보인다. 비대면 서비스의 확장을 지원하는 정부 정책도 원격 플랫폼의 인기 유지에 한몫하고 있다. 중소벤처기업부는 2022년 8월 '비대면 서비스 이용권' 사업에 참여할 수요 기업을 모집했다. 이는 사업자가 526개의 비대면 서비스(화상회의·재택근무·네트워크·솔루션)를 400만 원 한도 내에서 자유롭게 선택할 수 있도록 하는 바우처 지원 정책이다.[12] 앞으로는 꾸준히 발전하는 기술력과 이를 수용하는 소비자들의 적극적인 태도가 만나 업무·의료·교육을 넘어 보다 다양한 영역으로 비대면 플랫폼 시장이 세분화될 것으로 예상된다.

관련 키워드: **『트렌드 코리아 2018』** 언택트 기술, **『트렌드 코리아 2020』** 편리미엄, **『트렌드 코리아 2021』** 브이노믹스

캐릭터 기획 식품

2022년 식품유통 업계 마케팅의 핵심 전략은 '캐릭터'였다. 특히 식품과 함께 동봉된 캐릭터 스티커 '띠부띠부씰(떼었다 붙였다 할 수 있는 씰)'은 캐릭터 빵이 품귀 현상을 빚게 만들었다. 편의점 오픈런을 불러온 SPC삼립의 '포켓몬빵'은 1999년 첫 출시 이후 여섯 번째로 재출시된 상품으로 일곱 가지 종류의 빵에 159종의 띠부띠부씰을 랜덤으로 동봉해 판매를 시작했다.[13] 그 결과, SPC삼립은 2022년 2분기에만 8,149억 원의 매출액을 달성하면서 캐릭터 마케팅의 힘을 다시금 확인했다.[14] 이후 이러한 인기 흐름을 포착한 여러 기업들이 연이어 캐릭터 빵을 출시했다. GS25는 2022년 7월 게임 캐릭터 스티커 80종이 포함된 '메이플스토리빵'을 출시했고, 같은 해 8월에 CU가 8종의 빵과 30종의 게임 캐릭터 스티커가 랜덤으로 담긴 '쿠키런빵 시즌3'를 선보였다.[15] 이에 질세라 세븐일레븐도 182종의 스티커가 무작위로 담긴 '디지몬 어드벤처빵'을 출시했고, 일주일 만에 25만 개의 판매량을 올렸다.[16]

캐릭터 빵의 품절 대란에 과자에도 캐릭터 스티커가 등장했다. 삼양식품은 2022년 7월 신상품 '츄러스 짱구'와 함께 77종의 짱구 띠부띠부씰을 기획했고,[17] 같은 해 8월 오뚜기도 뿌셔뿌셔 신제품 '달고나 맛'을 출시하면서 30종의 춘식이 스티커를 동봉한 제품을 연이어 선보였다.[18]

배경 트렌드 및 향후 전망

캐릭터 기획 식품의 인기가 식을 줄 모르는 이유는 소비 생활에서 '득템력(『트렌드 코리아 2022』 참조)'이 중요해졌기 때문이다. 일부 소비자들은 경제력으로부터 소비 능력을 평가하기보다는 득템 경쟁에서 우위를 점하는 능력을 우선시하고 있다. 또한 캐릭터 마케팅이 재테크로까지 이어지고 있다는 점도 흥미롭다. 포켓몬빵 띠부띠부씰의 경우 원하는 스티커를 얻을 확률이 0.63%일 정도로 매우 낮은 탓에 소비자들은 당근마켓·중고나라·번개장터와 같은 중고거래 플랫폼에 모여 스티커에 웃돈을 붙여 판매했다.[19]

캐릭터 마케팅의 붐은 식품 업계를 넘어 디지털 금융자산의 영역으로도 확대되고 있다. 신세계 백화점은 자체 캐릭터를 제작하여 '푸빌라' NFT를 1만 개 발행했는데, 세 차례에 나눠 판매할 때마다 모두 1초 만에 완판됐다.[20] 이렇듯 앞으로는 더욱 다양한 산업 영역에서 캐릭터 지식재산권IP을 적용한 치열한 마케팅 경쟁이 이어질 것으로 전망된다.

출처: SPC삼립

관련 키워드: **『트렌드 코리아 2020』** 팬슈머, **『트렌드 코리아 2021』** N차신상, **『트렌드 코리아 2022』** 득템력

상담 예능

예능에 '상담'을 더한 컨셉이 대세로 자리 잡고 있다. 일상 속 작은 고민부터 육아 관련 고민까지 아우르는 다양한 상담 예능 프로그램들이 등장했다. 2022년 1월 국민배우 김영옥·나문희·박정수가 사연자의 진로·연애·결혼·사회생활 등 여러 장르의 고민 상담을 해주는 채널S의 예능 프로그램 〈진격의 할매〉가 첫 방영과 동시에 할머니들의 친근한 위로를 내세워 호평을 받았다.[21] MBN 예능 프로그램 〈고딩엄빠〉도 10대 나이에 출산과 육아를 경험한 어린 부모들의 일상을 들여다보며 현실적인 고민을 들어주는 것으로 많은 시청자의 관심을 얻었다.[22]

'금쪽이 신드롬'을 불러온 오은영 박사의 다양한 상담 예능은 2022년 내내 방송가를 강타했다. 채널A는 오은영 정신건강의학과 박사를 전면에 내세워 〈요즘 육아 금쪽같은 내 새끼〉, 〈요즘 가족 금쪽수업〉, 〈금쪽상담소〉를 기획했다. 해당 프로그램들은 육아 과정에서 경험하는 부모들의 불협화음과 '어른이'들의 현실적인 고민에 대해 이론에 근거한 해석이 함께 제시된다. 회차를 거듭할수록 오은영 박사의 명쾌한 처방에 용기를 얻은 출연자들의 변화된 모습이 그려지면서 단숨에 인기작 반열에 올랐다.

배경 트렌드 및 향후 전망

상담 예능 전성시대가 열린 배경에는 '불안'과 '공감'이 있다. 전례 없는 전염병의 위기 속에 감성적으로 고립된 현대인들은 혼자서 불안을 키울 수밖에 없었다. 이에 사람들은 '나의 마음에 귀 기울여 줄 상대'를 찾아 나서기 시작했고, 연예인과 일반인을 막론하고 많은 사람들이 상담 예능에 출연을 결심했다. 무엇보다 상담 예능에는 섣부른 '충·조·평·판(충고·조언·평가·판단)'이 없고 진심 어린 태도로 출연자의 고민을 들어주는 패널들이 있어 자연스러운 공감대가 형성된다.[23] 2022년의 상담 예능에 전문가 패널들이 다수 등장했다는 것도 인기의 주요 배경이다. 심리상담가, 정신과 의사, 이혼 전문 변호사 등 전문가들은 자신들이 가진 풍부한 전문 지식으로 고민을 다스릴 수 있는 가장 현실적인 처방을 제안한다. 시청자는 그동안 접근하기 힘들었던 분야의 전문인들을 TV를 통해 마주하며 일상 속 고민들에 셀프 솔루션을 찾아내기도 한다. 그러나 개인사가 등장하는 상담 예능을 향한 악의적인 댓글들이 있어 우려의 목소리도 존재한다. 타인의 사연을 자신의 이야기인 것처럼 공감하고 지인의 상황인 것처럼 따뜻한 응원을 아끼지 않은 시청자들의 의식 있는 태도가 이어진다면 '상담 예능'은 솔직하게 고민을 털어놓고 해결할 수 있는 장場으로서 지속될 수 있을 것이다.

출처: 채널A

관련 키워드: **「트렌드 코리아 2018」**, 세상의 주변에서 나를 외치다, **「트렌드 코리아 2019」**, 감정대리인, 내 마음을 부탁해

친환경 포장

분리배출이 용이한 '친환경 포장재' 상품에 대한 소비자들의 선호도가 높아졌다. 제주삼다수의 경우, 2021년 12월 기준 온·오프라인 판매량 전체의 30%를 무라벨 생수가 차지했다.[24] 라벨프리label-free 포장 방식은 생수에서 시작되어 그 적용 범위가 점차 확장되고 있다. 동원 F&B는 '소와나무 비피더스 명장' 요구르트 용기에 부착하던 플라스틱 라벨지를 없애는 것으로 2021년 기준 연간 약 60톤의 플라스틱을 줄였다.[25]

종이로 만들어진 친환경 배송패키지들도 여럿 등장했다. 삼성전자는 2022년 7월부터 제품 수리용 서비스 자재 배송 시 사용하는 배송용 상자·테이프·완충재를 전부 종이 소재로 바꾸기로 했다.[26] 알뜰폰 브랜드 LG U⁺ 미디어로그는 지속가능한 삼림에서 생산된 목재제품인 FSCForest Stewardship Council 인증을 받은 종이를 사용해 'U+알뜰모바일' 배송패키지를 교체하면서 제로웨이스트를 지향하고 있다.[27] 종이 포장재에서 더 나아가 친환경 잉크를 사용해 탄소 배출량을 절감하려는 노력도 이어졌다. 오리온은 2021년 120억 원을 투자하여 친환경 인쇄기를 도입했고, 유해 화학물인 유기용제 대신 알코올 타입의 수성잉크를 사용하며 환경오염을 최소화했다.[28]

배경 트렌드 및 향후 전망

친환경 포장 제품이 많아진 이유는 MZ세대를 필두로 '필환경' 소비트렌드가 확대됐기 때문이다. MZ세대 380명을 대상으로 실시한 대한상공회의소의 설문조사 결과에 따르면, 41.4%가 지구에 영향을 덜 끼치는 친환경 제품으로 '무라벨 페트병'을 꼽았다. 너무나 익숙하게 소비해오던 플라스틱 포장재를 아예 제거한 기업들의 움직임이 친환경 소비의 필요성에 공감하는 소비자들의 마음을 움직인 것이다. 그러나 라벨을 없애면서 음료의 제품명, 유통기한, 생산지 등을 확인하기 어려워져 어쩔 수 없이 바깥 비닐포장재에 일괄표시하여 판매하기도 하는데, 이러한 포장 방식이 친환경 포장재로 평가받는 것이 맞느냐는 이견을 제시하는 입장들도 존재한다.[29] 소비자의 죄책감만을 덜어주는 '무늬만 친환경 포장'인 소위 그린워싱Green-washing 행태는 지양되어야 할 것이며, 보다 실질적으로 플라스틱 사용량을 줄일 수 있는 방법을 계속해서 고안할 필요가 있다. 환경 문제가 전 세계적인 화두로 떠오른 만큼 앞으로 소비자들이 지속가능한 친환경 소비를 실천할 수 있도록 기업들의 다채로운 시도가 이어질 것으로 전망된다.

출처: 제주삼다수

관련 키워드: **『트렌드 코리아 2018』**, 미닝아웃, **『트렌드 코리아 2019』**, 필환경시대

제로음료

0칼로리, 락토프리lacto-free, 설탕 제로, 무알코올……. 음료 시장에서 덜어내기 경쟁이 펼쳐지고 있다. 〈뉴데일리경제〉와 이마트24의 '제로음료 데이터 분석' 결과에 따르면 2022년의 제로음료 판매량은 전년 대비 83%가 증가한 것으로 나타났다.[30] 매일유업은 유당lactose이 0%인 락토프리 요거트 '마이오 썬화이버 드링킹 요거트'를 선보여 '유당불내증'을 겪고 있는 소비자의 선택지를 넓히고 있다.[31] 설탕 대신 대체 감미료를 첨가하여 단맛을 구현한 '제로칼로리' 음료의 선두 주자는 롯데칠성음료다. '제로 펩시', '칠성사이다 제로', 과일 맛 탄산음료 '탐스 제로'를 차례대로 판매하면서 롯데칠성음료는 2020년 0%였던 제로 탄산음료 시장점유율을 2022년 상반기에는 50.2%로 높이며 최강자 입지를 확실하게 점했다.[32]

주류 시장에서도 당질을 최소화한 저열량 제품이 두드러졌다. 무학은 2021년 식물성 원료인 천연 스테비아를 사용해 '좋은데이'를 리뉴얼했고,[33] 2022년 1월 대선주조는 설탕 대신 토마틴을 첨가한 새로운 '대선'을 출시하면서 한 달 만에 617만 병을 돌파했다.[34] 알코올이 전혀 포함되지 않은 무알코올 맥주 시장도 성장했다. 시장조사 전문 기관 유로모니터에 따르면 국내 무알코올 맥주 시장

출처: 롯데칠성음료

규모는 2014년 81억 원에서 2021년에는 200억 원으로 증가해 약 247% 규모의 성장세를 보였다. 2012년에 이미 무알코올 맥주 '하이트제로 0.00'을 선보였던 하이트진로는 시장 수요에 발맞춰 무알코올·무당류·무칼로리로 새롭게 리뉴얼한 제품을 출시하고 전년 동기 대비 78% 증가한 연간 매출액을 기록했다.[35]

배경 트렌드 및 향후 전망

어다행다(어차피 다이어트 할 거면 행복하게 다이어트하자) 다이어터족이 많아지면서 제로음료의 인기가 급물살을 탔다. 맛과 건강을 모두 잡을 수 있는 제로음료를 마시며 즐겁게 건강을 관리하는 라이프스타일이 확대된 것이다.[36] 주류 업계에서 제로 제품을 선보인 데에는 정책적 변화의 움직임도 한몫했다. 식약처와 공정위는 2022년 9월 주류협회 및 한국소비자단체협의회와의 협약을 통해 주류 제품의 열량 표시 대상을 확대하기로 했다. 이에 여러 주류 업계에서 타사와 차별화된 0칼로리 제품을 마련한 것이다.[37]

코로나19 팬데믹 이후 단체모임이나 회식이 줄어들고 술을 강권하는 문화가 점차 사라지면서 무알코올 주류 시장이 더욱 빠르게 증가했다. 성인 남녀 1,000명을 대상으로 진행된 엠브레인 트렌드모니터의 '주류 음용과 음식 문화 관련 인식 조사' 결과에 따르면 81.4%가 '예전에 비해 강압적인 음주 문화가 많이 사라진 편'이라고 응답했다.[38] 이렇듯 적당히 맛있게 즐기는 음주 라이프에 방점을 찍는 현명한 소비자들을 위해 더욱 다양한 제품이 출시될 것으로 보인다.

관련 키워드: **『트렌드 코리아 2021』**, 거침없이 피보팅, **『트렌드 코리아 2022』**, 헬시플레저

주류 시장의 가치가 '가성비'에서 '가심비'로 이동했다. 특히 한 병에 1만 원이 넘는 '원소주WONSOJU'가 등장하면서 저렴한 가격으로 서민들에게 사랑받던 소주 업계에 프리미엄 시장이 활짝 열렸다. 2022년 2월 가수 박재범이 만든 소주로 대중의 기대를 모았던 '원소주'는 출시 일주일 만에 2만 병을 완판하며 품절 대란을 일으켰다.[39] 같은 해 7월에는 GS25와 손잡고 전국의 GS25 편의점과 GS 더프레시 슈퍼마켓에 '원소주 스피릿' 판매를 시작했고, 9월 기준 누적 판매량 100만 병, 매출액 100억 원을 달성했다.[40] 프리미엄 소주의 기세가 커지자 하이트진로는 한 병에 10만 원이 넘는 증류식 소주 '진로 1924 헤리티지'를 선보였다.[41] 이에 따라 2017년 400억 원에 불과했던 국내 프리미엄 소주 시장의 규모는 2022년에는 700억 원을 돌파할 것으로 전망된다.[42]

출처: 원스피리츠, 롯데마트

위스키와 와인과 같은 고급 주류에 대한 인기도 커지고 있다. 2022년 7월 CU는 세계 3대 블랜디드 스카치위스키로 알려진 '그란츠 트리플우드'를 출시한 지 2주 만에 도입 물량의 99%를 판매했다.[43] 2022년 1월 세븐일레븐의 와인 매출은 전년 동기 대비 103.2%의 상승률을 기록하면서 와인특화매장 점포 수도 6,100점까지 확대할 계획이다.[44]

배경 트렌드 및 향후 전망

소비자가 이색 주류를 즐기게 된 배경에는 혼자 마시는 혼술, 집에서 마시는 홈술 문화가 확산된 것과 밀접한 관계가 있다. 취하기 위한 술이 아니라 즐기기 위한 술로 개념이 바뀌면서 '칵테일 문화'가 확산되고 있다. 취향을 살린 나만의 칵테일 레시피를 완성하면서 지금까지와는 차별화된 맛과 재미를 추구하려는 사람들이 많아진 것이다. 연예인 박나래가 선보인 '얼그레이 하이볼'의 제조법이 유행하자 홈플러스는 '캔하이볼 3종'을 출시했다. 2022년 7월 캔하이볼 론칭 당일에는 홈플러스의 RTD Ready to Drink 상품 카테고리에서 얼그레이와 레몬 하이볼이 각각 매출 1, 2위를 차지하기도 했다.[45]

와인 시장의 성장세를 포착한 유통 대기업이 주류 전문 매장을 출범하면서 소비자들의 관심은 더욱 높아졌다. 롯데마트는 2022년 전 세계 4,000여 종의 와인을 한데 모은 대형 와인매장 '보틀벙커'를 오픈하고 잠실에 위치한 '제타플렉스점'에서만 4개월 동안 60억 원의 매출을 올렸다.[46] 현대백화점그룹도 와인 사업에 뛰어들며 '와인웍스'를 기획했고, 와인을 구매하면 그 자리에서 함께 즐길 수 있는 음식도 판매하고 있다.[47] 앞으로도 이색 주류 경쟁에서 살아남기 위한 유통 업계의 각축전이 펼쳐질 전망이다.

관련 키워드: **『트렌드 코리아 2018』** 가심비, **『트렌드 코리아 2020』** 특화생존, **『트렌드 코리아 2021』** 롤코라이프

셀프사진관

2022년은 골목마다 셀프사진관을 흔히 볼 수 있는 한 해였다. 특히 MZ세대가 주로 찾는 강남과 홍대와 같은 지역에는 다양한 브랜드의 셀프사진관이 가까운 거리 내에 몇 개씩 위치해 있을 정도다. 이에 포토부스 브랜드들은 차별화를 위해 노력했다. 즉석사진관의 대표주자인 '인생네컷'은 2022년 7월 '증명네컷'과 'PP네컷(프로필 사진)'을 새롭게 출시하면서 실용성을 더했다.[48] 동네 사진관보다 싼 가격(한 번 찍는 데 드는 비용은 평균 4,000~5,000원)에 좋은 품질의 사진을 얻을 수 있어 주로 10대와 20대 학생들의 방문으로 문전성시를 이뤘다. 즉석 포토스튜디오 브랜드 '포토그레이'는 2022년 3월 '감성 스튜디오' 컨셉으로 리브랜딩을 결정하면서, 국내 최초로 AI 안면인식을 통한 자동 보정 기능을 추가했고, 기존에 4컷으로 고정됐던 프레임을 소비자가 자유롭게 변경할 수 있도록 시스템을 보완했다.[49]

즉석사진이 하나의 놀이 문화로 자리 잡게 되면서 유통 업계는 셀프사진관 브랜드와 협업 마케팅을 적극적으로 전개했다. 더현대서울은 MZ세대 고객의 오프라인 매장 방문율을 높이기 위해 '플레이인더박스'와 손을 잡았고,[50] 이마트24는 편의점과 셀프스튜디오 '인스포토'를 결합한 즉석사진 전문 숍인숍 매장 '잠실올스타점'을 오픈하여, 6평의 포토부스만으로 편의점을 하나의 '문화 공간'으로 탈바꿈시켰다.[51]

배경 트렌드 및 향후 전망

셀프사진관 열풍의 주요 원인은 대면對面의 소중함을 원하는 사람들이 증가했기 때문이다. 사회적 거리두기 정책이 완화된 2022년 4월부터 직접 만나 소통하고 함께 체험하는 일상의 소중함을 만끽하게 되면서, 이를 기록할 수 있는 사진 문화에 더욱 매력을 느끼고 있는 것이다. 셀프사진관이 놀이 공간으로 확대된 또 다른 이유는 무인 시스템으로 운영되기 때문이다. 포토부스 장비(키오스크) 몇 대만 있으면 사람이 상주하지 않아도 되므로 인건비를 절약하면서 높은 수익성을 기대해볼 수 있다. 거리마다 등장하는 다양한 브랜드만 보더라도 셀프사진관이 매력적인 소자본 창업 아이템으로 부상했음을 알 수 있다.

셀프사진관의 실물사진은 QR코드를 통해 디지털 형태로도 저장할 수 있다. 즉, 사진관을 방문한 소비자들은 사진의 물성으로부터 아날로그 감성을 충분히 경험하고, 디지털의 편리함을 얻어 추억을 공유하는 재미를 느끼고 있다. MZ세대가 견인하는 새로운 사진 문화가 전 세대의 공감을 얻으면서 더욱 확대될 것으로 전망된다.

출처: 인생네컷

관련 키워드: **『트렌드 코리아 2018』**, 소확행, 작지만 확실한 행복, **『트렌드 코리아 2019』**, 요즘옛날, 뉴트로

새치샴푸

모발관리 제품 업계의 새로운 강자로 '새치샴푸'가 등장했다. 국내 새치샴푸의 열풍을 불러온 모다모다의 '프로체인지 블랙샴푸'는 노화된 모발관리에 효과적인 기능성 제품으로 입소문을 탔다. 2021년 6월과 8월, 미국과 한국에 순차적으로 제품을 선보인 이후, 같은 해 연말까지 600억 원 상당의 매출을 올렸다.[52] 모다모다의 성공에 힘입어 닥터포헤어는 자사의 기존제품에 새치 커버 효과를 더한 '폴리젠 블랙샴푸'를 선보였다. 이들은 10년 이상 두피 연구를 지속하며 축적한 기술력을 바탕으로 탈모 완화 및 염색 기능이 함께 포함된 제품을 생산하며 시장에서의 차별화를 시도했다.[53]

중소기업이 이끌고 있던 새치샴푸 시장에 대기업과 제약 회사가 후발 주자로 참여하면서 제품도 더욱 다양해졌다. 아모레퍼시픽은 2022년 3월 한방 성분이 함유된 '려 더블 이펙터 블랙샴푸'를 SSG닷컴에서 선출시해 '일시 품절'이라는 기대에 웃도는 성과를 이뤄냈으며, LG생활건강은 타사 제품들과는 상이한 방식으로 염색이 가능한 '리엔 물들임 새치 커버 샴푸'를 선보였다.[54] 또한, 종근당건강은 병풀 및 노니 추출물이 포함된 저자극 제품 '아미노비오틴 퀵블랙' 염색샴푸를 출시하면서 3개월 만에 4만 개 이상의 판매량을 기록했다.[55]

배경 트렌드 및 향후 전망

새치샴푸 열풍의 중심에는 젊게 살고 싶은 4060세대가 있다. 통계청에 따르면 한국의 기대수명은 1970년대 62.3세에서 꾸준히 증가하여 2020년에는 83.5세를 나타냈다. 이렇게 중장년층 소비자의 인구층이 두터워지면서 이들의 니즈를 해결하는 상품들이 시장의 주류로 떠올랐다. 이에 못지않게 젊은 세대의 모발에 대한 고민이 커지고 있다는 점도 주목해야 한다. 현대인의 높은 스트레스는 모근의 혈액순환을 저해해 2030세대에서도 '탈모 및 백모 현상'이 많이 발견되고 있다.[56] 기능성 샴푸가 포함된 국내 헤어케어 시장은 2017년 8,000억 원이었는데, 2021년에는 1조3,000억 원으로 급성장했다.[57] 그럼에도 불구하고 제품의 안전성 논란은 소비자를 주춤하게 한다. 보증된 기능과 소비자의 안전을 함께 고려하는 제품 개발이 더 필요해지고 있다.

출처: 닥터포헤어

관련 키워드: **『트렌드 코리아 2020』**, 특화생존, **『트렌드 코리아 2020』**, 오팔세대

도심 근교 대형 카페

2022년, 여유를 찾는 사람들의 발길을 가장 많이 모은 곳은 대도시 근교에 있는 대형 카페였다. 이들 카페는 쇼핑몰 건물 내에 입점해 있는 여느 카페들보다 매장이 훨씬 크다는 특징이 있다. 파주의 핫플레이스로 떠오른 '더티트렁크'는 450평 크기의 대형 카페로, 2018년 오픈 직후부터 인기를 얻어 6개월 만에 8억8,000만 원의 매출을 기록했으며, 코로나19 이후에도 꾸준히 월매출 6억 원을 달성했다.[58] 남양주에 있는 스타벅스 '더북한강R점'은 총 4층 건물로 약 300석 이상의 좌석이 마련되어 있고, 1층은 100평 규모의 '펫 파크'가 있어 개점한 지 한 달 만에 인기 매장으로 자리 잡았다.[59]

실제 공장을 개조한 창고형 카페도 인기를 얻었다. 인천의 '조양방직'은 강화도 섬유 산업이 쇠퇴하면서 공장이 방치되자 이를 카페로 재탄생시켰다. 약 200평 규모의 매장 내에는 뉴트로 감성의 아이템들이 곳곳에 전시되어 있어 독특한 분위기의 문화 공간으로서 역할을 하고 있다.[60] 미술관을 방불케 하는 대형 카페로의 발걸음도 계속해서 이어졌다. 실내 층고가 13미터에 달하는 김포의 '수산공원'은 ENA 드라마 〈이상한 변호사 우영우〉의 촬영지로 유명세를 얻으며 매달 2만 명 이상이 방문하고 있다.[61]

출처: 조양방직, 수산공원

배경 트렌드 및 향후 전망

소비자들이 초대형 카페로 몰리는 가장 큰 이유는 코로나 사태를 계기로 가벼운 '국내 여행'이 일상화됐기 때문이다. 『트렌드 코리아 2022』에서는 '러스틱 라이프' 키워드를 제안하며, 도시에서 살아가는 젊은 세대들이 가까운 시골로 촌캉스를 떠나는 현상에 주목했다. 코로나19로 외부 활동에 부담감이 커지자 인구 밀집도가 낮은 서울 근처의 도시들로 여행을 떠나게 된 것이다. 각 여행지의 핵심 명소로 꼽히는 초대형 카페를 방문해 이 순간만큼은 온전히 아날로그 감성을 즐기려는 것이다. 두 번째로, 반려동물 인구가 많아진 것도 초대형 카페의 확산을 이끄는 중요한 배경이다. KB경영연구소의 '2021 한국 반려동물 보고서'에 따르면 반려동물을 키우는 펫펨족이 1,400만 명을 넘어선 것으로 나타났다.[62] 이들은 반려동물을 가족처럼 여겨 주말과 휴일에도 함께 추억을 만들고자 한다. 이 때문에 반려동물과 동반 입장이 가능하며, 충분히 뛰어놀 수 있는 넓은 장소들을 선호하게 된 것이다.

삭막한 도시 생활에서 벗어나 도심 근교에서 새로움을 찾는 현대인의 문화생활 거점인 '초대형 카페'의 인기는 더욱 높아질 전망이다. 평소 자주 방문하는 카페들의 획일화된 매장 디자인과 메뉴에 지루함을 느낀 소비자들이 초대형 카페만의 '컨셉팅'에 더욱 기대를 걸게 될 것이기 때문이다.

관련 키워드: **『트렌드 코리아 2018』**, 나만의 케렌시아, **『트렌드 코리아 2022』**, 러스틱 라이프

Redistribution of the Average

Arrival of a New Office Culture: 'Office Big Bang'

Born Picky, Cherry-sumers

Buddies with a Purpose: 'Index Relationships'

Irresistible! The 'New Demand Strategy'

Thorough Enjoyment: 'Digging Momentum'

Jumbly Alpha Generation

Unveiling Proactive Technology

Magic of Real Spaces

Peter Pan and the Neverland Syndrome

2

2023 트렌드

Redistribution of the

평균 실종

'평균'이 사라지고 있다. 정확히 표현하면 집단을 대표하는 평균값이 무의미해지고 있다. 대푯값으로서 평균이 의미 있으려면 해당 모집단이 정규분포를 이뤄야 하는데, 우리 사회 각 분야에서 분포의 정규성이 크게 왜곡되고 있기 때문이다. 평균이 기준성을 상실하는 경우는 ① 양극단으로 몰리는 '양극화', ② 개별값이 산재散在하는 'N극화', ③ 한쪽으로 쏠리는 '단극화'로 구분할 수 있다. 이러한 '평균 실종' 트렌드의 배경은 구조적이고 추세적이다. 자본주의는 태생적으로 부익부 빈익빈의 불균형을 초래하는 속성을 지니는데, 코로나19 팬데믹이 2년 넘도록 차별적인 영향을 미치면서 경제·사회·교육·문화 등 거의 모든 영역에서 양극화가 가속화됐다. 각종 소셜미디어를 기반으로 준거집단이 다원화되고 개인 맞춤화 경향이 강해지는 가운데 시장의 전형성이 사라졌고, 규모의 효율에 극도로 좌우되는 플랫폼 경제와 경쟁의 외연이 넓어지는 디지털 트랜스포메이션이 발달하면서 승자독식의 쏠림이 심화됐다.

평균 실종 트렌드가 우리에게 시사하는 점은 엄중하다. 평균으로 표현될 수 있는 무난한 상품, 평범한 삶, 보통의 의견, 정상의 기준이 변화하고 있다. 정규분포로 상징되는 기존의 대중mass 시장이 흔들리며, 대체 불가능한 탁월함·차별화·다양성이 필요한 시장으로 바뀌고 있다. 앞으로 우리가 취해야 할 전략은 다음 세 가지 중 하나일 것이다. 양극단의 방향성에서 한쪽으로 색깔을 확실히 하는 '양자택일' 전략, 소수집단(때로는 단 한 명)에게 최적화된 효용을 제공하는 '초다극화' 전략, 마지막으로 경쟁자들이 모방할 수 없는 생태계(네트워크)를 구축하는 '승자독식' 전략이다. 평범하면 죽는다. 특별해야 한다. 평균을 뛰어넘는 남다른 치열함으로 새롭게 무장할 때 불황으로 침체된 시장에서 토끼처럼 뛰어오를 수 있을 것이다.

평균이 사라지고 있다. 주변에서 일어나는 어떤 현상에 대해 "보통, 일반적으로, 대개, 평균적으로 ○○하다"고 말하는 것이 어려워졌다. 그 양태가 제각각이기 때문이다. 온라인 커뮤니티 게시판에는 지인의 결혼식 축의금을 얼마를 내야 적절한지, 소개팅 후 고백은 몇 번째 만남에 하는 것이 일반적인지 등 일명 '국룰(국민적인 룰)'을 묻는 글이 심심치 않게 올라온다. 일상의 간단한 문제에 정답을 찾으려 온라인 세상을 헤매는 모습은 역설적이게도 모두가 당연시하는 '평균적인' 모범답안이 사라졌음을 드러낸다.

개인의 삶만이 아니다. 이제까지 평균으로 표현할 수 있었던 무난한 상품, 보통의 의견, 정상의 기준이 흔들리고 있다. 더없이 독특한 상품들이 선택받고, 극렬히 찬성하거나 극렬히 반대하는 의견으로 쪼개진다. 정상과 비정상으로 구분됐던 것이 '틀림'이 아니라 '다름'으로 규정되고, 세상을 바라보는 다양성의 가치가 제각각 인정받으면서 평균적인 생각은 점차 설 자리를 잃고 있다. 『트렌드 코리아 2023』에서는 이처럼 시장이나 사회에서는 물론이고 개개인의 삶과 가치관에서 그동안 당연하게 여겨지던 '전형성'이 사라지는 현상을 가리켜 '평균 실종' 트렌드라 명명하고자 한다.

평균점수·평균나이·평균학력·평균재산·평균소득·평균수명·평균수익률·평균체중·평균IQ 등등 지금까지 우리는 평균의 개념을 자주 사용해왔다. 산업혁명 이후 대량생산·대량소비가 보편화되고, 획일적인 집단교육 체제가 등장하면서 동질적인 집단 속에서 개체를 파악하는 데 익숙해졌기 때문이다. 하지만 빅데이터에 기반한 인공지능이 산업 전반을 이끌면서 테일러리즘taylorism(생산의 효율성을 높이는 합리적이고 과학적인 경영관리법)의 패러다임이 흔들리는 가운데 우리에게 익숙했던 평균 개념 역시 다시 되돌아봐야 할 필요성이 커졌다.

『트렌드 코리아 2022』의 첫 번째 키워드 '나노사회'가 나노 단위로 흩어지는 개인과 삶의 '성격'에 대해 조명했다면, 이번 2023년의 첫 키워드 '평균 실종'은 나노화된 개인들이 그려내는 새로운 '분포'를 포착한다. 본서에서 뒤이어 소개할 트렌드들, 예컨대 대폭발을 맞이한 일터('오피스 빅뱅' 참조), 판을 뒤집는 혁신의 시장('뉴디맨드 전략' 참조), 입맛대로 재편되는 관계('인덱스 관계' 참조), 극도의 취향 몰입('디깅모멘텀' 참조) 등은 모두 기존에 없던 새로운 분포가 펼쳐지면서 생겨난 새로운 추세들이다. 평균의 실종을 이야기하기 위해 먼저 '평균'이란 무엇인지 간단히 알아보자.

평균의 의미가 흔들릴 때

평균은 자료를 설명하는 대푯값의 하나로, 많은 개별값들이 모인 자료를 하나의 숫자로 요약하고자 할 때 주로 쓰인다. 이를테면 한국과 일본 국민의 소득을 비교할 때 전 국민을 일일이 살펴보는 것은 어렵지만 평균을 구하면 하나의 숫자로 비교가 가능하다. 사실 평균은 일상 속에서 자주 사용하는 개념이다. 하지만 우리가 평균 개념을 사용하기 위해서는 반드시 **'정규분포'**를 전제해야 한다.

정규분포란 자료의 분포가 평균값을 중앙으로 하여 좌우대칭으로 종 모양을 이루는 분포를 말한다. 정규분포의 중요한 특징은 가운데

정규분포곡선

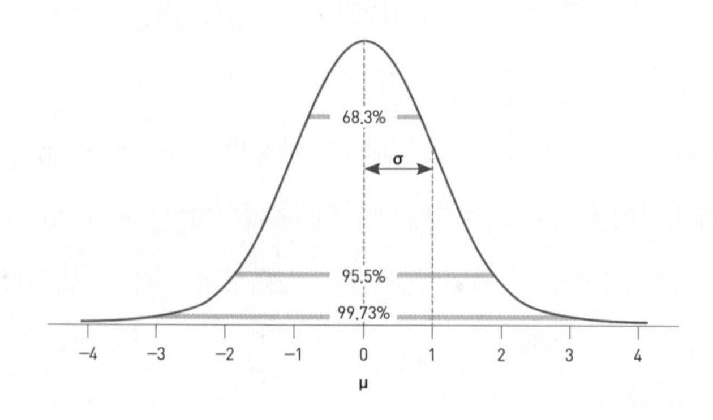

가 볼록하여 대다수의 자룟값이 중심에 몰려 있다는 것이다. 통계적으로는 "평균으로부터 ±1표준편차 내에 68.3%가, ±2표준편차 내에 95.5%가 분포한다"고 표현한다. 쉽게 말하면, 평균값이 가장 흔하고 평균에서 멀어질수록 드물어진다는 뜻이다. 따라서 정규분포에서 평균은 곧 양적으로 '다수'를, 질적으로 '전형'을 나타내며 그 분포에 속한 구성원들에게 자신이 어디쯤 위치해 있는지, 어디로 향해야 하는지를 가늠할 수 있는 '기준'이 된다.

그런데 만약 정규분포라는 전제가 무너진다면 어떻게 될까? 오른쪽 그림에서 확인할 수 있듯 비정규분포에서 평균은 자료를 대표하기에 적합하지 않다. 첫 번째 그림은 '양극화' 분포(혹은 쌍봉 분포)로, 이 경우 평균에 해당하는 중간 정도의 값은 가장 적은 수를 대변한다. 두 번째 그림은

정규분포normal distribution
독일의 수학자 가우스가 정립했기에 '가우스 분포'라고도 한다. '정규normal'분포라 부르게 된 이유는 가우스가 이 분포를 정립할 당시 모든 자료의 분포가 종형 곡선을 나타내야 정상이고, 그렇지 않은 경우 자료 수집에 문제가 있는 것이라 생각했기 때문이다.

평균이 의미를 상실하는 세 유형

'N극화'라고 부르고자 하는 분포인데 개별값이 특정한 경향성을 지니지 못하고 산재하는 경우다. 이때 평균값은 그저 여러 특성 중의 하나만을 나타낸다고 할 수 있다. 세 번째 그림은 '단극화'라고 이름 붙인 분포로, 하나의 값과 그 외 의미 있는 값을 가지지 못한 대다수가 존재하는 경우다.

이 세 경우 모두 평균이 그 모집단의 대푯값으로서 제 역할을 하지 못한다. 평균의 의미가 상실되는 것이다. 양극화·N극화·단극화에 어떠한 사례가 있으며, 이때 평균이 왜 의미를 갖지 못하는지 차례차례 구체적으로 살펴보자.

양극화: 중간이 사라지다

자본주의의 숙명, 양극화

부익부 빈익빈은 어쩌면 자본주의의 태생적 속성일지도 모른다. 자기 이익에 충실한 '호모 이코노미쿠스'를 선제로 하는 자본주의는 임청난 효율을 기반으로 근현대 세계경제를 비약적으로 발전시켰지만, 돈이 더 큰 돈을 벌어들이는 속성 때문에 부자는 더 부자가 되고 빈자는 더 빈자가 되는 필연적인 양극화를 낳았다. 이러한 본질적 속성에 더해, 네트워크 경제의 발달과 코로나19 팬데믹으로 인해 그 양극적 경향이 더욱 강화되고 있다.

자산의 규모만 봐도 그렇다. 2022년 7월 서울시의 자치구별 재산세 부과 내역을 비교한 결과, 가장 많이 부과된 강남구의 재산세(4,135억 원)는 가장 적게 부과된 강북구의 재산세(236억 원)의 17.5배로 역대 최대의 격차를 보였다. 그런가 하면 강남·서초·송파 등 강남 3구의 재산세는 서울시의 25개 자치구 전체 재산세의 약 39%를 차지한다.[1] 청년층 사이의 자산 양극화는 상황이 더 심각하다. 2021년 통계청 발표 자료에 따르면 20대 가구주 하위 20%의 평균 자산은 2020년 대비 11.9% 감소한 반면, 상위 20%의 평균 자산은 2.5% 늘어난 것으로 나타났다. 20~30대 상위 20%의 자산 규모는 하위 20%의 약 35배에 이르고 있다. 부유한 MZ들이 부모로부터 부동산을 물려받을 때 개미투자자 MZ들은 투자 실패로 자산을 불리지 못한 것도 이런 결과를 가져온 원인 중 하나로 분석된다.[2]

소비자가 양분되다 보니 시장도 극명하게 나뉘고 있다. 초고가 혹은 초저가를 찾는 소비자는 늘어난 반면, 중간 수준의 제품을 고려하는 소비자는 줄고 있다. 미국의 경우 백화점 체인 메이시스Macy's와 미국판 다이소인 달러트리Dollar Tree는 2022년 1분기 영업이익이 전년 대비 각각 178%, 43% 상승하여 호황을 맞이했지만, 대형마트 체인 월마트는 18.2% 감소했다.[3] '아주 비싸거나 아주 싸거나'의 경쟁

속에서 중간대의 가격이 발을 붙이지 못하고 있는 상황이다. 이러한 양극화 추세는 국내 백화점 및 대형마트 실적에서도 나타난다. 사치품을 주로 판매하는 백화점은 2022년 1분기 매출이 전년 동기 대비 16.8% 증가한 데 비해, 대형마트는 전년 동기 대비 1.9% 감소하며 소매업 중 유일하게 매출이 역신장했다.[4] 그 와중에도 3대 대형마트 상품 중에서 가격이 저렴한 자체 브랜드PB 상품의 매출이 8.5~10% 늘어난 것은 눈길을 끈다.[5]

특히 요즘처럼 경기가 위축되면 소비자는 쓸데없는 지출을 줄이고 양극단으로 자원을 선택·집중하는 전략을 취하게 된다. 불황형 소비인 '짠테크(짜다+재테크)' 열풍이 다시 불면서 무엇이든 필요한 만큼만 쪼개어 쓰는 모습이 관찰되고 있다('체리슈머' 참조). 중고거래 사이트에서는 5,000원 미만의 모바일 상품권을 거래하는 경우가 급증했고, 외식비용을 줄이려는 사람들이 늘어나면서 2022년 1~7월 대형마트의 간편식사류 매출은 전년 동기 대비 25% 증가했다.[6] 이와 동시에 젊은 세대를 중심으로 프리미엄 시장 또한 뜨고 있다. 다른 분야에서 아낀 비용을 작지만 특별한 경험을 얻는 데 쓰는 것이다. 호텔에서 판매하는 10만 원에 가까운 가격의 빙수, 1인당 20만 원이 넘는 한우 오마카세, 1박에 100만 원을 호가하는 특급호텔 스위트룸 등이 성황을 누리며 '스몰 럭셔리' 트렌드를 이어가고 있다.

투자에서도 비슷한 현상이 포착됐다. 금융시장에서 두드러지는 '바벨 전략'이 대표적인 사례로, 이는 마치 양 끝에 무거운 원판을 끼운 바벨처럼 극안전 자산과 극위험 자산으로 투자 포트폴리오를 구성하는 것을 말한다. 경기 침체와 인플레이션에 대한 우려가 공존하

출처: 홈플러스, 신라호텔

●●● 마트에서 밀키트를 구매하며 외식비용을 줄이려는 노력이 엿보이는 한편, 호텔에서 판매하는 프리미엄 빙수를 먹기 위해 줄을 서는 양극단의 소비 양상이 엿보이고 있다.

는 불확실한 경제 상황에서 수익성과 안정성이라는 두 마리 토끼를 한꺼번에 추구하는 전략이다. 수익을 추구하는 과정에서도 주식의 고수들은 종종 '평균'을 무시함으로써 큰 수익을 거두고 있다. 다시 말해 시장의 평균을 나타내는 종합주가지수는 거들떠보지 않고, 개별 종목의 추이를 눈여겨보는 것이다. 유럽의 전설적인 투자자 앙드레 코스톨라니는 그의 투자 철학을 담은 책 『돈, 뜨겁게 사랑하고 차갑게 다루어라』에서 이렇게 이야기한 바 있다. "시장 전체를 그리고 있는 차트는 개별 환자의 체온곡선 대신 모든 환자들의 평균 체온곡선을 그리고자 하는 의사의 정신 나간 생각과 같다고 볼 수 있다."[7]

극장가의 풍경도 비슷하다. 천만 관객을 돌파한 액션영화 〈범죄도시2〉나 글로벌 블록버스터 〈탑건: 매버릭〉은 코로나 사태로 황폐화된 극장가에서 대대적인 흥행을 기록한 반면, 개봉 전부터 많은 관심을 받았던 〈헌트〉·〈비상선언〉 등의 성과는 기대에 미치지 못했다. 전문가들은 코로나19를 겪으면서 극장의 티켓값이 비싸진 한편, 사람들이 OTT 서비스로 영화를 즐기는 것에 갈수록 익숙해지고 있기 때문으로 분석한다. 이제 영화도 대형 스크린과 수준 높은 음향 시설로 즐겼을 때 몰입감이 극대화되어 비싼 티켓값이 아깝지 않은 '극장용 영화'와 집에서 즐기는 것으로 충분한 'OTT용 영화'로 양분되고 있다.[8]

콘텐츠의 길이 역시 '숏폼'과 '롱폼'으로 양극화되는 모양새다. 1분이 채 되지 않는 짧은 영상으로 쉽고 빠르게 소비하는 숏폼 콘텐츠가 대세로 떠오르면서 2022년 1분기 틱톡 이용자의 월평균 사용시간이 전년 동기 대비 40%가량 늘며 유튜브 이용자의 월평균 사용시간을 넘어서기도 했다.[9] 이에 유튜브와 인스타그램 모두 숏폼 기능인 '쇼츠'와 '릴스'에 힘을 싣고 있다. 그렇다고 긴 호흡의 롱폼 콘텐츠를 즐기며 깊이를 추구하는 사람들이 줄어들었는가 하면 그것도 아니다. 최근 몇 년 사이 개봉한 영화들의 러닝타임은 2시간은 기본, 3시간에 달하는 경우도 적지 않다. 무엇보다 긴 글 콘텐츠의 대명사라고 할 수 있는 블로그가 다시 떠오르고 있다. 2021년 한 해 동안 네이버에서 새로 개설된 블로그 수는 200만 개, 생성된 콘텐츠는 3억 개에 달한다. 2020년 대비 무려 50% 이상 증가한 것이다.[10]

심각해지는 정치·사회적 양극화

양극의 두 집단으로 치우치는 현상은 경제 분야에서만 일어나는 것이 아니다. 최근 정치·사회 분야의 양극화가 심각해지고 있다. 베스트셀러 『총·균·쇠』의 저자, 재레드 다이아몬드 교수는 최근 한 포럼에서 정치적 양극화를 가리켜 '현 사회가 처한 가장 큰 도전 과제'라고 지적하기도 했다.[11] 미국에서는 오랜 시간에 걸쳐 정치적 이념의 양극화가 심화되어왔는데, 심지어 사망률에까지 영향을 미치고 있다는 주장이 나오고 있다. 각 주별로 지지하는 정당이 다른 가운데 2001년부터 2019년까지 20년간 민주당 지지도가 높은 카운티의 사망률은 22% 감소한 것에 반해, 공화당을 지지하는 카운티의 사망률은 11% 감소하는 데 그쳤다는 것이다.[12] 지지 정당에 따라 각 주에서 시행되는 보건 정책이 다른데, 미국식 건강보험인 '메디케이드 medicaid' 적용 여부나 최저임금, 담배 및 총기 규제, 마약 중독 관련 보건 정책 적용 여부 등이 건강과 사망률에 영향을 미쳤다는 해석이다. 각 당을 지지하는 사람들의 정당 정체성이 너무 강해져 어떤 경우에도 지지 정당을 바꾸지 않기 때문에 이를 '정당 양극화'라고 표현하기도 한다. 지지 정당에 대한 긍정적 믿음보다는 반대편 정당에 대한 혐오가 강해지는 '부정적 당파성'에 기인하기에 문제시되고 있다.[13]

미국의 정치 양극화

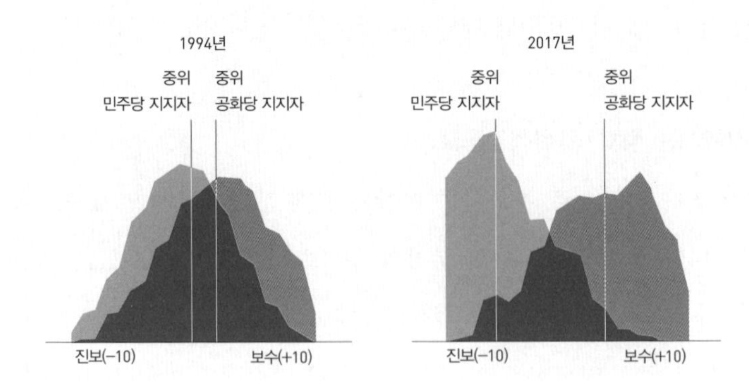

출처: "알고리즘 의존하는 일상이 이념 양극화 불러", 중앙일보, 2020.02.04.
자료: Pew Research Center, 2017.

한국 사회 역시 정치적 양극화 현상에서 자유롭지 않다. 한국행정연구원에 따르면 국민 전체의 이념적인 양극화가 심화되지는 않았으나, 양당에 대한 정서적인 양극화는 1990년대 중반 이후 커진 것으로 보고됐다. 특히 20대 집단의 경우 전 영역에 걸쳐 성별에 따른 이념 성향의 차이가 뚜렷하게 나타나고 있어 사회적 갈등으로 번질 우려도 존재한다.[14] 이는 단 한 표라도 더 득표한 후보자가 당선되는

한국 20대의 정치·사회적 양극화

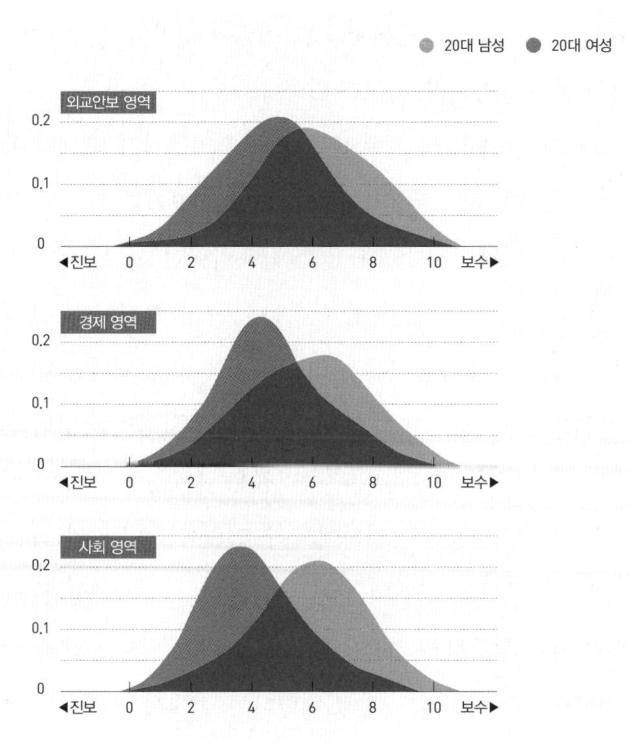

출처: "이대녀는 40대만큼 진보인데…이대남은 대한민국 최강 보수", 중앙일보, 2022.01.25.

'승자독식'의 소선구제 선거제도 아래에서 거대 양당이 지지표를 결집하기 위해 갈등을 부추기며 적대적 공생 관계를 유지하는 것과 무관하지 않다. 여기에 소셜미디어들이 자신의 의견에 동조하는 뉴스와 의견만을 청취하게 만드는 '반향실(에코체임버)' 효과를 강화시키면서 정치·사회적 양극화가 더욱 극심해지고 있다.

코로나19가 더욱 심화시킨 양극화

오랫동안 우리가 '평균적인' 일상으로 여겨왔던 모습들이 코로나 사태 이후 극명하게 갈리고 있다. 지금까지 설명한 여러 분야의 양극화 현상이 팬데믹으로 인해 더욱 가속화된 것이다. 코로나 사태는 트렌드의 방향이 아니라, 속도를 바꾼다.

2022년 하반기에 이르러 사회적 거리두기가 해제되면서 한산해졌던 거리가 차츰 이전의 모습을 되찾아 활기를 띠기 시작했지만 상권에 따라 온도차가 있다. 경험에 목말랐던 사람들이 찾는 여가 활동 위주의 공간은 북새통을 이루는 가운데, 회식이나 스터디 모임 등에 필요한 기능적 공간은 비대면 플랫폼이 그 역할을 대신하면서 이전만큼 활성화되지 못하고 있다. 또한 많은 기업들이 일터를 재해석하기 시작했다. 대표적으로 숙박공유 플랫폼 에어비앤비는 사무실이 담당했던 기능을 분리하여 필수 인력이 아닌 일반 직원들의 업무수행 기능은 100% 재택근무로 대체하고, 조직 구성원들 간 유대를 쌓기 위한 상호작용 기능은 정기적인 대면 행사로 해결하는 중이다. 재택근무를 '영구적으로' 채택했다는 점에서 주목받은 에어비앤비의 재택 범위는 '다른 나라'까지 포함하는 것이어서 더욱 눈길을 끌었다. 빅데이터 분석을 통해 세계 곳곳에 체류하며 일하는 고객들의 '노마드' 트렌드를 일찌감치 파악하고 자사의 재택근무 제도에 적용한 것으로 보인다.[15]

비대면 일상의 양극화 현상이 가장 두드러진 곳은 아무래도 교육 현장이다. 먼저, 원격수업으로 인해 학생들의 집중도가 떨어진 탓에 중위권 학생들 중 학력이 기초학력 미달 수준으로 하향된 경우가 늘어났다.[16] 특히 중학생은 상위권과 하위권이 동시에 늘어나면서 중간이 사라지는 전형적인 양극화 양상을 보였다. 학력의 양극화는 사교육의 양극화와도 관련이 깊다. 통계청의 2021년 연간 가계동향조사 결과에 따르면, 교육비는 전년 대비 14.1% 늘어나 지출이 가장 많이 증가한 품목 중 하나인데 그중 사교육비 지출이 눈길을 끈다. 성적 최상위권(10% 이내) 학생은 사교육에 월평균 48만5,000원을 지출한 반면, 최하위권(81~100%) 학생들은 27만 원을 지출했다. 또한 대도시에서는 학원비 지출이 증가했지만 중소도시에서는 감소하는 양상을 보였다. 월 800만 원 이상의 고소득 가구 중 80% 이상이 사교육에 지출을 하고 있었으나 월 200만 원 미만의 가구는 사교육 참여 비율이 40%에 미치지 못했다.[17] 자녀가 학교에 가지 못해 발생하는 학습 공백을 채우기 위한 목적뿐 아니라, 학교와 달리 대면수업을 진행하는 학원에서는 친구를 만나고 교류할 수 있기 때문에 학원에 보낸다고 말하는 학부모들도 많았다. 이러한 모습은 교육의 양극화가 미칠 파장이 단순하지 않음을 시사한다.[18]

N극화: 다양하게 퍼지다

음원사이트의 인기 차트 톱 100이 곧 모두의 취향이었던 시대가 저물고 있다. 세계적인 음원사이트 스포티파이는 인기 리스트를 제공하는 것을 넘어 이용자의 취향을 돕는 서비스를 선보였다. 그중 하나인 '옵스큐리파이obscurify'라는 스포티파이 연동 앱은 사용자의 스포티파이 이용 기록을 기반으로 음악 취향을 분석하고 다른 이용자들과 비교하여 '모호성 등급obscure rating'을 부여한다. 자신의 취향이 얼마나 전형적이지 않고 독특한지 알려주는 것이다. 과거 소비자들이 인기 차트 톱 100을 보며 대중의 취향을 따라가고자 했다면, 오늘날에는 가능한 정규분포에서 멀리 벗어나 자신만의 특별한 취향을 갖는 것을 더 선호한다는 점을 보여준다. 이를 N개의 빈도로 극단적으로 다양하게 분포하는 'N극화'라고 표현할 수 있다.

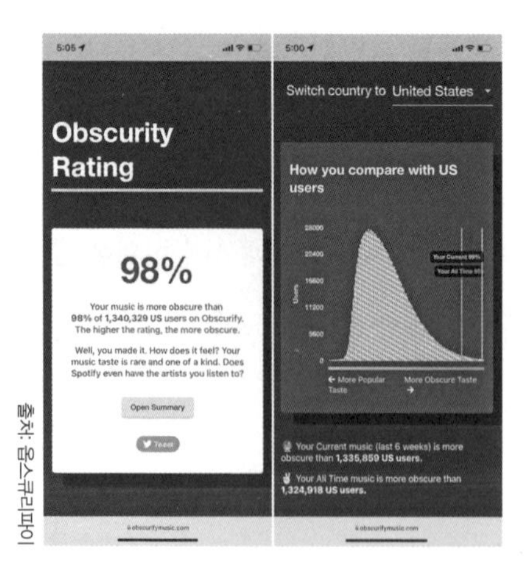

출처: 옵스큐리파이

이용자 개개인의 음악 취향을 분석하고 그 '모호성 등급'을 알려주는 앱, '옵스큐리파이'. 나의 취향이 얼마나 독특한지 보여준다.

N명의 소비자, N개의 취향

음악 소비뿐 아니라 취향이 중요한 영역이라면 어디서나 N극화가 일어나고 있다. 맛집의 변화가 대표적이다. 외식의 질이 상향 평준화되면서 단순히 맛을 기준으로 식당을 줄 세우는 것에는 큰 의미가 없어졌다. '맛집' 찾기가 아닌 '멋집' 찾기에 나설 만큼 가게마다 각기 다른 스타일을 뽐내는 경쟁이 치열하다. 노포다운 깊은 맛으로 승부하거나, 탄성을 자아낼 만큼의 시각적 즐거움을 선사하거나, 고급 재료와 공들인 조리법으로 건강한 스타일을 표방한다. 보다 독특한 경험을 찾는 소비자들은 사람들이 북적이는 '핫'플레이스가 아니라 아는 사람만 가는 '힙'플레이스를 찾아다닌다.

가장 많이 팔렸다는 의미의 '베스트셀러'라는 용어가 시작된 출판 시장도 개개인의 취향을 중심으로 다극화가 진행 중이다. 한 출판계 전문가는 이제 책을 기획할 때 수십만의 대중mass 독자보다 확실한 독자 2,000~3,000명을 고민해야 한다고 말한다.[19] 출판 시장이 어려워진 탓도 있지만 책을 찾는 수요가 세분화됐기 때문이다. 이러한 흐름을 반영하는 것이 최근 인기를 모으고 있는 '문고판 도서 시리즈'다. 외형적으로도 작고 가볍지만, 책의 주제가 호기심을 끌 만큼 구체적이며 소소한 취향을 다루는 것이 특징이다. 망원동·할머니·양말 등 무엇이든 한 가지에 대해서만 써 내려간 〈아무튼〉 시리즈와 짜장면·평양냉면·치즈 등 일상적인 음식 하나만을 다루는 〈띵〉 시리즈가 대표적이다. 에세이 분야를 중심으로 이뤄지던 문고판 출판 붐은 인문·사회과학 분야의 연구를 다루는 〈탐구〉 시리즈, 문학을 선보이는 〈쏜살문고〉 시리즈 등 그 영역을 확장하고 있다.

동네서점의 성장도 N극화의 사례를 보여준다. 온라인서점의 발달로 오프라인서점들이 고전하고 있으나, 소규모 독립서점들은 갈수록 증가하고 있다. 실제로 국내에 등록된 독립서점의 수는 2015년 97개에서 2021년 745개로 지속적으로 늘어났다.[20] 개성만점의 독립서점은 단순한 유통 역할을 넘어 각기 다른 색깔로 취향을 제안하고 새로운 소통의 장을 마련한다. 여행 안내서부터 스페인어 교재까지 스페인과 관련된 것이라면 어떤 책이든 취급하는 충무로의 '스페인책방'이나 책을 공짜로 빌려주는 대신 유료 글쓰기 강의나 북토크를 진행하는 연남동의 '독서관' 등 가지각색의 서점들이 저마다 N개의 극이 되어 사람들을 끌어당기고 있다.[21]

개인 맞춤화에 따른 N극화

나에게 꼭 맞는 제품에 대한 소비자들의 요구도 눈에 띈다. 다양하게 등장하고 있는 '○○테크'라는 용어는 온갖 제품군에서 개인 맞춤화가 일어나고 있음을 대변한다. 평균의 시대에는 하나의 기성품에 다수의 소비자가 맞춰야 했다. 시간이 흐르면서 데이터 수집 및 분석 역량과 제조 기술이 고도화됐고, 기존의 제품 및 서비스에 '테크'를 붙이며 개개인에 맞춘 제품을 생산하는 것이 현실화되고 있다. 시장이 소비자 수만큼 분열하는 것이다.

뷰티·금융·교육·헬스케어 등 개별 맞춤의 중요성이 큰 분야는 더욱 빠르게 N극화가 일어난다. 뷰티테크 분야에서는 AI 기반 데이터 분석에서 더 나아가 제조 기술의 발전이 이뤄지고 있다. 아모레퍼시픽이 국제전자제품박람회CES 2022에서 선보인 '마인드링크드 배

스봇'은 뇌파로 감정을 분석하여 그에 맞는 향과 색을 가진 배스밤(입욕제)을 바로 제조해준다. 그보다 한 해 앞선 CES 2021에서 발표하여 혁신상을 수상한 '립 팩토리 바이 컬러 테일러'는 얼굴을 촬영한 뒤 즉석에서 어울리는 입술 색상을 추천하고 립 제품을 제조해주는 서비스로, 서울 성수동에 위치한 아모레 성수에서 시범 운영하고 있다. LG생활건강의 'CHI 컬러 마스터' 역시 즉석에서 원하는 헤어 컬러를 구현할 수 있도록 염모제를 배합해주는 시스템으로 미국에서 서비스 중이다. 맞춤화 생산을 통해 세상에서 단 하나뿐인 제품을 만들어내는 것이다.

획일적이고 평균적인 개념의 대표라고 해도 과언이 아닌 아파트 평면도에도 변화가 일어나고 있다. 방 3개와 거실, 화장실, 주방이 평균 모델이었던 '국민평형' 84제곱미터짜리 아파트의 경우 점점 더 다양해지고 있는 요즘 소비자들의 취향에 맞춰 가벽을 세우거나 벽을 틀 수 있게 됐다. 입주 전에 자신이 원하는 구조를 고르는 것은 물론, 입주 후에도 욕실과 주방을 비롯한 실내 구조를 변경하는 것이 가능하다. 아파트 구조까지 거주하는 사람에 맞춰 특화되는 이른바 '비스포크' 시대가 열린 것이다.[22] 2022년 상반기 전국에서 분양된 186개 아파트 단지가 새롭게 선보인 평균 평면은 5.73개에 달했다. 이 중 10개 이상의 평면 규격을 갖춘 곳은 전체의 11.83%인 22개 단지였는데, 이는 2019년 7.55%에서 크게 늘어난 수치다. 평면도의 다양화를 내세운 건설사는 청약 성적도 우수한 것으로 나타났는데, 10개 이상의 평면도 타입을 구성한 90개 단지의 1순위 평균 청약경쟁률은 36.11 대 1이었다. 이는 주거 공간을 선택할 때 '내부 평면 구소

출처: SK에코플랜트 드파인

●●● 획일화의 대명사였던 아파트도 거주자의 라이프스타일에 맞춰 평면을 다양화하고 있다. 같은 라인, 같은 평수라도 반려동물이 사는 집과 재택근무를 하는 2인 가구의 구조가 다르다.

(28.8%)'를 가장 중요하게 생각한다는 설문조사 결과와도 맞닿아 있다.[23] 거주민의 특성을 고려한 커뮤니티 시설의 변신도 다채롭다. 전문직 고소득자가 많은 지역의 경우 버틀러butler 서비스를 비롯한 편의 지원과 코워킹 스튜디오·스크린룸 등 문화생활 시설을 갖췄다. 또한 학군이 강조되는 지역에서는 단지 내에서 사교육 서비스를 제공하고 작은 도서관과 독서실 등 커뮤니티 시설을 운영해 주민들의 편의를 지원하고 있다.

라이프스타일의 다양화

한국 사회의 결혼관·가족관이 변화하면서 라이프스타일도 다양해지고 있다. MZ세대를 하나의 특성으로 이야기하기 어려운 이유도 동일한 세대 내에 상이한 라이프스타일을 가진 집단이 뒤섞여 있기 때문이다. 20대부터 일찍이 내 집 마련을 꿈꾸며 재테크로 미래를 준비하는가 하면, 직장생활에 '현타'를 느끼고 취미를 생계 삼아 오늘의 행복에 만족하며 살기도 한다. 직업적으로 더 큰 세상을 경험하기 위해 과감하게 외국으로 터전을 옮기는 사람도 있다. 하나의 모범답안을 추구하던 '정답사회'가 자신만의 해답을 찾아가는 N개의 세상으로 분화되는 것이다.

이에 따라 직장을 선택할 때도 기업이 "임직원의 다양한 라이프스타일을 얼마나 살뜰히 챙기는가" 하는 차별화된 복지가 중요해졌다('오피스 빅뱅' 참조). 기존의 직원 복지 제도에서 4인 가족 중심의 여름 휴양지, 부모님 건강검진, 자녀 교육비 등이 주를 이뤘다면 요즘은 1인 가구나 싱글인 직원들도 소외되지 않도록 신경 쓴다. 이 밖에 가사 노동 지원, 반려동물 보험 지원 등 맞춤형 복지 혜택도 등장하고 있다.

N극화 현상이 시사하는 중요한 사실은 우리 사회의 전형성이 사라지고 있다는 점이다. 과거 집단주의 성격이 강했던 한국 사회가 개인을 중시하는 문화로 변모하면서 '필수 코스'였던 삶의 경로 중 상당 부분이 개인의 선택으로 바뀌고 있다. 그렇다 보니 자연스럽게 사람들이 닮고 싶어하는 준거집단도 분화되기 시작했다. 여기에 고도로 발달한 소셜미디어들은 사용자들의 취향을 전시하는 장으로서 각자에게 적합한 극을 만나도록 돕는 데 큰 역할을 한다. 이런 상황에서 평균이란 그저 "그중에 하나"일 뿐이다.

단극화: 하나로 쏠리다

문제 다음의 숫자가 의미하는 바가 무엇일까?

① 0% →92.49%

② 1억5,000만 달러 →4,698억 달러[24]

정답은 ① 구글의 '초기(1998년)→최근(2021년)' 미국 내 검색 점유율,[25] ② 아마존의 '초기(1997년)→최근(2021년)' 연간 매출액이다. 1998년, 야후가 검색엔진 시장의 약 50%를 선점하고 있던 상황에서 구글은 후발 주자로 시장에 뛰어들었다. 1994년에 온라인서점으로 시작한 아마존은 1997년에는 음반·옷·가구·장난감 등으로 취급품목을 확대해 연매출 1억5,000만 달러를 올리는 작은 온라인 소매업체였다. 그런데 2020년 5월에는 미국의 소매 전자상거래 매출액 중 38%를 차지하고 있다. 이는 2위인 월마트의 5.8%를 압도하는 수치다.

정규분포가 무너지는 세 번째 형태는 모두를 한 곳으로 블랙홀처럼 끌어당기는 단극화다. 이러한 단극화가 빚어내는 분포를 '멱함수 power-law 분포'라고도 하는데, 멱함수 분포의 특징은 지배자의 위치에 있는 이상치(아웃라이어)가 가지는 값에 한계가 없다는 점이다. 이제 사람들은 구글·아마존과 같은 글로벌 IT 기업들이 시류에 따라 떠올랐다가 사라지는 수많은 기업 중 하나가 될 것이라 생각하지 않는다. 세계적인 단극화 추세를 지적한 스콧 갤러웨이Scott Galloway 뉴욕대 교수는 그들의 예외적인 지배력이 팬데믹이라는 촉진제를 겪

구글의 검색 점유율

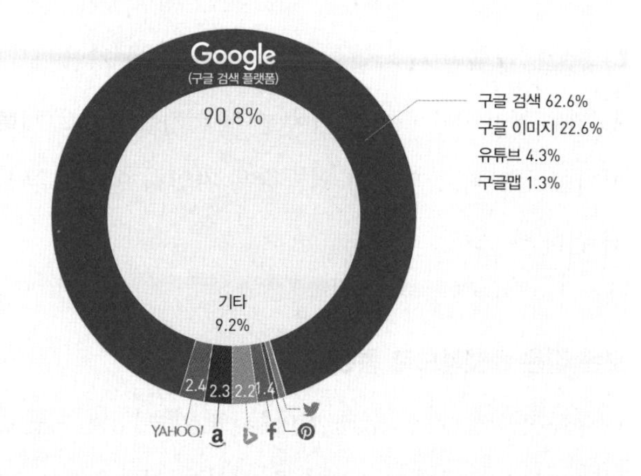

출처: "구글은 어떻게 검색시장 점유율 90%를 장악하게 됐나", 연합인포맥스, 2018.04.24.
자료: 비즈니스 인사이더

아마존의 온라인 소매 판매 점유율

출처: "파 커진 미국 이커머스 시장…아마존의 독주 속 전방위 경쟁 돌입", 한경BUSINESS, 2020.07.28.
자료: 이마케터(2020년 5월 기준)

으면서 더욱 극단화됐음을 지적하며 그 과정을 '집단 도태'라고 칭했다. 강한 자는 더 강해지고 약한 자는 시장에서 사라지고 마는 것이다. 주요 글로벌 IT기업으로 손꼽히는 5개 기업(마이크로소프트·아마존·애플·페이스북·구글)은 미국 증시 시가총액의 21%를 점하고 있다. 이처럼 극단적 상태에서 평균값은 자연히 아무런 의미도 갖지 못하게 된다.[26]

모든 길은 플랫폼으로 통한다

단극화 현상을 가장 쉽게 찾아볼 수 있는 영역은 플랫폼 경제다. 지난 2010년 국내에서 서비스를 시작한 카카오톡은 2022년 현재 한국인이 가장 자주 사용하는 앱(한 달간 996억 회)이 됐으며, 관련 앱 시장에서 타의 추종을 불허한다. 동영상 플랫폼의 경우도 마찬가지다. 2008년에는 판도라 42%, 다음tv팟 34%, 아프리카tv 23% 등으로 여러 플랫폼들이 시장을 나눠서 점유하고 있었는데, 지금은 유튜브가 시장을 독점해 '한국인이 가장 오래 사용하는 앱(한 달간 740억 분)'이 됐다.[27] 이처럼 시장에서 우세를 점한 플랫폼 서비스들은 그저 '1위 기업'이라는 말로는 부족하다. '구글링하다'·'카톡하다'와 같은 동사가 생겨나고 '유튜버'라는 직업이 대중적으로 자리 잡았다는 사실은 이들 플랫폼이 현대인의 생활양식 그 자체로 거듭났음을 의미한다.

나아가 단극화 현상은 플랫폼에서뿐만 아니라 기존 산업에서도 발생할 조짐을 보이고 있다. 자영업 시장에서도 상위 업체의 승자독식 현상이 강해지고 있는데, 여기에는 디지털 트랜스포메이션Digital Transformation의 영향이 크다. 디지털 트랜스포메이션은 하위 업체의 진입 장벽을 낮추고 매출 기회를 확대하는 효과가 있는 한편, 온라인을 통해 경쟁 범위가 확대되면서 상위 상품으로만 수요가 집중되는 소위 '슈퍼스타' 효과[28]를 불러일으키기 때문이다. 하나금융연구소 김문태 연구위원에 의하면, "유명 맛집이나 대형 매장은 검색·SNS를 통해 더욱 유명해지고 배달 플랫폼 사용 확대로 경쟁 범위가 기존의 도보 도달 거리에서 이륜차 배달 거리로 확대됐기 때문에, 기존의 '동네 1등'은 의미가 축소되고 일부 상위 업체로 수요가 쏠리면서 '적당히' 괜찮았던 사업의 약화를 유발한다"는 것이다.[29]

플랫폼 경제 속에서 단극화는 플랫폼 제공자와 참여자 모두에게 피할 수 없는 흐름이다. '멧커프Metcalfe의 법칙'은 공급자 측면에서 네트워크가 커질수록 일인자가 어떻게 더 강력한 지배자가 될 수 있는지를 설명하는 이론이다. 연구에 따르면 네트워크의 규모가 커질수록 네트워크의 가치는 선형함수가 아닌 지수함수적으로 증가한다. 2배가 아니라 제곱, 3배가 아니라 세제곱으로 커진다는 의미다. 생산 규모가 커질수록 단위당 생산비용이 줄어드는 규모의 경제가 질적으로 변화하고 있다. 세계적인 네트워크 이론의 대가로 알려진, 앨버트 라슬로 바라바시Albert-Laszlo Barabasi 교수는 네트워크가 커질수록 더 강력한 구심점이 생기는 원리를 '선호적 연결preferential attachment'이라 설명한 바 있다. 네트워크는 무작위적으로 연결되는 것이 아니라, 더 많은 연결을 지닌 허브가 더 우선적으로 선택을 받는다는 것이다. 플랫폼 참여자인 판매자의 입장에서는 동네 오일장보다는 자신의 물건을 선보일 기회가 더 넓어지는 세계 박람회에서 거래하고 싶어한다는 것을 뜻한다. 소비자들 역시 더 다양한 선택지가 모여 있는 곳을 선호하며 더 많은 선택을 받은 상품에 매력을 느낀다. 많은 선택을 받았다는 사실 자체가 강력한 신호로 작용하기 때문이다. 바라바시 교수의 표현에 따르면 이제 "과거의 성공이 미래의 성공을 부른다".

글로벌 연결성이 강화됨에 따라 단극화 현상은 '○○ 광풍'의 양상으로 나타나기도 한다. 정보가 실시간으로, 또 광범위하게 전파되면서 유행의 세기와 속도가 더 강해지고 빨라지는 것이다. 영화 개봉을 예로 들어보자. 과거에는 개봉일에 국가 간 시차가 있어 외국에서의 흥행 성적이 해당 작품의 관심을 모으는 데 중요한 역할을 했다. 그런데 지금은 OTT 플랫폼을 통해 전 세계에서 동시에 개봉되고 전 세계 콘텐츠 순위가 집계되어 매일 톱 10이 발표된다. 세계인이 선택한 콘텐츠라는 사실이 사람들로 하여금 한 번쯤 보고 싶게 만드는 강력한 인력으로 작용하며, 인기 순위가 '전국구'에서 '세계구'로 빠르고 강력하게 동기화되고 있는 것이다.

전망 및 시사점

"100명의 군인들이 강을 건너려 한다. 군인들을 지휘하는 장군은 군인들의 평균 신장이 180센티미터이고, 건너려는 강의 평균 깊이는 150센티미터라는 보고를 받았다. 행군할 수 있겠다고 판단한 그는 강을 건너라고 명령했다. 그런데 강 가운데에서 물이 갑자기 깊어졌고 병사들이 물에 빠져 죽기 시작했다. 뒤늦게 상황을 파악한 장군이 회군을 명령했지만 이미 많은 수의 병사를 잃은 뒤였다. 알고 보니 강의 최대 수심은 2미터였다."[30]

●●● 이제 '평균'의 시대는 가고 개개인성의 시대가 오고 있다.

이 이야기는 평균에만 의존하는 것이 얼마나 치명적인 오류를 불러올 수 있는지를 비유적으로 표현하고 있다. 평균의 함정에 빠지지 않기 위해서는 자료를 설명하는 다양한 통곗값을 확인해야 한다. 이야기에서처럼 최댓값(최대 수심)과 최솟값(가장 작은 군인의 키)이 목숨을 지키기 위해 가장 중요한 수일 수도 있지만, 중앙값·최빈값·표준편차 등 상황에 따라 필요한 정보가 다를 수 있다. 자료를 분석하기에 앞서 자료의 성격을 이해하는 것이 필수다. 아무리 현란한 통계기법을 구사하더라도 자료가 정규분포의 조건을 충족하는지, 편향된 분포를 보이는지에 대한 파악 없이는 정확한 답을 찾을 수 없다.

'개개인성'의 시대가 온다

평균이란 지금까지 우리에게 하나의 기준이 되어왔다. 사람들은 자신이 살아온 삶의 성적표를 받듯 자기 소득을 자신이 속한 집단의 평균치와 비교하곤 한다. 평균에는 묘한 설득력이 있다. 평균을 넘으면

안심되고 평균에 못 미치면 불안감을 느낀다. 때로는 이러한 비교가 자기반성과 동기부여라는 긍정적 역할을 할 수도 있다. 그러나 이제는 현대사회에서 이것이 과연 적절한 방법인지 돌아볼 필요가 있다. 『평균의 종말』을 쓴 토드 로즈Todd Rose 박사는 사람들을 정규분포상의 한 점으로 평가하는 '평균주의averagarianism'의 시대는 지났으며 이제 '개개인성individuality'의 시대를 맞이해야 한다고 강조한다.[31]

평균적 사고는 세 가지 오류로 이어지기 쉽다. 첫째, 평균 점수 하나로 사람을 평가하는 '일차원적 사고방식'에 빠질 수 있다. 개인이 지닌 수많은 특성은 서로 독립적이다. 예를 들어 사람의 키와 손의 크기는 비례하지 않는다. 따라서 여러 측면을 고려해가며 입체적으로 이해해야 한다. 둘째, 정규분포를 기반으로 개인을 유형화 혹은 등급화하여 모든 것을 설명해내려는 '본질주의 사고'를 범할 수 있다. 이는 MBTI 유형만으로 한 사람의 모든 행동을 설명하려는 것에 빗댈 수 있는데, 사실 모든 사람은 맥락에 따라 달리 행동한다. 한 여성이 식당을 찾았을 때의 행동을 파악하는 데는 그가 20대·직장인이라는 분류보다 그가 가족과 방문했는지, 아니면 혼자 방문했는지를 살펴보는 맥락적 사고가 더 중요할 수 있다. 셋째, 평균대로 살아야 한다는 '규범적 사고'에 얽매일 수 있다. 평균은 상태를 기술할 뿐 그 과정을 정의하는 것이 아니다.

'평균'이라는 안전지대에서 벗어나야 할 때

특정한 타깃을 공략해야 하는 기업 및 기관에게 평균 실종 트렌드는 이제 '안전한 전략'을 찾기 어려워질 것임을 시사한다. 지금까지

대다수의 기업들은 대중 시장을 공략하는 것을 우선시했다. 영어의 'mass'는 정확한 형체를 가지지 않는 하나의 큰 덩어리라는 의미로, 대중 시장에서 대상은 뾰족하게 구체화되지 않은 '누구나'다. 정규분포가 와해되는 현 상황에서 그 덩어리란 실체 없는 허상일 확률이 높다. 양극·N극·단극의 사회에서 무난함·적당함이라는 수식어는 애매함으로 전락하고 마는 것이다. 이제 취해야 할 전략은 다음의 세 가지 중 하나일 것이다. 양극단의 방향성에서 한쪽으로 색깔을 확실히 하는 '양자택일' 전략, 소수집단(때로는 단 한 명)에게 최적화된 효용을 제공하는 '초다극화' 전략, 마지막으로 경쟁자들이 모방할 수 없는 생태계(네트워크)를 구축하는 '승자독식' 전략이다.

최근 들어 '○○의 종말'이라는 말이 자주 들려온다. 자본주의의 종말, 권위주의의 종말, 정상의 종말, 달러의 종말, 세계화의 종말 등등……. 트렌드 격변의 시대에는 이제까지 우리가 정상normal으로 알고 있던 것들이 더 이상 유효하지 않다는 방증일 것이다. 평균도 마찬가지다. 이제 평균적인 무난한 생각, 평범한 상품, 괜찮은 서비스로는 두각을 나타낼 수 없다. 평균으로 표현될 수 있는 무난한 상품, 평범한 삶, 보통의 의견, 정상의 기준이 변화하고 있다. 정규분포로 상징되는 기존의 대중 시장이 흔들리면서 대체 불가능한 탁월함·차별화·다양성이 필요한 시장으로 바뀌고 있다. 평범하면 죽는다. 근본부터 바뀌고 있는 산업의 지형도에 맞춰, 각자의 핵심 역량과 타깃을 분명히 하여 새로운 전략의 모색이 필요한 시점이다. 특별해야 한다. 평균을 뛰어넘는 남다른 치열함으로 새롭게 무장할 때 불황으로 침체된 시장에서 토끼처럼 뛰어오를 수 있을 것이다.

Arrival of a New Office Culture:
'Office Big Bang'

오피스 빅뱅

우리의 일터가 송두리째 달라지고 있다. 인재가 떠나가고, 조직 문화가 바뀌며, 노동 시장의 시스템이 변하고 있다. 일을 둘러싼 변화가 매우 폭발적이라는 의미에서 이를 '오피스 빅뱅Office Big Bang'이라고 표현하고자 한다. 오피스 빅뱅 중에서도 가장 주목할 현상은 퇴직 열풍이다. '대사직 시대'가 세계적인 화두로 떠오른 요즘, 한국에서도 이직이 경력 관리의 수단이자 직장인의 로망이 됐다. 이직과 퇴직 열풍 속에서 인재를 지키려는 조직 차원의 시도 역시 주목받고 있다. 연봉이나 성과금 인상은 기본, 젊은 직원들의 라이프스타일에 맞춘 세부적인 복지가 눈길을 끈다. 코로나19 팬데믹 시기에 경험한 재택근무의 여파가 가시지 않은 가운데, 원격근무 지원·거점오피스 제공·워케이션 기회 마련 등 물리적 공간의 변화도 작지 않다. 나아가 조직에 속하지 않는 탈脫제도권 노동도 증가하고 있는데, 디지털화로 인한 플랫폼 노동자와 슈퍼 프리랜서 규모의 증가세가 심상찮다. 긱 경제는 조직에서 이탈한 퇴직러들을 빠르게 흡수하고 있으며, 관련 서비스를 제공하는 시장도 성장하는 추세다.

오피스 빅뱅의 원인은 팬데믹 기간 동안 많은 노동자들이 새로운 업무 방식에 적응했을 뿐만 아니라 자산 가격의 상승으로 임금노동의 가치가 하락했다는 점에서 찾을 수 있다. 새로운 세대의 노동시장 진입으로 "회사의 발전이 곧 나의 발전"이라고 여기는 조직 동일시가 "조직의 성장보다 나의 성장이 더 중요하다"는 개인주의적 가치관으로 변화했다는 점도 중요하다. 앞으로 오피스 빅뱅은 직장 내에서 그치지 않고 개인·조직·시장의 변화를 연쇄적으로 불러일으킬 것이다. 이 거대한 변화의 물결을 헤쳐나가기 위해서는 무엇이 필요한가? "나를 나답게 만들어주는 일은 무엇인가"를 적극적으로 탐색할 수 있는 용기가 절실해졌다.

회사의 CEO가 다음과 같이 말한다면 당신은 어떤 선택을 할까?

"원격근무를 하더라도 누구나 주당 최소 40시간은 사무실에서 일해야 한다. 여기서 말하는 사무실은 원격 사무실이 아닌 실제 동료와 근무하는 사무실을 뜻한다. 사무실에 나오지 않겠다면 회사를 떠나야 할 것이다."

이 발언은 2022년 5월 테슬라의 CEO 일론 머스크가 직원들에게 보낸 이메일 내용 중 일부다. 사실상 재택근무의 종료를 선포한 것이다. 테슬라뿐만이 아니다. 미국과 유럽의 주요 기업들이 코로나19 방역 조치를 잇달아 완화하면서 직원들이 사무실로 돌아오기를 바라는 분위기가 조성됐다. 2022년 3월, 미국 신용카드 업체인 아메리칸 익스프레스를 시작으로 구글, 애플 등의 기업들이 직원들의 사무실 복귀를 요청하고 있다. 영국 정부는 2022년 1월 재택근무 권고 지침을 공식적으로 종료한 바 있다. 그렇다면 직장인들은 이러한 CEO의 요청에 뭐라고 대답했을까?

"저 그만둘게요 I Quit."

퇴사에 대한 직장인들의 태도가 바뀌고 있다. 최근 유튜브에서는 3040 젊은 직장인들의 '퇴사 브이로그'가 인기다. 인스타그램에서는 '사직'을 뜻하는 해시태그 '#레지그네이션 #resignation'이 증가하고 있다. 미국 노동부에 따르면 미국 내 자발적 퇴사자는 2022년 3월 454만 명, 같은 해 4월 440만 명으로 역대 최고 수준을 이어가는 중이다.[1] 2022년 7월에 방영된 KBS 〈시사기획 창〉의 'MZ, 회사를 떠나다' 편에도 비슷한 에피소드가 등장한다. 회사의 복지 제도를 묻는 질문에 한 업체의 대표는 자녀의 학자금을 지원한다는 점을 강조했는데, 이에 대해 직장인은 이렇게 말했다.

"결혼 생각도 없는데 자녀 학자금 지원이라니……. 15년, 20년 동안 일하라고요?"

노동시장의 판이 바뀌고 있다. 재택근무, 하이브리드 워크, 자율출퇴근제 등의 용어가 직장인 커뮤니티에서 흔히 회자되고, 조직 구성원은 보수의 많고 적음이 아니라 업무 환경의 선호를 고민한다. 원하는 근로 조건을 찾아 이직하는 사람들이 증가하고, 조직은 인력 충원에 어려움을 겪고 있다. 역량 있는 인재를 영입하고 일 잘하는 직원들의 이탈을 막기 위한 기업들의 노력은 절절하다. 하지만 변화를 향한 노력에도 불구하고 조직으로의 편입 자체를 거부하는 긱gig 노동자의 수는 빠르게 증가하는 중이다. 조직 밖에서 수입을 창출하거나 일찍이 노동시장을 탈퇴하는 등 노동의 방법과 기간의 고정관념을 깨는 변화가 시작되고 있다. 『트렌드 코리아 2023』에서는 일에 대한 개인·조직·시스템 차원의 변화가 매우 근원적이고 폭발적이라는 취지에서 우주 대폭발을 일컫는 '빅뱅'이라는 단어를 차용해, 이를 '오피스 빅뱅Office Big Bang'이라 부르고자 한다.

팬데믹 이후 노동자들의 대규모 이탈을 예견하며 '대사직 시대The Great Resignation'라고 명명했던 앤서니 클로츠Anthony Klotz 교수는 코로

●●● 대사직의 시대. 팬데믹을 겪으며 '일'과 '직장'에 대한 기존 가치관이 흔들리면서 회사라는 틀에서 벗어나는 사람들이 늘어나고 있다.

나19가 '일의 의미'를 재정의하는 계기가 됐다고 말한다. 감염병의 위협이 재택근무로의 이행을 본격적으로 확대했을 뿐만 아니라 지금까지 당연하게 여기던 것들에 대해 근본적인 의문을 품게 되는 시발점이 됐다는 것이다. 그렇다. 코로나19는 오피스 빅뱅을 수면 위에 떠오르게 한 결정적 계기이자, 코로나 사태 이전부터 축적된 일하는 방식의 변화에 대한 열망을 드러낸 시금석이다. 2023년, 오피스 빅뱅 트렌드는 우리에게 '일이란 무엇인가'를 질문하는 동시에, 조직 문화 변화의 소용돌이에서 개인과 조직의 역할을 돌아보게 만들고 있다.

오피스 빅뱅의 연쇄적 폭발

●

빅뱅, 즉 대폭발은 연쇄적으로 일어난다. 처음에는 개별적인 작은 변화인 줄 알았는데 그 충격이 조직에 영향을 미치고, 이어 시스템의 격변을 초래한다. 오피스 빅뱅의 경우도 마찬가지다. 퇴직 열풍이라는 개인 단위의 변화가 조직 문화의 개편으로 이어지고, 이는 다시 노동 시스템 전반에 대한 사회적 전환으로 이어진다. 이 3단계의 연쇄적 변화를 차례로 살펴보자.

1. 개인: 오피스 해방 일지

"임원이 될 재목이야."

신입사원이 임원을 멘토링하는 '역逆멘토링' 자리에서 당당하게 자신의 의견을 내는 모습을 기특하게 여긴 임원이 이렇게 덕담을 건넸다면, 그 신입사원은 칭찬이라고 생각했을까? 다소 충격적이지만 그렇지 않을 가능성이 높다.[2] 임원이 될 때까지 회사를 다닐 마음이 없기 때문이다.

직원들이 회사를 떠나고 있다. 평생직장의 개념이 사라진 것은 꽤 오래된 일이지만 최근 근속 연수가 더욱 짧아지는 추세다. 온라인 취업포털 잡코리아가 상위 103개 대기업의 분기 보고서를 분석한 바에 따르면, 2003년 말 대기업의 평균 근속 연수는 8.2년이었다. 반면, 2021년 20~30대 직장인 343명을 대상으로 한 '첫 이직 경험' 조사에서는 75.5%가 이직 경험이 있는 것으로 드러났고 10명 중 3명이 1년을 채우지 못하고 퇴사한 것으로 나타났다.[3]

'네가라구배딩도.' 암호 같은 이 말은 요즘 MZ세대가 가장 싫어하고 싫어한다는 회사, 네이버·카카오·라인·쿠팡·배달의민족·당근마켓·토스의 첫 글자를 따서 한꺼번에 부르는 말이다. 그런데 최근 직장인들 사이에서는 이 7개 회사들을 순서대로 돌다가 더 이상 이직할 회사가 없으면 결국 창업한다는, 일종의 '직장 도장 깨기'로 의미가 바뀌어 쓰이고 있다.

오피스 이탈 현상은 이직자 개인만의 문제가 아니다. 대한민국 직장 문화가 이직·사직을 긍정적으로 바라보는 방향으로 변화하고 있다. 과거에는 잦은 이직으로 인해 조직에 적응을 못하는 사람으로 비춰질까 걱정했다면, 최근에는 이직을 못하면 후배에게 능력 없는 '고인물'로 비춰질까 우려한다. 오늘날 이직은 내가 원하는 업무 조건을 적극적으로 탐색하는 커리어 개발 과정의 일부로 여겨진다. 코난테크놀로지가 2019년부터 2020년에 걸쳐 '이직/퇴사' 키워드로 뉴스·트위터·카페·커뮤니티 등의 채널을 빅데이터 분석한 결과는 이러

'이직/퇴사' 키워드 언급량과 긍·부정률 비교

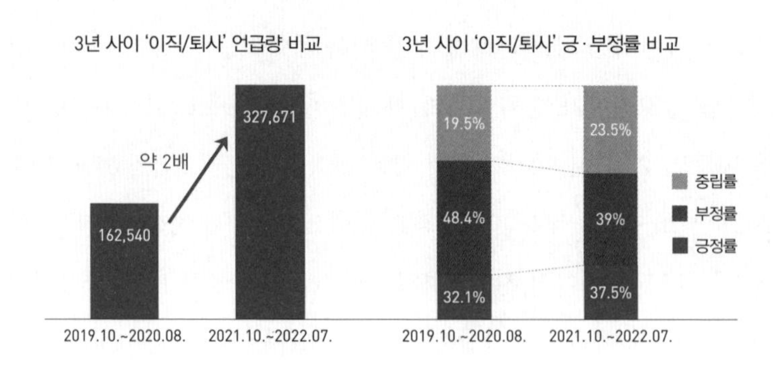

출처: 코난테크놀로지

한 추세를 뒷받침한다. 3년 전과 비교했을 때 '이직/퇴사'의 언급량은 약 2배 증가했으며, 긍정적 인식도 증가한 것으로 나타났다. 이러한 인식 변화는 통계 수치로도 확인된다. 한국고용정보원의 청년 노동시장 분석 데이터에 따르면 기존 직장에서 3년 이내 근무한 임금근로자가 자발적으로 이직한 경우, 직장을 옮기지 않은 근로자에 비해 시간당 임금이 직전 직장에서보다 증가한 것으로 나타났다. 청년 근로자들이 이직을 통해 임금이 높아지는 일명 '임금 사다리 효과'를 경험한다는 사실이 실제로 입증된 셈이다.[4]

자발적 퇴사는 선망의 직업으로 여겨지던 공무원이나 공기업 근로자들 사이에서도 늘어나고 있다. 특히 20~30대와 저연차 공무원 퇴직자 비율이 증가하고 있다는 점이 눈에 띈다. 공무원연금공단에 따르면 2020년 18~35세 공무원 가운데 사직서를 낸 경우는 5,961명이었는데, 이는 2017년 4,375명에 비해 크게 늘어난 수치다. 전체 퇴직자 중 5년 이하 근속자의 비율도 2017년 15%에서 2020년 21%로 증가했다.[5]

공직으로 들어가는 관문은 상상 이상으로 치열하다. 그런데 이들은 왜 어렵게 들어간 꿈의 직장을 자발적으로 포기하는 것일까? 전문가들은 공직 사회의 보수적이고 폐쇄적인 조직 문화를 원인으로 꼽는다. 여론조사 업체 넥스트리서치의 '조직문화력 측정을 위한 설문조사' 결과에 따르면 모든 분야에서 공직 사회 구성원이 대기업 직원보다 강한 불만을 가지고 있는 것으로 나타났다. 업무 시간 외에 SNS·전화·문자 메시지 등으로 지시를 받은 적이 있는지에 대해 "그런 경험이 있다"고 답한 비율은 민간 기업의 경우 26.7%였던 반면, 공공 부문에서는 42.9%였다. "말이 통하지 않는 상사가 있느냐"는 문항에는 공무원 10명 중 4명(41.3%)이 "그렇다"고 답했다.[6] 소위 '꼰대상사'에 대한 불만이 퇴직을 부추기는 원인인 셈이다.

오피스 탈출의 분위기를 타고 구인·구직 플랫폼 시장은 호황을 맞았다. 직장을 다니면서 퇴사를 준비하는, 이른바 퇴준생들을 겨냥한 비대면 서비스 또한 증가하고 있다. 직장인 커리어 플랫폼 리멤버는 경력직 구인·구직 서비스 '리멤버 커리어'를 운영 중이고, 잡플래닛 등 취업 플랫폼 기업들도 경력 사항을 입력해두면 수시로 이직 제안을 받을 수 있는 스카우팅 서비스를 제공한다.[7] IT 업계에서는 인재를 추천한 내부 직원에게 보상금을 제공하기도 한다.

회사를 오래 다닐 생각이 없는 사람들은 승진도 그다지 달가워하지 않는다. 현대자동차그룹에서는 과장(책임)이 되기를 거부하는 대리들을 일명 '진거자(진급거부자의 준말)'라고 부른다고 한다. 이들이 승진을 기피하는 이유는 과장이 되면 연봉제로 전환되고 5단계 인사고과 시스템을 적용받아 언제든 구조 조정의 대상이 될 수 있기 때문이다. 또한 과장 승진과 동시에 노조 조합원 자격이 상실되기 때문에 차라리 조합원으로 남아 정년을 보장받는 것을 선호한다.[8] 회사에서 인정받는 것을 목표로 하는 기성세대와 달리 회사보다 자신의 삶이 더 중요하다는 젊은 세대의 가치관이 반영된 현상이다.

2. 조직: 급여보다 복지

직장인 개개인의 변화는 조직·인사 관리에도 변화를 가져온다. 떠나는 직원과 떠나려는 직원이 많다 보니 기업은 이들을 어떻게 붙잡을 것인지 치열하게 고민한다. 2022년 2월 커리어 플랫폼 사람인의 조사에 따르면 구직자들이 직장을 선택하는 기준을 묻는 질문에 높은 연봉(25.7%), 사내복지 및 복리후생(19.6%), 회사의 비전 및 성장 가능성(17.8%) 순서로 응답률이 높았다.[9] 차이가 크지는 않으나 연봉이 단연 1순위였다. 이러한 설문 결과를 반영하듯 기업들은 직원들에게 연봉 인상이나 높은 성과급이라는 당근을 제시한다. 주니어급 직원의 연봉을 파격적으로 올려준다거나, 기본급의 1,000%에 달하는 성과급을 지급하는 등 일단 '돈'으로 붙잡아두자는 전략이다.

문제는 연봉 인상이나 성과급이 도리어 형평성 논란을 불러일으킬 수 있는 데다, 무엇보다 돈만으로는 강력한 유인책이 되지 못한다는 데 있다. 그렇다면 무엇이 더해져야 할까? 바로 맞춤형 복지다. 권기욱 건국대 경영학과 교수는 "MZ세대에게 급여는 더 이상 매력적인 선택지가 아니다"라고 말한다. "일한 만큼 월급 받는 건 당연하고, 여기에 더해서 회사가 직원들을 세심하게 관리해주고 있다는 것을 확인받고 싶어하기에 사내 복지에 깊은 관심을 갖게 된 것"이라고 분석했다. 앞서 언급한 사람인의 조사 결과를 나이별로 살펴보면, 젊은 직원일수록 디테일한 복지 혜택을 직업 선택의 기준으로 꼽는 비율이 높았다.[10]

그렇다 보니 최근 기업들은 자사만의 차별화된 복지를 만들기 위해 분주하게 움직이고 있다. 핵심은 2030 직원들의 라이프스타일을 반영한 '핀셋 복지'를 도입하는 것이다. 예를 들어 편의점 체인 CU를 운영하는 BGF리테일은 2020년부터 직원들을 대상으로 '문화다방'이라는 비대면 원데이 프로그램을 진행하고 있다. 와인 테이스팅, 기축 공예, 북콘서트 등 다양한 강좌를 개설하고, 현장 강의와 유사한 수준을 구현하기 위해 수강에 필요한 각종 준비물 키트를 개별 제공한다.[11] 엔씨소프트는 대학을 갓 졸업한 젊은 직원들을 위해 학자금 대출 상환을 지원하고, 게임개발 업체 펄어비스는 혼자 사는 직원들을 위해 가사 청소와 반려동물 보험을 지원하고 있다.[12] 시몬스 서울 사무소는 직원들이 자기계발과 취미 활동 등에 시간을 활용할 수 있도록 매주 금요일에는 오전 4시간만 근무하는 '하프데이' 제도를 운영 중이다.

사실 복지 확충보다 더 근본적인 문제는 '일하는 방식'을 어떻게 바꿀 것인가다. 오피스 빅뱅을 체감하는 기업들은 인사팀과 별도로 직원들의 업무 환경과 복리후생 컨설팅을 담당하는 '피플팀'을 발 빠르게 신설하고 있다.[13] 20년 전 구글이 하던 '일 문화'에 대한 고민이 국내 스타트업 및 대기업으로 확산되는 분위기다. 대표적으로 배달의민족을 운영하는 우아한형제들에는 '배민다운' 일이란 무엇인지 연구하고 조직 내에 전파하는 역할을 하는 팀만 3~4개에 달한다.

코로나19 이후 재택근무에 익숙해진 직원들을 다시 오피스로 불러들이기 위한 사무 공간 리노베이션 노력도 다양하다. 2022년 2월 잠실 롯데타워에 마련된 우아한형제들의 새로운 사무실 '더 큰집'은 '구성원들의 협업을 강화하는 동시에 재택근무도 잘할 수 있는 공간'을 만들기 위한 고민이 담긴 결과물이다. 구성원들이 비일상적으로 만날 수 있는 공간 '우물가'와 서울에서 벗어나 워크숍을 즐기는 듯한 느낌을 낼 수 있는 룸인 '청평 같은 방'을 조성해 협업을 독려하고 있다. 나아가 화상회의 때 얼굴이 예쁘게 나올 수 있도록 회의실에

직접조명을 없애고 테이블로 반사판 효과를 주도록 만드는 등의 세심한 디테일도 돋보인다.[14]

한편, 미국에서는 '레지머셜resimercial'이라는 트렌드가 확산되고 있다. 레지머셜은 주거 공간을 뜻하는 '레지던스residence'와 상업 공간을 뜻하는 '커머셜commercial'을 합친 신조어로, 말 그대로 사무실을 마치 집처럼 꾸미는 경향을 뜻한다. 재택근무 기간 동안 집에서 누린 편리한 업무 환경을 사무실에 재현해주겠다는 기업들의 새로운 사무 공간 전략이다.

문제는 최적의 업무 환경을 지원하려는 노력에도 불구하고 재택과 사무실 근무를 유연하게 선택할 수 있는 하이브리드 방식을 원하는 직원들이 여전히 많다는 것이다. 네이버는 신사옥을 지으면서 본

출처: 위워크

집은 사무실처럼, 사무실은 집처럼. 내 집처럼 편안한 사무실을 조성하는 '레지머셜'이 트렌드가 되고 있다.

사 직원 4,795명을 대상으로 코로나 이후 근무 제도에 대한 설문조사를 실시했다. 혼합식 근무를 희망하는 직원이 52.2%로, 주 5일 재택근무를 원하는 구성원(41.7%)보다 많았으며, 주 5일 사무실 출근을 선호하는 사람은 2.1%에 불과했다.[15] 결국 네이버는 전면 재택근무와 주 3회 출근 중에서 개별 직원들이 스스로 업무 방식을 선택하는 '하이브리드 워크'를 시도해보기로 했다. 미국에서도 빅테크 기업들을 중심으로 하이브리드 워크의 도입이 늘어나는 추세다. 구글은 주 3회 출근을 원칙으로 하되, 직원이 원할 경우 최대 4주까지 원격근무가 가능하도록 제도를 정비했고, 애플도 최대 주 3회까지 출근을 확대해 재택근무와 병행한다는 방침이다. 트위터는 오피스 출근을 권장하고 있지만, 직원이 원할 경우 원격근무가 가능하도록 옵션을 부여한다. 마이크로소프트 또한 2022년 3월부터 사무실을 열고 재택근

●●● 네이버, 구글 등 빅테크 기업들을 중심으로 사무실 출근과 재택근무를 병행하는 '하이브리드 워크'를 채택하는 기업들이 늘어나고 있다.

무와 사무실 근무 비중을 팀별로 결정할 수 있도록 독려 중이다.[16]

3. 노동시장: 대프리랜서 시대

> "안녕히 계세요, 여러분! 전 이 세상의 모든 굴레와 속박을 벗어던지고 제 행복을 찾아 떠납니다."

최근 애니메이션 〈이누야샤〉에 나온 한 장면이 일명 '퇴사짤'로 널리 쓰이고 있다. 이 대사처럼 조직의 굴레와 속박을 벗어던지고 프리랜서의 삶을 선택하는 사람들이 많아지는 중이다. 이들은 더 나은 조건의 직장으로 이직하는 것이 아니라 조직에 소속되는 것 자체를 거부한다. 일부 업계를 중심으로 프리랜서 시장은 늘 존재해왔지만, 코로나19 이후로 플랫폼 노동자·긱워커·노마드워커가 되기를 자발적으로 선택하는 사람들이 증가하고 있다. 그야말로 '대大프리랜서의 시대'라 할 만하다.

일회성 노동을 의미하는 '긱 노동'이 배달·택배 등 일부 직종에 그치지 않고 마케팅·디자인·개발·설계 등 전문적인 영역으로까지 확대되는 모습이다. 국내에서 사용되는 대표적인 관련 플랫폼으로는 원티드긱스·위시켓·탤런트뱅크·크몽·숨고 등이 있다. 그중 재능 있는 전문가와 그 재능이 필요한 사람들을 연결해주는 플랫폼 크몽에는 디자인, IT·프로그래밍, 영상·사진·편집, 마케팅 등 11개 분야의 전문가 총 25만 명이 입점해 있다. 크몽의 2021년 3분기 거래액은 전년 동기 대비 47%가량 증가한 것으로 조사됐는데, 특히 기업과 프리랜서를 이어주는 서비스인 엔터프라이즈의 경우 기업 고객의 수가 92% 늘어나 2배 가까운 성장세를 기록했다.[17]

긱 노동의 핵심은 원하는 시간에 원하는 만큼 자유롭게 일할 수 있다는 점이다. 플랫폼 노동으로의 전환 현상은 조직 스트레스에서 해방되고 싶은 요즘 세대의 니즈를 반영한다. 이에 대해 김유빈 노동연구원 동향분석실장은 "청년층이 플랫폼 노동을 경험하면서 어떤 한곳에서 일해야 하는 형태가 아니라 훨씬 더 자유롭게 노동할 수 있는 직종을 선호하게 된 것"이라고 설명한 바 있다.[18]

고액의 프로젝트 수당을 받는 '슈퍼 프리랜서'도 늘고 있다. 슈퍼 프리랜서란 2021년 12월 소프트정책연구소에서 정의한 개념으로, '프로젝트 단위로 업무를 수행하고, 업계의 명성을 얻어 고액의 일감을 받는 사람들'을 가리킨다.[19] 간간이 프로젝트를 수주받아 비정기적인 수입으로 생계를 이어가는 일반 프리랜서와는 다르다. 보통 슈퍼 프리랜서 하면 IT 개발자를 주로 떠올리지만, 최근 들어 신사업 개발·경영 전략·마케팅·시장 개척 등 여러 분야에서 슈퍼 프리랜서들이 활약하고 있다. 세무·법무·노무 분야에서도 이들에 대한 수요가 크다. 크몽 김태헌 부대표에 따르면 이들의 연간 소득은 2022년 7월 기준 1억 원(월 900만 원) 이상이며, 이는 전년 대비 20% 이상 늘어난 수준이라고 한다.[20]

기업들도 인재를 '고용'하는 것이 아닌 '임대'하는 것을 갈수록 더 선호하고 있고, 고급 개발 같은 핵심 업무도 아웃소싱하는 경우가 늘고 있다. 복잡한 채용 절차 없이, 별도 조직을 구성하지 않아도 원하는 프로젝트를 빠르게 수행할 수 있기 때문이다. 2019년부터 2020년

●●● 긱 워커들 중에는 '슈퍼 프리랜서'들도 있다. 비싼 몸값을 자랑하는 이들을 기업은 '고용'하는 것이 아니라 '임대'한다. 원하는 프로젝트를 빠르게, 효율적으로 수행할 수 있기 때문이다.

에 걸쳐 고위 경영진과 임원급 관리자 673명을 대상으로 이뤄진 BCG 헨더슨 연구소Henderson Institute의 조사에서는 응답자의 90% 이상이 디지털 프리랜서 플랫폼 활용을 '매우 중요'하거나 '다소 중요'한 일로 생각하는 것으로 나타났다. 조사 대상자의 50% 이상이 디지털 환경에서의 인재 플랫폼 활용 수준이 장차 '상당한 수준으로 증가'할 것이라고 응답하기도 했다.[21]

오피스 빅뱅의 등장 배경

코로나19로 인한 패러다임의 변화

코로나19는 오피스 빅뱅을 일으킨 가장 중요한 전환점이다. 모두가 체감했듯 감염병은 다수가 밀집된 공간의 위험성을 증가시켰고, 원격근무의 가능성을 강제로 테스트하는 계기가 됐다. 이제 코로나와 함께 살아가는 '엔데믹 시대'를 맞고 있지만 팬데믹 기간 동안 새로운 근무 방식에 적응을 마친 직장인들은 효율성이 담보되지 않은 오피스 근무로의 복귀에 의문을 제기하고 있다. 코로나 이전 관성적으로 따랐던 업무 방식이 과연 최선이었는지 고민하기 시작한 것이다.

팬데믹 내내 급등락을 거듭한 부동산·주식·코인·미술품 등의 자산 가격도 오피스 빅뱅 현상을 심화시키는 요인으로 꼽힌다. 자산 가격의 급등으로 재테크에 성공한 소수 직장인들은 더 이상 일할 필요를 느끼지 않게 됐다. 이러한 분위기에서 투자 대박을 친 소위 '재테크신神'들의 성공담에 2030세대가 열광하고 있다. 유튜브에는 평범한 직장인 출신인 '소시민 부자'의 자수성가 이야기가 쏟아지고, 서점가에서도 투자 열풍을 다룬 서적들의 인기가 높다.[22] 이에 관해 김태기 단국대 경제학과 명예교수는 "2030세대들이 근로소득의 한계를 실감하게 됐다"고 분석한다. 주식·부동산 같은 자산 없이 월급만으로 살 수는 없다는 한계를 체감하면서 월급 외 수익을 낼 수 있는 방안을 찾아 나선 것이다.

자산 가격의 폭등은 투자에 성공하지 못한 사람들의 근로 의욕을 떨어뜨리기도 한다. 코로나19 이후 먼저 일상 회복을 경험한 미국이나 유럽에서는 자산 가격의 상승이 노동 자체를 거부하는 움직임으로 번지기도 했다. 노동의 가치가 무의미해지자 팬데믹 기간 동안 '저녁이 있는 삶'을 경험한 젊은 직장인들이 노동을 포기하는 '안티워크Anti-work' 운동을 펼치고 있는 것이다.[23] 이들은 국가 지원금과 같은 사회안전망에서 비롯되는 수입을 기대하거나 플랫폼 노동으로 생활비를 충당한다. 이래저래 이직만큼 퇴직이 증가할 수밖에 없다.

새로운 세대의 노동시장 진입

"제가 왜 A+를 받았는지 알고 싶어요."

어느 날, 필자의 연구실로 한 학생이 학점을 확인하고 싶다며 찾아왔다. 그동안 "왜 C를 받았는지 알고 싶다"는 식의 확인 요청은 가끔 있었지만, 자신이 A+를 받게 된 '과정'이 진심으로 궁금하다며 연구실에 방문한 경우는 처음이었다. 2000년 이후에 태어난 신세대 학생들은 점수 자체만큼이나 내가 어떻게, 그리고 왜 그 점수를 받게 됐는지를 알고 싶어한다. 가히 **'피드백 세대'**라 부를 만하다.

이처럼 절차적 공정성을 추구하는 세대가 노동시장에 진입하고 있다. 이러한 현상에 대해 성과 평가와 보상 분야를 오랫동안 연구한 신재용 서울대 경영학과 교수는 "MZ세대 직장인이 원하는 '공정'이란 투입물과 산출물의 교환·거래"라고 정의한다. 어렸을 때부터 연속된 토너먼트를 거쳐온 MZ세대에게는 자신이 투입한 시간과 노력을 올바르게 평가받기 위한 '시스템의 공정'이 무엇보다 중요하다는 것이다.[24] 따라서 MZ 직장인들에게 성과급이란 회사에서 주는 선물이 아니라 자신의 노력에 대한 정당한 대가다. 또한 직급별·부서별로 왜 해당 성과급을 지급했는지에 대한 이해도 필수다. 자신의 투입물이 어떤 기준으로 평가됐는지에 대한 피드백이 있어야 납득할 수 있기 때문이다.

피드백 세대

자신의 수행 능력에 대한 타인의 평가를 중요하게 생각하는 세대를 뜻하는 말로, 『트렌드 코리아 2023』에서 새롭게 제안하는 용어다. 결과뿐 아니라 그 결과가 나오게 된 과정에 명확하고 객관적인 평가 기준이 있어야 결과를 납득한다.

조직보다 나의 성장을 중시하는 가치관의 변화도 오피스 빅뱅의 주된 요인이다. MZ세대는 1997년 IMF와 2008년 금융 위기를 겪으며 경제 위기 앞에서는 조직이 개인의 미래를 보장해주지 않는다는 사실을 체득했기 때문에 직장인이 된 후에도 조직 동일시가 약한 편이다. 이에 대해 커리어 액셀러레이터 김나이 씨는 "2030 직장인들이 회사에 대한 충성과 희생 대신 '스스로 갈고닦은 경쟁력'이 나를 지탱해줄 것이라고 생각하게 됐다"고 말한다.[25] 열정이 부족해서 퇴사와 이직을 생각하는 것이 아니라, 자신의 실력을 더 뾰족하게 만들 수 있는 회사에서 버티는 것이 의미 있다고 여긴다는 이야기다.

조직과 상관없이 각자도생을 선언하는 젊은 직장인들은 스스로 커리어를 관리한다. 직장을 다니면서 사이드 프로젝트를 수행하거나 창업을 준비하는 사람들이 많다는 점도 오피스 빅뱅을 일으키는 원인 중 하나다. 사이드 프로젝트란 직장 업무 외 자기계발의 일환으로 소프트웨어 개발이나 도서 출간, 각종 스터디 등 다양한 프로젝트를 진행하는 것을 말한다. 최근에는 셀프 브랜딩도 인기인데, 자아 성취와 개인 성장을 중요시하는 MZ세대가 회사 밖에서 자신만의 콘텐츠를 만들고 플랫폼을 통해 알리는 것이 그 핵심이다. 예전에는 SNS를 통해 셀프 브랜딩을 했다면 요즘은 직장인들을 위한 별도의 커뮤니티 서비스가 구축되는 양상이 두드러진다. 대표적으로 직장인 커리어 플랫폼 리멤버는 자사 커뮤니티 내에 비즈니스 칼럼을 모은 '인사이트'라는 서비스를 론칭했다. 2022년 9월 기준 350여 명의 직장인이 인플루언서로 활동하며 자신의 이직 경험담, 업무 인사이트, 업계 동향 등을 다룬 칼럼을 작성·공유하고 있다.[26]

전망 및 시사점

2022년 상반기 유튜브에서 가장 화제에 올랐던 콘텐츠 중 하나는 이른바 '소울리스좌'의 속사포 랩 영상이었다. 에버랜드의 인기 어트랙션인 '아마존 익스프레스'의 담당 직원이 몸이 젖을 수도 있다는 탑승 안내를 능숙한 랩으로 전달하는 2분 30초짜리 영상은 나오자마자 MZ세대의 열광적인 호응을 얻었다. 그런데 그 열광의 포인트가 좀 남다르다. 랩을 잘해서라기보다 친절하게 안내 멘트를 날리면서도 시종일관 '영혼 없는' 표정을 짓고 있어서다. 그래서 영혼이 없다는 뜻의 '소울리스soulless'라는 별명이 붙었다. 자기 업무는 능숙하게 수행하지만 영혼까지 담지는 않겠다는 젊은 세대의 직장관을 잘 보여준다.

미국에서도 '조용한 퇴사quiet quitting' 논란이 일고 있다. 조용한 퇴사란 "일은 충실히 하되, 완벽을 추구하지는 않는다. 사표를 내지는 않았지만, 회사의 평가나 경쟁과는 결별한다"는 직장관을 일컫는다.[27] 조용한 퇴사 혹은 영혼 없는 근무에 대한 원인과 진단은 다소 엇갈리고 있다. 일각에서는 "저성과자의 무책임한 행동"이라고 비판하기도 하고, "일이 삶의 중심이 돼야 한다는 통념의 거부"라는 해석도 있다. 〈하버드 비즈니스 리뷰〉는 "직원에 대한 동기부여의 부족이자 신뢰할 수 없는 리더십이 빚어낸 조직 관리의 실패"라고 진단하기도 했다.[28]

새로운 조직의 철학을 만들려면

이러한 상황에서 기업들에게 주어진 가장 중요한 과제는 크게 네 가지로 정리할 수 있다. 먼저 조직 내 구성원들이 스스로 성장할 수 있도록 도와야 한다. 가장 가고 싶어하는 회사로 손꼽히는 토스는 직장인 익명 커뮤니티 '블라인드'에서도 업무 강도가 높기로 소문이 자자하다. 회사도 이를 부인하지 않는다. 자사 홍보 SNS에 "직업 안정성과 편안함을 더 가치 있게 여기는 분들이라면 토스팀에서 행복을 느끼기 어려울 것입니다"라고 밝히기도 했다. 그럼에도 이 회사가 인기 있는 이유는 업무의 자율성을 보장하고 그만큼 책임을 지게 함으로써 스스로 성장할 수 있는 기회를 다른 어느 회사보다도 크게 부여하고 있기 때문이다.[29]

고가의 요가복으로 유명한 룰루레몬의 사례도 주목할 만하다. 룰루레몬은 **온보딩** 기간 동안 신입직원들에게 커리어와 개인적인 목표를 설정하도록 장려한다. 룰루레몬의 임원이 되는 것이 목표인 직원이나 언젠가는 자신의 패션 브랜드를 창업하는 것이 목표인 직원 모두가 각자의 야망을 이룰 수 있도록 동등하게 지원한다. 이 때문에 룰루레몬 신입직원의 90일 근속률과 입사 1년 차 직원의 업무 몰입도는 업계 평균의 2배 수준으로 올랐다.[30] 룰루레몬은 신입직원의 온보딩만큼 퇴사자의 온보딩도 중요하게

온보딩 onboarding
신규 직원이 조직에 수월하게 적응할 수 있도록 업무에 필요한 지식이나 기술 등을 안내 및 교육하는 과정을 가리키는 인사 관리 용어다. 온보딩은 영어로 '배에 탄다'는 뜻으로, 조직이라는 배에 처음 탑승하는 직원이 능숙한 선원(조직원)이 되도록 돕는다는 의미로 사용된다. 최근에는 단순 교육 방식으로만 진행되지 않고, 파티를 열거나 메타버스로 오피스 투어를 하는 등 다양한 형태로 이뤄진다.[31]

생각한다. 스튜디오나 체육관을 열겠다는 꿈을 이루기 위해 회사를 떠나는 수많은 직원들을 룰루레몬의 '앰배서더'로 만들고, 지역 룰루레몬 매장에 이들의 사업을 소개하는 사진이 전시된다. 이미 회사를 떠난 직원들이지만 지속적인 관계 맺기를 통해 이들의 성공에도 여전히 관심을 두는 것이다. 이러한 직장인 생애주기 관리는 조직 내의 구성원들이 한 인간으로서 개인의 가치를 인정받는다는 메시지를 강하게 느끼게 한다.

둘째로는, 조직에 대한 구성원의 신뢰를 얻기 위해 노력해야 한다. 장기간 이어진 위기에도 불구하고 2021년 1월 론칭한 게임 '쿠키런: 킹덤'을 성공시킨 데브시스터즈의 배형욱 CPO는 "직원에게 부여했던 스톡옵션이 휴지 조각이 된 적도 있었지만, 대부분의 직원들이 회사를 떠나지 않고 열정적으로 일했다. 회사가 잘되면 그 성과가 자신에게도 돌아온다는 믿음이 있었기 때문"이라고 말한다.[32] 단순히 고연봉으로 이직을 막을 수는 없다. 그렇게 붙잡은 인재는 누군가 연봉을 조금만 더 준다고 하면 언제든 떠날 수 있다. 앞으로는 조직 내 HR 리더의 역할이 매우 중요해질 것이다. 직원을 채용하고 관리하는 것을 넘어 구성원에게 조직의 가치를 전달하고 이해관계자인 직원을 설득하는 사내 커뮤니케이터로서 역할이 더욱 확장됐기 때문이다. HR 전문가들은 2008년 금융 위기 이후 최고재무책임사CFO의 역할이 확대된 것처럼 최고인사책임자CHRO가 C급 경영진C-suite이 될 수 있는 기회가 찾아왔다고 강조한다.[33]

셋째, 신뢰를 위해서는 소통이 필수다. 앞서 언급했듯 조직 내 절차적 공정성에 대한 니즈가 커지는 상황에서 어떠한 지침이든 일방적인 결정이 아니라 소통을 통한 결과물이어야 한다. 실제로 최근 기업들은 경영진과 직원의 소통을 강조하고 있다. 우아한형제들은 분기별로 회사와 구성원 간 쌍방향 소통 시간을 갖는 '우아한토크'를 시행 중이다. 우아한토크는 회사가 어떤 결정을 해야 할 때 구성원들의 의견을 듣거나 결정한 사항에 대한 배경 설명을 하는 자리로 활용된다. 롯데쇼핑 또한 2022년 3월부터 '렛츠Let's 샘물'이라는 티tea 미팅을 한 달에 2~3회 진행하고 있다. 렛츠 샘물은 회사에 궁금한 점을 경영진에게 직접 물어볼 수 있는 캐주얼 미팅으로, 롯데 유통군 총괄대표가 된 김상현 부회장의 영어 이름 '샘'을 활용해 작명됐다.[34] 여기서 핵심은 보여주기 식의 일방적 소통이 아니라 조직을 발전적으로 이끌 수 있는 '찐소통'이어야 구성원들로부터 진정성을 인정받을 수 있다는 점이다.

마지막으로 이러한 조직 문화와 철학의 변화는 반드시 'KPI'의 개편과 연결돼야 한다. KPI란 핵심성과지표Key Performance Indicator의 약자로, 주요 비즈니스 목표 대비 팀이나 조직의 진행 상태를 나타내는 정량적인 지표다. KPI는 구체적이고 측정 가능해야 한다는 특징을 갖는다. 문제는 오늘날 경영 환경과 소비트렌드의 변화 속도가 빨라지면서 조직의 구분이 모호해지고 팀 간의 협력이 활성화되며 성과를 정량적으로 측정하기 어려운 상황이 자주 발생하고 있다는 사실이다. 직원들이 KPI 맞추기에 급급해서 전체적인 방향성을 잃는 경우도 종종 있다. 미국 리서치센터 ADP 연구소의 인력·성과 연구 책임자인 마커스 버킹엄Marcus Buckingham은 "오늘날 대다수 대기업의 표준이 된 역량 모델, 피드백 도구, 경직된 커리어 경로는 일에 대한 직원의 수행을 판에 박힌 행동이나 태도로 바꿔놓는다"고 말한 바 있다.[35] 이에 대한 대안으로 'OKR'을 도입하는 회사들이 많다. 목표 및핵심결과지표Objective Key Result의 약자인 OKR은 조직적 차원에서 목표를 설정하고 결과를 추적할 수 있도록 지원하는 목표 설정 프레임워크다. 반드시 OKR이 아니더라도 업무의 성과를 측정하는 방식은 조직의 향방을 결정하는 유인책이 된다는 점에서 오피스 빅뱅의 시대에 맞는 성과 측정 지표에 대한 고민이 필요해졌다.

더 고민해야 할 남은 과제들

근무 형태의 변화는 인류의 라이프스타일을 바꾼다. '출퇴근'을 문화인류학적 관점에서 다룬 책 『출퇴근의 역사』의 저자 이언 게이틀리 Ian Gatley는 1854~1866년 런던에서 콜레라가 대유행하면서 많은 노동자들이 가족과 함께할 깨끗한 주거 환경을 찾아 '탈脫도시'에 나섰고, 마침 철도의 발전이 시작되면서 도시에서 30~40킬로미터 이상 떨어진 교외에 집을 얻고 도시를 오가며 통근하는 현대적 의미의 출퇴근이 탄생했다고 분석한다. 더불어 이때부터 근대적 의미의 '시간' 개념이 형성되기도 했다. 이를테면 중세에는 아침을 배불리 먹고 오후 3~4시쯤 디너dinner를 즐겼는데 출퇴근을 시작하면서 런치lunch라는 개념이 생겨났다는 것이다. 또한 출퇴근길에 읽기 적당한 분량으로 소설의 장章이 나뉘어지는 등, 새로운 풍속도가 탄생했다.[36]

콜레라가 현대적 의미의 출퇴근을 탄생시킨 것처럼 팬데믹 또한 노동의 문법을 바꾸고 있다. 철도로 통근을 하게 되면서 시간의 개념이 바뀌고 각종 산업에 영향을 주었듯, 오피스 빅뱅은 일의 의미를 재정립하고 일하는 방식에 변화를 몰고 올 것이다. 이에 따라 노동자와 조직뿐만 아니라 소비자의 라이프스타일과 관련 산업에 영향을 미치는 더 큰 연쇄적 빅뱅이 나타날 것으로 전망된다. 이러한 혁명적 변화에 대비하기 위해, 기업뿐만 아니라 정책과 사회적 측면에서도 많은 과제가 남아 있다.

먼저 오피스 빅뱅에 따른 발 빠른 제도적 뒷받침이 필요하다. 2022년 기준, 국내에서는 원격근무가 법제화되어 있지 않다. 근로기준법에서 근무 장소를 '사업장'으로 전제하고 있기 때문이다. 유럽에서는 2000년부터 원격근무에 대한 논의가 시작되면서 법을 새로 만들거나 기존 법을 개정하는 등 제도적 준비에 앞선 모습이다. 예를 들어 프랑스는 "기업은 원격근무자와 협의해 연락할 수 있는 시간대를 정하도록" 규정하고 있고, 포르투갈 또한 일부 예외적인 상황을 제외하고 근무 시간이 아닌 직원에게 전화·문자 메시지·이메일로 연락하는 행위를 법적으로 금지하고 있다.[37] 또한 노동시장이 유연화될수록 제도권 내에 속하지 못하는 플랫폼 노동자를 위한 제도 정비도 시급하다. 플랫폼 노동의 최소 가치를 보장하기 위해 표준약관과 표준계약서를 마련하는 등의 조치가 수반되어야 할 것이다.

특히 지금 논의되는 오피스 빅뱅의 주된 변화는 어디까지나 사무직 중심이라는 점에 유의해야 한다. 재택근무나 하이브리드 업무는 전체 산업으로 봤을 때 일부 산업이나 직무에만 해당되는 변화다. 새로운 업무 방식에 대한 논의에 있어 일하는 공간을 자유롭게 옮길 수 없는 업종은 늘 소외된다는 비판은 타당하다. 일부 IT 기업, 스타트업, 대기업 중심의 변화가 트렌드의 물꼬를 트고 있는 것은 맞지만,

마치 전체 노동시장을 대변하는 것처럼 해석되어서는 안 된다.

마지막으로, 근무 형태가 다양해지고 노동시장이 격변하는 오피스 빅뱅의 시대를 살아야 하는 구성원으로서 우리가 가져야 할 태도는 무엇일까? 구글의 생산성을 총괄 담당하는 로라 메이 마틴Laura May Martin은 "너 자신을 알라"는 말이 필요한 시대라고 지적한다. 어디에서·언제·어떻게 일하는 게 더 효율적인지 스스로 고민하고 판단해야 한다는 것이다. 비슷한 맥락에서 커리어 액셀러레이터이자 『당신은 더 좋은 회사를 다닐 자격이 있다』의 저자인 김나이 씨는 "직장에서 최대한 가늘고 길게 버티는 것이 아니라 세상의 변화를 마주하며 내가 좋아하는 것을 찾고 시도하고 업으로의 연결고리를 만들어보라"고 조언한다.[38] 변화의 소용돌이 속에서 '생존'도 중요하지만 위기를 기회로 만드는 '용기'도 중요하다는 뜻이다.

오피스 빅뱅은 나에게 맞는 일의 가치관을 찾아나가는 여정이자 기회가 될 수도 있다. 우리는 대부분 생계를 꾸리고 일을 해야 한다. 어쩔 수 없이 하는 일이 아니라 나를 나답게 만들어주는 일, 재밌게 할 수 있는 일이 무엇인지 적극적으로 탐색하는 것이야말로 점점 더 빨라지는 변화와 위기를 타파할 수 있는 최선의 방어이자 공격이 아닐까?

Born Picky, Cherry-sumers

체리슈머

전례 없는 인플레이션과 자산 가치의 하락으로 소비 심리가 급속히 악화되고 있다. 세계경제 전체가 현대판 보릿고개를 넘고 있는 상황에서 소비자들은 비용 대비 효용이 뛰어난 것만 쏙쏙 골라 매우 합리적으로 구매하려 한다. 흔히 구매는 하지 않으면서 혜택만 챙겨가는 소비자를 '체리피커cherry picker'라고 부르는데, 여기서 진일보하여 한정된 자원을 극대화하기 위해 다양한 알뜰소비 전략을 펼치는 소비자를 '체리슈머cherry-sumer'라고 명명한다. 불경기에 '짠테크' 소비가 확산하는 것은 어제오늘의 일이 아니지만, 셈에 능한 요즘 소비자들이 나누고 쪼개는 실속소비는 과거의 불황 때와는 사뭇 다르다. 체리슈머는 자신이 필요한 만큼만 딱 맞춰 구매하는 '조각 전략'으로 실속을 챙기고, 함께 모여 소비하는 '반반 전략'으로 절약을 도모한다. 그리고 '말랑 전략'으로 유연한 계약을 찾으며 리스크를 줄인다.

체리슈머의 등장이 최근의 경제 악화에 기인하는 것은 맞지만, 1인 가구의 증가로 작고 유연한 소비를 선호하게 되는 구조적 변화이자 앞으로 계속 발전해나갈 추세적 변화이기도 하다. 무엇보다도 똑똑하고 창의적인 MZ세대들의 성향이 체리슈머 트렌드를 가속화하고 있다. 그렇다면 기업은 체리슈머를 어떻게 대해야 할까? 체리슈머를 불황 속에서 꼼수를 부리는 소수의 특이한 소비자로만 바라봤다면, 이제 그 생각을 바꿔야 할 때다. '문간에 발 들여놓기' 전략을 통해 브랜드 친숙도를 높이고, 가격대별로 촘촘한 제품군을 마련하여 다양한 소비자들의 니즈에 그때그때 대응할 수 있는 생태계를 구축해야 한다. 소비자들 역시 실속을 챙기면서도 소비자 윤리에 어긋나지 않는 '매너소비자'의 덕목을 갖춰야 할 것이다. 소비자와 기업 모두 큰 어려움에 맞닥뜨리고 있는 가운데, 그 이후를 준비하는 변신의 계기를 모색할 시점이 다가왔다.

"OTT 안 볼 때는 바로 취소해요. 보고 싶은 게 생기면 그때 다시 시작하죠."

오늘날 넷플릭스·티빙·웨이브 등의 OTT 서비스는 예전의 TV 같은 존재여서, 속성상 오랜 기간 연속적으로 가입하는 것이 당연한 구독 서비스다. 그런데 최근 들어 이용하지 않을 때는 서비스 구독을 중지하고, 이용하고 싶을 때 다시 재개하는 징검다리식 구독 행태를 보이는 소비자가 늘고 있다. OTT뿐만이 아니다. 긴 계약 기간이 부담스러워 초단기 계약을 선호하며, 하루 전에 갑작스럽게 예약을 취소해도 위약금이 없는 유연한 계약을 원한다. "낭비는 금물"이라는 생활신조를 가지고 자신에게 필요한 알맹이만 쏙쏙 뽑아 구매하려는 소비자의 모습이 여기저기서 관찰되고 있다.[1]

전례 없는 인플레이션과 자산 가치의 하락으로 세계경제 전체가 '현대판 보릿고개'를 넘고 있다. 이에 따라 소비 심리도 급속히 악화되며 시장에 적신호가 켜졌다. 이러한 악재 속에 실속 소비자의 등장은 어쩌면 당연한 일이다. 욕망은 넘쳐나는데 자원은 제한적인 여건 속에서 보릿고개를 슬기롭게 넘어가기 위해 절약을 실천하는 소비자들이 많아지고 있다. 이들은 정해진 소비 방식을 그대로 쫓기보다는 거리낌 없이 새로운 방법을 찾아내며 효용을 극대화하는 지출을 선택한다. 비용 대비 효용을 극도로 추구하는 현상이 오늘날의 시장을 좌우하는 또 하나의 소비트렌드로 자리매김하고 있다.

흔히 구매는 하지 않으면서 혜택만 챙겨가는 사람을 '체리피커 cherry picker'라 부른다. 케이크 위에 올라간 달콤한 체리만 쏙 빼먹듯이 자신에게 유리한 것만 챙긴다는 의미의 비유다. 이러한 방식은 소비자 입장에서는 똑똑한 소비 행위라고 볼 수 있으나 기업 입장에서는 매출에 큰 도움이 되지 않아 다소 달갑지 않을 수 있다. 실속만 챙기는 체리피킹은 그동안 소위 '먹튀 소비자' 일부의 문제라고 여겨져 왔는데, 최근 그 방식이 진화하며 일반화되고 있다.

『트렌드 코리아 2023』에서는 이처럼 한정된 자원을 극대화하여 활용하기 위해 다양한 알뜰소비 전략을 펼치는 소비자를 '체리슈머cherry-sumer'라고 명명하고자 한다. 체리피커는 약간 부정적인 뉘앙스가 느껴지는 단어였는데, 본서에서는 체리를 일종의 '효용benefit'을 광범위하게 일컫는 단어로 보고, 중립적이고 일반적인 의미로서 체리슈머라는 용어를 사용하고자 한다. 최근 한국 사회에서는 실속소비 경향이 젊은 층의 자연스러운 문화로 자리 잡고 있다. 한정된 자원 속에서도 선택과 집중을 통해 자신의 욕망을 채워가는 체리슈머, 알뜰소비의 패러다임과 방법론이 한층 업그레이드되면서 이들이 만들어가는 시장의 모습도 새롭게 탈바꿈되고 있다.

체리슈머: 불황관리형 소비자로의 진화

"즐기면서 0원으로 일주일 살기. 무지출 챌린지 도전~!"

2022년 여름, 2030세대를 중심으로 하루에 한 푼도 쓰지 않는 무無지출 챌린지가 유행했다. 여기서 주목해야 할 단어는 '무지출'이 아닌 '챌린지'다. 요즘 소비자들은 절약하는 방식도 이전과 다르다. 이들은 SNS를 통해 지출 내역을 인증하거나 자신만의 절약 노하우를 자랑하듯 공유한다. 뿐만 아니라 유튜브에서 명품 언박싱 대신 '가계부 언박싱' 영상을 찾아보고, 습관 형성 앱을 사용해 '함께 가계부 쓰기' 프로젝트에 참여한다. 온라인 커뮤니티에는 "월요일부터 목요일까지 무지출로 잘 버티다가 금요일 저녁에 치킨을 주문해 실패했다"는 참회의 글을 올리기도 한다.[2] 정가의 5~10%를 할인받을 수 있는 지역화폐를 구매하기 위해 마치 수강신청을 하듯이 '광클(매우 빠른 속도로 클릭하는 것)' 전쟁을 벌이기도 하고, 매일매일 앱에 들어가 출석체크를 해서 포인트를 받거나 하루에 1만 보를 걸어 140원을 버는 일명 '디지털 폐지 줍기'에도 열심이다.[3]

경기가 나빠질 때 실속·알뜰·가성비 등 이른바 '짠테크' 소비가 확산하는 것은 어제오늘의 일이 아니다. 불황기 소비자들이 지갑을 닫는 건 예나 지금이나 마찬가지다. 서문에서 지적한 바와 같이 2008년 세계를 휩쓴 미국발發 금융 위기 직후에도 비슷한 현상이 있었다. 그 당시 제일기획은 불황기 소비자를 다섯 가지 유형으로 분류했다.[4] 이 분류에서 알 수 있듯 일반적으로 인플레이션 혹은 불황기에는 소비자의 실질소득과 실질구매력이 감소하기 때문에 구매를 조정·축소·포기하는 한편, 절제된 소비의 탈출구로서 자신을 위한 '스몰 럭셔리'를 누리기도 한다.

이로부터 15년이 지난 현재 소비자들의 행태는 과거의 불황 때와 다른 점이 많다. 전반적으로 소비가 다소 위축됐다는 점은 닮아 있지만, 자신의 소비지출을 주도적으로 관리managing하고 편집editing한다

불황기 소비자의 다섯 가지 유형

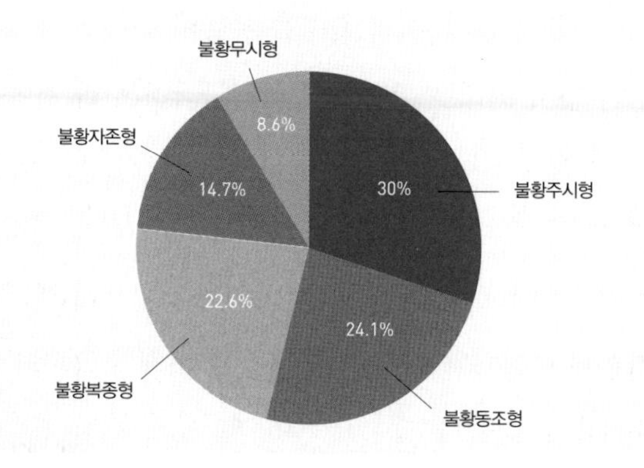

유형	특징
불황주시형	– 무턱대고 줄이기보다는 상황을 지켜보며 조금씩 조정한다. – 40대, 기혼자, 고소득층
불황동조형	– 불황에 남들이 움직이면 덩달아 소비를 줄인다. – 30~40대, 전업주부, 중간소득층
불황복종형	– 불황기 생존을 위해서라면 뭐든지 포기할 수 있다. – 남성, 자영업자, 저소득층
불황자존형	– 불황이 심각하다고 느끼지만 나를 위한 소비는 지킨다. – 20대, 미혼자
불황무시형	– 평소의 여유로운 소비 패턴을 그대로 유지한다. – 여성, 미혼자, 전문직, 고소득층

출처: 불황기 소비자 유형 보고서, 제일기획, 2009.

는 점에서 차원이 다른 기세가 느껴진다. 한 마디로 2023년 체리슈머의 등장은 '불황관리형' 소비자로의 진화라고 표현할 수 있다. 불황관리형 소비자는 다섯 가지 유형 중 하나에 속한다기보다 각 유형의 전략을 그때그때 상황에 맞게 자유자재로 섞어서 구사하는, 말하자면 '멀티 페르소나'형 불황대처 소비자다.

이들은 실질구매력이 감소했다고 해서 무조건적으로 소비를 포기하지 않고, 최선이 아닌 차선의 방법을 찾아 여러 사람들과 함께 소비를 줄이며 극복한다. 자신의 욕구를 충족하고 싶을 때에는 한정된 자원을 낭비 없이 최대로 활용하고자 적극적인 소비 전략을 사용하기도 한다. 더불어 체리슈머의 소비 행태에 날개를 달아주는 다양한 앱과 플랫폼이 등장하며 이들을 적극적으로 지원하는 서비스 환경이 구축되고 있다. 똑똑하고 셈에 능한 요즘 소비자들이 현대판 보릿고개를 슬기롭게 넘어가기 위해 함께 나누고 쪼개며 극한의 합리적 소비를 추구하게 된 것이다.

체리슈머의 소비 전략은 크게 세 가지로 나눌 수 있다. 첫 번째는 '조각 전략'으로, 정형화된 틀에 얽매이지 않고 자신이 필요한 만큼만 소비량을 쪼개 구매하여 비용을 줄이는 것이다. 두 번째는 '반반 전략'이다. 팀구매나 공동구매를 적극 활용하여 합리적 소비를 실천한다. 마지막인 '말랑 전략'은 장기 계약에 얽매이지 않고 리스크를 줄이기 위해 유연한 소비를 추구하는 전략이다. 지금부터 알뜰살뜰한 체리슈머들의 신新소비 전략을 자세히 들여다보자.

체리슈머의 세 가지 소비 전략

1. 조각내어 산다, 조각 전략

"그동안 어쩔 수 없이 세 가지 색 묶음으로 포장된 파프리카를 샀었는데 오늘은 노란색 파프리카 딱 한 개만 골라 샀어요. 버릴 일이 줄어들어 다행이고, 꼭 필요한 식료품비만 지출되니 기분이 좋아요."[5]

2022년 6월 농림축산식품부가 시행한 '대형마트 농산물 무포장·낱개 판매' 정책 덕분에 노랑·빨강·초록의 3색 파프리카 묶음이 아닌 원하는 색깔 하나만 살 수 있어 좋다는 소비자의 체험기다. 채소나 과일 같은 신선식품을 따로 포장하지 않고 진열대에 쌓아둔 채 낱개 단위로 판매하는 것인데, 소비자는 원하는 양에 딱 맞게 살 수 있어 좋고 생산자는 포장 부담이 줄어 양쪽 모두에게서 큰 호응을 얻고 있다. 이와 관련해 농림축산식품부는 대용량으로 쟁여두기보다 그때그때 필요한 만큼만 구매하려는 요즘 소비자들의 니즈에 발맞춰 향후 낱개 판매 대상 품목을 더욱 확대할 계획이라고 밝혔다.

체리슈머의 첫 번째 전략은 '조각내기'다. 최근 소비자들은 자신의 라이프스타일에 맞추어 필요한 만큼만 소량 구매하는 조각 전략을 실천한다. 가장 대표적인 상황이 앞서 예로 든 것과 같은 장보기다. 체리슈머는 개당 가격은 대용량 포장 제품이 더 저렴한 것을 알면서도 소포장을 더 선호한다. 당장 지출되는 비용이 적고, 음식물 쓰레기를 줄일 수 있기 때문이다. 말하자면 다다익선多多益善의 반대인 소소익선少少益善을 추구하는 셈이다. 소포장의 매력에 빠진 체리슈머가 늘고 있다는 사실은 수치로도 확인된다. 홈플러스에 따르면 2022년 6월 1일부터 15일까지 판매된 채소류 중 소포장 상품의 매출 비중은 같은 해 1월 대비 120% 증가했으며, 축산류에서는 무려 320% 성장한 것으로 나타났다.[6] 낭비되는 음식물이 아까운 이들에게는 개당 가격은 조금 비싸더라도 필요한 만큼만 구매하는 소량 구매가 더 합

B

Born Picky, Cherry-sumers

리적인 선택지가 되고 있다.

체리슈머의 소포장 사랑은 '편의점 장보기'로 이어진다. 김밥이나 도시락 등 간편식만 파는 편의점은 이제 옛말이다. 4분의 1통 양배추는 900원, 깻잎 두 묶음은 1,000원에 파는 편의점에서 1~2일 치 장을 보는 사람들이 부쩍 늘고 있다. 이러한 니즈에 맞춰 편의점 업계도 다양한 신선식품을 소포장 형태로 진열하기 시작했다. CU는 모둠쌈·양배추·감자 등 한국인의 밥상에 자주 오르는 채소들을 한두 끼 양으로 소분한 '싱싱생생' 시리즈를 출시했으며, 삼겹살과 항정살도 200그램씩 판매하고 있다. 세븐일레븐 역시 대형마트와 비슷한 가격대에 1~2인분으로 구성된 신선식품 브랜드 '세븐팜'을 선보였다.[7]

맥주나 와인 등 주류 판매에서도 소용량이 인기다. 500밀리리터짜리 주류를 다소 부담스럽게 느끼는 소비자들은 혼자 가볍게 마시기 좋은 250밀리리터나 355밀리리터짜리를 선호한다. 롯데칠성음료가 선보인 '처음처럼' 250밀리리터 상품은 편의점을 중심으로 꾸준히 판매량이 늘었고, 출시 후 3개월 만에 약 7억 병이 팔리며 시장에 안착했다. 375밀리리터 이하의 소용량 와인도 2021년 9월까지 약 20여만 병이 판매되는 등 급성장했다.[8] 이처럼 소용량 주류가 인기를 끌면서 오프라인에서도 다양한 시도들이 이뤄지고 있다. 롯데쇼핑에서 운영하는 '보틀벙커'는 테마별 다양한 와인을 한 잔씩만 결제해서 시음할 수 있는 유료 와인 테이스팅 탭tasting tab으로 큰 호응을 얻고 있다. 약 80여 종의 와인을 50밀리리터 단위로 구매할 수 있는데, 1,000~8,000원대로 가격 부담도 적다.[9] 평소 병 단위로 구매하기는 다소 비싼 가격의 와인을 조금씩 마셔볼 수 있어 한정된 자원으

출처: 롯데쇼핑

80여 종의 와인을 한 잔 용량 단위로 결제해 시음할 수 있는 보틀벙커의 '테이스팅 탭'. 체리슈머를 겨냥한 제품 품목들이 갈수록 다양해지고 있다.

로 경험을 극대화하고자 하는 체리슈머의 마음을 사로잡고 있다.

샘플 키트로 여러 가지 신제품들을 소소하게 즐기려는 소비자도 늘어나는 추세다. 특히 뷰티 업계는 샘플 키트나 트라이얼 키트를 선보이며 이러한 흐름을 적극적으로 활용하고 있다. 포털사이트 검색창에 '트라이얼 키트'나 '미니어처 세트'를 검색하면 설화수·아이소이·에뛰드 등 다양한 화장품 브랜드의 샘플 키트를 살펴볼 수 있다. 본품에 비해 훨씬 저렴한 가격으로 토너·에센스·크림까지 하나의 세품 라인 전체를 일주일 동안 체험해볼 수 있다는 점이 체리슈머의 관심을 모았다. 최근에는 화장품 외에 섬유유연제부터 강아지 간식까지 체험용 키트의 품목들이 다양해지고 있다.[10] 비싼 가격에 본품을 사기보다 체험 키트로 가볍게 사용해보고 싶은 체리슈머의 또 다른 대안이라 볼 수 있다.

일본에서는 김까지 조각내는 비즈니스 모델이 등장했다. 일본의 주거공유 업체인 리렌트 레지던스 시부야는 집을 비운 날짜만큼 월세를 깎아주는 서비스로 이목을 끌었다. 도쿄 시부야 역에서 3분 거리에 위치하고, 가구와 가전이 전부 설치되어 있는 37제곱미터(약 11평) 크기 방의 월세는 한화로 약 200만 원이다. 결코 저렴하지 않다. 그런데 이 방에는 아주 특별한 비밀이 숨어 있다. 바로 '외박을 하면 월세를 깎아준다'는 것이다. 세입자가 전용 앱을 통해 미리 외박을 신청하면, 그날 빈방을 일반인에게 숙소로 빌려주어 이익을 내고 그 일부를 거주자에게 돌려주는 방식이다. 하루에 6,000엔(약 6만 원) 가량 월세가 할인되고, 최대 15일간 외박이 가능하다. 이 레지던스를 관리·운영하고 있는 벤처기업 유니토Unito의 대표는 한 인터뷰에서 "필요할 때 필요한 만큼 사용하는 집을 새로운 문화로 정착시키겠다"고 이야기한 바 있다.[11]

요즘 소비자들은 심지어 명품까지 조각내어 향유한다. 앞서 불황기에는 사치를 완전히 중단하는 것이 아니라 오히려 우울한 마음을 달랠 수 있는 '작은 사치small luxury'가 증가하는 경향이 있다고 설명했는데, 이제는 그 '스몰'을 다시 조각조각 나눈다는 의미에서 '타이니 럭셔리tiny luxury'라고 부를 만한 트렌드가 등장하고 있다. 이를 보여주는 흥미로운 사례로 최근 Z세대 사이에서 유행하는 '빈티지 럭셔리 단추 액세서리'가 있다. 명품 액세서리를 매장에서 직접 구매하는 대신, 명품 의류의 빈티지 단추에 부자재를 달아 귀걸이나 목걸이 등 액세서리로 업사이클링한 제품을 구매하는 것이다. 미국의 글로벌 온라인마켓 엣시Etsy에서는 약 1,000개의 빈티지 명품 단추 액세서리가 판매되고 있다. 국내에서도 중고거래 플랫폼에 '샤넬 단추'나

출처: butonesjewelry.com

빈티지 명품 의류의 단추를 활용해 만든 액세서리들. 스몰 럭셔리를 넘어 '타이니 럭셔리'가 새로운 트렌드로 떠올랐다.

'루이비통 단추' 등 명품 단추를 판매한다는 글이 심심치 않게 올라온다. 디자인과 색상에 따라 다르지만 보통 6~7개에 40~70만 원대로 거래된다.[12] 이러한 타이니 럭셔리는 체리슈머의 조각 전략을 보여주는 단적인 예라고 할 수 있다.

2. 함께 산다, 반반 전략

체리슈머의 두 번째 전략은 함께 사는 반반 전략이다. 꼭 사고 싶지만 혼자서 비용을 전부 지불하기엔 부담스럽고, 조각내기도 현실적으로 불가능한 것들이 있다. 이럴 때 소비를 능동적으로 관리할 줄 아는 체리슈머는 비용과 효용을 나눌 사람을 직접 찾아 나선다.

2022년 초, 지상파 뉴스에 '배달공구' 일화가 보도된 적이 있나. 한 배달 기사가 오피스텔에 음식 배달을 갔는데 해당 층에 거주하는 주민들이 모두 나와 기다리고 있어 깜짝 놀랐다는 사연이었다. 실제로 치솟은 배달비를 아끼기 위해 입주민들이 함께 음식을 주문하는 일이 늘고 있다. 방법은 간단하다. 입주민 오픈채팅방에 "중국음식 드실 분?"이라고 메시지를 보내면, 주문하고 싶은 2~3가구가 참여해 각자 원하는 음식을 시키고 배달비는 N분의 1로 나눠서 주문한 사람에게 입금해주는 방식이다. 이들은 비용을 나눌 때도 그냥 나누지 않는다. 깔끔하게 나누어떨어지면 다행이지만, 그렇지 않으면 누군가는 비용을 더 지불해야 하는 등 난감한 상황이 발생할 수 있다. 이때 체리슈머는 카카오톡의 '1/N 정산하기' 기능을 활용하여 자투리 금액까지 완벽하게 나눈다. 그 누구도 비용을 더 내거나 덜 내지 않고 공정하게 분할하는 것이다. 혹시라도 딱 나누어떨어지지 않아 1~2원이 남는다면 그 금액은 카카오페이에서 부담해주니 금상첨화다.

반반 전략을 적극적으로 활용하는 체리슈머들은 SNS나 중고시장에서도 만날 수 있다. 이들은 '0.5개의 자유'를 누리기 위해 SNS나 중고거래 앱에서 대량판매 상품을 소분하여 재판매하거나 소분된 상품을 구매한다. 메모지·향수·세제 등 거래되는 물품은 가지각색이다. 사실 현행법상 중고거래 플랫폼에서 소분된 화장품·식품·건강기능식품 등을 판매하는 것은 금지되어 있다. 그럼에도 불구하고 고물가 시대를 견디기 위한 방법 중 하나로 활용되며 관련 게시물이 계속 늘어나는 추세다.[13] 예전이라면 '뭘 그렇게까지 하느냐'고 생각할 수도 있지만, 요즘 소비자들에게 소분 거래는 단순한 절약을 넘어서 재미와 성취감을 선사하는 놀이에 가깝다. 이러한 소비자의 니즈를 반영하고자 당근마켓은 2022년 7월에 동네 이웃들이 모여서 같이 사고 나누는 '같이 사요' 서비스를 론칭했다. 이웃과 함께 사고 싶은 물건이나 이용하고 싶은 서비스가 있을 때 "같이 사과 한 상자 사서 나누실 분"과 같은 게시물을 올리고 최대 4명까지 모아 공동구매할 수 있다. 이 서비스는 현재 서울 관악구·강동구 등 일부 지역에서 시행되고 있는데, 향후 서비스 지역을 점차 늘려나갈 계획이라고 한다.[14]

공동구매가 주목받으면서 관련 플랫폼 시장은 그야말로 춘추전국시대를 맞았다. 공동구매는 말 그대로 여러 사람이 모여 상품을 할인받아 사는 것으로, 이미 오래전부터 지인들끼리 행해왔던 구매 방식이다. 2008년 미국에서 등장한 그루폰Groupon 등에서 시작됐던 1세대 공동구매는 플랫폼이나 인플루언서가 공동구매자를 모집하고 일정 수가 모이면 할인된 가격으로 함께 구매하는 것이었다. 하지만 오늘날의 공동구매는 이보다 한층 유연하고 소비자지향적인 비즈니스 모델로 진화하고 있다. 예를 들면 모바일 공동구매 플랫폼 올웨이즈는 2021년 서비스를 론칭한 후 5개월 만에 회원 수 100만 명을 돌파했는데,[15] 이전에 비해 그 방식이 훨씬 간단한 것이 인상적이다. 주어진 시간 안에 목표 인원만큼 '팀구매'가 달성되면 할인된 가격에 구매가 가능하다. 만약 목표 인원을 채우지 못하면 자동으로 환불되며, 두 명부터 팀구매가 가능하기 때문에 수십 명을 모아야 하는 부담 없이 가족이나 지인들과 쉽고 저렴하게 원하는 상

출처: 올웨이즈

'팀구매'를 전면에 내세운 모바일 공동구매 플랫폼 올웨이즈. 같은 니즈를 가진 사람들과 함께 반반 전략을 펼치는 체리슈머의 등장에 관련 시장도 진화하고 있다.

폼을 구매할 수 있다. 반반 전략을 도모하는 체리슈머에게 안성맞춤인 것이다.

특정 요금을 함께 부담할 사람을 찾아주는 플랫폼도 체리슈머의 구미를 당긴다. 함께 구매할 사람을 찾아야 하는 수고로움과 공평하게 정산해야 하는 번거로움을 해결해줌으로써 효용을 극대화해주기 때문이다. 혼자 내기에는 조금 망설여질 만큼 오른 배달료를 함께 나눌 사람을 찾아주는 앱은 물론, OTT 구독권 계정 공유를 지원하거나 모르는 사람과 원하는 목적지까지 동승하며 택시비를 아낄 수 있는 플랫폼 등 다양한 서비스들이 체리슈머의 반반 전략을 지원하고 있다. 일례로 OTT 계정 공유 앱 피클플러스에서는 '파티매칭' 기능을 통해 넷플릭스나 왓챠와 같은 OTT 서비스를 함께 구독할 사용자를 찾을 수 있다. 이탈자가 발생하면 신규 멤버를 자동으로 재매칭해주는 기능도 제공하며, 가입자 수가 20만 명을 넘어서기도 했다.[16] 불법 논란이 일면서 일부 계정공유 서비스는 폐지되기도 했지만 요즘 소비자들이 N분의 1로 나눠서 결제하는 이른바 'N빵'에 얼마나 적극적인지 잘 보여준다.

일각에서는 선을 넘는 반반 전략에 우려를 표하기도 한다. 이를테면 같은 동네에 사는 친구들끼리 서로 시간을 나눠 스터디카페 1인 이용권을 함께 쓰는 사례가 있다. 카페의 규칙상 이용권을 타인과 공유할 수 없음에도, 한 번에 두 자리를 사용하는 것은 아니므로 크게 문제될 게 없다는 식이다. 이용자 입장에서는 나름 합리적인 나누기라고 항변하지만 카페 주인은 '꼼수 이용'이라 비판하며 이용 규칙을 매장 곳곳에 붙여두거나 지문인식기를 설치하는 등 대책을 마련하고 있다.[17] 단 몇천 원도 허투루 쓰지 않겠다는 과열된 실속소비가 빚어낸 촌극이라 할 수 있다.

3. 유연하게 산다, 말랑 전략

체리슈머의 마지막 전략인 말랑 전략은 장기 계약의 노예가 되어 매달 일정 비용을 지출하느니, 그때그때 필요한 만큼만 계약해 유연성을 확보하자는 것이다. 언제 어디서든 해지할 수 있는 유연한 계약을 통해 소비를 전략적으로 관리하며 '지출의 자유'를 만끽하려는 목적이 엿보인다. 유연한 계약 조건은 장기 계약에 비해 추가 비용을 필요로 하는 경우가 많은데, 체리슈머는 이조차도 마다하지 않는다. 아니, 추가적인 부담을 감수하더라도 계약의 재량을 보장받는 것이 더 합리적이라고 생각한다.

계약의 유연성을 추구하는 소비자가 증가함에 따라 업계에서도 이를 지원하는 정책을 부지런히 마련하기 시작했다. 그중 구독 경제 분야에서의 말랑 전략이 가장 돋보인다. 매월 정기적으로 결제되는 비용이 부담스러운 소비자들이 '구독료 다이어트'를 시작한 것이다. 이들은 본전을 뽑을 수 없는 구독 서비스는 과감히 해지하고, 필요할 때마다 다시 결제하여 사용하는 징검다리식 구독 전략을 구사한다. 기존의 구독 서비스가 가성비나 새로운 경험 등의 혜택에 초점을 맞췄다면, 체리슈머에게는 '유연한 관리'라는 키워드가 덧붙는다.

매달 소믈리에가 엄선한 전통주를 보내주는 구독 서비스 '술담화'에는 '쉬어가기' 옵션이 있다. 이번 달의 술이 취향에 맞지 않거나 지난 날에 받은 술이 아직 남아 있으면 건너뛸 수 있는 것이다. 매출에는 도움이 되지 않겠지만 소비자의 선택권을 보장해 좋은 반응을 이끌어내며 구독 유지에 도움을 주고 있다. 최근 통합 구독 서비스를 선보인 LG U⁺와 SKT 역시 구독 관리의 편의성에 주목하는 모습이다. LG U⁺가 론칭한 구독 서비스 플랫폼 '유독'은 '선택제한·요금부담·해지불편'이 없음을 내세우며 소비자가 언제든 자신의 라이프스타일에 따라 원하는 서비스만 골라서 구독할 수 있고, 매월 다른 서비스로 바꿀 수 있다는 점을 특장점으로 꼽았다.[18] SKT의 'T우주'도 기본 혜택 위에 소비자가 자신에게 알맞은 구독 서비스를 직접 선택할 수 있도록 유연성을 높였다. 이에 론칭 10개월 만에 이용자 120만 명을 달성하며 큰 호응을 얻자, SKT는 '공유하기'와 '선물하기'와 같은 기능을 추가하여 편의성을 더욱 강화할 계획을 밝히기도 했다.[19] 이 두 서비스는 이전에 비해 해지하기 쉽게 제도를 바꾸었다는 점도 눈길을 끈다. 과거 통신사들이 "가입은 쉽지만 탈퇴는 어렵게" 해온 관행에서 탈피해 새로운 고객 트렌드에 맞추고자 하는 노력이 드러나는 대목이다.

체리슈머에게는 언젠가 일어날지 모르는 위험에 대비하기 위해 장기간 꾸준히 지불하는 보험료도 부담스럽다. 이에 보험 업계도 필요할 때마다 단기간 단위로 가입하고 사용한 만큼만 비용을 지불하는 등 합리성을 강조한 '미니보험' 상품을 내놓고 있다. 이는 1년 정도의 한정된 기간 동안 저렴한 보험료로 이용할 수 있는 소액단기보험으로, 2021년 6월 소액단기보험업 제도를 새롭게 도입한 보험업법 개정안이 시행된 이후 다양한 상품 개발이 가능해졌다. 일례로 캐롯손해보험은 자동차를 운행한 주행거리만큼만 보험료를 납부하는 딱 탄 km만큼 내세요.
"캐롯 퍼마일 자동차보험"

출처: 캐롯손해보험

●●● 주행거리만큼만 보험료를 납부하는 후불 보험료 산정 방식도 체리슈머들의 관심을 모았다.

'퍼마일 자동차보험'을 출시했는데, 업계 최초로 후불 산정제를 도입해 주목받았다.[20] 일반적인 자동차보험은 많이 타든 적게 타든 1년 주기로 정해진 금액을 납입해야 하는데, 캐롯은 보험료를 낭비라 생각하는 2030 소비자를 겨냥해 매월 운행한 거리만큼만 계산되는 방식의 후불 산정 보험을 선보인 것이다. 이러한 새로운 형태의 보험은 체리슈머들 사이에서 큰 관심을 모으며, 출시 2년 만에 누적 가입자 수 70만 명을 돌파했다.[21] 현대해상의 '하이카 타임쉐어 자동차보험'은 타인 소유의 자동차나 렌터카를 단기간 운행할 때 가입하는 보험으로, 최소 6시간부터 최대 10일까지 원하는 기간을 설정해 간편하게 가입할 수 있어 인기를 얻고 있다.[22] 체리슈머들의 지지에 힘입어 미니보험 시장은 앞으로도 계속해서 성장할 것으로 보인다.

여행 업계의 변화도 눈여겨볼 만하다. 지금까지 여행 위약금은 소비자가 예약을 취소할 경우 지불해야 하는 당연한 대가로 여겨졌다. 그러나 '언제든 취소가 가능한 계약'을 원하는 체리슈머의 등장에 관련 업계에서도 대책을 마련하기 시작했다. 이와 같은 변화에는 코로나19의 영향이 컸다. 사회적 거리두기 해제 이후 여행 수요가 눈에 띄게 증가하긴 했지만, 여전한 재확산 위험에 망설이고 있는 소비자를 끌어모으기 위한 전략인 것이다. 대표적으로 쿠팡트래블이 선보인 '100% 환불 보장 정책'은 투숙 하루 전에 예약을 취소해도 전액 환불을 받을 수 있는 파격적인 시도로, 여행 업계와 여행자들 사이에서 뜨거운 감자로 떠올랐다. 글로벌 휴양 리조트 체인 '클럽메드'는 최근 모든 고객들을 대상으로 여행자 보험을 제공하여 코로나19 관련 비용을 책임지고 보상하는 정책을 펼치고 있다. 출국 전 코로나19 확진으로 인한 취소 수수료부터 현지에서 확진 시 발생할 의료비와 숙박비까지 제공하여 고객들이 걱정 없이 휴가를 즐길 수 있도록 한 것이다. 나아가 에어비앤비는 이용자가 '유연한 환불 정책'을 내건 숙소를 쉽게 찾을 수 있도록 아예 환불 정책 검색 필터를 도입했다. 숙소에 따라 체크인 하루 전까지만 취소하면 숙박 요금 전액을 환불받을 수 있다. 이처럼 여행 업계는 체리슈머의 니즈를 충족시키기 위해 말랑말랑하지만 뜨거운 격전을 벌이고 있다.

욜로 소비자들이 체리슈머가 된 배경

직접적으로 와닿는 경기 악화와 1코노미 2.0시대

체리슈머가 등장하게 된 직접적 원인은 무엇보다도 경기 악화다. 'YOLO You Only Live Once'와 '플렉스(과시)'를 외치던 젊은이들이 하루아침에 '실속소비'에 눈뜬 것은 선례 없는 인플레이션과 경기 불안에 대한 실제적 위협 때문이다. 2021년 한국경제연구원이 발표한 '세대별 체감경제고통지수' 분석에 따르면, 15~29세 청년들이 느끼는 경제적 고통지수가 모든 연령대 중 가장 높았다.[23] 체감경제고통지수는 미국의 경제학자 아서 오쿤Arthur Okun이 고안해낸 지표로, 실업률과 물가 상승률을 합해 계산한다. 이번 15~29세의 체감경제고통지수는 국내에서 이 지표를 집계한 이래 최고치를 기록했다. 우리나라 청년들의 실업률이 치솟고 소비자물가가 급등함에 따라 이들이 피부로 느끼는 경제적 고통이 심화된 것이다. 청년층이 이러한 난관을 타개할 방법은 체리슈머로 거듭나 한정된 자원을 극대화하여 200% 활용하는 방법뿐이다.

체리슈머 트렌드는 1인 가구가 주류가 되면서 작고 유연한 소비를 선호하게 되는 구조적 변화에도 기인한다. 『트렌드 코리아 2017』에서 '내멋대로, 1코노미'라는 키워드를 소개한 바 있는데, 2016년 말

세대별 체감경제고통지수 추이

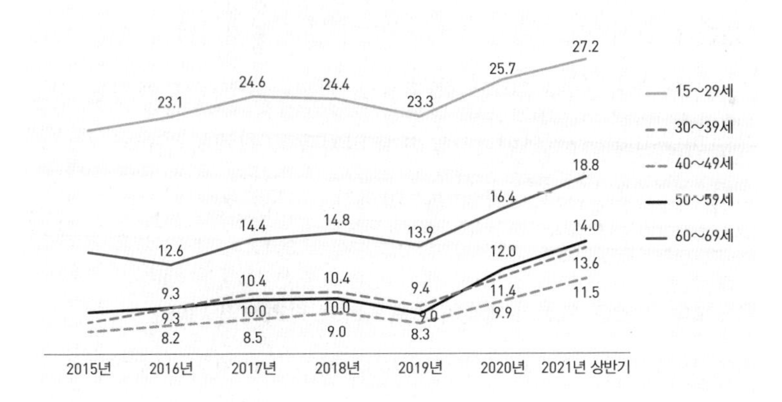

출처: 한국경제연구원

국내 주민등록 세대 중 1인 세대의 비율은 약 35%였다(행정안전부 기준). 그러나 최근 행정안전부가 발표한 '2022 행정안전통계연보'에 따르면, 현재 우리나라의 1인 세대 비율은 40.3%로 사상 처음 40%를 넘어섰다. 이 덕분에 총 인구수는 줄었지만 주민등록 세대 수는 1.6% 증가하는 특이한 현상도 관찰되고 있다.[24] 바야흐로 1인 가구가 지배하는 '1코노미 2.0' 시대가 펼쳐진 것이다.

사실 저비용·고효율의 소비는 대가족에서 실천하기가 더 쉽다. 가정 살림에도 규모의 경제가 작용하기 때문에 가구 구성원 수가 많을수록 1인당 지출이 감소하기 때문이다. 예를 들어, TV·냉장고·세탁기 등 여러 사람이 함께 쓸 수 있는 물건은 식구 수가 많아도 굳이 여러 개를 장만할 필요가 없다. 100만 원짜리 냉장고를 4인이 사용하면 1인당 지출은 25만 원인 셈이다. 반면, 1인 가구는 같은 냉장고를 사더라도 그 100만 원을 오롯이 혼자 감당해야 한다. 1인 가구의 소비지출 관리는 다인 가구보다 훨씬 어렵다. 이에 체리슈머는 철저히 1인 중심으로 재편된 살림 환경에서 적극적으로 소비지출을 관리해야 한다. 잠시라도 한눈을 팔면 낭비의 늪에 빠져버릴 수 있는 탓에 스스로에게 눈을 부릅떠야 할 필요도 커졌다. 쟁여두기보다는 작고 유연한 소비를 즐겨왔던 1코노미 소비자들이 실제적 위협으로 다가온 경기 불황을 만나 체리슈머로 진화하고 있는 것이다.

부모보다 가난한 최초의 세대이자 똑똑하고 창의적인 세대

한 인터뷰에서 "복권에 당첨된다면 뭘 하고 싶어요?"라는 질문을 받은 젊은 연예인이 "저는 일단……, 대출 받은 게 좀 있어서 그걸 갚고요"라고 대답했다.[25] 멋진 외제차를 구입하겠다거나 세계 일주를 해 보고 싶다는 대답이 아니었다. 너무나도 현실적이다. 체리슈머의 주된 세대인 MZ세대는 저성장 시대에 태어나 '부모보다 가난한 최초의 세대'로 알려져 있다. "노력하면 무엇이든 얻을 수 있다"는 말을 들으며 자란 이들은 단군 이래 최고의 스펙을 가졌다고들 하는데, 정작 성인이 되고 보니 내 집 한 칸 마련하기도 벅차다. 동시에 어릴 적부터 고급 경험을 많이 해온 터라 취향의 수준은 높다. 이처럼 욕망은 넘치지만 자원은 한정되어 있는 삶을 사는 이들이 치밀한 재무 관리에 몰두하는 것은 당연한 결과라 할 수 있다.

흔히 MZ 소비자의 소비 성향을 '욜로'나 '플렉스' 등으로 설명하곤 한다. 하지만 이런 키워드로만 이들을 바라보면 오해하기 쉽다. 이 세대는 그 어떤 세대보다 현명하고 합리적인 소비를 즐긴다. 자기관리에 능숙한 세대답게 지출 관리에도 밝다. 30대 인기 재테크 유튜버 전인구 씨는 한 인터뷰에서 "흔히 '짠테크' 하면 외식을 줄이고 집에서 식사하는 것을 기본으로 꼽는데, 나는 밖에서 간단히 먹는다. 집에서 요리해 먹는 시간과 에너지로 일을 한다. 난 시간을 절약하는 짠돌이다"라고 말하기도 했다.[26] MZ세대는 무조건 싸게 구매하는 것만이 능사가 아닌 것을 알고 자신의 현재 경제 상황과 니즈 간의 밸런스를 찾아나간다. 자본주의에 능하고 영리한 소비에 도가 튼 이들의 성장이 체리슈머의 확산을 더 가속화하고 있다.

체리슈머는 자본이 부족하다고 해서 무조건 소비를 포기하거나 줄이는 수동적 모습을 보이지 않는다. 정형화된 시간·공간·단위에 굴복하지 않고 때로는 본인 스스로, 때로는 타인과 함께 창의적인 방식을 도출해내며 자신의 욕망을 현명하게 관리해나간다. 평소 먹고 싶었던 와인을 한 병이 아닌 한 잔만 사서 마셔보고, 구독하는 OTT의 계정을 타인과 공유하여 비용을 나누는 등의 소비 방식들은 모두 이러한 지혜의 일환이라 할 수 있다.

전망 및 시사점

체리슈머와 '문간에 발 들여놓기 전략'

경기 침체에 따른 소비자들의 대처라는 시각에서 보면 체리슈머의 등장을 일시적인 변화로 바라볼 수도 있다. 하지만 1인 가구가 증가하는 추세에서 생겨난 현명한 소비 관리 전략이라는 측면에서 보면 경기가 좋아져도 계속 발전해나갈 추세적 변화로 자리 잡을 가능성이 더 높다. 그렇다면 기업은 체리슈머를 어떻게 대해야 할까? 체리슈머를 불황 속에서 꼼수를 부리는 소수의 특이한 소비자로만 바라봤다면, 이제 그 생각을 바꿔야 한다. 공짜만 바라는 블랙컨슈머로 오인하거나 싸게 사기에 급급한 체리피커 소비자라고 간과해서도 안 된다. 그렇다고 무조건적인 퍼주기식 할인도 해답은 아니다. 작고 유연한 소비를 원하는 체리슈머들이 증가함에 따라 이에 대응할 수 있는 똑똑한 전략이 필요한 시점이다.

사회심리학에 '문간에 발 들여놓기 전략foot-in-the-door technique'이라는 재미있는 용어가 있다. 사회심리학자 조너선 프리드먼Jonathan Freedman과 스콧 프레이저Scott Fraser가 실험을 통해 처음으로 고안해

낸 것으로, 어떤 큰 부탁을 하기 전에 문간에 발만 먼저 들여놓듯 작은 부탁을 먼저 해서 허락을 받고 나면 어느 정도 시간이 지난 후 큰 부탁을 했을 때 더 쉽게 허락받을 수 있다는 일종의 설득 기법이다.

이를 체리슈머에게 대입하면 어떨까? 작은 샘플로 특정 제품을 경험하거나 아주 짧은 기간 동안 특정 서비스를 경험하게 하는 것도 한 방법이 될 수 있다. 무언가를 한 번 경험한 체리슈머는 그 브랜드의 문간에 발을 들여놓게 되는 셈이다. 이는 브랜드의 친숙도 향상과 다른 상품에 대한 관심으로 연결될 수 있다. 작은 경험이 일종의 '심리적 장벽'을 무너뜨리는 계기가 되어 이후 더 큰 구매라는 성과로 돌아올 수 있는 것이다. 프리미엄 향기 브랜드 '탬버린즈'는 실속 소비를 중시하는 체리슈머의 등장을 기회로 삼은 좋은 예다. 이들은 3,000~5,000원 상당의 샘플 키트를 카테고리화하여 상시 판매했다. 당시는 코로나19 사태와 경기 불안정으로 기업들도 고민이 깊던 시기여서 "누가 샘플을 돈 주고 사겠는가?"라는 회의적인 시선이 많았다. 그러나 이들은 샘플에 대한 고정관념을 깨뜨리는 시도로 우려와

출처: 탬버린즈

고급스럽고 감각적인 패키지로 샘플에 대한 고정관념을 깬 프리미엄 향기 브랜드 '탬버린즈'. 사소할 수 있는 샘플 제품으로 세련된 브랜드경험을 제공함으로써 고객들의 뜨거운 호응을 받았다.

는 전혀 다른 결과를 얻었다. 찢어서 한 번 쓰고 버리는 비닐 패키지의 샘플이 아닌, 틴케이스에 담긴 감각적인 패키지로 구성한 것이다. 이에 소비자들은 SNS에 앞다투어 후기를 올리며 "샘플 키트를 이렇게 감성적으로 만들다니", "취향 저격이다" 등의 뜨거운 반응을 보였고, 새 상품 론칭 3일 만에 완판 행진을 이어나갔다.[27] 작은 샘플이 주는 세련된 브랜드경험으로 봉인된 체리슈머의 지갑을 연달아 열게 만든 것이다.

이는 작은 신생 브랜드에만 한정되는 이야기가 아니다. 오히려 대기업일수록 저가 라인이나 엔트리 라인을 구축함으로써 브랜드 친숙도를 높이고 제품 생태계를 탄탄히 만드는 전략이 필요하다. 실제로 삼성전자는 최근 엔트리급 초저가 라인의 '갤럭시A23 5G' 모델을 출시하며 체리슈머를 고객으로 확보하기 위해 노력하고 있다.[28] 갤럭시S와 갤럭시Z 시리즈로 프리미엄 시장의 조명을 끌어오는 동시에 초가성비 상품으로 제품의 외연을 확대한 것이다.

매너소비자의 덕목을 갖춰야 할 때

소비자의 역할이 다양해지고 있다. 소비자는 시장에서 상품을 구매하는 구매자이자 사용자이기도 하고, 동시에 한정된 자원을 효율적으로 배분하는 배분자이며, 최근에는 시장에 새로운 상품을 출현시키도록 돕는 창조자의 역할까지 맡고 있다. 이처럼 시장에서 소비자의 힘이 점점 커지면서 소비자가 지켜야 할 기본적 책무도 더욱 중요해지고 있다.

불법과 합법 사이를 아슬아슬 넘나드는 소수 소비자들의 과도한 행동은 우려를 불러일으키기도 한다. 기업과의 계약 내용을 무시하고 이용권을 다시 쪼개 되팔거나, 편법적인 꼼수로 가격을 지불하지 않고 제품이나 서비스를 이용하는 행태 등은 분명 경계해야 한다. 이러한 행동은 자신의 작은 이익을 위해 다수 소비자의 이익을 침해하는 행위일 수 있으며, 시장 전반에 부정적인 영향을 미칠 수 있다. 일각에서는 몇몇 소비자의 과도한 무지출 챌린지를 비판하며 '무지성 챌린지'라는 말이 유행처럼 쓰일 정도다. '회사 탕비실 간식으로 끼니 때우기' 같은 몰지각한 무지출 행동이 많아지면서 등장한 신조어다.[29] 절약도 좋지만 그보다 우선시되는 것은 '소비자 윤리'다. 소비자는 자신의 한정된 자원을 효율적으로 사용하는 것에 앞서, 계약을 준수하고 시장 질서를 준수할 의무가 있음을 명심해야 한다.

이제는 소비자가 소비의 주체성을 갖고 시장에서 종횡무진 활약하는 시대가 됐다. 현대판 보릿고개를 넘어서고 있는 이 시점에서 체리슈머는 실속을 챙기면서도 소비자 윤리에 어긋나지 않는 '매너소비자'의 덕목을 갖추어야 할 것이다. 불황으로 국가 경제 전체가 새로운 변신의 계기를 모색하고 있는 지금이야말로 소비자와 사업자가 힘을 합쳐 모두 공생·공영하는 시장을 만들어야 할 때다.

Buddies with a Purpose:

'Index Relationships'

인덱스 관계

전화나 문자 메시지로 지인과 연락하던 시절은 가고, 다양한 소셜미디어를 통해 불특정 다수와 소통하는 시대가 왔다. 수단이 본질을 바꾼다. 소통의 매체가 진화하면서 관계 맺기의 본질이 바뀌고 있다. 소수의 친구들과 진한 우정을 쌓아가는 것이 예전의 '관계 맺기'라면, 요즘의 관계 맺기는 목적 기반으로 형성된 수많은 인간관계에 각종 색인index을 뗐다 붙였다 하며 효용성을 극대화하는 '관계 관리'에 가깝다. 이제 현대인의 인간관계는 "친하다/안 친하다"의 이분법으로 나뉘지 않는다. 선망하는 '인친'–함께 덕질하는 '트친'–최신 뉴스를 알려주는 '페친'–동네에서 만나는 '실친'에 이르기까지 매우 다양한 스펙트럼을 지닌다. 이렇듯 요즘 인간관계는 여러 인덱스를 붙여 관리되는 형태를 띤다는 점에 착안해 '인덱스 관계Index Relationship'라고 이름 붙이고자 한다.

인덱스 관계는 ① 만들기, ② 분류하기, ③ 관리하기의 3단계로 나뉜다. 먼저 관계 만들기는 과거처럼 학연·지연 같은 인연에 의해 자연스럽게 이루어지는 것이 아니라, 분명한 '목적'을 가지고 의도적으로 만들어지거나 혹은 완전히 우연에 기대는 '랜덤' 방식으로 형성된다. 둘째, 이렇게 관계를 만들고 나면 그 친분을 분류한다. 서로 소통할 수 있는 매체가 다양한 만큼 그 관계의 친소親疏도 매우 복잡하다. 다시 말해 관계의 중요도가 다차원적으로 구성되면서 관계의 '밀도'보다 '스펙트럼'이 중요해졌다. 마지막은 관계를 관리하는 단계다. 분류된 관계에 붙여진 인덱스를 뗐다 붙였다 하기를 반복하며 관리해나간다.

개인주의화되는 '나노사회'를 살아가는 현대인이 사회생활의 방식을 송두리째 바꿔놓은 코로나19 팬데믹을 겪는 가운데 관계 맺기의 양상이 변화하는 것은 당연한 일이다. 인간사에서 가장 중요하다 해도 과언이 아닐 '인간관계'가 새로운 변화의 국면을 맞고 있다. 이제 문제는 다양한 인덱스 관계가 사람들의 사이를 가로지르는 사회에서 우리가 어떻게 더 행복한 인간관계를 맺어나갈 수 있느냐다.

상대방이 내가 보낸 카카오톡 메시지를 '읽씹(메시지를 읽고 답장 없음)' 한 경우와 '안읽씹(메시지를 읽지 않고 방치)'한 경우 중 어느 쪽이 더 기분 나쁠까? 일상에서 빈번히 발생하는 이 작은 소동을 두고 온라인상에서 대토론이 벌어진 적이 있다. '읽씹'은 상대방이 답장을 보낼 의도가 없음을 분명히 알 수 있기 때문에 내가 더 고민할 필요가 없어 기분이 덜 나쁘다는 사람도 있고, 상대가 바빠 메시지를 읽지 못한 것일 테니 내가 직접적으로 무시당한 것은 아니므로 '안읽씹'이 덜 기분 나쁘다는 사람도 있었다. 당신의 경우는 어떤가? 읽고도 답하지 않는 상대가 더 불쾌한가, 아니면 아예 읽지도 않는 상대가 더 불쾌한가?

어느 쪽을 선택하든 개인 선호의 문제겠지만, 여기서 흥미로운 지점은 사람들이 '메시지를 읽고 대답하는 타이밍'만 가지고도 상대가 나를 어떻게 생각하는지 추측하고 그 관계에 대해 다시 생각한다는 점이다. 사실 카카오톡 메시지에 답장하는 방식은 개인의 습관에 불과한데, 어째서 이를 굳이 '당신과 나의 관계'로 확대 해석해 받아들이는 걸까? 현대인의 인간관계가 예전에 비해 더 다양해지고 복잡해지면서 그만큼 이해하기 어려워졌기 때문일 것이다.

친구 관계만 해도 그렇다. 전화로 소통하던 시절의 친구는 수첩의 전화번호 목록에 적혀 있는 이름들이 전부였을 것이다. 하지만 오늘날에는 카카오톡·페이스북·인스타그램·메타버스 등 넘쳐나는 플랫폼들이 저마다 각기 다른 인간관계를 선사한다. 나아가 현대인의 인간관계는 단순히 "친하다/안 친하다"의 이분법으로 나뉘지 않고 훨씬 복잡하게 구성되어 있다. 선망하는 '인친(인스타그램 친구)'-함께 덕질하는 '트친(트위터 친구)'-최신 뉴스를 알려주는 '페친(페이스북 친구)'-동네에서 만나는 '실친(실제 친구)'에 이르기까지, '친구'라는 단어 안에 매우 다채로운 스펙트럼이 존재한다. 나날이 복잡해지는 인간관계 속에서 사람들은 '카카오톡 메시지에 답장하는 방식'으로 그가 나와의 인간관계를 어떻게 정의하는지 유추하고자 한다.

'인덱스index'란 색인 또는 목록이란 뜻으로, 데이터를 기록할 때 이름·크기·속성·보관 장소 등을 표시하는 것을 의미한다. 복잡해진 현대인의 '관계 맺기'는 이제 인덱스를 붙이는 방식으로 관리된다. 소수의 사람들과 깊은 인연을 만들어가는 것이 예전의 관계 맺기라면, 요즘의 관계 맺기는 목적 기반으로 형성된 수많은 인간관계에 각종 색인을 뗐다 붙였다 하며 효용성을 극대화하는 '관계 관리'에 더 가깝다. 『트렌드 코리아 2023』에서는 타인과의 관계에 색인을 붙여 전략적으로 관리하는 현대인의 관계 맺기 방식을 '인덱스 관계Index Relationship'라고 명명한다.

인덱스 관계는 ① 만들기, ② 분류하기, ③ 관리하기의 3단계로 살펴볼 수 있다. 우선, 관계를 만드는 과정부터 과거와 다르다. 인간관계가 일상 속에서 자연스럽게 만들어지길 기대하기보다는, 인연을 만들겠다는 목적을 가지고 적극적으로 찾아 나서거나 혹은 살아가면서 마주치기 어려운 타인과의 우연한 만남을 즐긴다. 노력 또는 우연을 통해 관계를 만들 수 있는 풀pool을 무한히 확장해나가는 것이다. 이렇게 관계를 만들고 나면 친분에 따라 색인을 붙여 분류한다. 불필요한 관계는 상대가 눈치 채지 못하도록 차단하고, 반대로 친밀한 관계에서는 "저렇게까지?"란 생각이 들 만큼 사적인 일상을 공유한다.

마지막으로, 분류된 관계는 고정된 것이 아니라 계속 인덱스를 뗐다 붙였다 하면서 효율적으로 관리해간다. 관계를 잘 유지하는 데에도 전략이 필요하다. 상대방이 부담을 느끼지도, 섭섭함을 느끼지도 않을 정도로 적절히 거리를 유지하며 관계를 이어가야 하는 것이다. 인덱스 관계의 특징을 단계별로 하나씩 살펴보면서 현대인의 새로운 관계 맺기 양상을 파헤쳐보자.

인덱스 관계의 세 국면

1. 관계 만들기: 인연에만 의지하지 않는다

"'코로나 학번'들은 대학교에 입학한 후 모든 수업을 온라인으로 듣다 보니, 원래부터 알던 동네 친구를 제외하곤 새로운 친구를 사귈 기회가 전혀 없었어요. 저 같은 경우엔 다행히 '창업 준비팀'에 들어가 정기적으로 온라인 미팅도 하면서 그나마 아는 사람이 생겼는데, 그렇지 않은 친구들은 학교에 아는 사람도 없고……."

– 유튜브 채널 '트렌드코리아TV' 출연 대학생

인간관계는 어떻게 만들어지는가? 잠시 나의 '베프(베스트 프렌드)'를 생각하며, 그 친구를 처음 만난 순간을 떠올려보자. 당신과 그는 어떤 계기로 친구가 됐는가? 그동안 대부분의 인간관계는 우연한 기회에 자연스럽게 시작됐다. 전공이 같아서, 같은 수업을 들어서, 동아리를 함께해서, 회사 동기여서, 취미 모임을 나갔다가 등등 특별히 노력하지 않아도 되는 일상 속 모임을 계기로 만남이 이루어졌다. 그러나 현대인의 관계는 더 이상 우연한 만남으로만 형성되지 않는다. 앞서 인용한 대학생의 말처럼 이제는 관계 맺기에도 '노력'이 필요하다. 저절로 만들어지는 인연에 노력을 더해, 내가 만들 수 있는 인간관계의 풀을 최대한 넓혀가는 것이다.

인덱스 관계 만들기의 첫 번째 유형은 '목적 관계'다. 목적 관계는 '○○을 하겠다'는 분명한 목적을 가진 상태에서 인간관계가 형성되는 경우를 뜻한다. 요즘 대학생들이 참여하는 대외 활동을 살펴보면 '동아리'에서 '학회'로, '학회'에서 '창업'으로 관심을 갖는 모임의 목적이 갈수록 명확해지고 있다. 과거 대학생들이 동아리 활동에 참여했던 이유는 다른 전공 친구들을 만나 서로 우정을 쌓고 취미 활동도 즐기며 일종의 '친목'을 다지기 위해서였다. 이후 취업 경쟁이 치열해지면서 동아리 활동을 하는 학생들은 줄어들었고, 대신 취업에 스펙spec으로 쓸 수 있는 학회 활동이 주목받았다. 그러다가 최근 들어서는 스타트업 회사를 세우는 창업처럼 더더욱 확실한 목표가 있는 활동에 학생들이 몰리기 시작했다. 새로운 사람들과 만나 새로운 일을 도모하는 것이 아니라, 새로운 일을 도모하는 가운데 인간관계를 확장하는 순서로 바뀐 것이다.

목적 관계가 가장 명확하게 나타나는 영역은 역시 '연애 시장'이다. 요즘 젊은 세대들은 "연애하기가 너무 어렵다"며 불평하곤 한다. 팍팍한 경제 상황에 마음의 여유가 없어서이기도 하지만, 무엇보다 연애할 만한 대상을 만날 기회가 부족한 탓이 크다. "도서관에서 우연히 만나 첫눈에 반했다"라는 식의 이야기는 부모님 세대가 연애하던 시절에나 가능했다. 코로나19 팬데믹 이후 상당수의 대면 관계가 비대면 관계로 대체되면서 이런 경향은 더욱 심해졌다. 덕분에 요즘 세대에게는 '자만추(자연스러운 만남 추구)'만큼이나 '인만추(인위적인 만남 추구)'가 익숙하다. 자연스럽게 인연이 닿길 기다리기보다 '연애를 하겠다'라는 뚜렷한 목표 의식이 있는 사람끼리 만남을 추진해야 성공률을 높일 수 있기 때문이다.

대학생들이 많이 사용하는 커뮤니티 플랫폼 에타(에브리타임)에서 만든 앱 '캠퍼스픽'의 미팅·소개팅 게시판에는 일명 '셀소(셀프소개팅)' 공고가 종종 올라온다. 나이·성격·취미 등 자신의 소개와 함께 구체적인 이상형을 설명해두면 이를 보고 관심을 가지게 된 다른 이용자가 데이트 신청을 한다. 때로는 제3의 인물이 마담뚜 역할을 자처하기도 한다. 이용자들이 각자 공개한 정보들을 바탕으로 서로 어울릴 만한 남녀를 엮어 만남을 주선하기에 '마담팅(마담뚜 소개팅)'이라고도 불린다. 이러한 현상은 대학생들 사이에서만 일어나는 것이 아니다. 직장인들이 주로 사용하는 익명 커뮤니티 '블라인드'에서도 셀소가 인기다. 2021년 블라인드에 셀소나 미팅을 주제로 올라온 게시글은 총 11만 건으로 2019년(5만5,000건) 대비 2배 증가했다. 온라인 만남을 목적으로 하는 데이팅 앱 이용자도 부쩍 늘었다. 모바일 시장분석 서비스 앱엔이프에 따르면 2021년 12월 기준 국내 데이팅 앱 사용자 수는 전년 대비 55.3%나 증가했다.[1]

그런가 하면 인륜지대사인 결혼에서도 목적 관계가 부상하기 시작했다. 결혼정보 업체 듀오에 따르면, 2021년 듀오의 회원 수는 전년 대비 약 22% 증가했다. 코로나19 팬데믹 이후 소개팅·동호회 등 이성을 만날 수 있는 기회가 사라지다시피 하면서 결혼정보 업체를 찾는 미혼 남녀가 늘어난 것이다.[2] 이에 관해 듀오의 박수경 대표는 "예전에는 부모님이 자녀 몰래 회원가입을 하는 경우가 많았던 반면, 코로나 이후에는 자발적으로 가입하는 미혼 남녀가 더 늘었다"라고 밝히기도 했다.[3] 중매결혼보다 자유연애를 지향할 것만 같은 젊은 세대 사이에서 오히려 결혼 성사를 목표로 하는 전문 업체를 선택하는 경우가 증가하고 있다는 점이 인상적이다.

취미 활동 영역에서도 목적 관계가 두드러진다. 동네 지인들을 불러 모아 조기축구회를 즐기던 부모님 세대와 달리, 요즘 젊은 세대는 등산·스노쿨링·전시·공연 등 관심 있는 주제를 중심으로 사람들과 만난다. 예를 들어 프립Frip은 호스트(주최자)가 색다른 주제로 모임을 만들면 게스트(참가자)가 참여비를 내고 해당 활동에 참여하는 방식의 소셜 액티비티 플랫폼이다.[4] '코딩 배우기'와 같은 학습 활동부터 '음악 들으며 등산하기', '한양 도성 산책하기' 등의 취미 활동에 이르기까지 다양한 목적을 가진 사람들이 모여든다. 목적이 관계보다 우선하는 것이다.

인덱스 관계를 만드는 두 번째 유형은 '랜덤 관계'다. 랜덤 관계란 나와 교집합을 찾기 어려운 낯선 타인과의 우연한 만남을 의도적으로 만들어냄으로써 관계를 확장하는 방식이다. 랜덤 관계는 그 순간을 즐기는 데 초점을 둔다. 따라서 타인과 인연을 오래 이어가기보다는 재미든 정보든 당장 필요로 하는 것만 얻은 다음 금방 휘발해버리는 특징이 있다. 아이폰 사용자들 사이에서 유행하는 '에어드롭 놀

출처: 애플

애플 기기 간에 손쉽게 파일을 전송할 수 있는 기능인 '에어드롭'. 최근 젊은 세대는 이를 활용해 익명의 사람들과 '에어드롭 놀이'를 즐기며 랜덤하고 휘발성 높은 관계를 형성하는 경향을 보인다.

이'가 대표적인 사례다.[5] 에어드롭은 애플에서 개발한 기능으로, 이를 사용하면 스마트폰·태블릿PC·노트북 등 애플 기기 간에 사진이나 영상 같은 파일을 쉽게 옮길 수 있다. 가령 내 아이폰에서 에어드롭 기능을 켜면, 반경 9미터 이내에 있는 역시 에어드롭 기능을 켜둔 다른 아이폰 유저에게 파일을 보낼 수 있다. 에어드롭 놀이는 이러한 기능을 활용해 주변에 있는 익명의 사람들과 재미있는 이미지나 영상을 주고받는 것을 말한다.

우연성을 활용한 랜덤 채팅도 인기를 끌고 있다. 2009년, "낯선 이들과 대화하세요Talk to strangers!"라는 슬로건을 내걸고 미국에서 오메글Omegle이라는 일대일 랜덤 채팅 플랫폼이 출시됐다. 시간이 흐르며 대중에게서 잊혀가던 이 플랫폼이 다시 부활하게 된 계기는 다름 아닌 '공통 관심사를 찾아주는 기능'이다. 오메글에 접속해 관심 키워드를 입력한 후 채팅 버튼을 누르면 동일한 단어를 관심사로 설정한 익명의 사람과 채팅이 시작된다. 채팅이 연결됐을 때 서로 사적인 정보를 묻거나 인사를 나누는 과정보다 서로의 관심사를 공유하는 데 더 집중한다는 점에서 일반적인 온라인 채팅과 다르다. 오메글을 활용한 콘텐츠를 올리는 유튜버 박새늘은 '랜덤 채팅으로 신청곡 받는 한국인'으로 화제를 낳고 있다.[6] 채팅이 연결되면 본인이 만든 자작곡이나 상대의 신청곡을 기타 연주와 함께 들려주는데, 고故 김광석 커버곡 영상의 경우에는 조회 수가 380여만 회를 넘길 만큼 인기가 높다. 본인처럼 노래를 부르는 상대를 만나면 처음 만난 사람과 듀엣곡을 열창하기도 한다. 이에 대한 리액션 영상을 콘텐츠화하여 다시 유튜브에 업로드하면서 낯선 이와의 돌발 만남이 만들어내는 즐거움을 공유한다.

익명의 사람들과 다수 대 다수로 대화를 나누는 오픈채팅의 인기도 나날이 높아지고 있다. Z세대들이 즐긴다는 '유튜브 반모(반말 모드의 준말)방'은 유튜브 댓글창에서 서로 반말로 대화하는 채널이다. 특별한 주제도 없다. 아무 영상이나 띄워놓고 댓글로 아무 이야기나 나눌 수 있다. 초대는 링크로만 이뤄지고 대화가 끝나면 그 방은 '폭파'된다.[7] 카카오톡 역시 '지인 중심' 소통 창구에서 '익명의 타인'과 소통하는 커뮤니티 플랫폼으로 기능을 확장하고 있다. '친구 추가' 절차 없이 같은 관심사를 가진 모르는 사람들끼리 모여 대화를 나누는 '오픈채팅' 사용자 수도 계속 늘고 있다. 카카오에 따르면 2022년 오픈채팅 사용자 수는 2019년 대비 76%가량 증가해 전체 대화량의 약 40%를 차지하는 것으로 나타났다.[8] 카카오에서는 오픈채팅의 인기를 '다른 사람과 필요 이상으로 관계를 맺는 것을 부담스러워하는 요즘 세대 특성이 반영된 것'으로 해석하며, 향후 지인을 넘어 비非지

인과 소통하는 플랫폼으로 변신해나갈 것이라 예고하기도 했다.[9]

2. 관계 분류하기: 중요도에 따라 인덱스를 붙인다

예전에는 '친하다'를 정의하는 것이 비교적 단순했다. '얼마나 자주 만나는가'가 관계의 친밀도를 결정하는 기준이었다. 친한 친구와는 학교 수업도, 점심 식사도, 동아리 활동도 모두 같이 한다. 절친은 때때로 내 고민을 들어주는 상담사이면서, 시험 기간에는 같이 밤새워 공부하는 학습메이트이자, 취미 활동을 같이 즐기는 멤버다. 진짜 관계는 오프라인에만 존재하며 온라인에서 만나는 모든 인간관계는 그저 스쳐 지나가는 인연에 불과했다.

이에 비해 요즘은 '친하다'의 의미를 정의 내리기가 간단하지 않다. 서울대 소비트렌드분석센터가 실시한 Z세대 관계분석 워크숍에서 Z세대는 '줌을 켜놓고 각자 공부하는 모습을 실시간으로 공유하는 관계', 'SNS에서 자주 소통하는 관계'를 '1년에 한두 번씩 오프라인으로 만나는 관계'보다 더 친한 관계로 분류했다. 더 이상 오프라인 만남이 온라인 만남에 우선하지 못하는 것이다.

왜 이런 결과가 나왔을까? 사람들이 상대방과의 친소를 결정하는 기준이 과거보다 복잡해졌기 때문이다. 온라인 대 오프라인으로 관계가 규정될 때에는 '직접 만남'이 중요했지만, 오늘날처럼 다양한 방식으로 인간관계를 형성하고 이어가는 시대에 '대면'이란 관계를 지속하기 위한 여러 방법 중 하나일 뿐이다. 온라인 관계 중에서도 더 친한 관계와 그렇지 않은 관계가 존재하고, 오프라인에서도 마찬가지다. 온·오프라인 관계가 서로 교차하며 새로운 관계 유형을 만

Z세대가 정의하는 관계 친밀도

관계 친밀도		예시
아주 친함	사생활 실시간 공유	– 줌 등 비대면 프로그램을 켜놓고 일상 공유: 스터디윗미 – SNS에서 실시간 위치 공유: 젠리
친함	상시 연락	– 전화 – SNS: 다이렉트 메시지DM 주고받기 – 카카오톡: 개인톡 – 만나기: 두세 달에 한 번
약간 친함	정보 업데이트	– 블로그로 소통: 서로이웃추가 – SNS: 태그하기, 하트(좋아요) 누르기, 눈팅하기(눈으로만 보기) – 카카오톡: 오픈채팅
아는 사이	생사 확인	– 만나기: 1년에 한두 번

출처: 서울대 소비트렌드분석센터, Z세대 연구 미간행 자료, 2022.

들어내기도 한다. 현대인의 인간관계는 하나의 축으로 정의되는 '관계의 밀도'가 아니라, 다양한 기준점이 서로 교차하는 '관계의 스펙트럼'으로 표현되어야 할 만큼 복잡해졌다.

관계의 친밀도가 복잡해지면서 사람들은 SNS마다 색인을 붙여 제각기 다른 역할을 부여하고 있다. 요즘 10대들은 카카오톡을 '조별과제에 대해 논의할 때'나 '친구와 다툴 때'처럼 다소 진지한 상황에서 사용한다고 한다.[10] 그래서 친구에게 카톡이 오면 심각한 일일까봐 심장이 철렁할 때도 있다고 말한다. 반면에 시시콜콜한 일상 이야기는 페이스북이나 인스타그램 DMdirect message으로 나눈다. 특별한 용건이 없어도 상대의 게시물을 보다가 바로 "어디야? 뭐해?"라고 DM을 보낼 수 있어 페이스북이나 인스타그램이 카카오톡보다 훨씬 일상적이고 친근한 매체라는 것이다. 이를테면 부장님과 업무 이야기를 카카오톡으로는 나누지만, 페이스북이나 인스타그램 DM으로는 나누지 않는 식이다.

이러한 변화는 실제 데이터로도 나타난다. 이동통신 리서치 전문업체 컨슈머인사이트의 조사에 따르면, 10대 사이에서 친구·지인과 소통 시 주로 사용하는 앱으로 카카오톡을 꼽은 응답자는 54%에 불과했다. 다른 연령대에서는 80%를 넘긴 것과 비교하면 상당히 낮은 수치다. 반대로 10대 응답자 중 페이스북 메시지를 사용하는 비율은 31%였는데, 이 역시 다른 연령 집단에서 1~4%로 응답한 결과와 대비된다.[11] 인간관계가 '같이 숙제하는 관계', '고민을 상담하는 관계', '취미를 공유하는 관계'처럼 각각 다른 인덱스를 갖듯, SNS 역시 관계에 붙여진 인덱스별로 구분해 활용하는 것이다.

동일한 SNS 안에서도 관계에 따라 각기 다른 색인이 존재한다. 만약 내게 중요하지 않은 관계라면 차단 인덱스를 붙일 수 있다. 카카오톡 상태 표시글에 '답장 느릴 수 있음'이라고 적어놓고 메시지를 일부러 읽지 않은 채 쌓아두며 상대방과 거리두기를 시도한다. 때로는 SNS 플랫폼이 제공하는 차단 기능을 활용하기도 한다. 인스타그램의 '친한친구'는 전체 팔로워 중에서 내가 미리 설정한 사람만 스토리 내용을 볼 수 있도록 지정하는 기능이다. 글로벌 채팅 앱 '왓츠앱'에서는 원하지 않는 상대가 나를 채팅에 초대하지 못하도록 사람별로 허용 범위를 설정할 수 있다.

한편, 차단 인덱스가 유행하자 상대가 나에게 어떤 인덱스를 붙였는지 알아내려고 노력하는 사람들도 등장했다.[12] "상대방의 카카오

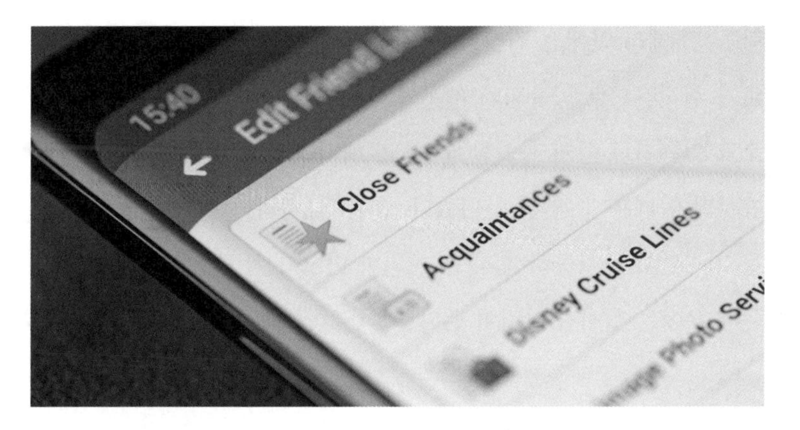

SNS 친구는 대상을 어떻게 설정하느냐에 따라 친한 정도와 내 생활의 공개 범위가 달라진다. 날로 늘어가는 친구를 관리하는 것이 현대인에게는 또 하나의 '일'이 됐다.

톡 프로필에 '₩' 모양의 송금하기 표시가 보이지 않는데, 저 차단된 건가요?", "카톡방에 초대했는데 상대방이 초대되지 않으면 차단당한 건가요?", "상대방 전화번호를 카톡에 저장했는데도 친구 추가 목록에 뜨지 않으면 저 차단당한 것일까요?"처럼 상대방이 나에게 부여한 인덱스를 알아내기 위한 각종 팁들이 온라인상에서 화제가 되고 있다.

친밀하지 않은 관계에 차단을 표시한다면, 극도로 친밀한 '찐친' 관계에서는 심하다 싶을 만큼 개인 일상을 전부 나누는 '사생' 인덱스를 붙인다. 내가 지금 어디서 무엇을 하고 있는지 일거수일투족을 공유하는 것이다. 젠리Zenly는 지도 위에 사람의 아이콘을 표시해 보여주는 방식의 위치공유 앱이다.[13] 젠리에서는 친구의 현재 위치·이동 방향·이동 속도, 심지어 친구의 스마트폰 배터리가 얼마나 남았는지 등의 각종 정보를 한눈에 확인할 수 있다. 젠리를 이용하는 사람들은 "젠리 안에선 거짓말이 안 통한다"라고 말할 정도다. 위치정보가 실시간으로 공유되기 때문에 친구가 시간에 맞춰 약속 장소로 오고 있는지를 쉽게 확인할 수 있고, 배터리 잔여량·수면 상태 등이 표시되기 때문에 '전원이 나갔다' 혹은 '대화하다 깜빡 잠들었다'라는 거짓말이 불가능하다. 나를 제외한 나머지 친구들끼리 따로 만나는 경우에는 실시간 알림이 뜬다.

3. 관계 유지하기: 전략적으로 관리한다

인덱스 관계의 마지막 특징은 '관계 관리'다. 사람들은 분류된 관계에 붙인 인덱스를 붙였다 뗐다 하면서 그 사이를 전략적으로 관리해 나간다. 복잡한 '관계 스펙트럼' 속에서 수많은 인간관계를 유지하려면 불필요한 에너지를 들이지 않으면서도 서로가 부담을 느끼지 않는 선에서 영리하게 관계를 유지하는 전략이 필요하다.

'관계 정리'는 관계를 관리하는 첫 단계다. 복잡한 관계에 인덱스를 붙인 후, 그중 불필요한 관계는 주기적으로 정리하는 것이다. 최근 일본에서는 인간관계로 인한 스트레스를 해소하고자 관계 자체를 초기화하는 '인간관계 리셋 증후군'이 늘고 있다.[14] 컴퓨터가 오작동을 일으킬 때 리셋 버튼을 눌러 시스템을 리부팅하듯, 마음이 잘 맞지 않는 상대에게 억지로 나를 맞추기보다는 관계를 정리하여 새로운 만남을 준비한다. 기존 SNS 계정을 '폭파'하고 새로 만들기, 스마트폰 연락처 모두 삭제하기, 심지어는 지인들에게 알리지 않고 이직 또는 이사를 하기 등의 행동이 관계 리셋에 해당된다. 한국 사회에서도 관계로 인한 스트레스를 최소화하고자 하는 움직임이 목격되고 있다. 2020년 잡코리아와 알바몬이 실시한 조사에서 성인 남녀 1,409명 중 약 87.1%가 SNS 계정을 삭제하거나 핸드폰 번호를 바꾸는 등 불필요한 인간관계를 정리하는 "인맥 다이어트가 필요하다"라고 응답했다.[15]

정리가 끝나면 남은 관계를 더 잘 유지하고자 전략적으로 관리한다. 적당히 친한 관계의 상대와는 스트레스를 받지 않을 정도로만 거리를 두며 친분을 유지하는 것이 중요하다. 전술했듯 인덱스 관계에서 정기적인 오프라인 만남은 필수 사항이 아니다. 직접 만나지 않더라도 다양한 방식으로 관계를 유지·보수할 수 있기 때문이다. 자주 연락을 주고받지 않아도 내 근황을 항상 SNS에 공개해두고 있으니 소소한 일상 소식을 굳이 타인에게 일일이 전할 필요가 없다. 친구가 올려놓은 인스타그램 스토리에 답장 보내기, 게시글에 댓글을 달거나 '좋아요' 누르기만으로도 서로 부담을 느끼지 않고 오랜 시간 인연을 이어갈 수 있다.

적절한 관계 관리의 중요성은 기성세대에게도 예외가 아니다. 어르신 중에는 간혹 매일 아침 성경이나 논어의 좋은 구절을 카카오톡으로 보내주는 경우가 있다. 나에게 특별한 용건이 있는 것 같지도 않은데 뜬금없는 연락에 답장을 해야 하는지 말아야 하는지 당황스럽기도 하다. 이 역시도 인덱스 관계의 관리 맥락에서 살펴보면 쉽게 이해할 수 있다. 그는 자신의 생각을 전도傳道하려고 하거나 딱히 답장을 기대하지 않는다. 단지 '지금 당장 용건은 없지만, 당신과 관계의 끈을 이어가고 싶다'라는 무언의 의사 표시일 뿐이다. 세대를 막론하고 관계 관리의 새로운 층위가 생겨나고 있다.

관계 관리를 위한 소통의 도구 역시 무척 다양해지는 추세다. 친한 친구들끼리는 메모장·일정표 등을 통해 "저런 것까지 공유해?"라는 생각이 들 정도로 사소하고 사적인 것까지 공유하며 관계를 돈독히 한다. 예를 들어 '미슐랭 맛집 도장 깨기'가 취미인 30대 직장인 A씨는 근래에 본인이 방문한 맛집 목록을 스마트폰 메모장에 정리해 친한 친구와 공유한다. 메모장에는 특별히 다른 메시지가 적혀 있지 않다. 언제 어느 식당에서 점심 혹은 저녁을 먹었는지 기록되어 있을 뿐이다. 서로 별다른 피드백을 주고받는 것도 아니다. 공통 관심사 목록을 공유하는 것만으로 "당신과 친하다"는 메시지를 전달한다.

본인의 개인 일정표를 공유하며 관계를 돈독히 하는 사람들도 있다. 투두메이트Todomate는 오늘 할 일을 점검하는 체크리스트 중심의 일정 관리 앱이다. Z세대들은 이 생산성 앱의 공유하기 기능을 마치 SNS처럼 활용한다. 친구를 추가해서 상대방의 오늘 하루 일정표를 열람하는 것은 물론, 상대가 오늘 일정을 완료했는지의 여부까지 알림으로 받아볼 수 있다. 손 필기 앱인 굿노트GoodNotes도 소통 플랫폼으로 사용되고 있다. 굿노트에는 본인이 만든 템플릿을 다른 사람들도 사용할 수 있도록 공유하는 기능이 있는데, 이를 SNS와 같이 활용하는 것이다. 예컨대 '일기장 템플릿'을 만들어 링크를 전송하면 친구들끼리 서로의 일기장을 볼 수 있다. 무심한 듯 내 일기장을 공유해두기만 하면 상대방과 통화하거나 메시지를 주고받지 않아도 서로의 일상에 대해 잘 알 수 있다.

"당신과의 관계를 이어나가고 싶다"는 메시지를 가장 손쉽게 전달할 수 있는 방법은 역시 '선물하기'다. 평소에 연락을 자주 주고받지

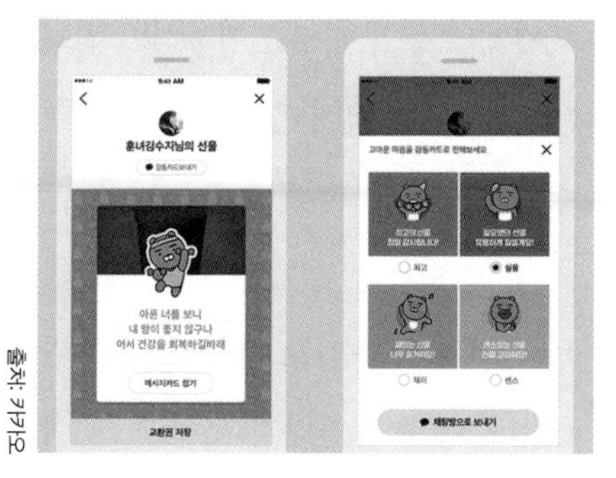

출처: 카카오

카카오톡 앱을 이용해 간편하게 선물을 주고받을 수 있는 '카카오톡 선물하기'. 관계를 관리하고 유지하는 도구로 활용되고 있다.

않더라도 지속적으로 유지하고 싶은 관계라면, 생일과 같은 특별한 날에 꼭 기프티콘을 보내 '내가 당신을 기억하고 있음'을 표현한다. 기프티콘 선물은 서로 주고받은 히스토리가 기록되기 때문에 관리가 편하다. 상대방이 내 생일에 선물을 보냈을 경우 나 역시 상대방의 생일에 선물을 보내는 것이 예의다. 만약 나는 선물을 보냈는데 상대방이 내 생일을 그냥 지나친다면 그 관계는 자연스럽게 중단된다.

인덱스 관계의 등장 배경

색인을 뗐다 붙였다 하며 관계의 효용성을 높여가는 인덱스 관계가 우리 삶에서 점차 뚜렷이 나타나는 이유는 무엇일까? 관계의 변화는 소통 도구의 변화와 관련 있다. 전화나 문자 메시지로 지인과 연락하던 시절은 가고 다양한 소셜미디어를 통해 불특정 다수와 소통하는 시대가 오면서, 우리가 관리해야 하는 관계의 숫자 또한 기하급수적으로 증가했다. 수단이 본질을 바꾼다. 소통의 매체가 진화하면서 관계 맺기의 본질이 바뀌고 있다. 인덱스 관계의 등장 배경을 이해하기 위해서는 먼저 매체 변화와 그것이 인간관계에 끼친 영향을 이해해야 한다.

팬데믹이 가져온 관계의 재정의

전 세계를 혼란에 빠뜨린 코로나19 팬데믹은 우리로 하여금 "관계란 무엇인가?"에 대해 돌아보게 만들었다. 아무도 만나지 못하고 집 안에서만 생활하는 가운데, 우리가 기댈 수 있는 관계란 기존에 형성된 지인 관계뿐이었다. 새로운 관계를 만들 수 있는 창구는 익명의 사람들과 소통하는 소셜네트워크 공간, 온라인 커뮤니티 공간이 유일했다. 코난테크놀로지가 '인간관계/우정/친구/베프'와 관련된 이슈어를 소셜분석한 결과를 살펴보면 코로나19 바이러스 유행이 정점을 찍었던 2021년과 재확산기인 2022년 상반기에 '인스타', '휴대폰' 등 비대면 관련 키워드의 사용량이 상승한 것으로 나타났다.

영국의 문화인류학자 로빈 던바Robin Dunbar 교수는 최근 집필한 저서에서 온라인 속 소셜네트워크는 우리가 오프라인 친구들과 상호작용하는 장소일 뿐 새로운 친구를 사귀는 곳이 아니라고 이야기한 바 있다. 페이스북은 우리 할아버지와 할머니에게 전화가 그랬던 것과 같이 소통의 매개체 역할을 하되, 그 이상은 아니라는 것이다. 때때로 온라인상에서 친구를 사귀기도 하지만 그런 일은 생각보다 드물게 일어나며, 대부분의 사람은 자신이 원래 알던 사람들을 온라인 친구로 등록할 뿐이라는 것이 그의 주장이다.[16] 그런데 팬데믹이라는 전례 없는 위기가 그의 주장이 틀릴 수도 있음을 보여주는 결정적인 계기가 됐다. 사회적 거리두기를 위해 집 안에 머무는 동안 '온라인 관계는 오프라인 관계를 보조한다'가 아니라, '온라인 관계는 그 자체로 독자적으로 존재한다'는 새로운 명제가 증명된 것이다.

분명한 사실은 코로나 사태가 아니었더라도 우리 삶 속에서 인덱스 관계는 빠른 속도로 성장하고 있었다는 점이다. 현대인의 달라진 삶, 그리고 타인과의 관계에 대한 기대 변화가 인덱스 관계의 출현과 맞닿아 있다. 그런 점에서 왜 사람들이 기존 관계에 만족하지 못하고 인덱스 관계 맺기를 새롭게 추가하는지 이해할 필요가 있다.

먼저, 인덱스 관계의 '만들기' 측면에서 특정한 목적을 가지고 인연을 만드는 '목적 관계'나 익명의 타인과의 관계를 무한히 확장하는 '랜덤 관계'가 등장한 이유는 무엇일까? 이는 더 이상 현대인이 기존 친구들과 서로 같은 생애주기life stage를 살고 있지 않기 때문이다. 사회가 비교적 균질均質적이었던 과거에는 비슷한 나이의 친구들이라면 학교 입학도, 취업도, 결혼과 출산도 거의 유사한 시기에 겪었다. 이와는 다르게 요즘에는 또래 친구 사이에서도 생애주기가 각기 다르다. 같은 30대여도 결혼해 자녀를 둔 친구가 있는가 하면, 아직 미혼으로 독립적인 인생을 즐기는 친구도 있다. 당연히 동일한 이슈로 정보를 공유할 기회도 줄어든다.

이때 각종 정보 교류의 역할을 대신하는 것이 바로 온라인이다. 인터넷 커뮤니티, 오픈채팅방 등에서 취업·결혼·출산·육아와 관련된 정보가 오고 간다. 개인적인 고민을 들어주고 상담해주던 베프 대신, 온라인 카페에 고민글을 적어 올리면 회원들이 댓글로 솔루션을 제시해주는 것이 당연한 풍경이 됐다. 이런 점에서 인간관계의 풀을 확장하는 목적 관계나 랜덤 관계가 현대인의 기대에 더욱 부합하는 것이다.

내가 선택해서 맺고 끊을 수 있는 관계

둘째, 인덱스 관계의 '분류하기'와 '유지하기' 측면에서 왜 사람들은 관계에 인덱스를 붙이고, 이를 뗐다 붙였다 하면서 전략적으로 관리해나갈까? 이는 모든 관계에서 '자기중심성'이 강조되고 있기 때문이다. 현대인의 삶에서는 내가 우선이고 인간관계의 사소한 부분에 목매지 않는다. 예전에는 나를 불편하게 만드는 관계라도 참고 견디며 잘 유지하는 것이 미덕이었지만, 요즘엔 그런 관계라면 차라리 없는 편이 더 낫다고 생각한다. 저 사람과 인연을 만들고 어느 정도 수준으로 관계를 지속할지 결정할 때에도 "내가 선택할 수 있는가"가 중요한 기준이 된다.

인덱스 관계에서 핵심 축을 차지하는 소셜네트워크는 기본적으로 관계 관리 측면에서 자기중심성이 강한 매체다. 언제든 누군가를 팔로잉할 수 있고, 언제든 그만둘 수 있다. 최근에는 누구에게 나의 SNS를 어디까지 공개할지도 지정할 수 있어 관계를 관리하기가 더욱 쉽다. 소셜네트워크는 '비동기非同期 커뮤니케이션'이란 점에서도 자기중심성이 높다. 일반적으로 커뮤니케이션은 상대에게 답장을 하는 시점에 따라 동기同期 커뮤니케이션과 비동기 커뮤니케이션으로 나뉜다.[17] 예컨대 전화 통화·화상 미팅처럼 실시간 대화가 발생하는 채널은 동기 커뮤니케이션이다. 반면, 이메일·문자 메시지·인스타그램 DM·페이스북 메시지·게시글 댓글 달기처럼 시차를 두고 대화하는 방식은 비동기 커뮤니케이션이다. 다시 말해서 소셜네트워크에서는 '상대방에게 언제 대답할지'를 스스로 결정할 수 있다. 필요할 때에는 DM을 실시간 메신저처럼 사용하고, 원하지 않을 경우에는 DM

을 쌓아둔 채 답신을 미룰 수도 있다. 이런 맥락에서 현대인은 소셜 네트워크 속 비동기적 관계 맺기의 문법을 더 편하게 받아들이고 있음이 드러난다.

전망 및 시사점

사람들은 좋은 인간관계에 대해 일종의 편견을 가지고 있다. 많은 이들과 얕은 관계를 유지하기보다는 신뢰할 만한 소수의 사람들과 친분을 유지하는 편이 더 낫다고 생각한다. 온라인으로 만난 익명의 사람보다는 오프라인으로 소통하는 친구가 나의 행복에 더 크게 기여한다고 여긴다. 물론, 이런 생각이 틀린 것은 아니다. 하버드대학 로버트 월딩어Robert Waldinger 교수가 1938년부터 다양한 계층의 어린이 724명을 선발해 2년마다 추적조사를 진행한 끝에 2015년 발표한 연구 결과에 따르면, 많은 사람과 얕고 넓은 관계를 맺기보다는 친밀함과 신뢰도가 높은 소수와 관계를 맺는 것이 행복감에 더 큰 영향을 미쳤다.[18]

다만, 이제는 새로운 관계 맺기의 방식인 인덱스 관계 역시도 사람들의 행복에 나름대로 기여한다는 사실을 인정해야 한다. 미국 경제사회학자 마크 그라노베터Mark Granovetter가 발표한 논문 〈약한 유대관계의 힘The Strength of Weak Ties〉에 따르면, 사람들의 인간관계는 소수와 이루어진 '강한 연결'과 다수와 연결된 '약한 연결'로 나뉘는데, 의외로 약한 연결이 구직 기회 등 삶에 필요한 양질의 정보를 더 많이 제공하고 있었다. 소수의 친한 사람들로만 구성된 네트워크는 생활환경이 비슷한 데다 정보가 서로 중복되어 새로운 정보를 획득할 기회가 오히려 적은 것이다. 이사·해외 파견 등 낯선 지역으로의 이동이 잦은 시대에 인덱스 관계와 같은 새로운 관계 맺기 방식이 없었더라면 아마도 사람들이 느끼는 외로움은 한층 더 커졌을 것이다.[19]

인덱스 관계를 이용한 기업의 전략

앞으로 기업들은 인덱스 관계의 다양한 면면을 기업 활동에 적용해야 할 것이다. 우선, 기업이 소비자에게 제공하는 제품과 서비스에 '인덱스 관계 맺기' 기능을 구현할 수 있다. 제품과 서비스를 기획할 때 '관계 맺기' 기능을 기본값default화하는 것이다. LG U+의 야구 콘텐츠 플랫폼인 'U+프로야구'는 2021년 KBO 정규 시즌부터 친구 채팅 기능을 새롭게 선보였다. 중계를 보면서 프라이빗 채팅을 할 수 있어 다른 사람들과 함께 관람하는 재미를 느낄 수 있다. OTT 서비스 왓챠 역시 2022년 2월부터 최대 2,000명이 동시에 접속해 같은 콘텐츠를 보며 채팅할 수 있는 '왓챠파티' 기능을 웹과 모바일로 제공하고 있다.[20] 이를테면 특정 드라마를 보면서 '파티'를 개설하거나 개설된 파티에 참여해 실시간으로 의견을 나누는 방식이다. 왓챠파티의 모바일 베타 서비스 시작 이후 3주도 지나지 않아 누적 파티 수는 총 54만9,570개, 일평균 3,870개, 파티 내 메시지 수는 총 6,693만1,380건, 일평균 47만1,348건을 기록했다.[21]

2021년 12월 스타트업 세븐픽처스는 메모·문서·프로젝트·데이터베이스 등 온라인 작업물을 통합해 관리하는 협업·생산성 플랫폼 노션Notion의 파일 공유 기능을 활용한 '이력서 소개팅' 이벤트를 선보였다. 노션 툴을 활용해 이력서를 작성하고 등록하면 다른 사람의 이력서를 매주 최대 두 명의 것까지 무료로 받아볼 수 있고 마음에 드는 상대와 대화도 할 수 있다. 이력서를 관계의 도구로 사용하는 것이다. 이러한 기능을 제품에 적용한 사례도 있다. 2022년 8월, 삼성전자는 2020년 이후 출시한 스마트TV 제품을 대상으로 '삼성 라이브 채팅' 기능을 추가할 예정이라고 발표했다.[22] 동일한 시간에 같은 TV 프로그램을 시청 중인 불특정 다수 시청자 간의 TV 채팅을 지원하는 서비스다.

기업의 조직 관리 측면에서도 '인덱스 관계 관리' 특성을 반영할 수 있을 것이다. 인덱스 관계에서는 소통에 대한 선택지가 '나'에게 있어야 한다. 부장님이 건 전화를 받지 못해 안절부절못하는 모습은 오늘날의 젊은 직장인들이 원하는 바와 거리가 멀다. 부장님이 남긴 메시지를 나중에 확인하고 팔로우업follow up하면 그만이다. 이러한 변화는 조직 내 커뮤니케이션 방식에도 반영되고 있다. 기업 메신저 서비스 슬랙Slack에서 제공하는 '클립스'는 짧은 녹화 영상 클립을 만들어 상대방에게 전달하는 기능이다. 이 기능을 활용하면 회의에 반

출처: 삼성전자

실시간으로 방송되는 스포츠 중계를 보며 시청자들끼리 채팅을 할 수 있는 '삼성 라이브 채팅'. 리모컨이나 스마트폰으로 메시지를 작성해 올리는 방식이다.

드시 실시간으로 참석할 필요가 없다. 회의 일정을 잡아 전체 인원이 모이기보다는 내가 보고하고 싶을 때 보고하고, 보고받고 싶을 때 보고를 받는다.

인덱스 관계에서 익명의 사람들과 관계를 확장할 때는 보안과 안전에 각별히 유의해야 한다. 미국의 로컬 소셜 플랫폼 넥스트도어Nextdoor는 같은 지역에 거주하는 사람들끼리 정보를 교류할 수 있는 커뮤니티 앱이다. 주민들은 근처 신상 카페를 추천받고 싶을 때, 좋은 피아노 선생님을 소개받고 싶을 때, 회사에 급한 일이 생겨 베이비시터를 구해야 할 때 넥스트도어를 찾는다. 미국의 유통회사 월마트는 넥스트도어와 파트너십을 맺고 몸이 불편한 이웃을 대신해 지역 주민 한 사람이 대표로 장을 봐오는 '이웃끼리 도와요Neighbors Helping Neighbors' 기능을 선보이기도 했다.[23] 이처럼 낯선 이웃과 새로운 관계를 맺고자 할 때 가장 염려되는 부분은 역시 안전이다. 이에 넥스트도어는 지역과 실명을 인증하도록 설계해 특정 지역에 실제로 거주하는 사람들만이 커뮤니티에서 활동하도록 보안을 한층 강화했다. 또한 안전성을 검증받은 유저에게는 '최고의 이웃Neighborhood Favorite Winner' 인증을 제공해서 신뢰도를 보장했다.

'던바의 수'는 앞으로도 유효할까?

앞서 언급한 사회학자 로빈 던바는 "아무리 활발한 사람이라 할지라도, 한 사람이 안정적으로 유지할 수 있는 관계는 최대 150명을 넘지 못한다"고 분석하고, 이 150명을 '던바의 수'라고 불렀다. 던바가 150명이라는 구체적인 숫자를 도출한 근거는 크게 두 가지다.[24]

던바의 수

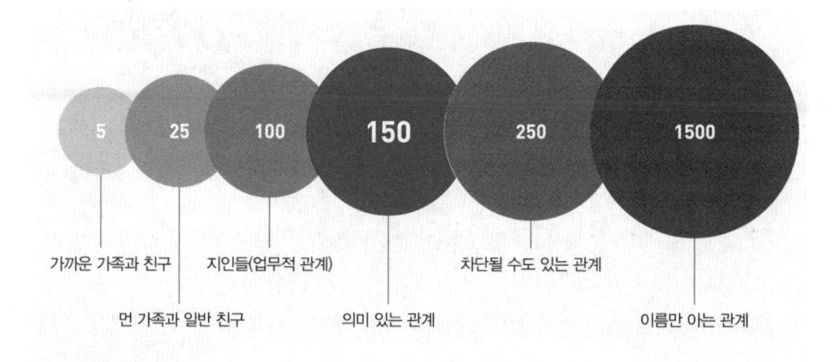

●●● 사회학자 로빈 던바는 인지적·시간적 근거에 따라 한 사람이 안정적으로 유지할 수 있는 관계는 최대 150명이라고 주장했다.

첫 번째는 인지적 측면으로, 정보 처리를 담당하는 인간의 대뇌 신피질 크기를 고려했을 때 인간이 기억하고 감당할 수 있는 관계의 규모가 150명이라는 것이다. 두 번째는 시간적 측면이다. 인간이 가진 시간 자원은 유한하다. 시간적 제약 안에서 누구와 어떻게 시간을 보낼지 결정해야 하므로 관계를 무한히 확대하기 어렵다는 것이다. 하지만 매일 새롭게 선보이는 각종 소셜네트워크의 홍수 속에서도 그의 주장은 여전히 유효할 것인가? 사람들은 유한한 자원 안에서 새로운 수단을 활용해 더 효율적이고 영리한 전략으로 관계를 넓혀가고 있지는 않은가?

우리 삶에서 가장 중요하다 해도 과언이 아닐 '인간관계'가 새로운 변화의 국면을 맞고 있다. 이제 문제는 다양한 인덱스 관계가 사람들의 사이를 가로지르는 사회에서, 우리가 어떻게 더 행복한 인간관계를 맺어나갈 수 있느냐다.

Irresistible!

The 'New Demand Strategy'

뉴디맨드 전략

어떻게 새로운 수요를 만들어낼 것인가? 이는 모든 비즈니스에 숙명처럼 주어지는 질문이다. 비슷비슷한 제품들이 쏟아져 나오는 '상품과잉의 시대'에 고객이 지갑마저 닫는 지금 같은 불황기에는 그 해답이 더욱 절실하다. 그러나 아무리 상품이 과잉이고 경기가 나쁘다고 해도, 전에 없던 새로운 경험에 소비자는 솔깃해지고 허를 찌르는 참신함 앞에서 지갑을 연다. 『트렌드 코리아 2023』에서는 제품과 서비스가 지속적으로 상향 표준화되는 시장 상황에도 불가항력적인 수요를 만들어내는 수요 창출 전략을 '뉴디맨드New Demand' 전략이라고 명명하고자 한다. 다시 말해, 사지 않고는 배길 수 없는 대체 불가능한 상품을 개발해 새로운 수요를 창출하는 방법론을 가리킨다.

수요는 소비자의 입장에서 그 발생 상황에 따라 크게 두 가지 유형으로 나눌 수 있다. 하나는 사용하고 있던 제품을 바꾸는 '교체수요'이고, 다른 하나는 가지고 있지 않던 제품을 구매하는 '신규수요'다. 이때 각 유형별로 뉴디맨드 전략을 펼치는 방식이 다르다. 교체수요는 ① 업그레이드하기, ② 컨셉 덧입히기, ③ 지불 방식 바꾸기를 통해, 신규수요는 ① 전에 없던 상품, ② 새로운 카테고리의 상품, ③ 마이크로 세그먼테이션에 기반한 상품을 통해 창출할 수 있다.

소비자가 열광하는 새로운 상품을 내놓기 위해서는 창의적인 사고가 필요하다. 의도적으로 궤도를 이탈하여 최대한 이질적인 것과 부딪히며 집요하리만큼 파고들고, 전복적 사고로 무장하며 훈련해야 한다. 하지만 아무리 독창적이고 앞선 기술이 적용된 상품이라 할지라도, 소비자지향적 관점에서 출발하지 못하면 시장에서 성공하기 어렵다. 답은 항상 고객으로부터 찾아야 한다.

어떻게 새로운 수요를 만들어낼 것인가? 이는 모든 비즈니스에 숙명처럼 주어지는 질문이다. 특히 비슷비슷한 제품이 쏟아져 나오는 '상품과잉의 시대'에 고객이 지갑을 닫는 지금 같은 불황기에는 그 해답이 더욱 절실하다. 현대의 시장에서 살아남는다는 것은 강물을 거슬러 오르는 것과 같다. 경쟁자들이 매일같이 새로운 아이디어를 들고 나오고, 시장이 급변하는 상황에서는 지속적으로 새로운 상품과 혁신적인 아이디어를 내놓지 않으면 제자리를 지키기도 쉽지 않다.

하지만 아무리 상품이 과잉이고 경기가 나쁘다고 해도, 전에 없던 새로운 경험에 소비자는 솔깃해지고 허를 찌르는 참신함 앞에서 지갑을 연다. 분명히 당장 필요하지 않음에도, 소비를 줄여야 하는 상황에서도, 그런 혁신적인 상품이나 서비스를 만난 순간 소비자의 뇌는 자신의 지갑 사정을 걱정하는 것이 아니라 구매할 이유를 찾는다. 소비자들이 이런 자기 합리화를 통해 구매를 거부할 수 없는 수요를 만들어내는 작업이야말로 현시점의 기업들에게 꼭 필요한 전략이 아닐까?

제품과 서비스가 지속적으로 상향 표준화되는 시장 상황에서도 불가항력적인 수요를 만들어내는 수요 창출 전략을 『트렌드 코리아 2023』에서는 '뉴디맨드New Demand' 전략이라 명명하고자 한다. 다시 말해서 사지 않고는 배길 수 없는 대체 불가능한 상품을 개발해 새로운 수요를 창출할 수 있는 방법론을 말한다. 대체 불가능한 상품이 되기 위해서는 전에 없던 것이어야 한다. 남과 달라야 한다. 게임의 법칙을 새로이 만들어야 한다. 본서에서 소개할 뉴디맨드 전략은 그에 관한 설명이다. 흔히 남의 지갑을 여는 일이 세상에서 제일 어려운 일이라고 말한다. 그렇다면 소비자는 언제 지갑을 열까? 어떤 상품을 만났을 때 "이걸로 할게요. 계산해주세요"라고 말할까? 이 '진실의 순간the moment of truth'은 어떻게 만들어낼 수 있을까?

수요의 발생 상황을 소비자의 입장에서 생각해보면, 사용하고 있던 제품을 바꾸는 경우와 가지고 있지 않던 제품을 새롭게 구매하는 경우로 구분할 수 있다. 전자를 '교체수요', 후자를 '신규수요'라고 부른다. 아래 표는 교체수요와 신규수요를 창출할 수 있는 구체적인 방법을 요약·정리한 것이다.

뉴디맨드 키워드는 새롭게 대두하는 참신한 트렌드라기보다는 기존의 방법론을 정리한 성격이 짙다. 그럼에도 트렌드 키워드로서 설

소비자의 수요 발생 배경과 방법

	발생 배경	만들어내는 방법
교체수요	사용하고 있던 상품을 바꾸고자 할 때	① 업그레이드하기: 지금 사용하는 상품보다 좋아질 때 – 기능과 폼팩터의 업그레이드 – 지속적 업그레이드
		② 컨셉 덧입히기: 사용하는 제품에 새로운 의미가 덧붙여질 때 – 환경 컨셉 – 프리미엄 컨셉
		③ 지불 방식 바꾸기: 가격에 대한 심리적 장벽이 낮아질 때 – 할부, 렌탈, 구독, 후불BNPL, D2P
신규수요	가지고 있지 않던 상품을 새롭게 구매할 때	① 전에 없던 상품: 파괴적 혁신을 통해 생태계를 형성하는 상품
		② 새로운 카테고리를 만드는 상품: 기존 제품의 카테고리를 벗어나는 상품
		③ 마이크로 세그먼테이션 상품: 세밀하게 나뉜 나만의 상품 – 사람 기반 – 상황 기반

명하는 것은 오늘날의 경영 환경을 고려할 때 반드시 한 번은 정리가 필요한 주제이기 때문이다. 평범한 상품은 외면당하는 '평균 실종'의 시대에, 소비자가 초절약 모드로 돌입하는 '체리슈머'로 변신하고 있는 트렌드 아래에서, 변함없이 매대를 지켜오던 제품들로는 더 이상 실적을 만들어내기 힘들어졌다. 이런 상황에서 "어떻게 새로운 상품과 참신한 비즈니스 모델을 개발할 수 있을 것인가"를 고민하는 기업에게 하나의 '체크리스트'를 제공하고자 한다. 지금까지 성공적이었던 신新 수요 창출 전략의 유형과 사례를 하나씩 짚어보면서, 자사의 역량으로 시도할 수 있는 일은 무엇인지 검토해보자.

교체수요의 창출

쓰고 있는 제품에 문제가 없는데도 새 물건으로 교체하게 만드는 일은 사실 경영자들의 오랜 고민 중 하나였다. 내구 소비재의 대체수요를 늘리기 위해 제품을 의도적으로 낡게 만드는 것을 '계획적 진부화planned obsolescence'라고 한다. 프랑스의 철학자 세르주 라투슈Serge Latouche는 저서 『낭비 사회를 넘어서』에서 이 문제에 천착했다. 예컨대 전구의 경우 1881년에 에디슨이 발명한 최초의 전구 수명은 1,500시간이었고 1920년대에는 2,500시간이었는데, 현재는 1,000시간에 불과하다. 더 잦은 재구매를 유도하기 위해 제품의 수명을 줄인 것이다. 계획적 진부화에는 새로운 기술을 적용해 기존 제품을 낡아 보이게 하는 '기술적 진부화'와 유행을 변화시켜 심리적으로 새 물건을 욕망하게 하는 '심리적 진부화'가 있다. 라투슈는 이와 같은 진부화를 통한 교체수요의 창출이 자원의 낭비와 쓰레기 범람이라는 생태적 문제를 초래한다며 통렬히 비판했다.[1]

물론, 라투슈의 진단에도 일리가 있다. 하지만 소셜미디어가 발달하면서 소비자 정보가 투명해진 오늘날, 제조사 간 담합에 의해 전구의 수명을 줄이는 식의 꼼수는 소비자들의 격렬한 비난과 불매운동의 대상이 될 수 있다. 고객에게 필요한 기술적 개선에 의한 교체수요의 창출은 정당하고, 소비자에게도 이익이 된다. 기업과 고객이 함께 웃을 수 있는 교체수요를 창출하는 방법은 크게 세 가지로 나누어 설명할 수 있다. 첫째는 상품의 기능과 외관을 개선시키는 '업그레이드하기', 둘째는 기존 상품에 새로운 컨셉을 불어넣는 '컨셉 덧입히기', 마지막은 고객이 가격적으로 쉽게 접근하게 만드는 '지불 방식 바꾸기'다.

1. 업그레이드하기

지금 사용하는 것보다 현격하게 좋아진 상품이 나온다면 고객은 기꺼이 지갑을 열 것이다. 컴퓨터가 더 빨라지거나, 모니터가 더 커지거나, TV가 더 선명해진다면 자연스레 '이참에 업그레이드를 해볼까?' 하는 생각이 든다. 이를 '품질 속성의 개선'이라고 부르는데 기능의 개선과 디자인 및 폼팩터form factor(제품의 외형)의 변화를 모두 포함한다. 예전에는 한 번 구매하면 끝이었던 상품을 이제는 무선통신을 통해 지속적으로 업그레이드시켜주는 경우도 늘어나고 있다. 이에 대해 차근차근 살펴보도록 하자.

1) 기능과 폼팩터의 업그레이드

모든 신제품들은 출시될 때 '이번 상품은 지난번 것보다 이러이러한 점이 개선됐다'고 뽐낸다. 하지만 그 개선이 고객의 구매를 이끌어 낼 만큼 매력적으로 인식되느냐는 별개의 문제다. 기능 개선이 성공적으로 교체수요로 이어지는 데에는 소비자의 구매 필요성을 자극할 수 있는 'USP Unique Selling Proposition'가 중요하다. USP란 경쟁사와 대비되는 '자사 제품의 특장점' 정도로 이해할 수 있는데, 자기 상품이 가진 여러 장점을 줄줄이 늘어놓기보다는 '단 하나'의 USP로 승부하는 것이 더 효과적이다. 예를 들어, 초창기 스마트워치들은 주로 시계 역할을 하면서 스마트폰과 연동되어 여러 가지 기능을 매끄럽게 수행하는 것에 초점을 뒀다. 이후 출시된 갤럭시워치나 애플워치는 심전도·혈압 등을 측정하고 위기 시 연락을 취할 수 있는 건강·안전 기능을 강조한다. 이미 스마트워치를 가지고 있는 사람이라도 귀가 솔깃할 제안이다. 위니아의 전기밥솥 딤채쿡은 맛있는 밥 짓기나 다양한 요리하기 같은 기존의 USP 경쟁에서 살짝 벗어나 쌀에 포함된 탄수화물, 즉 당질을 최대 51%까지 줄여주는 '당질 저감' 기능을 내세워 당뇨병 환자를 비롯해 건강에 관심이 많은 소비자들을 성공적으로 공략했다. 이처럼 소비자들이 매력을 느낄 만한 USP를 제안할 때, 그것이 작은 변화라도 제품의 업그레이드에 기여할 수 있다.

디자인이 개선되는 경우에도 업그레이드가 이뤄진다. 사실, 2000년대에 이르러 '디자인 경영'이 강조되면서 제품 디자인은 모든 산업에 걸쳐 꾸준히 개선되어왔다. 특히 제품의 물리적 외형이 변화할 때 그 효과가 극대화된다. 제품의 외형적 형태를 폼팩터라고 부르는데, 디자인의 디테일한 변화는 대개 이 폼팩터의 범주 안에서 이뤄지기 때문에 소비자들은 제품의 폼팩터에 대해 일정한 고정관념이 있다. 예를 들어, 스티브 잡스가 처음 아이폰을 출시한 이후 스마트폰은 늘 세로로 긴 평면 형태였다. 수많은 개선이 있었지만 동일한 폼팩터 내에서의 변화였다. 그런데 글로벌 스마트폰 시장에서 애플과 치열한 경쟁을 벌이고 있는 삼성전자가 과감한 폼팩터 변화로 승부수를 띄웠다. '접히는' 폼팩터를 가진 갤럭시 Z플립과 Z폴드를 선보이며 경쟁의 새로운 국면을 형성한 것이다. 또 다른 사례로는 '날개 없는 선풍기'가 있다. 그동안 '선풍기의 형태'라면 날개가 돌아가며 바람을 만드는 것이 기본이었다. 다이슨은 이 폼팩터를 극적으로 바꿔 날개가 없는 선풍기를 개발하는 데 성공했고, 이 제품은 매우 비싼 가격에 출시됐음에도 고객들의 구매 욕구를 크게 자극했다. 이처럼 혁신적인 폼팩터 변화는 강력한 교체수요를 부른다.

출처: 삼성전자, 다이슨

●●● 스마트폰은 세로로 긴 평면이어야 한다는 통념을 깬 삼성 갤럭시 Z플립과 선풍기에는 날개가 있어야 한다는 기존 룰을 깨트린 다이슨 선풍기. 폼팩터의 영리한 변화는 강력한 수요를 불러일으킨다.

2) 지속적 업그레이드

이 글을 쓰고 있는 시점의 아이폰 운영체제 iOS의 최신 버전은 '15.6.1'이다. 15번의 큰 개선이 있었고, 그 사이사이에 수없이 많은 작은 수정들이 있었음을 알 수 있다. 이처럼 컴퓨터 소프트웨어 분야에서는 지속적으로 개선이 이뤄지는데, 이것이 업그레이드의 본래적 의미다. 소프트웨어뿐만 아니라 하드웨어도 매년 업그레이드된다. 2022년에 출시된 아이폰의 새 시리즈는 14, 갤럭시는 S22로, 오랜 기간 계속해서 업그레이드되어왔음이 드러난다. 자동차 산업에서는 이러한 점진적 혁신의 역사가 아주 깊다. 모델마다 1년에 한 번씩 디자인이나 성능을 개선해 신제품을 내놓는데, 얼마나 광범위한 변화가 일어났느냐에 따라 풀 모델 체인지·마이너 체인지·페이스 리프트·연식 변경 등 여러 단계로 구분하여 표현하기도 한다. 예전에는 자동차의 플랫폼·엔진까지 바뀌는 풀 체인지의 업그레이드 주기가 5~7년 정도였다면, 고객의 요구가 다양해지고 기술 개선의 속도도 빨라진 요즘은 그 주기가 갈수록 단축되고 있다. 그렇다 보니 이제 자동차의 편의성은 얼마나 고급 차량인지보다 언제 출시됐느냐에 더 좌우되는 경우가 많다.

최근 이러한 업그레이드가 지속적으로 이뤄질 수 있도록 하는 기술이 나와 눈길을 끈다. 자동차의 소프트웨어를 무선으로 수정·추가·삭제할 수 있는 'OTA Over The Air 기술'이 바로 그것이다. 차를 몰고 서비스센터에 갈 필요 없이 수시로 기능 업데이트가 가능한 것이다. OTA가 갈수록 중요해지는 이유는 자동차 운행의 결함 개선이나 내비게이션 지도 업데이트라는 편의성 때문만은 아니다. 자율주행 기능을 효율적으로 활용하려면 도로의 자동차들끼리 신호를 주고 받을 수 있어야 하는데, 이를 위해서는 상시적인 업데이트가 필수다. 또한 주행 빅데이터를 축적함으로써 향후 제품의 유지와 개선에 활용할 수 있다. 자율주행 기능이 중요시되면서 이제 자동차는 '기계' 라기보다는 '전자제품', 나아가 '통신기기'처럼 인식되기 시작했다.

한편, 전자제품에도 비슷한 개념이 적용되는 추세다. 2022년 1월 LG전자가 선포한 UP가전은 마치 테슬라의 차량용 소프트웨어가 업그레이드되는 것처럼 쓰면 쓸수록 사용자 패턴을 파악해 더 적합한 기능들을 탑재한다. 구입 후에도 LG전자의 스마트홈 플랫폼인 '씽큐ThinQ' 앱을 통해 새로운 기능을 업데이트할 수 있고, 나아가 신규 UI·사운드·그래픽 콘텐츠 등을 언제든 다운로드받을 수 있는 신개념 가전이다. LG전자는 2022년 9월 독일 베를린에서 열린 유럽 최대의 가전박람회 IFA Internationale Funkausstellung에서 진화하는 UP가전을 주도할 라인업으로 무드업 냉장고를 선보였다. 자체 발광하는 LED를 삽입한 특수 패널을 사용한 이 냉장고는 사용자가 씽큐 앱을 이용해 위아래 4개 도어의 색을 원하는 대로 바꿀 수 있어 집 꾸미기에 진심인 비주얼 세대의 본능을 자극한다. 무드업 냉장고에는 음악 재생 기능도 탑재되어 있는데, 아티스트가 직접 매칭한 컬러와 사운드 조합, 큐레이션 모드 등을 씽큐 앱에 지속적으로 업데이트하여 사용자의 선택지를 다채롭게 함으로써 쓸수록 가치가 올라가는 UP가전의 진면목을 보여줬다.

기업 입장에서 지속적 업그레이드는 일종의 딜레마다. 기존 제품의 업그레이드를 제공하지 않아야 소비자가 제품을 구매할 유인이 커질 것이기 때문이다. 스마트폰의 기존 OS(운영체제)를 업그레이드해서 새 제품의 기능을 그대로 쓸 수 있다면, 속도가 약간 빨라지거나 카메라가 조금 선명해지는 것 외에 큰 차이가 없는 신제품을 구매할 이유가 현저하게 줄어들 것이다. 그럼에도 스마트폰 제조사들이 계속해서 업그레이드를 제공하는 이유는 무엇일까? 스마트폰은 '생태계'가 중요한 상품이기 때문이다. 스마트폰은 그저 단품으로 존재하는 기계가 아니다. 아이폰의 iOS냐 삼성의 안드로이드냐에 따라 사용하는 앱 생태계가 달라지므로 업그레이드 서비스를 통해 고객을 잡아둘lock-in 필요가 있다.[2] 앞서 설명한 바와 같이 최근 자동차나 가전제품이 업그레이드 서비스를 시작한 것은 제품 간 연결성이 강화되면서 하나의 생태계 개념이 등장했기 때문이다.

2. 컨셉 덧입히기

유명 작가 무라카미 하루키는 어느 에세이에서 이렇게 이야기했다. "그 어디에도 새로운 말은 없다. 지극히 예사로운 평범한 말에 새로운 의미나 특별한 울림을 부여하는 것이 우리가 할 일이다."[3] 하루키의 지적대로 대상이 바뀌지 않더라도 그에 대한 인식이 바뀌면 그 대상은 새로운 것이 된다. 제품도 마찬가지다. 제품을 바꾸지 못하더라도 제품에 대한 인식을 바꾸면 새로운 제품으로 받아들여질 수 있다. 상품 자체의 기능적 속성이 아니라 개념적 변화를 도모함으로써 소비자에게 신규성의 인식을 주는 방법을 '컨셉 덧입히기'라고 한다. 스타벅스의 공정무역 커피가 대표적인 예다. 커피의 품질에는 큰 차이가 없는데, 현지 농장에서 소비자에 이르는 전 과정을 공정하게 관리했다는 컨셉을 도입해 새로운 개념의 브랜드를 탄생시킨 것이다. 맛이 특별히 더 좋은 것도 아니고 그 생산 과정을 실제로 관찰한 적도 없지만 소비자들은 '공정무역'이라는 단어 하나에 기꺼이 더 높은 가격을 지불했다.

1) 환경 컨셉

소비자가 원하는 컨셉은 시대에 따라 변화한다. 아주 복고적인 느낌, 의도적으로 연출한 촌스러운 스타일, 어려운 이웃을 돕는 착한 가게 등 그때그때 힙하다고 여겨지는 컨셉이 수시로 바뀐다. 요즘 가장 주목받는 이슈는 '환경'이다. 지난 2년간 ESG가 화두로 떠오른 가운데, 그중에서도 특히 'E', 즉 환경이 그야말로 핫한 컨셉으로 떠오르고 있다. 이에 많은 기업들이 저마다 진정성 있는 스토리텔링을 시도하며 의미 부여 작업을 하고 있다.

일례로, 지난 2021년 5월 볼보자동차는 2025년부터 순환 비즈니스 모델로의 전환에 나서겠다고 밝혔다. 볼보자동차가 발표한 순환 비즈니스의 핵심은 모든 부품을 자사 또는 공급 업체가 사용하거나 재사용할 수 있게 만드는 것이다. 이를 위해 기존의 설계를 비롯해 개발·제조 환경을 대대적으로 변경할 예정이다. 실제로 볼보자동차는 2021년부터 약 4만 개의 부품을 다시 제조함으로써 이산화탄소 배출량 약 3,000톤을 저감하는 성과를 거뒀고, 생산폐기물의 약 95%를 재활용한 바 있다. 나아가 전기차용 고전압 배터리의 재활용에도 심혈을 기울이고 있다. LG전자 역시 폐가전 기기에서 추출해 만든 재생 플라스틱으로 폐기물의 자원화와 순환 경제를 추구하는 모습이다. MZ세대를 타깃으로 삼아 새롭게 출시한 가구 타입의 공기청정기 '에어로퍼니처'는 폐가전의 플라스틱을 재사용한 소재를 사용해 생산됐다. 또한 이 제품은 테이블의 형태로 제작되어 상판을 교체할 수 있다는 특징이 있는데, MZ들의 사랑을 받는 아티스트 김선우 작가의 도도새가 그려진 한정판 에디션도 선보였다. 도도새는 환경 파괴로 멸종된 대표적인 조류라는 점에서도 환경 컨셉이 엿보인다.

2) 프리미엄 컨셉

고급 시장을 향한 관심은 늘 뜨겁다. 경기가 좋으면 좋은 대로 나쁘면 나쁜 대로, 명품 시장은 건재하다는 뉴스는 늘 보도된다. 조금 더 나은 제품을 가지고 싶은 소비자의 욕구는 경기를 타지 않기 때문일 것이다. 더구나 상품이 자신을 표현하는 수단인 현대 소비사회에서 브랜드는 하나의 '지위 표지' 역할을 한다. 여기에 SNS가 널리 보급되며 자신의 소비를 마음껏 자랑할 수 있게 되면서 고급 시장은 갈수록 더 주목받고 있다.

고급 시장 안에서도 '프리미엄'과 '럭셔리'의 개념은 약간 다르다. 럭셔리는 역사와 전통에 기반한 고급성을 지닌 브랜드들을 가리킨다. 유럽의 왕족·귀족에게만 납품하던 유산heritage에 근거하기 때문에 누군가 훨씬 더 좋은 품질의 동일 제품을 생산하더라도 그 지위를 쉽게 넘볼 수 없다. 에르메스·루이비통·샤넬 등 널리 알려진 소위 '명품'이 이에 해당한다. 이와 달리, 프리미엄은 그동안 일반 제품을 만들어왔지만 기술력을 동원해 탁월한 품질의 상품을 생산해내는 경우를 말한다. 대중적인 중저가 차량을 생산하다가 '렉서스'라는 고급 브랜드를 성공적으로 론칭한 일본의 토요타가 그 좋은 사례다.

우리나라 기업 중 대부분이 추구할 수 있는 전략은 럭셔리가 아닌 프리미엄 전략이다. 좋은 제품이 프리미엄 컨셉을 덧입는다면 고급 시장에 진입하여 새로운 수요를 만들어낼 수 있다. 현대자동차의 제네시스 브랜드를 예로 들어보자. 현대자동차는 에쿠스-제네시스-그랜저-소나타-아반테로 이어지던 기존의 세그먼트 분류에서 제네시스를 따로 떼어내 새롭고 독자적인 프리미엄 브랜드로 독립시키는데 성공했다. 가전제품 시장에서 찾을 수 있는 사례는 LG전자의 시그니처 시리즈다. 시그니처는 '생활 속의 작품'이라는 컨셉 아래, 반복적이고 지루한 일상의 노동을 가치 있는 작업으로 승화한다는 브랜드 지향점을 구축했다. 모던하고 심플한 디자인과 일관되고 정교한 브랜드 마케팅이 잘 뒷받침된 결과다.

3. 지불 방식 바꾸기: 렌탈·구독·후불·D2P

제품의 기능이나 컨셉에 변화가 없더라도 가격에 대한 심리적 부담을 줄이면 수요를 만들어낼 수 있다. 전통적인 방식인 '할부'와 '렌탈'은 물론이고, 최근 다양한 영역에서 각축을 벌이고 있는 '구독', 미국에서 한때 큰 인기를 끌었던 '후불BNPL, Buy Now Pay Later', 구매를 위해 기존 제품의 폐기를 돕는 'D2P Disposal to Purchase' 등이 그 예다.

1) 렌탈

간절하게 사고 싶은 물건이 있어도 그렇게 하지 못하는 이유는 늘 같다. '너무 비싸서.' 그래도 어떻게든 가지기 위해 사용되는 대표적인 방법으로 대금을 나눠서 지불하는 것이 있다. 특히 할부는 그 역사가 생각보다 긴데, 최선호 칼럼니스트에 의하면 기원전 2500년 무렵 고대 아시리아 왕조의 유물 중에도 할부 판매의 기록이 있다고 한다.[4] 할부 판매 방식은 인류 상업문명의 역사와 함께한다. 전통적인 할부 개념을 현대 경제에 맞게 재해석한 것이 다름 아닌 렌탈이다. 할부는 구매자에게 소유권이 넘어온 상태에서 그 대금을 나눠 내는 것이지만, 렌탈은 말 그대로 빌려 쓰며 그 사용료를 주기적으로 지불하는 것이다. 소비자 입장에서는 구매하는 것에 비해 경제적 부담이 적기 때문에 해당 상품에 대한 유인이 커진다.

코웨이는 자동차와 같은 상품에 주로 활용되던 렌탈을 가전제품에 도입해서 큰 성공을 거두었다. '영업의 달인'이라고 불리는 윤석금 회장은 1989년 코웨이의 전신인 한국코웨이를 설립하며 정수기 사업에 진출했는데, 설립 8년 만에 외환 위기라는 큰 시련을 맞았다. 유례없는 불경기에 당시 한 대에 100만 원을 호가하던 정수기를 사겠다는 소비자가 거의 없었던 것이다. 이때 윤 회장은 "어차피 팔리지 않을 것이라면 차라리 빌려주는 것이 어떨까?"라고 생각했고, 그것이 정수기 렌탈의 시발점이 됐다. 합리적인 렌탈비용을 앞세워 그동안 높은 가격 때문에 정수기 구입을 주저했던 소비자들을 끌어들임으로써, 렌탈 사업을 시작한 지 단 1년 만에 10만 대의 렌탈 정수기를 판매할 수 있었다.[5] 이는 이미 잘 알려진 사례이긴 하지만, 경기 침체와 함께 고객의 구매력이 떨어질 것으로 예상되는 2023년 시장에도 여전히 생각할 거리를 준다.

2) 구독

요즘은 렌탈보다 구독이 화제다. 구독subscription은 신문이나 잡지처럼 매달 일정 금액을 지불하면 주기적으로 상품이 배송되는 지불 방법인데, 약정의 기한이 없이 결제가 반복되는 경우가 많다. 고객 입장에서는 매번 일일이 지불에 신경 쓰지 않아도 되고, 기업 입장에서는 고정적이고 안정된 수익을 기대할 수 있기 때문에 최근 들어 구독 비즈니스 모델의 대상이 다양해지고 있다. 한국소비자원에 따르면 구독 서비스는 대상 상품이 온라인 접근인지 물리적 상품인지, 소비자가 직접 선택하는지 추천curation을 받는지 등에 따라 ① 소프트웨어나 클라우드 서비스의 계속적 이용과 같은 권한부여형, ② 화장품·민속주처럼 매달 새로운 상품이 도착하는 추천형, ③ 면도기·기저귀처럼 같은 상품이 정기적으로 도착하는 배송형으로 나뉜다.[6] 그 밖에 편의점이나 커피숍에 매달 일정 금액을 지불하면 매일 커피 1잔씩 구독하는 식의 새로운 구독 모델도 속속 등장하고 있다.

그런가 하면 중고차 시장에서도 스타트업들을 중심으로 구독 서비스 모델이 시도되고 있다. 미국의 페어Fair, 영국의 드로버Drover, 한국에서는 더트라이브가 대표적이다. 이들은 구독료만 지불하면 취등록세를 비롯한 세금으로부터 자유롭고 고장과 수리 등은 신경 쓰지 않아도 된다는 장점을 내세운다. 이미 감가상각이 진행된 중고차의 경우 구독 경제로 전환하면 더욱 저렴하게 사용할 수 있다. 여기에 빅데이터를 접목해 시세를 객관적으로 산출하고, 정보 유통을 투명화함으로써 소비자의 신뢰와 지불 편의성을 함께 도모한다. 현대자동차도 '제네시스 스펙트럼'이라는 구독 프로그램을 내놓은 바 있다.

구독 서비스 유형의 구분

구독 서비스 유형		서비스 내용	사례
권한부여형	이용	온·오프라인의 서비스나 재화를 일정 기간 이용하기 위한 권한 부여	디지털 콘텐츠, 소프트웨어, 유료회원권, 물품 대여 등
	접근	부가 혜택에 대한 접근 권한 등을 부여	
추천형		재화나 서비스에 대한 선택, 소비자가 직접 수행하기 어려운 서비스의 의뢰 등을 추천·대행	큐레이션 커머스, 방문형 서비스 등
배송형		특정 재화에 대한 정기적 배송 서비스를 제공	면도기, 기저귀 등의 정기 배송

출처: 장영훈, 구독경제에서의 소비자문제 개선방안 연구, 한국소비자원 정책연구보고서, 2019.

3) 후불

"외상이면 소도 잡아먹는다"는 속담처럼 후불은 소비자들에게 아주 달콤한 유혹이다. 후불 결제에 있어서는 신용카드가 오랫동안 주머니가 가벼운 소비자들의 구매 부담을 덜고 그 소비 유혹을 달래줬었다. 그런데 2021년 미국에서 전자상거래가 활성화되면서 "지금 사고 나중에 지불하세요Buy Now Pay Later!"를 외치는 새로운 후불 모델이 등장해 이목이 집중됐다. 갭·아디다스·세포라·H&M 등 미국 유명 브랜드들의 온라인 쇼핑몰에 BNPL, 이른바 '선구매 후지불' 서비스가 도입된 것이다. 소비자 대신 결제 업체가 먼저 물건값을 가맹점에 전액 지불하고, 소비자는 결제 업체에 그 물건값을 2주에 걸쳐 나눠 내는 방식이다. 언뜻 신용카드를 이용한 할부 결제와 흡사해 보이지만, 신용등급을 따지지 않고 18세 이상 성인이면 누구나 앱을 다운로드

●●● '지금 사고 결제는 나중에.' BNPL은 지금 당장 소비자의 구매를 유인하는 지불 방식이다.

받아 서비스를 이용할 수 있다는 점에서 차이가 있다. 신용등급에 따라 달라지는 할부 이자나 수수료도 없어서 '소비 욕구는 높지만 소득은 불안정한' 미국 밀레니얼 세대에게 큰 인기를 끌며 폭발적 성장세를 보였다.[7] 고객의 연체율이 높아져 비즈니스 모델 자체가 흔들리고, 이를 도입하고자 '○○페이'를 발행하는 빅테크 기업과 기존 신용카드사의 규제 이원화 문제 등이 여전히 해결되지 않고 있긴 하지만,[8] 애플도 '애플페이 레이터Apple Pay Later'라는 BNPL 서비스를 도입하는 등 업계의 관심은 여전히 식지 않고 있다.[9]

4) D2P

마음에 드는 제품이 있어도 교체하지 못하는 또 다른 이유는 이미 가지고 있는 물건이 너무 멀쩡하기 때문일 것이다. 따라서 교체수요를 창출하기 위해 먼저 생각할 수 있는 방안은 기존 제품을 폐기하게 만드는 일이다. 이를 D2P라고 부른다. D2P의 대표적인 예는 기존 상품에 대해 일정한 보상을 주는 '보상 판매' 혹은 '교체 판매trade-in'다.

이는 상품의 교체 주기가 긴 가구·전자 업계에서 주로 선보여왔다. 이케아는 자사 제품을 되사주는 '바이백 서비스'를, 까사미아는 동일 카테고리 상품을 교체할 경우 최대 30%까지 할인하는 '까사미아 익스체인지'를 시행하고 있으며, 다이슨이나 애플 같은 글로벌 전자 기기 업체도 트레이드 인 서비스를 제공하고 있다.

중고거래 역시 D2P의 간접적이지만 유력한 방안이다. 회사가 직접 중고상품을 매입해주지 않더라도 중고시장을 활성화시키면 교체 수요 유발에 도움이 될 수 있다. 이에 따라 기업들이 앞장서서 그동안 불모지였던 중고거래 시장을 활성화하려는 모습도 목격되고 있다. 미국에서는 중고거래를 '리커머스re-commerce'라고 부르는데, 대한무역투자진흥공사KORTA 실리콘밸리 무역관에 따르면 현재 북미 리커머스 시장이 큰 성장세를 보이고 있으며 향후 5년 동안 그 규모가 2배 이상 증가해 770억 달러에 달할 것으로 예상된다고 한다.[10]

신규수요의 창출

가지고 있는 제품을 새것으로 교체하게 만드는 것도 좋지만 보다 근본적인 수요 창출 전략은 당연히 '전에 없던 새로운 제품'을 개발하는 것이다. 스마트폰이라는 새로운 상품이 시장에 등장하고 나서 얼마나 많은 수요가 새롭게 생겨났는지 생각해보자. 이는 계산하기조차 쉽지 않다. 신제품을 통해 새로운 수요를 만들어내는 것은 모든 비즈니스의 꿈이자 상품 기획의 꽃이라고 할 수 있다. 기술적 성취와 소비자에 대한 이해가 완벽히 맞아떨어졌을 때 가능한 일이기 때문이다. 이는 매우 어려운 작업이지만, 성공했을 때의 달콤함은 무엇과도 비교할 수 없다.

물론 모두가 스마트폰 같은 혁명적 제품을 만들어낼 수 있는 것은 아니다. 설령 가능하다 해도 자주 만들어낼 수는 없다. 하지만 점진적인 범위 내에서도 혁신적인 상품을 출시할 수 있다. 하늘 아래 둘도 없는 완전히 새로운 제품을 만들어낼 필요는 없다. 소비자의 수고와 시간을 아껴주거나, 재미있다고 느낄 만한 신선한 인식을 줄 수 있을 때 새로운 히트 상품이 탄생한다. 대표적인 전략은 기존의 기술을 활용해 새로운 카테고리의 상품을 생성하거나, 소수이지만 분명한 고객 세그먼트에 집중하는 것이다.

1. 전에 없던 상품

클레이튼 크리스텐슨Clayton M. Christensen 하버드대 경영대학원 교수는 기술 혁신을 '존속적 혁신sustaining innovation'과 '파괴적 혁신disruptive innovation'으로 구분했다. 존속적 혁신이 기존 고객의 니즈에 맞춰 제품의 성능을 향상시키는 기술이라면, 파괴적 혁신은 기존 고객이 요구하는 성능보다 낮은 기술을 가지고 있지만 예상치 못한 다른 분야에서 다른 가치명제value proposition를 선보임으로써 새로운 계층의 고객을 끌어들이는 기술을 의미한다.[11] 좀 더 거칠게 구분하자면 존속적 혁신이 기존 상품의 성능이 좋아지면서 교체수요를 불러일으킬 수 있는 기술이라면, 파괴적 혁신은 "기존 제품보다 더 싸고, 더 단순하고, 더 작고, 더 사용하기 편리하기" 때문에 신규수요를 창출할 수

기존 기술과 파괴적 기술의 비교

기존 기술	파괴적 기술
은염 사진	디지털 사진
유선 전화	무선 전화
노트북 컴퓨터	휴대용 디지털 기기
데스크톱 컴퓨터	플레이스테이션

출처: 클레이튼 크리스텐슨, 『혁신기업의 딜레마』, 이진원 옮김, 세종서적, 2020.

있는 '전에 없던 상품'을 만들어내는 것이다.

표에서 보듯, 크리스텐슨 교수가 파괴적 기술로 지목한 상품들은 기존의 패러다임을 넘어서는 것이다. 파괴적 혁신은 지금 사용하는 제품·서비스와는 차원이 다른 '게임체인저'의 역할을 수행한다. 한마디로 '판을 바꾸는 혁신'이다. 파괴적 기술에 기반한 전에 없던 상품을 만들어내기 위해서는 오랜 준비가 필요하고, 기반이 되는 혁신적 기술이 선행돼야 하며, 그것이 출시되기 위한 생태계 역시 함께 조성돼야 한다.

근래 자동차 업계의 화두인 전기자동차를 예로 들어보자. 미국의 제너럴 모터스GM가 세계 최초의 대량생산 전기자동차 EV1을 공개한 것이 지금으로부터 30년도 더 전인 1990년이다. 그러나 공해 문제를 획기적으로 개선할 수 있을 것이라는 기대를 뒤로한 채 출시된 지 얼마 지나지 않아 EV1은 전부 회수됐으며, 일부 박물관이나 교육 시설에 기증된 것을 제외하고는 전량 폐차됐다. 이 실패를 두고 〈누가 전기자동차를 죽였나?〉라는 제목의 다큐멘터리 영화가 나올 정도로 말이 많았다. 일각에서는 캘리포니아 주정부의 환경 규제에 맞췄다가 상황을 보고 재빨리 EV1을 폐기 처분해버린 GM의 무책임을 지적했고, 내연차 감소를 우려한 석유 대기업의 로비를 성토하는 사람들도 있었다. 하지만 파괴적 혁신은 소비자들의 인식, 충전 시설 등 제반 인프라의 조성, 정부의 규제와 지원 등이 어우러져 하나의 생태계가 구축됐을 때 비로소 시장에 안착할 수 있다. 그런 측면에서 보면 최근 전기자동차가 급속도로 늘어나는 것은, 이제야 그 생태계가 완성되고 있기 때문이라고 해석할 수 있다.

2. 새로운 카테고리를 만드는 상품

전술한 바와 같이 파괴적 혁신에 입각한 '전에 없던 완전히 새로운 상품'을 개발하는 것이 쉬운 일은 아니다. 하지만 기존의 기술과 아이디어를 새로운 수요에 대응시킨다면 새로운 개념, 새로운 카테고리의 제품을 만들어낼 수는 있다. 예를 들어 위니아의 딤채는 소형 냉장고로는 매력이 없던 제품을 '김치 전용'으로 카테고리를 바꾸며 큰 성공을 거둔 경우다. 최근에는 1인 가구를 비롯해 김치를 적게 먹는 가구가 증가하면서 소고기·돼지고기 숙성, 소분한 샐러드·이유식 재료 보관 등으로 그 카테고리를 확장하고 있다.[12]

IFA 2022에서 큰 화제를 모았던 신규 카테고리의 제품은 신발을 보존하고 전시하는 LG전자의 스타일러 슈케이스였다. 차마 버릴 수 없어 신발장을 가득 채운 신발들을 두고 웬 보존이고 전시냐고 되물을 수도 있겠지만, 한정판 스니커즈를 득템하기 위해 밤을 지새우는 열혈 수집가들에게는 이야기가 다르다. 자기 취향의 스니커즈를 수

출처: LG전자

●●● 스니커즈 마니아를 위한 LG전자의 스타일러 슈케이스. 전에 없던 새로운 카테고리는 소비자의 관심을 끌기에 충분하다.

집하며 성취감을 느끼는 밀레니얼 컬렉터들 사이에서 스니커즈는 디깅 문화의 상징으로 통한다. 슈케이스는 이런 소비자를 위한 새로운 카테고리의 가전제품이다. 마치 박물관의 소장품을 보관하듯이 적합한 온·습도를 유지해주는 데다 힙한 조명 아래 360도 돌아가는 소장품을 감상하는 디스플레이의 즐거움까지 선사한다. 신발 관리·전시기라는 새로운 카테고리의 이 제품이 '스타일러'의 뒤를 이어 시장에 정착할 수 있을지 귀추가 주목된다.

주방가전에서도 기술은 익숙하지만 개념은 새로운 상품이 등장하고 있다. 삼성전자의 비스포크 큐커는 그릴·에어프라이어·전자레인지·토스터 기능을 모두 합친 제품이다. 여러 기능을 하나로 융합했다는 점도 혁신적이지만, 여기에 그치지 않고 쉽게 요리할 수 있는 간편식 '콘텐츠'를 포함시키고 삼성카드와의 협업을 통해 구독 개념을 더함으로써 탈脫가전의 성공 사례가 됐다. 삼성카드의 구매 약정 서비스인 '마이 큐커 플랜'에 가입하면 할인된 가격에 비스포크 큐커를 구입할 수 있으며, 삼성닷컴 내에 전용 식품몰 'e식품관'도 운영 중이다. 해당 식품관에는 CJ제일제당·오뚜기·풀무원·동원 등 18개 식품 전문 브랜드가 입점해 있어, 비스포크 큐커를 활용해서 쉽게 요리할 수 있는 메뉴와 상품을 추천받을 수 있다. 더불어 식품 구독 서비스인 '마이 큐커 플랜 멤버십'도 선보였다. 비스포크 큐커 구매자가 e식품관에서 매달 일정 금액 이상의 식료품을 구입하면 혜택을 제공하는 방식이다. 삼성전자는 비스포크 큐커를 시작으로 간편식 정기 쇼핑 약정 서비스를 만들며 제품의 서비스화에 박차를 가하고 있다. 제품만이 아니라 지불 플랜, 그 활용의 큐레이션까지 융합했다는 측면에서 매우 주목할 만한 뉴디맨드 창출 전략이다.[13]

3. 마이크로 세그먼테이션 상품

'브래들리 시계'는 시각장애인을 위한 시계다. 표면을 따라 움직이는 2개의 구슬과 입체적으로 디자인된 눈금을 만져서 시간을 확인한다. 전체 인구 중 시각장애인의 비중을 생각할 때 매우 작은 시장을 겨냥한 제품인데, 비장애인들에게도 큰 인기를 끌었다. 어두운 극장이나 회의 중처럼 눈으로 시계를 보면서 확인하기 곤란한 상황에서 손으로 만져 시간을 알 수 있기 때문이다. 나아가 독특한 디자인의 심미성과 장애인들과 함께한다는 상징성도 인기의 원인이 됐다. 이 시계의 성공은 우리에게 의미 있는 시사점을 준다. 아주 작은 시장을 타깃으로 한 상품이 오히려 큰 시장에서 더 경쟁력을 가질 수 있음을 보여주었기 때문이다.

이처럼 특정한 타깃 소비자의 수요에 집중해 고객으로 하여금 '나에게 더 적합한 제품'이라고 느낄 수 있도록 만드는 경우를 '마이크로 세그먼테이션micro-segmentation'이라고 한다. 본래 세그먼테이션은 마케팅 역량을 집중하기 위해 소비자를 일정한 기준으로 구획하는 일을 뜻했다. 과거에는 최대한의 매출을 올리기 위해 가장 다수가 되는 평균적인 군집을 선정하는 일이 주된 과업이었다면('평균 실종' 참조), 이제는 그 소비자군을 되도록 세밀하게 나눠야 한다. 마이크로 세그먼테이션은 소비자를 기준으로 하는 경우와 상황을 기준으로 하는 경우로 나눠 생각할 수 있다.

일본의 수건 브랜드 '더타월'은 남성용 수건과 여성용 수건을 나눠서 제작한다. 수건으로 물기를 닦을 때 여성은 천천히 부드럽게 톡톡 두드리는 반면, 남성은 거침없이 쓱쓱 사용한다. 이러한 차이를 고려해 소재의 부드러움, 꼬임의 횟수 등을 다르게 하여 제품군을 구분한 것이다.[14] 비슷한 사례로, 아베다는 머리를 감기 전에 사용하는 빗과 감은 후에 사용하는 빗을 각각 생산한다. 마른 상태에서는 '스칼프 브러시'로 두피의 이물질을 털어내고, 샴푸 후에는 '우든 패들 브러쉬'로 머리카락의 매끄러움과 윤기를 살려줄 수 있도록 했다.

앞서 소개한 브래들리 시계나 더타월의 남녀용 수건이 '소비자'를 기준으로 마이크로 세그먼트함으로써 신규수요를 유발하고 있다면, '상황'에 특화된 상품을 개발하는 경우도 있다. 대표적인 분야가 게임인데, 개별 게이머의 니즈에 특화된 제품들이 다양하게 등장하는 추세다. 삼성전자는 2022년 9월 게이밍 스크린 '오디세이 아크'를 선보였다. 3분할이 가능한 55인치 커브드 디스플레이를 적용해 상황에 맞게 가로 또는 세로로 전환이 가능하며 사용자에게 엄청난 몰입감을 선사한다. 마치 조종석에 앉아 있는 듯한 세로형 콕핏 모드Cockpit Mode와 사용자가 원하는 크기와 위치로 화면을 조절할 수 있는 혁신적인 인터페이스를 갖췄다.

완성된 차량 중에서 선택해 구매하는 것이 당연하던 자동차 시장에서도 새로운 움직임이 주목을 끈다. 그동안 차체의 크기로 나누던 세그먼트 개념이 차가 사용되는 '목적'에 맞춰 개발하려는 PBVPurpose Built Vehicle(목적 기반 모빌리티) 개념으로 세분화되고 있다. PBV란 고객의 비즈니스 목적과 요구에 맞춰 제공하는 다목적 모빌리티 차량을 말하는데, 냉동탑차와 같은 배송 차량, 우버 같은 차량 공유car hailing, 캠핑차 같은 레저 차량, 장애인 등을 위한 교통약자 차량 등을 포함한다. 예전에는 '경상용차'를 구매한 후 고객이 자기 필요에 맞게 직접 개조해야 했다면, PBV는 개발 초기부터 고객의 특수 목적을 고려해 맞춤형 차량을 생산할 수 있는 새로운 비즈니스 모델이다. 기아자동차는 2022년 9월 우버, 쿠팡 등 잠재적 파트너사들과 함께 하는 컨퍼런스를 개최하고, 차량 기획 초기단계부터 고객 니즈에 맞춘 솔루션을 제공할 수 있는 PBV 개발에 선도적 역할을 하고 있다.

큰 대중mass 시장보다 미세한micro 시장을 노려야 하는 이유는 분명하다. 오늘날처럼 시장 경쟁이 치열해지고 불경기가 심해진 상황에서 한정된 자원으로 매출을 확보하려면, 대중의 인지도나 호의적 태도보다 '구매전환율'이 중요하기 때문이다. 고객이 구매를 요모조모 따지며 고민하는 시장에서는 소수의 고객에 집중해서 구매전환율을 높이는 것이 더 효과적이다.

전망 및 시사점

한 치 앞을 내다볼 수 없는 시장 환경 속에서 어떻게 새로운 먹거리를 창출할 것인가? 어쩌면 이는 인간이 경제활동을 시작한 이래 끊임없이 던져지고 있는 질문일 것이다. 그런 측면에서 전혀 '트렌디'하지 않은 이 질문을 트렌드 키워드로 삼아 자세히 설명한 것은 2023년의 경영 환경이 무척이나 엄중할 것이라 예상되기 때문이다. 유례없는 불황이 예견되고 있는 지금, '체리슈머' 소비자는 지갑을 꽁꽁 닫고 그동안 통용됐던 '평균적인' 고정관념마저 무너지고 있다. 새로운 수요 창출 방법론으로서 뉴디맨드 전략을 설명하면서 본서는 TRIZ(창의적 문제 해결 이론)와 같은 공급자 중심의 사고방식에서 접근하지 않고, "소비자는 언제 물건을 바꾸고 구매하는가?" 하는 소비자 입장의 질문으로 이야기를 시작했다. 현대 경영의 모든 질문은 소비자로부터 출발해야 한다.

모든 질문은 소비자로부터 출발해야 한다

인간은 본능적으로 효율을 추구하게 된다. 적은 투입으로 많은 성과를 거둬야 하는 기업과 조직경영에서는 더욱 그렇다. 그래서 상품 개발의 영역에서도 우리는 최소한의 변화를 통해 최대한의 성과를 이루고자 한다. 하지만 장기적으로 보면 이는 좋지 않은 선택이다. 소비자 정보가 숨김없이 공개되는 현재의 시장에서 이미 성공한 제품들을 벤치마킹하여 조금 더 개선된 제품을 내놓기를 반복하다 보면, 비용과 위험을 최소화할 수 있을지는 몰라도 "카피한 제품, 안주하는 회사"라는 오명을 쓰기 마련이다. 더 심각한 문제는 변화를 주도하지 못하고 따라 하는 관성이 고착화될수록 그 기업의 가치는 타이타닉처럼 서서히 침몰하게 될 것이라는 사실이다.

소비자가 열광할 수 있는 새로운 상품을 내놓기 위해서는 창의적인 사고가 필요하다. 의도적으로 궤도를 이탈하여 최대한 이질적인 것과 부딪히며 집요하리만큼 파고들고, 전복적 사고로 무장해야 한다. 그러기 위해서는 자신의 기술과 브랜드와 상품을 재정의함으로써 소비자들이 미처 생각지 못한 즐거움을 제공해야 한다. 하지만 소비자지향적 관점에서 출발하지 못한다면 창의적 사고조차도 결국 시장에서 성공하기 어렵다. 기술력은 앞섰지만 시장의 표준을 만들지 못했던 소니의 '베타맥스' 비디오나, 소비자가 특수안경 착용을 불편해해서 엄청난 마케팅을 퍼붓고도 살아남지 못한 3D TV 등이 대표적인 예다. 휴대용 전자게임기의 아버지로 불리는 일본의 비디오게임 개발자 고故 요코이 군페이의 말처럼 "훌륭한 상품이 많이 팔리는 것이 아니라, 많이 팔리는 상품이 훌륭한 것"이다. 그런 점에서 일본 츠타야 서점의 창업자이자 『지적자본론』의 저자인 마스다 무네아키의 말은 경청할 가치가 충분하다.

"해답은 항상 고객에게 있다. 고객이 아닌 다른 곳에서 가져온 해답은 결국 독선적 의견일 뿐이다."[15]

Thorough Enjoyment:

‘Digging Momentum’

디깅모멘텀

단순한 취미라고 부르기에 부족할 정도로, "○○에 진심"인 사람이 늘고 있다. 일반인들이 보기에는 괴짜로 보일 수도 있지만 본인들은 전혀 개의치 않는다. 몰두의 대상이 다소 특이하고 그 몰입의 정도가 꽤 깊음에도 불구하고, 이들은 현실도피적이지 않다. 오히려 자신이 사랑하는 일에 시간과 돈과 열정을 투자하며 누구보다도 삶에 열심이다. 이처럼 자신의 취향에 맞는 한 분야를 깊이 파고드는 행위를 하는 사람들이 늘어나는 트렌드를 '디깅모멘텀Digging Momentum'이라고 지칭하고자 한다. 디깅모멘텀은 단지 취미 생활에 대한 트렌드가 아니다. '멀티 페르소나' 시대에 '찐자아'를 찾으려는 열정 가득한 노력이자, 코로나 사태와 불경기 속에서 흔들리는 실존적 불안에 대처하기 위해 적극적으로 자신만의 행복전환점을 찾으려는 삶의 매진이다.

디깅은 크게 세 유형으로 나눌 수 있는데, ① 몰입하는 재미를 느끼기 위해 컨셉에 열중하는 컨셉형, ② 같은 대상을 좋아하는 사람들끼리 적극적인 소통을 통해 몰두의 정도를 높이는 관계형, ③ 특정 물건이나 경험의 수집을 통해 만족과 과시를 추구하는 수집형이 있다. 디깅에 진심인 사람들이 많아지면서 엔터테인먼트·콘텐츠·취미·키덜트kid+adult 등 관련 산업도 함께 크고 있다. 나아가 디깅러들의 '입소문힘viral power'이 강해지면서 일반 산업에서도 이들의 마케팅적 역할이 중요해지는 추세다. 특히 수발력, 마이너 감성의 주류화, 다양한 미디어를 넘나들 수 있는 매체 전략 등의 시사점을 얻을 수 있다.

디깅이 현실로부터의 도피가 될지, 자아에 대한 치열한 몰입이 될지 명확한 선을 긋기는 어렵지만, 일상과 디깅을 조화시킬 수 있어야 한다. 핵심은 성장이다. 자기 성장이라는 큰 지향점 아래에서 삶과 적절히 어우러질 때, '디깅'은 행복한 인생을 위한 진정한 발돋움의 '모멘텀'이 될 수 있을 것이다.

#1 나는 '그리핀도르 기숙사'의 얼짱녀 헤르미온느

나는 헤르미온느다. 공부가 너무너무 좋다. 나는 영국인이기 때문에 모국어인 영어는 특히 잘해야 한다. 이번 시험 1등도 당연히 내가 차지하겠지만, 경쟁자 말포이를 이기려면 방심하지 말고 열심히 공부해야 한다.[1]

요즘 일부 학생들 사이에서 이른바 '컨셉 공부법'이 인기라고 한다. 위의 사례처럼 스스로에게 '소설 〈해리 포터〉 시리즈의 헤르미온느'라는 컨셉을 부여하고, 공부할 동기를 마련하는 식이다. 그냥 상상만 하는 것이 아니라 해리 포터 공책부터 그리핀도르 기숙사 목도리, 헤르미온느 머리띠, 마법지팡이 등의 각종 소품들을 챙기고, 유튜브에서 '그리핀도르 기숙사 ASMR(백색소음)'을 찾아 틀어둔 채 공부한다. 실제로 온라인서점에서는 이를 위한 준비물인 '호그와트 입학 세트'·'그리핀도르 기숙사 세트' 등을 판매하고 있다.

#2 어느 30대의 아이돌 덕질 여정

나는 아직도 아이돌을 좋아한다. 내 나이 앞자리가 4로 바뀌기까지 얼마 남지 않았지만, 아이돌을 좋아하는 마음에 나이는 그저 하나의 숫자에 불과했다. 아이돌을 처음 좋아한 게 10대 초반이었으니 내 인생의 70%가 아이돌이었다 해도 과언이 아니다. 내가 군대에 보낸 아이돌만 해도 몇이던가? 5살 차이까지는 양심 없이 '오빠'라고 불렀다. 잘생기면 다 오빠였다. 그런데 나이 차이가 10살쯤 나니, 갑자기 엄마 마음이 생겨난다…….[2]

아이돌 팬덤의 연령대가 넓어지고 있다. 도티끌 작가의 『이 나이

에 이럴 줄은』의 부제는 '30대 아이돌 덕후의 골 때리는 덕질 라이프'다.[3] 소개글에 의하면 이 책은 "남들이 드라마를 보며 로맨스에 취할 때 '최애(가장 좋아하는 아이돌 멤버)'의 무대를 보며 덕심에 취하고, 남들이 옷 사고 여행 갈 때 굿즈 사고 오프 뛰는 30대 아이돌 덕후의 좌충우돌, 상큼발랄, 신통방통 1,000% 리얼 덕질 라이프!"를 그리고 있다. 최애의 사진을 번갯불보다 빠른 속도로 저장하고, 스마트폰의 배경화면을 최애의 사진으로 바꾸고, 굳이 필요하지 않은 화장품이나 게임 아이템 등을 구매하며 이벤트에 당첨되기를 두 손 모아 기도하고, 최애가 다녀간 지하철역이나 식당을 '성지순례'하는 덕질의 여정이 고스란히 담겨 있다.

#3 레고 본사에 초청된 레고 마니아

레고 만드는 사람들은 누구나 레고 디자이너가 되고 싶은 환상이 있거든요. 상상 속 일이 현실이 될 거라곤 생각도 못했는데, 본사에서 인터뷰하자고 연락이 온 거예요. 한국에선 유일했죠. 모든 게 꿈같고 마냥 좋았습니다.[4]

건축디자이너로 일하는 36세 이재원 씨는 전 세계에 21명뿐인 레고 공인작가 중 한 사람이다. 레고 조립이 취미였던 그가 페이스북에 올린 작품 사진을 보고 팬들이 생기면서 해외에서도 소문이 났고, 급기야는 레고 본사에서 인터뷰를 하자며 연락이 온 것이다. 게임 개발자 41세 박치훈 씨도 레고 마니아다. 1999년부터 발매되기 시작한 스타워즈 시리즈를 접한 후 하나둘씩 모은 레고들이 지금은 방 하나

출처: 레고코리아, ⓒ 이재원

●●● 건축디자이너 이재원 씨는 전 세계에 21명뿐인 레고 공인작가 중 한 명이다. 오른쪽은 그가 레고를 조립해 만든 '캡틴 후크.'

를 가득 채우고 있다. 이렇듯 레고에 빠진 사람들의 연령대가 높아지고, 레고 마니아층이 점차 넓어지고 있다. 레고로 투자하기, 일명 '레테크(레고+재테크)'까지 등장했다. 찾는 이들이 많아지면서 단종된 희귀 레고 시리즈는 중고시장에서 '높은 몸값'에 거래되기도 한다. 영국의 일간지 〈텔레그래프〉는 지난 15년간 출시된 한정판 레고 세트의 중고 가격 상승률과 금·주식의 투자 수익률을 비교한 결과, 레고의 수익성이 훨씬 좋다고 결론지었다.[5]

아름다운 '과몰입', 디깅

앞서 소개한 세 사례의 공통점은 사례 속 인물이 특정 행위에 과도하게 몰입하고 있다는 것이다. 컨셉이든, 관계든, 수집이든, 단순한 취향 혹은 취미라고 부르기엔 부족할 정도로 깊이 파고들어간다. 요즘 유행하는 표현으로 말하자면, "○○에 진심"인 사람이 늘고 있다. 여기서 '진심'에는 어떤 대상에 대해 '쉽게 변하지 않을 참된 마음'의 진심眞心과 '정성을 다해 깊이 빠져드는' 진심盡心이 모두 포함된다. 해당 분야에 크게 관심이 없는 일반인들이 보기에는 좀 이상한 사람이나 괴짜 같을 수도 있지만, 본인들은 전혀 개의치 않는다. 몰두의 대상이 다소 특이하고 그 몰입의 정도가 꽤 깊음에도 불구하고, 이들은 현실도피적이지 않다. 오히려 자신이 사랑하는 일에 시간과 돈과 열정을 투자하며 누구보다도 삶에 열심이다.

『트렌드 코리아 2023』에서는 이처럼 자신의 취향에 맞는 한 분야에 깊이 파고드는 행위를 하는 사람들이 늘어나는 트렌드를 가리켜 '디깅모멘텀Digging Momentum'이라고 부르고자 한다. 이러한 행동을 '과몰입'이라고 부르는 경우도 있지만, 좀 더 중립적이고 해당 트렌드를 적확하게 표현할 수 있는 용어로 '디깅'을 제안한다. 이들의 몰두에서는 과몰입이란 단어에서 느껴지는 부정적인 뉘앙스가 차츰 옅어지고 있기 때문이다. 우리 사회 곳곳에 퍼져 있는 '디깅러('digging'+사람을 뜻하는 접미사 'er')'들이 난지 '취미에 진심'이기만 한 것은 아니다. '멀티 페르소나' 시대에 '찐자아'를 찾으려는 열정 가득한 노력이자, 코로나 사태와 불경기 속에서 흔들리는 실존적 불안에 대처하기 위해 적극적으로 자신만의 행복전환점을 찾으려는 삶의 매진이다.

본래 영어 'digging'은 '파기'·'채굴'이라는 의미를 가진 단어인

데, 최근에는 다른 뜻으로 사용되고 있다. 대중음악 분야에서 새로운 음악의 장르를 찾아내고 유행하는 음악의 동향을 분석하는 행동을 설명하는 용어로서 디깅이 처음 사용됐다.[6] 음악 외의 영역에서도 이 표현이 쓰이기 시작한 것은 2020년 이후다. 『트렌드 코리아 2020』의 '업글인간' 트렌드 설명 부분에는 다음과 같은 구절이 있다.

> 남들이 모르는 나만의 원석을 발견할 때까지 특정 품목이나 분야를 깊이 파고드는 이들의 소비는 '깊이 판다'는 의미에서 디깅 소비라 부를 수 있다.

이로부터 3년이 채 지나지 않아 이러한 소비 성향이 하나의 트렌드로 주목받을 만큼 양적·질적으로 성장했고, 마침내 디깅모멘텀이라는 키워드로 표현하기에 이른 것이다. 사실 자신이 좋아하는 분야에 과도할 정도로 몰입해 애정을 쏟는 행동 자체가 완전히 새로운 현상은 아니다. 애니메이션 등 특정 서브컬처를 전문가 수준으로 탐닉하는 일본의 '오타쿠otaku,御宅', 이를 한국식으로 바꾼 '덕후', 공부나 과학 지식을 탐구하는 데 열심이지만 사회성은 다소 부족한 미국의 '너드nerd', 연예인·정치인·브랜드 등에 적극적인 팬덤 공세를 펼치는 『트렌드 코리아 2020』의 키워드 '팬슈머fansumer'에 이르기까지, 자신의 관심 영역에 진심인 사람들은 과거부터 있어왔다. 이 개념들과 디깅을 비교해보자면 오른쪽 표와 같다.[7]

먼저, 1인 N스크린의 환경이 확산됨에 따라 디깅러의 몰입 대상은 '드영만소(드라마·영화·만화·소설)'에 해당하는 미디어 콘텐츠로까

디깅과 유사 개념의 비교

	오타쿠/덕후	너드	팬슈머	디깅
몰입 대상	애니메이션	공부, 과학적 지식	연예인, 인플루언서, 브랜드, 제품	미디어 콘텐츠(드라마, 영화, 만화, 소설), 연예인(아이돌, 배우), 인플루언서, 제품, 경험
몰입 목적	자기만족	실력 증진 및 과시	성숙한 팬덤 문화 형성	완성도 높은 재미, 소통/공감, 자랑/과시
소통 방식	최소한의 교류	일대일 대화 위주	커뮤니티 중심의 소통	적극적인 의사 소통
영향력	일본의 서브컬처 문화 확산	전문 지식 전파	제조 생태계 변화	기업의 전략 방향 주도

출처: '오타쿠'와 달리 '덕후'는 공감 중시, 스타벅스 다이어리처럼, 場을 펼쳐줘라 / 〈동아비즈니스리뷰〉, 199호, 2016.04.

지 다양해졌다. 플랫폼을 넘나들며 본방·재방을 챙겨보는 것은 기본이며, 0.1초 단위로 캡처해 자신과 같은 디깅러에게 희귀 '짤(사진이나 짧은 동영상)'을 공유하며 공감대를 형성한다. 또한 디깅러들의 몰입 목적은 단순히 자기만족에 머무르지 않는다. 남들보다 더 전념해서 즐겼음에 재미를 느끼고 이를 소통하며 자랑한다는 특징이 있다. 이렇듯 좋아하는 것에서 더 나아가 행동한다는 점에서 디깅러들은 기업이 만드는 문화나 생태계에 좌우되지 않고, 오히려 전략의 방향을 주도하는 힘을 가지고 있다. 따라서 디깅은 SNS와 트렌드 미디어가 주류로 떠오른 환경 속에서 지금껏 오타쿠·너드·팬슈머 등의 용어로 규정되어온 몰입 행동의 더욱 발전된 새 버전이라고 볼 수 있다.

한편, 움직임을 뜻하는 '모멘텀momentum'은 물리학에서 주로 쓰였던 용어인데, 최근에는 정치·경제 분야에서 '특정한 사건이나 주가의 흐름이 다른 방향으로 바뀌는 계기 혹은 전환점'이라는 확장된 의미로 자주 사용되고 있다.[8] 여기서 착안해 본서에서는 디깅 행위가 단지 깊은 취미 생활에 그치는 것이 아니라 자신의 정체성과 효능감, 나아가 행복을 찾는 계기나 전환점이 될 수 있다는 점에 주목했다. 말하자면 디깅이 행복의 모멘텀이 될 수 있다는 의미에서 '디깅모멘텀'이라는 용어를 사용하고자 하는 것이다.

디깅은 크게 컨셉형·관계형·수집형의 세 유형으로 나눌 수 있다. 첫째, 컨셉형은 몰입하는 재미를 느끼기 위해 컨셉에 열중하는 경우다. 디테일이 살아 있는 컨셉을 자신의 일상에 적용하거나 콘텐츠를 즐기는 기준으로 활용한다. 둘째, 관계형은 같은 대상을 좋아하는 사람들끼리 적극적인 소통을 통해 몰두의 정도를 높이는 경우다. 이들은 자신과 비슷한 동료들과의 소통 과정 자체에 흥미를 느낀다. 온·오프라인 할 것 없이 서로의 취향 세계를 공유하고, 애정하는 대상을 향해 함께 '덕질'한다. 셋째, 수집형은 특정 물건이나 경험의 수집을 통해 만족과 과시를 추구하는 경우다. 수집형 디깅러는 타인의 이해를 받지 못할지라도 자신만의 이유로 꾸준히 특정 행동을 반복하고, 이를 전시하는 과정을 통해 뿌듯함을 만끽한다. 이제 각 유형별로 디깅모멘텀이 어떤 양상으로 나타나고 있고, 이 트렌드가 발현하는 배경은 무엇이며, 우리 사회의 구성원들과 산업에 시사하는 바는 무엇인지 차례로 살펴보자. Let's dig in!

디깅모멘텀의 유형과 양상

1. 컨셉형 디깅

"나 공부 잘하는 컨셉질하다가 진짜로 공부에 취미 생겨서 대학원 옴;; 컨셉질 오글거린다 할 게 아니라고. 그렇게 살면 인생 재밌어짐……."[9]

위 예시는 한 온라인 커뮤니티에 실제로 올라온 글로, 공부 잘하는 것을 컨셉으로 삼고 디깅하다가 대학원까지 진학하게 됐다는 내용이다. 전술했듯이 요즘 학생들 사이에서는 '과몰입 공부법'이 인기다. 공주 컨셉, 헤르미온느 컨셉, 로스쿨 컨셉 등 그 종류도 다양하다. 이들의 과몰입은 디테일한 설정까지 갖춘 컨셉을 되뇌며 자기암시를

출처: 조플랫, © 박기화

●●● 컨셉형 디깅은 특히 공부법 분야에서 인기가 높다. 〈해리 포터〉 시리즈의 헤르미온느, 미국 하이틴 영화에 나오는 퀸카 여고생 등을 그냥 따라 하는 것이 아니라 싱크로율 100%에 이르도록 치열하게 노력한다.

하는 것으로 시작된다. 또 다른 예로 '미국 하이틴 퀸카 컨셉'이 있는데, 1990년대 복고풍을 가리키는 'Y2K' 스타일이 유행하면서 함께 떠올랐다. 이 컨셉의 주인공은 학교에서 가장 인기가 많은 퀸카이고, 전교 1등 너드남을 짝사랑하게 되어 열심히 공부해야 할 이유가 생긴 상황이다. 이때 퀸카는 반드시 '하이 포니테일'로 머리를 묶고 브랜드 립밤을 발라야 한다. 하이틴 퀸카의 요소를 갖췄다면 유튜브에서 '하이틴 여주(여자주인공)가 되는 기억조작 플레이리스트'나 '하이틴 여주의 평화로운 뉴욕 주택가 아침 ASMR'을 찾아 틀어놓고 미국 여고생과의 싱크로율을 높이며 공부에 열중한다.

조금 황당하기도 한 이 사례에서 알 수 있는 몰입의 핵심은 '컨셉'이다. 자신이 좋아하고 공감할 수 있는 함축적 이미지를 잡아내 컨셉으로 삼고,[10] 공부에 좀처럼 집중하기 힘들 때 몰입이 가능한 그 컨셉을 적용함으로써 효율을 높인다는 것이다.

컨셉이 반드시 공주나 하이틴 로맨스 소설의 여주인공처럼 환상적일 필요는 없다. 오히려 너무나 평범해서 누구나 한 번쯤은 경험해봤을 법한 이야기에 더 쉽게 빠져들 수도 있다. 요즘 웹드라마와 웹코미디를 평정하고 있는 컨셉이 바로 극사실 서사, '하이퍼 리얼리즘 Hyper-Realism'이다. 유튜브 채널 '픽고'가 대표적인 예인데, 특별할 것 없는 익숙한 에피소드들을 소재로 하고 있음에도 픽고 콘텐츠들의 평균 조회 수는 100만 회를 넘어섰다.[11] 픽고에서는 '사회생활 안 해본 애들 특징', '진지한 사람 특징', '자존감 낮은 연애 특징' 등을 매우 리얼하게 묘사한다. 이 리얼리티로 인해 시청자는 자신을 비롯한 주변 지인들을 떠올리게 되고, 자연스럽게 몰입의 정도가 높아진다.

1~10분 내외의 짧은 '스케치 코미디' 형식으로 평범한 일상을 그대로 재현해내는 유튜브 채널 '숏박스' 역시 '장기연애', '찐형제', '취중진담' 등 일명 '현실 고증' 콘텐츠들로 223만 명의 구독자를 확보하며 초고속 성장했다(2022년 9월 기준).

전 세계 Z세대 사이에서 가장 핫하다는 틱톡도 예외는 아니다. 틱톡의 컨셉놀이에서는 특히 '#POV'라는 해시태그를 붙인 게시물이 인기인데, POV는 'Point Of View'의 약자로 입장·관점을 뜻한다. 이를테면 '남자친구와 열애에 빠진 상황', '남자친구와 헤어진 상황', '새로운 남자친구를 만난 상황'에 맞는 짧은 영상들을 이어 붙여 하나의 게시물로 만드는 식이다. 상황에 맞는 연기는 물론, 분장·의상·소도구 등을 적극적으로 사용해서 극적 요소를 강화한다. 시청자가 화면 속 인물을 대면하고 있는 듯한 느낌을 줌으로써 엄청난 공감과 호응을 얻고 있다. 2022년 8월 기준, 이 해시태그가 달린 콘텐츠들의 누적 조회 수는 무려 6,000억 회를 넘겼으며,[12] 인기 영상을 다른 틱톡커들이 패러디해 자신만의 방식으로 재생산해내며 골라보는 재미까지 더하고 있다.

하나의 컨셉을 정하고 그에 몰두하며 정보를 제공하는 SNS 계정도 많아지고 있다. '○○봇bot' 문화가 형성되어 있는 트위터가 대표적인 예다. '봇'이란 시스템과 연계하여 일정 시간이 되면 로봇처럼 자동으로 트윗을 작성하는 계정을 일컫는다. 예를 들어 좋아하는 프로 스포츠팀의 봇을 팔로우해두면 해당 팀의 경기 정보를 주기적으로 알려준다. 그런데 최근에는 이용자가 가상의 인물이나 대상으로 가장해 봇처럼 메시지를 전송하는, 하나의 놀이를 지칭하기도 한다.[13] 예컨대 최대한 실생활에 쓸모없는 지식들을 알려주는 '오늘의 랜덤지식봇'은 180여 개가 넘는 잡학 지식에 대한 소개를 멈추지 않고 있다.[14] '일본인의 덧니 성형', '취하지 않는 동물 햄스터' 등 살면서 한 번도 궁금해본 적 없지만 뜻밖에 재미있는 내용들을 귀여운 삽화와 함께 꾸준히 업로드하며 38만 명 이상의 팔로워를 보유하게 됐다(2022년 8월 기준).

특이한 컨셉에 과몰입하는 소비자들에게 독보적인 이미지를 각인시켜 인기몰이 중인 음식점도 있다. 호주의 대화형 식당 '카렌스다이너Karen's Diner'는 독특하게도 '세상에서 가장 무례한 곳'이라는 컨셉을 내세운 곳이다. 직원들은 입장을 기다리는 손님을 가볍게 무시하며 스마트폰으로 게임을 하거나, 주문하려는 손님의 부름에 귀찮다며 짜증을 낸다. 케첩을 더 달라는 손님의 요청에 멀리서 던져주기도 한다. 이에 손님들은 재밌고 신선하다며 즐거워하고, 일부러 직원들을 자극하거나 더욱 무례한 응대를 요구하는 사람들도 있다. 이 식당은 컨셉에 열광하는 MZ세대들에게 인기를 얻으면서 호주를 넘어 미국과 영국에 11개가 넘는 지점을 론칭하기도 했다.[15] 맛과 메뉴만으로 승부하는 건 이제 평범하다. 디깅러들은 이제까지 어디서도 볼 수 없었던 독특한 컨셉에 매료된다.

2. 관계형 디깅

특정 연예인을 좋아하는 '팬질'을 일부 극성스러운 철부지 청소년의 퇴행으로 바라보는 부정적인 시선이 점점 사라지고 있다. 이제 팬질은 나이에 상관없이 누구나 할 수 있고, 자연스러우며, 나아가 자랑스러운 일로 자리 잡았다. 실제로 아이돌 BTS나 가수 임영웅의 팬클럽에는 나이 지긋한 열혈팬들이 많다. 자신이 누군가를 열렬히 좋아하는 '덕후'임을 스스로 밝히는 것을 '덕밍아웃'이라고 하는데, 자신의 취향을 세상에 드러내는 일을 말한다. 온라인 세상의 익명성에 용기를 얻어 숨겨왔던 자신의 취향을 조심스레 덕밍아웃했을 때 누릴 수 있는 최고의 장점은, 자신과 비슷한 취향을 가진 사람들이 얼마나 많은지 찾아낼 수 있을뿐더러 그들과 서로 호들갑 떨며 함께 몰입할 수 있다는 점이다. 이렇게 타인과 소통하며 특정 대상에 함께 몰입하는 유형을 '관계형 디깅'이라고 한다.

관계형 디깅이 가장 흔하게 일어나는 대상은 가수·아이돌·배우·캐릭터 등인데, 이들을 '덕주'라고 부른다. '덕후의 주인'이라는 뜻으로, 예를 들어 BTS 덕질을 한다면 나는 덕후이고 BTS는 덕주인 셈이다.[16] 덕후들이 덕주를 디깅하는 과정에서 그것이 일방적이고 단선적인 좋아함에 그치지 않고, 덕후들끼리 상호소통하며 덕질의 공감도를 키워간다는 의미에서 관계형 디깅이라고 부를 수 있다.

관계형 디깅은 일정한 단계로 이뤄진다. '덕친(함께 덕질하는 친구)'이 되기 위해서는 먼저 서로의 취향을 탐색해야 한다. 덕질용 SNS 계정에 지금까지 좋아했던 아이돌을 연도별로 정리해서 업로드하거나, 과거의 '탈덕(덕질을 그만둠)' 경험과 현재 본인의 '입덕(덕질을 시작함)' 계기 등을 공유하며 공감대를 형성한다. 누군가를 좋아했던 역사를 '덕질 연대기'라고 부르는데, 서로의 덕질 연대기를 확인했을 때 공통점이 많을수록 덕친이 될 확률이 높아진다. 함께 소통할 덕친을 찾을 때 유형 테스트를 활용하기도 한다. 요즘 MZ세대는 MBTI 테스트처럼 자신이나 친구의 성격·행동 특성을 유형화하고 그 유형에 맞거나 맞지 않는 친구를 판별하는 것을 좋아하는데, 디깅을 위한 소통에도 이 방법이 동원된다. 이에 성격 판별labeling 플랫폼 푸망poomang은 디깅 성향을 판별해주는 '덕질 유형 테스트' 서비스를 제공하고 있다.[17] 이용자는 이 테스트를 통해 자신의 덕질 유형을 파악하고 함께 덕질하면 좋은 유형의 친구들을 찾을 수 있다.

이렇게 덕친을 맺고 온라인상에서 대화를 이어가다가 실제로 만나서 '실친(실제 친구)'이 되어 오프라인 공간에서 '덕후투어'를 즐기기도 한다. 좋아하는 아이돌, 즉 덕주가 다녀간 음식점과 카페에 방문하거나, 덕후들이 많이 상주해 있는 장소에 가서 온종일 '최애'에 대한 칭찬 릴레이를 이어가는 것을 덕후투어라고 한다.

한 아이돌 그룹 내에서도 그중 특히 애정하는 멤버가 생기기 마련이다. 그런 경우 특정 멤버의 '포카(포토카드)'만을 모으고 싶어하는데, 덕친들끼리 '덕질 품앗이'를 통해 서로의 디깅을 보완하기도 한다. '앨범깡(원하는 사진이나 굿즈를 얻기 위해 앨범을 다량으로 구매한 후, 굿즈만 남기고 앨범을 버리는 행위)'을 하다 보면 내 최애가 아닌 멤버의 포토카드가 쌓인다. 이를 그 멤버가 최애인 덕친에게 선물하며 우애를 다지는 식이다.[18] 이때 택배 박스에 포토카드만 달랑 담아 보내는 것이 아니라 구겨지지 않도록 보호필름을 씌우고 예쁘게 꾸민 탑로더에 넣어준다고 하니, 그 정성이 대단하다. 선물을 받은 사람은 연신 포토카드를 흔들면서 자신을 위해 예쁘게 포장해준 덕친에 대한 감동을 한껏 표현한 '준등기깡(우체국의 준등기 우편으로 보내진 택배를 언박싱하는 것) 후기' 영상을 덕질용 SNS 계정에 올리며 감사를 전한다.[19]

한편, 배우들에 대한 디깅 양상도 흥미롭다. 특정 배우를 향한 팬덤이 달아오르면서 원본 드라마가 아닌 '페이크 드라마'로 불리는 2차 콘텐츠가 화제에 오르기도 한다. 2022년 여름, ENA 드라마 〈이상한 변호사 우영우〉가 큰 인기를 끌자 JTBC가 운영하는 유튜브 채널 '드라마 보야지Drama Voyage'는 이 드라마의 주연을 맡은 배우 박은빈과 강태오의 이전 출연작들을 짜깁기하여 '이상한 첫사랑 송지원'이라는 완전히 새로운 페이크 드라마를 제작했다. 서로 다른 드라마의 장면들을 잘라 붙인 것임에도 대사가 자연스럽게 연결되어 팬들로부터 '당장 방영해도 될 수준'이라는 찬사를 받은 바 있다.[20] CJ ENM의 유튜브 채널 '샾잉'은 일반인들의 진솔한 연애 이야기를 다룬 리얼리티 예능 프로그램 〈환승연애2〉와 2022년의 인기작 중 하나인 드라마 〈유미의 세포들2〉를 적절히 재편집하여 '환승세포'라는 페이크 예능 콘텐츠를 선보였다.[21] 이러한 방송사들의 새로운 시도는 종영된 프로그램에 여전히 몰입해 있는 디깅러들이 한데 모여 '내 배우'에 대한 애정을 맘껏 표현할 수 있는 소통의 장을 제공해준다는 데 의미가 있다.

3. 수집형 디깅

누군가를 보다 깊이 이해할 수 있는 방법 중 하나로 그 사람의 '방'을 들여다보는 것이 있다. 심리학자 샘 고슬링Sam Gosling 교수는 저서 『스눕Snoop』에서 인간은 의식적으로든 무의식적으로든 자기 정체성을 표현하기 위해 자신이 살고 있는 공간에 취향이 담긴 물건을 두게 된다고 설명했다.[22] 침대 주변에 인형을 잔뜩 올려두어 심리적 안정감을 찾거나, 비싼 브랜드 제품을 쌓아 고급스러운 자기 취향을 확인하는 것이다. 그렇기 때문에 디깅러의 방에는 그가 수집한 물건이 쌓여 있기 마련이다. 이처럼 특정 아이템을 수집하는 디깅을 수집형 디깅이라고 한다.

요즘 가장 주목받는 수집 대상은 '캐릭터'다. 실제로 귀여움이 주는 즐거움은 음식이 주는 쾌감과 유사한 정도라고 한다.[23] 바라보기만 해도 미소가 절로 지어지는 깜찍한 것들이 나의 주변을 채운다면 먹지 않아도 든든한 기분이 들지도 모른다. 세븐일레븐은 2022년 5월 포켓몬·짱구·산리오 캐릭터로 구성된 '캐릭터 마이키링 3종'을 출시해 두 달 만에 누적 판매량 200만 개를 돌파했다.[24] 캐릭터 상품을 거래하는 전문 온라인 플랫폼도 여럿 등장했다. 스톤브릿지벤처스 등으로부터 20억 원 규모의 투자를 유치한 국내 최초의 펀숍Fun-shop, '띵고'는 미국·유럽·일본·중국의 인기 애니메이션 캐릭터 관련 굿즈 상점을 한데 모아 팝-컬처계의 선두 주자로 큰 인기를 끌고

출처: 세븐일레븐 페이스북

귀여운 캐릭터에 열광하는 디깅러들의 수집 욕구를 자극한 세븐일레븐의 '캐릭터 마이키링'. 캐릭터는 수집형 디깅에서 가장 주목받는 대상이다.

있다.[25] 취향공유·덕질 플랫폼 '콜리Colley'는 해리 포터·짱구·디즈니 등의 캐릭터 IP를 활용한 상품들을 판매하는데, 그중 'only 콜리' 굿즈들은 콜리 앱에서만 구매할 수 있어 캐릭터 제품을 수집하고 있는 디깅러들의 방문율이 자연스럽게 높아지고 있다.

수집형 디깅은 단지 수집에서 멈추지 않고 적극적인 '자랑질'이 뒤따른다. 이때 자신의 SNS에 수집품 사진을 올리고 '좋아요'를 기다리기만 하는 것이 아니라, 더 재미있고 더 공감을 끌어낼 수 있는 방식을 모색한다. 대표적인 사례가 틱톡의 '원본 음원 활용하기'다. 틱톡의 콘텐츠 중 '#collectorcheck'라는 해시태그가 붙은 영상들의 시작은 사만사Samantha라는 틱톡커다. 틱톡커들은 '가장 비싼 물건', '다른 사람들이 가지고 싶어하는 물건', '가장 처음에 산 물건', '가장 이상한 물건' 등등의 주제로 자신의 수집품을 보여준 사만사의 원본 영상 음원에 맞춰 각자의 수집품을 소개한다.[26] 이들의 수집품 중에는 한때 유행했던 팝잇pop-it(실리콘으로 만들어진 에어캡 형태의 장난감)부터 스타벅스 굿즈, 야구 글러브, 껌종이, 음료수 캔, 수석水石에 이르기까지 특이한 품목이 많다. 이러한 문화가 낯선 일반인의 눈으로 보면 그 수집의 다양성은 놀라운 수준이다. 트위치·유튜브 등에서 수집 콘텐츠는 주요 아이템이 됐고, 심지어는 수집품을 자랑하는 '자랑대회'가 열리기도 한다. 1인 방송을 하는 스트리머들이 진행하는 자랑대회는 자신의 '진짜 광기'를 뽐내고 싶은 사람들 사이에서 큰 인기를 끌고 있다. 일례로 약 153만 명의 구독자를 보유한(2022년 9월 기준) 유튜버 혜안의 '방 자랑대회' 콘텐츠에는 무려 30년에 걸쳐 어머니와 함께 개구리 인형·장식품·양말·가구 등을 모은 사례가 등장

해 화제에 오르기도 했다.[27]

수집은 물건뿐만 아니라 경험에 대해서도 이뤄진다. 뮤지컬을 좋아하는 사람이라면 익숙할 일명 '회전문 관람'이 경험 수집의 대표적인 예다. 한 차례 공연을 관람했지만 회전문을 통해 건물 밖으로 나가지 못하고 다시 들어오듯 재관람한다는 의미로, 이 '회전문 관객'들 덕에 코로나 시기에도 뮤지컬 공연장은 무척 붐볐다. 지난 2022년 3월 인터파크는 뮤지컬 관객 중 'N차 관람 관객 조사' 결과를 발표했는데, 2021년 한 해 동안 같은 작품을 가장 많이 반복해서 본 관객의 관람 횟수는 86회였고, 뒤이어 77회와 72회가 2위와 3위를 기록했다.[28] 젊은이들의 새로운 놀이터로 등극한 '방탈출'도 경험 수집의 대상이 되고 있다. 포털사이트 검색창에 '방탈출 후기'를 검색해보면 평균 300회 이상의 방탈출을 인증한 '프로 방탈출러'들의 블로그 게시글이 쏟아진다.[29] 고도의 3D 심리게임인 방탈출은 난이도·장르·플레이타임 등이 다양해서 여러 번의 경험에도 매번 새롭게 느껴지고 지루하지 않다. 프로 방탈출러들은 방탈출을 마친 뒤 체감 난이도, 힌트 방식, 스토리 요약, 공포 정도, 인테리어, 활동성, 복장 등에 대한 평가와 후기를 남긴다.

디깅모멘텀이 확대된 사회·문화적 배경

취향에 대한 관심이 어제오늘의 일은 아니다. 그럼에도 최근 들어 이렇게 과몰입이 확대되고 있는 사회·문화적 배경은 무엇일까? 먼저

'디깅/과몰입/팬덤'의 연령별 언급량 추이 비교

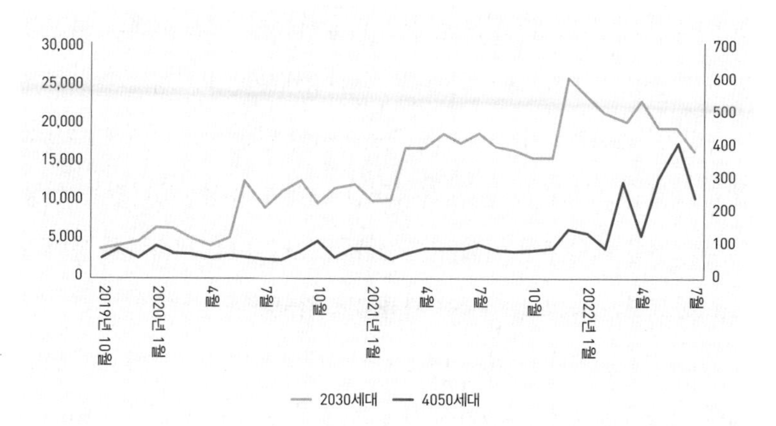

출처: 코난테크놀로지

'디깅/과몰입/팬덤' 등의 키워드 언급량을 2030세대와 4050세대로 구분하여 알아본 코난테크놀로지의 조사 결과를 살펴보자. 그 내용은 앞의 그래프와 같은데, 여기서 두 가지 사실을 알 수 있다. 첫째는 2030 젊은 세대의 디깅에 대한 관심이 4050세대보다 더 높다는 것이고, 둘째는 4050세대의 관심도 꾸준히 증가하고 있다는 것이다.

이 조사 결과를 보다 자세히 이해하려면 먼저 MZ로 불리는 젊은 세대의 특성을 고려할 필요가 있다. 어릴 때부터 게임을 일상적으로 즐기고 디지털 기기를 손에서 떼지 않은 채 자라온 MZ세대는 가상 세계를 또 하나의 현실로 받아들인다. 그렇기 때문에 현실적이지 않은 대상에 대해서도 훨씬 더 쉽게 몰입할 수 있고, 나아가 그 몰입을 즐긴다. 또한 이들은 어벤저스·해리 포터·반지의 제왕 등 SF 판타지물에 그 어느 세대보다도 열광한다. 판타지는 일련의 작품에 그치지 않고 하나의 '세계관'으로 확장되는데, 이렇게 세계관 형성이 가능한 이유는 가상의 내러티브를 현실로 받아들이는 MZ세대의 성장경험과 무관하지 않다. 1977년에 첫 작품이 개봉되어 기성세대에게 더 익숙한 〈스타워즈〉 시리즈가 최근 들어서야 단순한 시리즈에 그치지 않고 새로운 세계관을 담은 복합적인 콘텐츠로 성장해나가는 현상 역시 그러한 맥락에서 이해가 가능하다. 그래서 MZ세대에게 몰입은 매우 중요한 이슈이고, 이들은 과몰입에 익숙하다.

그렇지만 최근에는 40~50대 기성세대의 디깅도 늘어나고 있다. 흔히 나이가 들수록 무언가에 새로운 열정을 가지기란 쉽지 않다고 하지만, 디깅이 젊은 세대만 향유하는 문화라는 생각은 편견이다. 디깅은 정해진 답이 없는 취향 탐색의 연장이기 때문에 몰입하는 대상에 있어서도 연령 제한이 없다. 도입부의 사례에서 살펴봤던 것처럼, 아이들의 장난감으로 여겨지는 '레고'를 즐기는 30~40대가 증가하고 있으며, 연예인 덕질에 있어서도 나이는 단지 숫자에 불과하다. 다시 말해 디깅은 세대를 아우르는 트렌드가 되고 있다.

몰입할 수 있는 대상이 있는 것, 그게 바로 '행복'

시간이 지날수록 디깅모멘텀 트렌드가 강해지는 이유는 무엇일까? 우선 몰입 자체가 갖는 힘에 주목해야 한다. '몰입flow'의 개념을 정립한 심리학자 미하이 칙센트미하이Mihaly Csikszentmihalyi에 따르면, 자신이 몰입해 있는 일을 중요하다고 여기고 그 자체로 충분히 의미가 있다는 굳은 믿음이 중요하다고 한다. 자기 목적적인autotelic 사람만이 삶을 여유롭게 향유할 수 있다는 것이다.[30] 하루 중 잠깐이라도 내가 진짜 좋아하는 것에 몰두하여 행복을 충전한다면, 다음 날의 스트레스도 충분히 이겨낼 수 있는 심리적 근성이 생긴다.

오랫동안 지속되고 있는 코로나19 팬데믹, 점점 깊어져만 가는 사회적 갈등, 심화되는 경제적 위기 등의 시기적 특성도 디깅의 배경으로 작용하고 있다. 이러한 불안은 개인이 선택하거나 통제할 수 있는 종류의 것이 아니다. 그냥 맞닥뜨리고 감내해야 하는 현실이다. 긍정심리학의 창시자 마틴 셀리그만Martin Seligman은 행복에는 공식이 있고, 행복한 상태는 스스로가 만들 수 있다고 이야기한 바 있다.[31] 그의 '행복방정식'에 따르면, 우리가 느끼는 행복도(H)는 이미 가지고 있는 유전적 기질(S), 주어진 외부 환경(C)과 더불어 스스로 통제할 수 있는 자율성(V)의 합으로 결정된다. 결국 자신이 어찌할 수 없는 유전자나 환경을 탓하는 것은 불안을 해소할 수 있는 적절한 방법이 아니며, 행복해지기 위해서는 노력으로 바꿀 수 있는 자율성을 높여야 한다는 것이다. 우리가 어쩔 수 없는 바이러스, 정치·사회적 갈등, 불경기 등의 상황 아래서 내가 온전히 바꿀 수 있는 '그 무엇'을 찾는 것은 어쩌면 당연한 일이다.

행복은 어떻게 얻을 수 있을까? 우리나라 행복 연구를 이끌고 있는 서울대 심리학과 최인철 교수는 "인간의 행복은 마음속에 관심 있는 대상이 존재하는 상태"이며, "그 대상을 향해 스프링처럼 튀어나갈 수 있는 준비가 됐을 때가 행복한 상태"라고 설명한다.[32] 적정 불안을 넘어 과도한 스트레스를 느끼게 되는 일상의 순간 속에서도, 그때마다 나의 기분을 단번에 행복으로 바꿔줄 마음속 '관심 버튼'이 있다면 보다 현명하게 '현생(현재 또는 현실의 삶)'을 극복할 수 있을 것이다. 어쩌면 디깅러는 항상 마음 한 편에 나의 '최애' 취향을 품고 살아가는, 행복에 최적화된 인류일지도 모른다.

전망 및 시사점

"디깅에 진심"인 사람들이 많아지면서 엔터테인먼트·콘텐츠·취미·키덜트kid+adult 등 관련 산업도 함께 성장하고 있다. 나아가 디깅러들의 '입소문힘viral power'이 강해짐에 따라 일반 산업에서도 그들의 마케팅적 역할이 중요해지는 추세다. 특히 순발력, 마이너 감성의 주류화, 다양한 미디어를 넘나들 수 있는 매체 전략 등의 시사점을 얻을 수 있다.

디즈니플러스코리아는 마블스튜디오의 새로운 드라마 〈변호사 쉬헐크〉를 공개하기에 앞서 참신한 기획을 시도했다. 국내 최대 규모의 온라인 커뮤니티 사이트인 디시인사이드에 〈변호사 쉬헐크〉의 여주인공이 오은영 박사와 닮았다는 게시글이 올라와 화제가 된 것에서 착안해, 자사 유튜브 채널에 '요새 핫한 오은영 박사님과 싱크로율 200% 쉬헐크의 만남'이라는 제목의 랜선GV Guest Visit 영상을 공개한 것이다. 또한 '오은영 박사님이 고민상담 해주는 댓글 이벤트'를 진행해 영화 리뷰와 함께 소개하기도 했다.[33] 이러한 노력에 대중 역시 뜨겁게 호응했는데, "마블은 몰라도 이상한 변호사 녹綠은영은 봤다"는 이야기가 온라인상에서 회자될 정도였다. 이렇듯 앞으로 사람들은 뻔한 방식의 소통이 아닌 예상치 못한 접근에 한층 더 몰입하게 될 것이다. 주류 미디어인 디즈니가 비주류 미디어인 디시인사이드에서 떠오른 작은 화제에 순발력 있게 대응하며 비주류 감성을 주류로 끌어올림으로써 홍보 효과를 극대화할 수 있었던 것처럼 말이다.

적재적소의 미디어 전략이 필요한 시점

TV·라디오·신문·잡지로 표현되던 4대 미디어의 시대는 지나가고, 이제 셀 수 없이 많은 미디어가 공존하는 시대가 다가왔다. 이 다양한 미디어들을 그 특성에 맞게 적재적소에 활용할 수 있는 매체 전략이 그 무엇보다 중요한 상황이다. 예를 들어 K-컬처 신드롬을 이끌고 있는 SM엔터테인먼트는 최근 자사의 세계관을 계속 확장해, K-팝 팬들이 스스로 문화를 만드는 프로슈머가 될 수 있는 무한한 '콘텐츠 유니버스CU, Contents Universe'의 구축을 지향하고 있다. SM엔터테인먼트의 CU에서 처음 선보인 혼합 영상을 '카우만CAWMAN'이라고 부르는데, 이는 카툰Cartoon·애니메이션Animation·웹툰Web-toon·모션그래픽Motion graphic·아바타Avatar·노블Novel의 영문 첫 글자를 조합한 단어다. 다시 말해서 장르를 가로지르는 '트랜스미디어' 콘텐츠를 생산 및 활용하겠다는 것이다.

디깅러의 몰입도를 높이고 싶다면 이처럼 다양한 미디어를 넘나들며 끊임없이 '즐길거리'를 제공해야 한다. 2022년 8월, 카카오는 2021년 데뷔해 큰 인기를 끌었던 카카오의 대표 캐릭터 라이언과 그의 친구 춘식이로 구성된 '라춘듀오'의 컴백을 대대적으로 알렸다. 이들의 활동을 기다린 팬들에게 컴백 소식과 관련된 내용을 틱톡·유튜브·인스타그램·트위터 등에 모두 공개했고, 각 플랫폼에 특화된

T

Thorough Enjoyment: 'Digging Momentum'

출처: 카카오

카카오의 야심작, '라춘듀오'의 컴백 소식은 거의 모든 SNS 플랫폼과 더현대서울, 인천공항 등 온·오프라인을 넘나들며 전해졌다. 이제 전방위적 미디어 접근은 디깅러를 공략하기 위한 필수 전략이 됐다.

콘텐츠를 차례로 게시하여 사람들의 관심을 극대화시켰다.[34] 더불어 라춘듀오의 컴백 기념 행사는 MZ들의 최애 백화점인 더현대서울에서 진행하고 인천공항을 배경으로 'K-팝 댄스 인천공항 편'을 제작하기로 하는 등, 온·오프라인을 넘나드는 트랜스미디어 전략을 보여주었다.

디깅과 중독의 경계선 지키기

마지막으로 지적하고 싶은 점은 과몰입하는 디깅러 개개인에 대한 우려 역시 여전히 상존한다는 점이다. 지나치게 과도한 '딥디깅deep digging'에는 주의가 필요하다. 디깅모멘텀을 제대로 즐기기 위해서는 디깅과 중독의 경계선을 지켜야 한다. 정신과 의사 윌리엄 글래서William Glasser에 따르면 중독에는 긍정적 중독과 부정적 중독이 있으며,

긍정적 중독은 정서적 충족감을 주지만 부정적 중독은 일시적 쾌감만을 준다.[35] 즉, 우리의 일상을 다채롭게 만드는 디깅의 긍정적 효과를 얻기 위해서는 일정한 기준이 필요한 것이다. 하지만 디깅이 현실로부터의 도피가 될 것인지, 자아에 대한 치열한 몰입이 될 것인지에 대해 명확한 선을 긋기는 매우 어렵다. 문제는 '일상과 디깅을 어떻게 적정하게 조화시킬 것인가'에 달려 있다. 이와 관련해 마틴 셀리그만은 단지 순간적인 기쁨을 줄 뿐인 '쾌락'과 미래를 위한 투자로서 심리적 자산을 형성하는 '몰입'을 구분해야 한다고 말한다.[36]

쾌락은 생리적 포만감을 지향하는 반면, 몰입은 심리적 성장을 지향한다. 그렇다. 핵심은 성장이다. 자기 성장이라는 큰 지향점 아래에서 삶과 적절히 어우러질 때, '디깅'은 행복한 인생을 위한 진정한 발돋움의 '모멘텀'이 될 수 있을 것이다.

Jumbly

Alpha Generation

알파세대가 온다

태어나 처음 말한 단어가 '엄마'가 아닌 '알렉사'라는, 진정한 '디지털 원주민Digital Native' 소비자가 등장하고 있다. 1995~2009년생을 일컫는 Z세대의 다음 세대, 2010년 이후에 태어나 13세 이하인, 초등학교 6학년보다 어린 '알파세대'가 바로 그 주인공이다. X-Y-Z를 잇는 알파벳이 없어 다시 처음으로 돌아가 알파세대라고 명명했는데, A가 아니라 '알파'라는 이름이 붙은 것이 의미심장하다. 이는 단순히 Z세대의 다음 세대가 아닌 완전히 새로운 종족의 탄생을 은유한다. 알파세대는 신세대의 기수旗手인 1980년대생 밀레니얼 세대 부모에게서 태어나 이전과는 완전히 다른 방식으로 길러졌으며, 코로나 사태에 직접적인 영향을 받으며 자라고 있다.

알파세대는 저마다의 매력을 존중하고 나는 나대로, 너는 너대로 세상에서 유일한 사람이라는 정체성을 지닌다. 자기중심성이 강해 '제일 중요한 것은 나'라고 믿는 까닭에 모두가 스스로를 셀러브리티이자 아키텍트라고 여긴다. 그래서 누구나 쉽게 인플루언서가 될 수 있는 '틱톡'을 주요 SNS로 활용하고, '국영수코'로 불리는 코딩 학습을 자연스럽게 받아들인다. 더불어 '머니러시' 트렌드를 따르는 '자본주의 키즈'의 후예답게 소비와 투자를 아우르는 경제 교육을 적극적으로 받고 있다. 팬데믹 이후 오프라인 활동이 제한됨에 따라 '줌'을 비롯한 온라인 공간에서 많이 활동하고 있으나 온라인에서 해소되지 않는 오프라인에서의 실제 활동에 대한 갈증도 크다.

이전 세대에 비하면 비교할 수 없이 편리한 디지털 환경에서 풍족하게 자라는 것처럼 보이는 알파세대지만, 정작 "그들이 행복한가?" 하는 것은 이와 별개의 문제다. 이들의 행복지수는 OECD 최하위이며, 디지털 격차로 일컬어지는 양극화 문제 역시 오히려 더 심각해지고 있다. 이 어린 세대의 행복에 부모와 학교와 사회 전체가 좀 더 관심을 기울여야 한다. 알파세대의 미래가 곧 대한민국의 미래다.

최근 사회 변화의 주축으로 가장 많이 언급되는 것이 'MZ세대'다. M, 즉 밀레니얼 세대는 Y세대의 별칭으로 1980~1994년생을 가리키고, Z세대는 1995~2009년생을 지칭한다. 그렇다면 MZ 다음 세대는 누구일까? X-Y-Z를 잇는 알파벳이 없어 다시 처음으로 돌아가 '알파세대'라는 이름이 붙은 이들, 2010년 이후에 태어나 13세 이하인, 초등학교 6학년보다 어린 친구들이 그 주인공이다. 15년 정도마다 새로운 알파벳으로 세대를 구분하므로 2024년생까지는 알파세대라는 명칭을 갖게 될 것이다.

A가 아니라 '알파'라는 이름이 붙은 것이 의미심장하다. 흔히 시작에서 끝을 "알파에서 오메가까지"라고 표현하는데, 알파세대는 단순히 Z세대의 다음 세대가 아닌 완전히 새로운 종족의 탄생을 은유한다. '알파걸'이라는 표현에서 보듯 알파에는 탁월하다는 의미도 있으므로 모두가 탁월한 세대라는 중의重義도 가능하다. 알파세대는 신세대의 기수旗手인 1980년대생 밀레니얼 세대 부모에게서 태어나 이전과는 완전히 다른 방식으로 길러졌으며, 코로나 사태에 직접적인 영향을 받으며 자라고 있다. 지난 2018년, 영국에서 18개월 된 아이가 처음 한 말이 엄마나 아빠가 아니라 아마존의 인공지능 스피커 호출 신호인 '알렉사'였다는 이야기가 화제를 모은 적이 있다.[1] 알파세대는 태어나면서부터 디지털 기기와 함께 생활하는 진정한 '디지털 원주민Digital Native'인 것이다.

누구나 주변에 알파세대 한두 명쯤은 있을 것이다. 그런데 우리는 그들을 얼마나 이해하고 있는가? 다음 O/X 문제를 풀어보자.

문제1 알파세대는 오프라인 상점보다 온라인·메타버스에서 더 많이 소비할 것이다.

문제2 알파세대는 문자 메시지보다 카카오톡을 더 자주 사용할 것이다.

답은 모두 X다. 각 문제의 해설은 아래와 같다.

해설1 알파세대 하면 로블록스에서 로벅스로 결제하고 가상화폐를 자유자재로 활용하는 모습이 떠오르지만, 실제로 이들은 그 어느 세대보다 오프라인 구매 비중이 높다. 온라인으로 구매하면 집으로 택배가 오는데, 그럼 엄마가 먼저 받아보게 되기 때문이다. 이들은 자신이 구매한 물건을 부모가 보는 것을 바라지 않으므로 그냥 매장에 방문해서 원하는 물건을 자유롭게 사는 것을 더 선호한다.

해설2 알파세대가 주로 사용하는 '키즈폰'에 부모가 카카오톡을 깔아주지 않는 경우가 많다. 친구들과 시도 때도 없이 연락하거나 카톡에서 왕따를 당하거나 사이버 범죄에 연루되는 것을 걱정하기 때문이다. 그래서 알파세대는 문자 메시지나 페이스북 DM으로 친구들과 연락을 주고받는다.

아직은 미성년자인 데나 과거의 어린 세대에 비해 인구 규모도 작기 때문에 알파세대는 다른 세대에 비해 큰 관심을 받지 못해왔다. 하지만 이들이 '8포켓' 또는 '10포켓'이라고 불리는 것에 주목할 필요가 있다. 엄마·아빠·친할아버지·친할머니·외할아버지·외할머니·이모·고모·삼촌·외삼촌에게서 용돈을 받는다는 의미다. 특히 밀레니얼 부모들은 자녀를 위해서 지출을 아끼지 않기 때문에 관련 시장의 숨은 주역이다. 2023년이면 알파세대의 '최고령자'들이 초등학교를 졸업한다. 그 무섭다는 '중딩'이 된 이들은 세상의 온갖 고민과 반항을 도맡기 시작할 것이다. 알파세대에 대한 진지한 탐구가 필요한 시점에 이르렀다. 알 것 같은데 알쏭달쏭 알 수 없는, 기성세대의 어린 시절과는 완전히 판이한 세상을 살고 있는 디지털·모바일 호모 사피엔스의 진정한 시작, 알파세대가 달려오고 있다.

알파세대의 꿈과 정체성

> "100만 유튜버가 꿈이에요. 채널 운영 방법을 잘 배워서 구독자를 많이 늘려야 친구들에게 인기도 많아져요."
>
> – 12살 초등학생의 인터뷰[2] 내용 중

알파세대의 가장 일반적인 꿈은 의사도, 변호사도, 연예인도, 운동선수도 아닌 100만 명의 구독자를 보유한 유튜버다. 이들에게 유튜버는 최고의 멘토이기도 하다. 알파세대에게 무언가를 가르쳐주겠다고 하면 "그냥 유튜브 보고 배울게요"라는 답이 돌아오고, 동영상 편집 기술을 알려주는 학원들은 초등학생들로 북적인다. 공부나 운동을 잘하는 아이들이 인기가 높았던 과거와 달리 요즘에는 SNS 계정이나 유튜브 채널 구독자가 많은 인플루언서일수록 인기가 많기 때문이다. 초등학생만 대상으로 한 유튜브 강좌가 등장할 정도다. 세대를 뜻하는 영어 'generation'의 어원에는 '새로이 출현하다'는 의미가 내포되어 있다. '요즘' 초등학생은 기성세대의 연장선상에 있지 않다. 기존과는 전혀 다른 신종족, 그들이 바로 알파세대다.

모두가 셀러브리티, '세상에서 가장 중요한 건 나야'

"굉장히 춤을 잘 추는데 엄청난 고수의 수준인 거예요. 어떤 애는 로블록스를 잘하지는 못하지만 영어를 잘해요. 근데 우리가 생각하는 수준이 아니라 원어민 정도이고……. 각각의 영역에서 잘하는 수준이 굉장히 상향 평준화되어 있는 것 같아요. 또 그 분야가 너무 다양하고요. 한 명의 아이가 모든 걸 다 잘하는 것은 아니고, 각자의 분야가 세분화되어 있는 느낌이에요."

– 초2 자녀를 양육 중인 김○○ 씨, 서울대 소비트렌드분석센터
알파세대 부모 FGD Focus Group Discussion 발언 중

'전교 1등.' 40세 이상이라면 이 단어에 막연한 로망이 있을 것이다. 1980~1990년대 중·고등학교에서는 시험 결과가 나오면 전교 1등부터 100등까지의 석차를 교무실 벽에 붙여놓곤 했다. 그때는 그저 공부 잘하는 것이 최고였다. 춤을 잘 추든 노래를 잘하든 공부를 못하면 문제아 취급을 받았다. 이후에는 '엄친아'라는 단어가 등장했다. "엄마 친구 아들은 공부만 잘하는 게 아니라 성격도 좋고 운동도 잘하고 못하는 게 없다더라"라는 말에 딱 들어맞는 아이가 학교마다 꼭 있었다. 평범한 학생들의 부러움과 질투의 대상이었던 엄친아는 다른 친구들과의 경쟁에서 항상 우위를 점했다.

오늘날의 알파세대에게는 더 이상 전교 1등이나 엄친아 개념이 통하지 않는다. 오히려 비호감으로 느끼는 경향이 있다. 달리기를 잘하든 배드민턴을 잘 치든, 자신의 영역에서 하나만 잘해도 인정받을 수 있기 때문이다. 알파세대는 사람은 저마다 지니고 있는 기질과 능력이 다르다는 점을 받아들인다. 공부를 좀 못한다고 체념하기보다는 각자의 다름을 인정하고 나름대로 최선을 다한다. 특정한 분야에서 수준이 높은 개개인이 존재하는 것이다. 또한 이들은 자기중심성이 강한 탓에 '세상에서 제일 중요한 것은 나'라고 믿는 세대다. 그래서 "모두가 셀럽"이라고 여긴다. 저출산의 흐름 속에서 태어나 외동인 경우가 많은데, 경쟁하는 형제자매가 없다는 점도 이들의 '주인공 환상'을 유지시키는 요소 중 하나다.

심리학적으로 영유아기 및 취학아동 초기는 세상이 '나'를 중심으로 돌아간다고 여기는 자기중심성이 강한 시기다.[3] 자신은 아주 특별한 존재이고, 내 감정과 생각은 다른 사람과 근본적으로 다르다고 믿는 경향이 강한 것인데, 학자들은 이를 '개인적 우화personal fable'라고 표현한다. "엄마는 내가 어떤 기분인지 조금이라도 알아? 내 기분은 아무도 몰라!" 하고 말하는 것이 바로 개인적 우화의 표현이다. 나아가 자신은 연극 무대의 주인공이고 타인은 무대 위를 바라보는 관객이라는 착각에 빠지기도 한다. '상상 속의 청중imagery audience'이 늘 자신을 보며 열광하고 있다고 상상하는 것이다. 한 시간 넘게 거울 앞에서 머리를 빗고 있는 소녀나 유치하고 요란한 옷차림을 한 소년은 모두 상상 속의 열렬한 시선을 홀로 의식하고 있는 것이다. 개인적 우화나 상상 속의 청중 현상은 모두 자기중심성과 관련된다.[4] 생

출처: 틱톡

알파세대가 가장 많이 사용하는 SNS는 단연 '틱톡'이다. 우리나라의 경우, 10대 사용자의 틱톡 총 사용 시간이 카카오톡과 네이버를 앞지르는 것으로 나타났다.

애주기 단계를 고려했을 때, 알파세대가 스스로를 세상의 중심이라고 믿는 것은 어쩌면 당연한 일인지도 모른다.

알파세대가 자주 사용하는 소셜네트워크 서비스 '틱톡'은 이런 세대적 성향에 최대한 부합해 큰 성공을 거뒀다. 우리나라 10대들 사이에서 틱톡은 카카오톡이나 네이버를 앞지르고 있다. 대한민국 10대 사용자를 대상으로 표본 조사한 결과, 틱톡의 총 사용 시간은 월 19억4,000만 시간으로 카카오톡(18억6,000만 시간), 네이버(11억 4,000만 시간) 등을 넘어서는 것으로 나타났다.[5] 많은 전문가들이 10대를 중심으로 틱톡이 비약적인 성장을 할 수 있었던 이유로 "나노 셀러브리티 크리에이터가 되고 싶다"는 10대의 욕망을 정확히 파고든 틱톡의 '알고리즘'을 꼽는다. 유튜브·페이스북·인스타그램 등은 구독자 중심의 매체여서 이미 입지를 다진 파워 인플루언서들 사이에 10대들이 진입하기 어렵다. 하지만 틱톡은 추천을 기반으로 한 '포유For You 페이지'가 첫 화면이어서 일단 노출되기만 하면 단시간에 많은 사람에게 알려질 수 있다. 수백, 수천 개의 영상을 추천하는 과정에서 무명의 틱톡커가 '벼락스타'가 될 확률이 높고, 이는 셀러브리티가 되고 싶은 10대에게 큰 매력으로 작용한다.[6]

이와 같은 틱톡의 알고리즘은 틱톡커로 하여금 본인의 매력으로 이용자들을 끌어당기게 만든다. 너무 잘난 느낌을 주거나 영상의 퀄리티가 전문가 수준이면 오히려 마이너스 요소가 된다. 날것 그대로, 보여지는 것 그 자체로 평가받는 것이다. 다른 소셜 플랫폼에서는 일정 정도의 전문성이나 자기만의 무기가 있어야 차별화되는 것과는 확실히 다르다. 틱톡의 추천 구조와 알파세대 특유의 자기표현 방식, 그리고 다름과 나다움에 대한 그들의 인정 문화가 서로 어우러지며 틱톡은 10대들의 지배적인 SNS로 자리 잡았다.

우리는 아키텍트! 테크닉보다 메커니즘

방문교사와 학습지를 펼쳐놓고 대면으로 공부했던 과거와 달리, 태블릿PC를 켜고 화면에 학습지를 띄운 채 AI 교사와 비대면으로 공부하는 데 익숙한 알파세대에게 코딩 교육은 자연스러운 결과물이자 거의 필수 항목이 됐다. 실제로 2022년 8월, 정부는 100만 명의 디지털 인재를 양성하겠다고 발표한 바 있다. 발표 내용 중에는 중등교육과정 이상의 것도 있지만, 영유아를 대상으로 하는 교육 방향도 중요하게 다뤘다. 초등학교 정보 관련 선택과목 도입, 중·고등학교 개설과목 확대, 초·중등학교 코딩 교육 필수화 등을 통해 결과적으로는 정보 교육의 수업 시수를 늘리는 것이 목표다.[7] 전술한 AI 교사와 디지털 학습지로도 코딩 교육을 받을 수 있다. 유아를 대상으로 한 '독서코딩'이 대표적인데, 이야기 속에 다양한 코딩 개념들을 포함시켜 향후 교과 과정에서 요구되는 문해력과 컴퓨팅 사고력, 창의적 문제 해결 능력을 향상시킨다.

사실 코딩 자체가 문제는 아니다. 기술과 관련한 테크닉은 계속 변화하기 마련이다. 단순히 특정 코딩 언어나 소프트웨어의 사용법을 익히는 것은 궁극적인 목표가 아니다. 진짜 중요한 역량은 따로 있다. 바로 그 운영 원리를 이해하는 능력이다. 메커니즘을 이해하는 것은 지속적인 설계 역량을 강화하는 데 반드시 필요하다. 『스마트 싱킹』을 집필한 인지심리학자 아트 마크먼Art Markman 교수는 "일의 원리를 이해하는 것"이 스마트 싱킹의 핵심이라 이야기한 바 있다. 가령 변기의 손잡이는 물탱크 바닥에 있는 마개를 당겨 올리는 줄과 연결되어 있다. 마개는 경첩에 달려 있고, 밸브에서 마개가 떨어지면 탱크에 있는 물이 빠져나가기 시작한다. 이처럼 변기의 작동 메커니즘을 아는 것이 구체적으로 생각하는 것이며, 인과 지식에 대한 판단

디지털 원주민인 알파세대는 디지털 환경을 통한 온라인 학습에 익숙하다. 단순한 원격수업을 넘어 디지털 학습지나 AI 교사와 함께 공부하는 이들에게 코딩 교육은 거의 필수 항목이 됐다.

력을 높이게 됨으로써 보다 스마트한 생각을 할 수 있는 기초가 된다는 것이다. 더불어 마크먼 교수는 이러한 원리를 이해하는 가장 좋은 방법은 스스로 직접 설계해보는 것이라고 첨언했다.[8]

알파세대의 부모들은 방법론을 암기하는 것보다 원리의 이해가 중요하다는 것을 누구보다 잘 알고 있다. 프로그래머를 넘어 무슨 일이든 전체를 보고 설계할 수 있는 '아키텍트'가 되기를 원하는 것이다. 그런 이유로 오프라인에서 활동할 때 만들기 체험과 같은 아날로그 학습 기회를 더 다채롭게 제공하고자 한다. 만드는 행위 그 자체가 생애주기적으로 유익한 놀이법이자 교육법인 셈이다.

알파세대의 필수과목, 경제 교육

『트렌드 코리아 2021』과 『트렌드 코리아 2022』에서 연이어 지적했듯이 '자본주의 키즈'와 '머니러시' 트렌드는 이제 대세로 자리 잡았다. 자본주의 논리에 밝은 밀레니얼 부모들의 교육은 학업·특기·코딩 분야에 그치지 않는다. 살아가면서 어쩌면 가장 중요한 능력일지도 모를, 경제·소비·투자에 대한 교육에 열심이다.

레벨1. 소비도 배워야 알지, "가족 외식 때는 더치페이"

김라엘: "제가 먹은 밥값을 다 내야 해요."

홍진경: "용돈을 주면서 외식할 때는 외식비용을 따로 주고, 준비물도 다

엄마가 사주니까 애가 용돈의 필요성이 없어서 돈이 방바닥에 굴러다니더라. 그래서 용돈을 확 올려주고 대신에 아예 뭘 사주지 않고 있다. 외식할 때도 더치페이이다."[9]

방송인 홍진경 씨와 딸 김라엘 양(2010년생)의 인터뷰 중 한 장면이다. 돈의 가치를 가볍게 느끼는 딸을 위한 엄마 홍진경 씨의 독특한 경제 교육법이 눈길을 끈다. 경제 교육의 시작은 "욕망은 크고, 자원은 희소하다"는 사실을 알려주는 것에서부터 시작된다. 알파세대가 살아가는 이 시대가 요구하는 것 중 하나가 "욕망을 합리적으로 다루는 방법"이다. 늘 용돈이 부족했던 기성세대는 소비 욕구를 억제하는 것을 주로 익혔지만, 풍족한 10포켓의 알파세대는 스스로 소비 욕구를 컨트롤하는 법을 배워야 한다. 즉, 욕망의 분리에 대한 학습이 필요한 세대다.

아이들이 느끼는 돈의 가치는 어른들이 느끼는 것과 다르다. 직업 전선에 선 어른들에게 3만 원은 일을 해야 벌 수 있는 돈이지만, 아이들에게 3만 원은 때가 되면 그냥 받는 돈 혹은 명절에 세배 한 번 하면 받는 돈일 수 있다. 쉽게 번 돈은 쉽게 쓸 수밖에 없다. 아이들이 돈의 가치를 제대로 느낄 수 있게 하려면 역시 지접 돈을 벌어보게 하는 것이 정답이다. 가령, 아이들이 가정 내에서 맡을 일을 정해주고 약속한 행위를 수행했을 경우 그 대가로 용돈을 주는 것이다. 아침마다 가족들에게 커피를 내려주는 바리스타, 우리 집에 흐르는 음악을 담당하는 DJ 등 아이에게 이색적인 직업을 제시함으로써 집 안에서 경제 교육을 실시하는 경우가 늘고 있다.[10]

돈의 가치를 이해하게 됐다면 이제 소비하는 방법을 익힐 차례다. 여러 선택지 중 가장 합리적인 것을 선택하고 나머지는 포기하는 훈련이 필요하다. '결핍'이 결핍된 풍요로운 시대에 성장 중인 알파세대는 "무엇을 선택해야 가장 만족감이 클까?" 혹은 "어떻게 소비하면 더 행복해질까?"를 고민하면서 자원을 합리적으로 배분하는 법을 익힐 필요가 있다. 온라인 구매에 익숙해져 소비 과정에서 제재를 해줄 수 있는 '사람'이 없는 소비 환경에 노출되어 있기 때문이다.

소비할 수 있는 환경이 다각화되면서 소비가능연령도 어려졌다. 다시 말해, 아직 자신의 욕망에 충실한 유아동기에 있는 알파세대는 절제를 통한 소비법을 배워야 하는 새로운 소비자인 셈이다. 실제로 메타버스에서 무분별한 투자를 하는 아이들이 심심찮게 목격되고 있다. 미국에서는 문구류나 장난감을 원 없이 사들이는 일명 "shopping spree(쇼핑 삼매경)" 동영상을 유튜브에 올리는 알파세대가 이목을 끌기도 했다.

레벨2. 투자와 경영을 가르쳐라, "키드프레너가 되자"

> "저희 어릴 때는 '돈 밝히지 마라'라고 배웠던 것 같거든요. 근데 요즘 주변 엄마들을 보면 확실히 다른 것 같아요. 주식이나 부동산을 아이와 함께 배우고, '돈 중요하다', '돈 없으면 힘들다' 등등 자본주의에 대해서 적극적으로 가르치는 거 같아요."
>
> – 초1 자녀를 양육 중인 홍○○ 씨, 서울대 소비트렌드분석센터 알파세대 부모 FGD 중

절제와 소비를 익혔다면, 다음은 보다 현실성의 정도를 높여볼 때다. 바로 투자다. 몇 년 전부터 투자에 대한 사람들의 관심이 크게 높아졌다. 『트렌드 코리아 2022』의 '머니러시' 트렌드에서 설명했듯, 주식이나 부동산 정도였던 투자처도 암호화폐·NFT·미술품·달러 등으로 다양해졌다. 이러한 분위기는 자연스레 자녀들의 투자 교육에 대한 관심으로 이어졌다. 용돈으로 현금 대신 주식을 주는 부모·조부모의 사례가 더 이상 낯설지 않다. 한국투자증권에 따르면 2021년 한 해 동안 9만1,000개, 2022년 1분기에만 1만7,000개의 미성년자 주식계좌가 새로 개설됐다고 한다.[11] 아동·청소년 분야에서 경제학습서 판매가 늘어난 것도 눈길을 끈다. 2022년에 출간된 어린이 경제학습서는 약 50종으로 2021년 대비 2배 이상 늘었으며, 판매량도 89%나 증가했다. 아동 서적인 『세금 내는 아이들』이 온라인서점 예스24의 2021년 종합 베스트셀러 순위에서 58위를 차지한 것도 인상적이다.[12]

시장의 생리를 직접적으로 체험해볼 수 있는 가장 효과적인 방법은 '사장이 되어보는 것'이다. 실제로 최근 온라인 플랫폼을 기반으로 창업하는 10대들이 늘고 있다. 직접 제작한 아이템을 내세워 쇼핑몰을 차리고, 유튜브 채널과 SNS 계정을 운영하며 홍보한다. 판매하는 품목은 문구류부터 의류·액세서리까지 다양하다. 유튜브에서 '10대 사장' 혹은 '학생 사장'이라는 키워드를 검색하면 창업 과정을 담은 브이로그 콘텐츠를 쉽게 찾아볼 수 있는데, 사업자등록증 발급·쇼핑몰 운영·상품 제작·재료 구매처 소개 등 다채로운 주제를 나눈다. 창업 관련 질문에 답하는 Q&A 콘텐츠도 인기다. 주로 쇼핑몰 개설 방법이나 운영 중의 애로 사항, 미성년자 사장으로서 겪는 고충 등을 다루고 있다. 팬데믹 이후 비대면 수업이 늘어나며 학생들의 시간 활용이 상대적으로 자유로워진 것도 일명 '10대 사장님'이 증가하는 또 하나의 이유로 꼽힌다. 평소 취미로 만들던 액세서리·네일팁·스티커 등을 소량씩 판매하다가 아예 정식으로 쇼핑몰을 오픈하는 경우가 많다. 더불어 손쉽게 온라인 쇼핑몰을 열 수 있는 서비스나 툴이 보급되고, 중소형 쇼핑 전문 플랫폼이 많이 등장해 입점의 문턱이 낮아진 것도 주효했다.

이러한 현상은 전 세계적인 흐름이기도 하다. 미국에서는 이미 '키드프레너kidpreneurs'를 양성하는 교육이 일반화되어 있다. 키드프레너란 어린이kid와 사업가entrepreneur의 합성어로, 말 그대로 '어린이 사업가'를 뜻한다. 구글에서 이 단어를 검색하면 성공 사례 리스트를 볼 수 있는데, 그중에는 11세의 키드프레너도 있다. 이들의 사업 영역은 요리 유튜버부터 패션 디자이너, 사탕 제조, 푸드 트럭, 앱 개발에 이르기까지 매우 다양하며, 수익을 자선 재단에 기부하는 등 통 큰 면모를 보이기도 한다.[13]

●●● 남다른 아이디어로 무장해 시장에서 성공을 거두는 어린 사업가들도 등장하고 있다. 이른바 '키드프레너'들이다.

알파세대, 그들이 노는 법

●

알파세대가 진정한 디지털 원주민 신인류라고는 하지만, 무조건 디지털 세상에서만 노는 것은 아니다. '가상공간/현실공간'의 이분법이 아니라, 물리적 요소와 디지털 요소를 적절히 배합하며 그들만의 놀이터에서 놀고 있다. 10대들이 많이 사용하는 앱으로 잘 알려진 '젠리'가 대표적인 예다. 젠리는 위치 기반의 SNS로서, 친구들과 실시간으로 각자의 현재 위치를 공유하고 메시지도 주고받을 수 있다. 젠리를 통해 자신이 지금 어디에 있고 또 어디로 이동하는지와 같은 물리적 사실을 디지털 환경에서 친구들과 공유하는 것이다('인덱스 관계' 참조). 알파세대의 일상 놀이에서 가장 중요한 두 가지를 꼽자면 줌과 다이소가 있다.

줌으로 '화면 공유'하면서 친구들과 공부도 하고 놀기도 해요

> "어린이집을 같이 다니던 친구가 멀리 이사를 갔는데 그 친구랑 줌으로 일주일에 세 번씩 영어 공부를 해요. 30~40분 정도는 책을 읽고 공부를 하고요, 책을 다 읽으면 같이 유튜브 화면을 공유해서 슬라임 영상을 봐요. 그렇게 친구랑 공부도 하고 놀아요."
>
> – 초3 이○○ 어린이, 서울대학교 소비트렌드분석센터 자체 인터뷰 중

줌으로 화면 공유를 하면서 멀리 이사 간 친구와도 마치 옆에 있는 것처럼 함께 놀았다는 한 초등학생의 이야기다. 영상통화가 익숙

한 알파세대에게는 물리적 거리가 문제가 되지 않는다. 대부분의 알파세대 아이들은 가상 세계에 친숙한데, 가장 대표적인 곳이 바로 메타버스다.

메타버스 시대의 선두 주자가 된 게임 플랫폼, 로블록스는 하나의 게임이 아니라 여러 개의 게임이 모여 있는 일종의 가상 세계에 가깝다. 이용자가 개발자가 되어 직접 만든 게임을 올리면 다른 이용자들이 무료로 플레이하는 구조다. 이용자는 하나의 아바타를 지정해 모든 게임을 독립적으로 이용할 수 있다. 다시 말해 하나의 아바타로 이 게임, 저 게임을 왔다 갔다 돌아다니며 즐기는 형태다. 이러한 특성 때문에 로블록스 내에서 이용자들의 관계가 중요해졌다. 한 게임에서 친구가 되면, 다른 게임에서도 그 관계가 유지될 수 있기 때문이다. 자신의 로블록스 친구가 지금 어떤 게임을 하는지 실시간으로 확인하고 그 게임에 참여하기도 한다. 현실에서 아이들이 친구들과 이곳저곳을 돌아다니며 노는 것처럼, 온라인에서도 친구들과 게임 세상을 누비면서 함께 놀 수 있게 된 것이다.

사실 로블록스의 게임들은 어른들이 보기에 수준이 높지 않고, 구조나 설정도 단순하다. 아이들을 포함해 누구나 게임을 만들 수 있기 때문이다. 그렇다 보니 로블록스의 전체 사용자 중 25%는 9세 미만이고, 9세에서 12세가 29%를 차지한다.[14] 이 연령대의 아이들에게는 복잡하고 어려운 구성의 스토리나 화려한 그래픽보다 새로운 친구들을 사귀고 함께 노는 것 그 자체가 중요하다. 함께 놀 수 있는 공간과 간단한 게임 규칙만 있으면 몇 시간씩 놀 수 있는 아이들에게 로블록스는 가상공간 이상의 세계가 되고 있다.

학교 끝나면 '다이소→인생네컷→마라탕→버블티' 순서로 돌아요

아파트 단지 내 놀이터에서 아이들이 노는 모습을 본 지 얼마나 됐을까? 코로나19 팬데믹의 영향으로 오랜 기간 놀이터가 폐쇄되기도 했지만, 어차피 알파세대의 라이프스타일에 어울리는 공간은 아니었다. 기성세대에게 지극히 당연했던 놀이터에서의 놀이 문화는 알파세대에게는 더 이상 당연하지 않다. 나가서 놀 시간도 없을뿐더러, 미세먼지나 무더위 같은 기후 환경도 야외에서 자유롭게 뛰노는 데 어려움을 주었다. 대신 오늘날 알파세대에게는 놀이터를 대체할 다양한 오프라인 활동이 존재한다. 학교가 끝나면 '다이소'에 가서 물건을 구경하고 셀프사진 스튜디오 '인생네컷'에서 친구들과 사진을 찍고, 마라탕으로 배를 채운 다음, 버블티를 마시며 수다 떠는 것이 최고로 신나는 하루다.[15]

유아기에는 키즈카페가 모임의 장소였다면 초등학생이 되면 문방구가 그 역할을 대신한다. 아이들의 눈길을 끄는 온갖 상품들과 오락기가 있는 문방구는 초등학생들의 복합문화공간이라고 해도 과언이 아니다. 예나 지금이나 초등학생들의 로망이 가득한 곳이지만, 오늘날의 문방구에는 주인 아주머니, 주인 아저씨가 없다. '무인 문방구'이기 때문이다. 주인이 없다니, 그럼 불편하지 않을까? 아이들 입장에서는 오히려 대환영이다. 어른들 눈치를 보지 않고 아이들끼리 와서 구경하고 평가한 다음, 결정할 수 있기 때문이다. 대표적인 사례로 무인 문구점 체인 업체 '문구야놀자'가 있다. 요즘 초등학생의 특성을 반영해 무인 시스템으로 운영되는 문구야놀자에는 무엇을 살 것인지 물어보거나 지켜보는 주인이 없다. 이는 초등학생들이 실컷

출처: 문구야놀자

무인 시스템으로 화제를 모은 문구점 체인 문구야놀자와 아이들의 '참새 방앗간'으로 불리는 다이소. 호기심 많은 어린이들이 어른의 눈치를 보지 않고 마음껏 구경하며 물건을 고를 수 있어 초등학생들 사이에서 큰 인기를 얻고 있다.

아이쇼핑을 할 수 있게 하여 방문율을 높이는 역할을 톡톡히 했다. 2020년 11월 오픈한 문구야놀자는 2021년 3월부터 가맹점을 모집하기 시작했는데, 1년 만에 전국에 120여 개의 점포를 오픈했으며 매출 역시 2020년 대비 200~300% 상승했다.[16] 아직 미숙한 어린 학생들이 값을 지불하지 않고 물건을 들고 나가거나 포장지를 뜯어보는 등의 문제점이 없지는 않지만, 이미 무인 문구점은 초등학생들 사이에 대세로 자리 잡고 있는 모습이다.

초등학생들 사이에서 '최애(가장 좋아하는)' 쇼핑센터로 군림 중인 곳이 하나 더 있다. '초등학생의 백화점'이라고도 불리는 다이소다. 몇천 원의 용돈만으로도 다양한 제품을 구경하면서 쇼핑할 수 있고 직원들이 특별히 눈치를 주지도 않는 다이소는 하교한 아이들이 학원에 가기 전 시간이 날 때마다 들르는 '참새 방앗간'이 됐다. 문구류는 물론, 생필품에서 화장품까지 알파세대는 다이소에서 소비하는 것에 익숙하다. 워낙 초등학생들의 소비량이 크다 보니 다이소의 연령별 판매량 상위 품목을 분석하면 그 시기 초등학생 사이의 유행을 알 수 있을 정도다. 2021년 상반기의 경우 알파세대가 많이 소비한 품목은 데코 스티커와 정리 바구니를 포함한 '만들기' 용품으로 나타났는데, 코로나 사태 이전인 2019년에는 쌍꺼풀 관련 용품과 젤리가 그 자리를 차지했었다.[17] 코로나19로 집에서 보내는 시간이 늘어나며 아날로그 활동에 대한 갈증을 소소하게 풀고 있는 초등학생의 라이프스타일이 반영된 결과다. 다이소는 최근 틱톡 공식 계정을 개설해서 이들이 선호할 만한 제품을 재미있게 소개하는 숏폼 동영상 콘텐츠를 제공하는 등, 용돈 받는 알파세대를 정조준한 마케팅을 적극 펼치고 있다.[18]

2010년 이후, 격동의 생애경험

현대사회는 빠르게 변화한다. "반도체의 집적 기술은 2년마다 2배로 증가한다"는 무어의 법칙처럼, 기술의 측면에서 보면 지금까지 인류가 축적한 만큼의 변화를 2년마다 경험하고 있다. 변화의 속도가 그냥 빠른 것이 아니라 기하급수적으로 가속화되는 시대, 지난 10여 년간 알파세대가 경험한 변화의 폭은 기성세대의 몇십 년과 같다. 2022년 현재 만 10살인 2012년생을 기준으로 이들의 경험을 정리해 보면 다음의 표와 같다.

알파세대의 생애경험에서 주목할 만한 부분으로는 저출산 추세가 분명해지는 시기에 태어나, 유튜브를 비롯한 동영상 플랫폼이 확고

2012년생(2022년 현재 만 10살)의 생애경험

연도	나이(만)	사건
2012	0세	유튜브 한국 동영상 앱 1위, 싸이 '강남스타일' 글로벌 열풍
2014	2세	진보 교육감 대거 당선, 세월호 참사
2016	4세	인공지능 시대 개막(알파고-이세돌 대국)
2018	6세	대한민국 생산가능인구의 최초 감소, 주 52시간 근무제 시행
2020	8세	코로나19 바이러스 확산으로 원격수업 진행, BTS 'Dynamite' 빌보드 '핫 100' 1위, 영화 〈기생충〉 아카데미 4관왕 등극
2022	10세	대면수업으로 복귀

하게 자리를 잡은 시점에서 자랐고, '워라밸(일과 일상의 균형)'이나 '저녁이 있는 삶'처럼 여가를 중시하는 사회적 분위기를 접했으며, 대한민국의 문화적 수준이 글로벌 문화를 선도한다는 자부심을 가지고 있고, 인공지능 등 첨단 기술의 획기적 발전을 겪고 있다는 것 등을 들 수 있다. 무엇보다 가장 중요한 사건은 학교에 입학해야 하는 시점부터 코로나19 팬데믹의 영향으로 마스크를 쓰고 대면 접촉이 제한되는 일상을 보내고 있다는 사실이다.

특정 세대의 특징을 파악하기 위해서는 해당 연령대가 공유해온 생애경험과 그들이 직면하는 연령대·생애주기의 특징을 함께 살펴보아야 한다. 태어나서 14세까지의 기간은 영아기-유아기-학령전기-아동기-초등학생기를 아우르는, 매우 급격한 변화와 성장을 경험하는 시기다. 나아가 전원이 미성년자이고 아직 주체적으로 삶을 영위하기보다는 양육·교육·놀이가 훨씬 중요한 시기이므로 부모·가족·학교 맥락도 고려해야 한다. 그렇다면 알파세대의 특성을 좌우하는 맥락에 대해 살펴보자.

저출산 시대의 귀한 자식들

앞서 이야기했듯이 알파세대는 자기중심성이 매우 높고 남들과 비교하기보다는 자신만의 정답을 찾으려는 경향이 강하다. 이렇게 자라난 것에는 역시 저출산이라는 사회적 환경의 영향이 크다. 학령인구가 감소하고 있는 가운데에서도 초등학생 수의 감소세는 드라마틱하다. 가장 과밀된 지역으로 분류되는 곳에서조차 한 반에 30명을 넘지 않는다. 60명 혹은 그 이상의 아이들로 빽빽이 채워졌던 '콩나물교실'에서 2부제·3부제로 수업을 받으며 자란 기성세대는 격세지감을 느끼지 않을 수 없다. 과거처럼 4~6명 이상의 대가족 사이에서 자라나 큰 규모의 학교에서 많은 인구가 함께 교육받는 여건에서는 개인보다 전체가 중시될 수밖에 없고, 타인과 비교되기가 쉽다. 하지만 지금은 1인 가구가 가장 보편화된 가구 형태로 자리한 지 오래고, 출생 인구가 사망 인구보다 적어지는 인구의 데드 크로스dead cross가 본격화되고 있다. 말하자면, 한 명 한 명의 가치가 높아지는 사회가 된 것이다. 줄어드는 학령인구와는 달리 아이들을 타깃으로 한 소비 구조는 점점 더 커지고 있다. 이는 낮은 출산율의 역설이기도 하다. 출산율이 낮아지면서 8포켓·10포켓 현상이 증가하고 있다. 8개든 10개든 온 집안의 어른들이 하나의 아이를 바라보고 있는 구조에서 알파세대가 자기중심적 성향이 높은 것은 당연한 일이다.

달라진 부모들, '밀레니얼 엄마아빠'의 등장

유아기의 아동 발달에 부모의 영향은 절대적이다. 때문에 알파세대의 부모인 밀레니얼 세대의 성향도 살펴볼 필요가 있다. 이들의 육아관에는 기성세대와 다른 면들이 존재한다. 밀레니얼 세대 부모는 본인부터 유년기의 집중양육intensive parenting을 받고 자랐다. 가정 내 1~2명의 자녀가 일반화된 시대에 태어나 집중적으로 교육받았고, 결국 그 어느 세대보다 높은 학력을 자랑하는 세대로 성장했다. 이러한 환경 탓에 밀레니얼 세대의 가장 큰 특징 역시 강한 자기애다. 〈타임〉지는 이들 세대를 '나 나 나 세대Me, Me, Me Generation'라고 언급하기도 했다. 밀레니얼은 기성세대가 추구했던 전통적인 삶의 공식을 따르기보다는 자신이 만족할 수 있는 삶을 희망한다.

이러한 높은 자의식의 영향으로 많은 밀레니얼 부모들은 주입식 교육에 거부감이 크고, 성공에 대한 인식도 기성세대와 확연히 다르다. 한국교육개발원이 2021년 8~9월에 걸쳐 전국 성인 남녀 4,000명을 대상으로 "우리 사회에서 자녀 교육에 성공했다는 것이 어떤 의미인가?"를 묻자 '자녀가 하고 싶은 일, 좋아하는 일을 하게 된 경우(25.1%)'가 1위로 뽑혔다. 이어서 '자녀가 인격을 갖춘 사람으로 크는 것(22.4%)'이 2위, '좋은 직장에 취직한 경우(21.3%)'가 3위에 올랐다. 2015년부터 2018년까지 4년간 '자녀가 좋은 직장에 취직한 경우'가 줄곧 1위를 차지했는데, 처음으로 순위가 바뀐 것이다. 이를 통해 성공의 잣대에 대한 부모들의 생각이 바뀌고 있음을 유추할 수 있다.

특히 밀레니얼 여성은 전업주부의 길을 자연스러운 수순이라고 생각하지 않는다. 실제로 2021년 통계청이 발표한 자료에 따르면 전체 초혼 신혼부부 가운데 52%는 맞벌이를 하고 있으며, 이는 1년 전보다 2.9%p 상승한 수치다. 2020년에는 통계 작성 이래 처음으로 1년 차부터 5년 차까지 모든 연차에서 맞벌이 비중이 홑벌이보다 많았다.[19] 한편, 밀레니얼 아빠들은 자녀 교육에 무심했던 이전 세대 아버지들에 비해 가사 분담과 자녀 양육에 적극적으로 임한다. 이처럼 성별이 무엇이든 사회적으로 자신의 이름을 내걸고 활동하는 것이 당연한 부모들 아래서 자기중심성이 높은 알파세대가 태어난 것은 필연적이다.

코로나19 팬데믹의 그림자

코로나19의 여파는 상당했다. 재택근무와 원격수업이 동시에 진행되는 날에는 집이 전쟁터로 바뀌곤 했고, 많은 부모들이 아이들의 놀이가 부족해졌다고 호소했다. 힘겨운 시간을 보낸 건 아이들도 마찬가지였다. 실제로 '코로나19 장기화가 학생 정신건강에 미친 영향' 조사에서는 초등학생 3명 중 1명이 우울·불안을 경험했다는 결과가 나왔다. 초등학교 저학년의 경우 '코로나19 이전보다 우울해졌다'고 응답한 비율이 25.4%, '불안해졌다'고 응답한 비율이 23.8%였다. 지난 2년간 정상적으로 등교해서 수업받지 못하면서 학교생활에도 악영향이 발생했던 것이다. 특히 아이들의 인터넷·스마트폰 사용 시간이 늘었다는 응답률도 매우 높았다.[20]

이번 팬데믹이 알파세대에게 일으킨 가장 심각한 문제는 질병 자체가 아니라 마스크 사용의 장기화에 따른 부작용이다. 마스크를 일

J

Jumbly Alpha Generation

상적으로 착용하게 되면서 영유아 및 청소년의 정서·사회성 발달이 지연되고 있다. 2022년 4월에 서울·경기 지역 국공립 어린이집 원장·교사·학부모를 대상으로 실시한 설문조사에서는 응답자의 4분의 3이 "마스크 사용으로 인해 아이들의 언어 노출과 발달 기회가 감소했다"고 걱정을 표했다. 만 2세가 넘었음에도 간단한 문장을 만들지 못하거나 6~7세가 됐는데도 '시옷' 발음을 제대로 하지 못하는 아이가 늘었고, 중·고등학교에서는 마스크를 벗기 싫어 급식을 먹지 않는 학생들도 꽤 있다고 한다. 야외 활동이 줄어들고 친구나 교사들의 표정을 읽지 못해 타인의 감정을 읽는 데 어려움을 겪는 경우도 늘고 있다.[21] 이러한 후유증이 얼마나 긴 상처로 남을지 큰 우려가 되고 있다.

전망 및 시사점

"요즘 아이들은 정보도 기회도 부모의 능력이나 성향에 따라서 차이가 많이 나는 것 같아요. 아이들이 접하게 되는 기회·경험·정보·공부 수준 등 모든 것에서 편차가 정말 커요. 같은 나이대 사이에서도요. 물론 그 아이의 능력 자체에서 차이가 있을 수 있겠지만 저희 때에 비하면 그 격차가 엄청 큰 느낌이에요."

– 초2 자녀를 양육 중인 김○○ 씨, 서울대 소비트렌드분석센터 알파세대 부모 FGD 중

한때 초등학생들 사이에서 '개근 거지'라는 말이 유행한 적이 있

다. 성실함의 표상이었던 개근이 이제는 해외여행을 갈 수 없는 가난의 표시가 됐다는 것이다. 앞서 '평균 실종' 트렌드에서 언급한 바 있듯, 알파세대 사이에서도 양극화가 큰 문제로 대두하고 있다.

특히 생활의 인프라가 되고 있는 디지털 영역에서의 격차, 이른바 '디지털 격차digital divide'가 가장 우려스럽다. 디지털 격차란 정보·통신에의 접근 가능성 및 인터넷 사용과 관련하여 서로 다른 사회·경제적 수준에서 나타나는 개인·가정·지역 간의 격차를 의미한다. 한국청소년정책연구원이 2020년 전국 초등학교 4~6학년생과 그 부모를 대상으로 설문조사를 진행한 결과, 부모의 경제력과 학력에 따라 초등학생 자녀의 원격수업을 위한 인프라 보유와 부모의 지원 수준의 차이가 두드러지게 나는 것으로 나타났다. 더불어 자녀의 디지털 기기 보유와 소프트웨어 활용 능력 수준 역시 부모의 사회·경제적 지위에 크게 영향을 받고 있는 것으로 조사됐다. 질적 측면에서도 부모의 사회·경제적 지위가 낮을수록, 그리고 미디어 이용에 대한 가정 지도가 적절히 이루어지지 않을수록 자녀의 전반적인 미디어 오·남용 비율이 증가했다.[22]

어른들도 어려운 현실과 디지털 사이에서 '균형 잡기'

날 때부터 디지털 세상을 접한 디지털 원주민인 이들은 어쩌면 '중독'이라는 것을 모른 채 중독되어 있을 위험이 크다. 가족들과 밥을 먹을 때도 스마트폰으로 유튜브나 만화영화를 보는 데 익숙하고, 스스로 유튜버가 되는가 하면, 틱톡 인플루언서로 당당히 활동하기도 한다. 그러나 엄연히 다른 현실과 디지털 사이에서 균형을 잡는 것은 어른에게도 쉽지 않은 일이다. 알파세대는 부지불식간에 계속 온라인쇼핑을 하거나, 몇 시간이고 SNS에 빠져 지낼 위험성이 높다. 빅데이터와 알고리즘에 기반한 빅테크 기업의 공세는 어른마저도 당해내기 어렵다. 현재 알파세대는 중독되지 않거나 중독에서 벗어나는 법을 독자적으로 찾기 어려운 나이인 만큼, 어른의 보호와 적절한 가이드가 반드시 뒷받침되어야 할 것이다.

디지털 환경에서 알파세대의 양육과 관련한 사회적 문제도 다양하게 제기되고 있다. 특히, 개인정보 문제가 심각하다. 태어날 때부터 온라인 공간에 입력되어 사라지지 않고 떠다니고 있는 알파세대의 개인정보가 이들이 자라나면서 첨예한 문제로 떠오를 공산이 크다. '셰어렌팅sharenting, share+parenting(부모가 자녀의 모든 일상을 SNS에 올리는 것)'이라는 용어가 나올 정도로 요즘 부모들은 아이의 양육 과정을 소셜미디어에 올리고 타인과 공유하는 데 거리낌이 없다. 그런데 이 정보가 오·남용될 우려가 상존한다. 유명인이 학창 시절에 온라인에 올렸던 게시물 때문에 곤욕을 치르는 경우가 종종 있는데, 이 역시 영원히 지워지지 않는 정보의 피해다. 이를 해결해야 할 개인정보보호법은 개인정보 권리 행사가 미숙한 청소년에 대한 고려가 부족한 편이기 때문에 더욱 문제가 심각하다.

알파세대 역시 성장하는 과정에서 과거의 미숙한 행동을 노출하고 싶지 않을 수 있다. '잊힐 권리'는 아주 중요한 권리다. 표현의 자유를 중시하는 미국에서조차 일부 주법을 통해 '아동 대상 정보 공개'라는 예외적 조항을 두고 아동·청소년의 잊힐 권리를 보장하고 있다. 현재 우리나라는 자신의 개인정보가 부정확한 경우 수정을 요

●●● 알파세대의 미래가 곧 대한민국의 미래다. 그들의 행복에 우리가 관심을 기울여야 하는 이유다.

청할 수 있는 권리와 삭제권right to delete이 규정돼 있지만, 타인이 올린 글이나 글에 접속할 수 있는 링크를 업로드한 경우에는 잊힐 권리가 충분히 보장되지 못하는 측면이 있다. 디지털 세대가 시대의 축으로 자라고 있는 만큼 관련 문제를 해결할 수 있는 제도 마련이 시급해 보인다.[23]

이전 세대에 비하면 비교할 수 없이 편리한 디지털 환경에서 풍족하게 자라는 것 같이 보이는 알파세대지만, 정작 "그들이 행복한가?" 하는 것은 이와 별개의 문제다. 2021년 말 발표된 '한국 어린이·청소년 행복지수' 연구 결과에 따르면, 경제협력개발기구OECD 22개국 중 한국 어린이·청소년의 행복지수가 22위로 꼴찌라고 한다.[24] "어린이는 어른들의 거울"이라는 말처럼, 행복지수가 세계 최하위권인 한국의 현실을 반영한 것일 수 있다. 이 새로운 어린 세대의 행복에 부모와 학교와 사회 전체가 좀 더 관심을 기울여야 한다. 알파세대의 미래가 곧 대한민국의 미래일 테니 말이다.

Unveiling Proactive Technology

선제적 대응기술

돌도끼부터 인공지능까지, 인류는 기술 발달에 힘입어 차츰 쾌적한 삶을 누려왔다. 기술은 사람을 편리하게 해주는 도구지만, 지금까지는 기술을 사용하기 위해 이용자가 자신의 필요에 맞춰 조작을 해야 했다. 그러나 이제 우리는 기술이 이용자에게 필요한 기능을 스스로 파악해 미리 제공하는 단계에 이르렀다. 고객의 사용 흐름을 읽어 더 잘 사용할 수 있는 방법을 알려주는 기술, 나아가 고객이 필요를 표현하기 전에 고객을 위한 기능을 수행하는 기술, 궁극적으로는 고객이 필요를 깨닫기도 전에 먼저 솔루션을 제공해 불편함을 해소시켜주는 기술을 '선제적 대응기술Proactive Technology'이라고 명명한다. 고객 데이터가 축적되고 이를 인공지능이 학습할 수 있게 됨에 따라 한 사람이 겪을 수 있는 다양한 맥락을 구분하고 그에 따라 필요한 서비스를 제공하게 되는 것이다.

선제적 대응기술은 이미 소비자의 일상에 광범위하게 스며들어 하루하루 적용의 스펙트럼이 넓어지고 수준 또한 높아지고 있다. 소비자와 상호작용할 때의 주도성proactiveness을 기준으로 그 적용 수준을 ① 고객의 사전적 대응을 위해 정보를 제공하는 단계, ② 사용자의 맥락에 따라 기능이 자동적으로 맞춤 조정되는 단계, ③ 사용자의 필요를 예측해 해당 기능을 수행하는 단계로 나눌 수 있다. 특히 공공서비스 영역에서 선제적 대응기술의 적극적인 확산이 기대된다. 소비자가 환호할 수 있는 선제적 대응기술을 선보이기 위해서는 고객의 행동을 분석해 데이터로 축적하고, 그로부터 유의미한 인사이트를 추출한 후, 타이밍에 맞는 즉각적인 대응을 할 수 있어야 한다. 소비자에게 선제적 도움을 주는 제품을 개발하려면 소비자행동에 대한 이해와 상상력도 필요하다. 소비자가 모르는 욕구를 먼저 파악하고 아직 발생하지 않은 문제에 대한 해결책을 제공하는 상상력을 누가 먼저, 더 적합하게 발휘하느냐가 선제적 대응기술 경쟁력의 승부처가 될 것이다.

어느 이용자가 휴대전화로 통화를 계속하며 ATM(현금자동입출금기) 앞에 서서 기계를 조작하자 ATM 화면에 "금융사고 예방을 위해 휴대폰 통화를 멈추고 거래해주세요"라는 경고가 뜬다. 잠시 후 선글라스와 모자로 얼굴을 가린 이용자가 ATM 앞에 서니 이번에는 "모자와 선글라스를 벗어주세요"라는 문구가 나온다.

위 사례는 신한은행이 보이스피싱 등 범죄를 예방하기 위해 고령 고객 비중이 높은 영업점에 설치한 'AI 이상행동 탐지 ATM'이다.[1] 은행 내부의 데이터 전문가와 전문 업체가 협업해 AI 딥러닝 기술로 ATM 이용 시 정상거래와 이상거래의 행동 유형을 분석하여 개발했다고 한다. 이는 최근 기술 발전의 지향점이 어떠한지 잘 보여준다. ATM이 돈을 인출해주는 기능에 그치지 않고, 이용자의 의도·상황·맥락을 파악해 그에 맞는 기능을 먼저 제공하는 것이다.

우리는 기술의 시대를 살고 있다. 호모 사피엔스가 진화를 시작한 이후 오늘날의 인류가 안전하고 건강하며 쾌적한 삶을 누릴 수 있게 된 것은 오로지 기술 진보의 덕이다. 돌도끼에서 인공지능에 이르기까지, 인간 생활에 유용한 실용적 지식이나 활동을 통틀어 기술technology이라고 부른다. 'technology'의 어원은 고대 그리스어 'techne(테크네)'인데, 이는 삶의 가치나 목적 그 자체가 아니라, 인간의 목적을 달성하는 데 필요한 '도구'를 생산해내는 것을 가리킨다.[2] 한 마디로, 기술은 사람을 편리하게 해주는 도구다.

하지만 지금까지 그 기술을 사용하기 위해서는 사람이 기술에 맞춰야 했다. 다시 말해 기술의 편리함을 누리기 위해서는 이용자가 자신의 필요에 맞춰 스스로 조작을 해야 하는 것이다. 이것은 기술이 '평균적인 소비자'가 구매할 수 있는 '범용 상품'의 형태로 시장에 등장하기 때문에 어쩔 수 없는 일이었다. 물론 사용자 개개인의 필요에 맞추는 개별 맞춤형 제품이 출시되기도 했다. 그러나 개별 맞춤형 제품은 하나씩 별도의 제작 과정을 거쳐야 하므로 상대적으로 많은 비용이 들고, 소비자들이 일일이 기술적 세팅을 해야 해서 오히려 불편이 컸다.

그런데 최근 사용자의 맥락을 이해하고 미리 알아서 편의를 제공하는 기술이 조금씩 보편화되고 있다. 기술의 진화는 여러 분야에 걸쳐 나타나고 있는데, 특히 '스마트 리빙smart living'을 목표로 삼은 건설 업계가 선도해나가는 모양새다. 일례로 삼성물산의 아파트 브랜드 래미안에 적용 중인 '웰컴 투 래미안' 시스템은 거실에 사람이 진입하면 자동으로 조명을 켜고 홈 패드에 정보를 띄워주는데, 상황의 맥락에 따라 적절한 기능이 작동된다. 동일인이라 할지라도 잠에서 깨어나 방에서 나온 것이라고 판단되면 거실 조명을 밝히고 오늘의 날씨 등 생활정보를 제공해주는 반면, 외출 후 귀가한 상황으로 판단되면 부재중 방문자나 단지 내 신규 공지사항 등을 알려주는 식이다.[3]

이처럼 고객의 사용 흐름을 읽음으로써 더 잘 사용할 수 있는 방법을 알려주는 기술, 나아가 고객이 필요로 하는 것을 표현하기 전에 고객을 위한 기능을 수행하는 기술, 궁극적으로는 고객이 필요를 깨닫기도 전에 미리 솔루션을 제공해 불편함을 해소시켜주는 기술을 '선제적 대응기술Proactive Technology'이라고 명명하고자 한다. 선제적 대응기술은 소비자의 전후 사정을 영리하게 파악해 미리 대응하는 기술이다. 제품에 적용된 기술이 이용자의 상황과 맥락을 읽고 이용자가 최적의 생활을 영위할 수 있도록 돕는 것이다.

선제적 대응기술은 지금까지 선보였던 단순한 개인화individualization 기술과는 다르다. 개인화가 고객 한 사람을 '하나'의 대상으로 보는 데 초점을 맞췄다면 선제적 대응기술은 그 한 사람이 겪을 수 있는 다양한 맥락들을 구분한다. 음악 플레이리스트를 예로 들어보자. 같은 사람이라도 평일과 휴일, 출근길과 퇴근길에 듣는 음악 플레이리스트가 다르다. 각 상황에 따라 기분이 다르고 필요한 것이 다르기 때문이다. 결국 타깃은 고객 1명이 아니다. 0.1명, 0.01명을 타깃으로 하는 초개인화 서비스의 시대가 펼쳐지고 있다.

선제적 대응기술은 그동안 〈트렌드 코리아〉 시리즈에서 설명했던 여러 기술적 트렌드의 연장선상에 있다. 소비자들은 자신의 생활을 실질적으로 얼마나 윤택하게 만들어주느냐에 반응하므로 보이지 않는 조용한 기술이 대중화에 성공할 수 있다는 '캄테크(2017)' 키워드를 필두로, 데이터 주도형 의사결정이라는 뜻의 '데시젼dacision, data+decision'에 기반한 지능을 지칭하는 '데이터 인텔리전스(2019)'는 소비자 맞춤형 대처를 위한 기반 트렌드였다. 나아가 『트렌드 코리아 2020』의 키워드였던 '초개인화 기술'은 고객 접점에서 발생하는 모든 상황을 분석 가능한 형태로 데이터화하고, 해당 데이터를 인공지능의 알고리즘을 통해 분석하며, 다양한 미디어를 통해 소비자와 커뮤니케이션하는 것을 의미했다. 이러한 흐름이 충분히 성숙해지며 갖춰진 바탕 위에서 소비자지향적으로 발전하고 있는 장기적인 기술 트렌드가 현재 지향하는 지점이 바로 선제적 대응기술이라고 할 수 있다. 구매는 순간이지만 이용은 길게 이어진다. 소비자가 제품을 사용하는 목적은 보다 나은 삶을 실현하기 위해서다. 이를 고려한다면 소비자가 먼저 말하게 하는 것이 아니라 제품에 집중하면서 이용의 본질을 최대한으로 끌어내려는 기술의 방향성은 어쩌면 필연적이다. 소비자에게 맞추었다는 차별점으로 구매를 유도하거나 소비자의 니즈를 인지한 후에 반응하는 것으로는 부족하다. 소비자행동을 분석하여 통계적 인사이트를 얻는 것만큼이나 중요한 것은 즉각적 타이밍에 이루어지는 선제적이고 적합한 대응이다.

선제적 대응기술은 소비자가 불편을 느낄 기회조차 주지 않고, 위험을 감지할 여지도 주지 않는다. 그래서 사실 소비자는 "그래서 좋다"는 것을 즉각적으로 깨닫지 못할 수도 있다. 기술의 존재감을 느끼지 못할 정도로 불편함이 없게 하는 것이 선제적 대응기술의 최종 목표이기 때문이다. 이에 소비자는 잡다한 신경을 쓰지 않고 더 중요한 일에 집중할 수 있다. 앞으로 소비자의 생활을 부드럽지만 혁명적으로 바꿔놓을 선제적 대응기술의 다양한 면모를 알아보자.

적용 수준에 따른 선제적 대응기술의 3단계

#1 한 가족이 대형 TV로 극장에 온 것 같은 기분을 내며 영화를 보고 있는데, 갑자기 알람이 울린다. "고3느님이 도착했습니다." 알람을 듣고 AI 스피커에 "고3 모드!"라고 외치자 TV가 꺼지고 공부방의 조명이 자동으로 켜지며, 공기청정기는 무풍으로 전환되면서 조용한 분위기가 조성된

다. 집에 들어온 수험생 딸이 LED 스탠드가 밝혀져 있는 방에 들어가고 나서야 가족들은 무선 이어폰을 끼고 다시 영화 감상을 이어간다.

#2 길을 가던 행인이 공사 중인 도로를 발견하고 휴대전화로 사진을 찍어 'K-가드' 앱에 올린다. 잠시 후, 근처를 지나가던 또 다른 시민의 스마트폰에 위험 상황을 알려주는 실시간 알림이 뜬다. 'K-가드' 앱이 근처에서 공사 중이니 주의하라고 해당 도로를 지나기 전에 미리 알려준 것이다.

첫 번째 사례는 삼성전자의 기기 연결 경험을 실생활 속 시나리오로 보여주는 '스마트싱스SmartThings 일상도감' 캠페인 영상의 일부다. 단순히 제품을 연결하는 것을 넘어 생활과 아이디어를 연결해 사용자가 원하는 일상을 만들 수 있도록 기술의 활용성을 고객경험 전반으로 확장해가려는 의도를 보여준다. 두 번째 사례는 한국전자통신

출처: 삼성전자

●●● 집 안의 모든 가전 기기가 사용자의 일상과 맥락에 맞춰 스스로 작동하는 스마트홈이 성큼 다가오고 있다.

연구원이 개발한 'K-가드' 앱이다. 침수·화재·실종 등 일상 속 11종류의 위험을 실시간으로 알리기 위해 개발한 것으로, 국토교통부와 기상청 등 정부 부처나 공공기관이 구축한 데이터와 센서를 통해 수집된 정보뿐만 아니라 이용자가 동네의 위험요소를 발견해 사진으로 등록하면 이 역시 알림에 반영되어 다른 이용자에게 정보가 전달되는 방식이다. 일상 속 위험을 실시간으로 수집하고 선제적으로 알림으로써 공동체의 안전에 기여할 것으로 기대된다.[4]

선제적 대응기술은 이미 소비자의 일상에 광범위하게 스며들어 하루하루 그 적용의 스펙트럼이 넓어지고 수준 또한 높아지고 있다. 선제적 대응기술의 적용 수준은 소비자와 상호작용할 때의 주도성 proactiveness을 기준으로 ① 고객의 사전적 대응을 위해 정보를 제공하는 단계, ② 사용자의 맥락에 따라 기능이 자동적으로 맞춤 조정되는 단계, ③ 사용자의 필요를 예측해 해당 기능을 수행하는 단계로 나눌 수 있다. 이 각각의 단계는 완전히 구분되어 있지 않고 혼합되어 있지만, 소비자들의 편리 니즈를 채워주기 위해 무엇을 주요 결과물로 채택했느냐에 따른 구분으로 이해할 수 있다.

1단계: 정보 제공

LG전자는 가전제품을 최적의 상태로 관리해주기 위한 선제적 기능인 '프로액티브 서비스'를 선보였다. 미국 시장에서 먼저 시작된 PCC Proactive Customer Care 서비스는 가전제품에 탑재된 센서로 제품의 상태를 실시간 모니터링하고, 그 정보를 클라우드 서버로 보내 인공지능 기술로 분석하는 것이다. 세탁기의 수평이 맞는지, 온수 호스가 제대로 연결됐는지, 냉장고 내부 온도가 비정상적으로 높지는 않은지, 에어컨 실외기가 과열되지 않았는지 등을 체크하고 문제가 감지되면 앱·이메일·문자 메시지 등으로 고객에게 알려준다.[5] 고객의 제품 사용 패턴을 파악해 세탁기의 통세척 시점, 냉장고 정수기 필터 교체 시기나 내부 고온 현상의 해결 방법 등의 정보도 제공한다. 다시 말해 가전제품의 현재 상태와 고장 여부, 진행 정도 등을 파악해 맥락적 정보를 제공함으로써 사용자의 편의성을 높이는 것이다.[6]

선제적 대응기술의 가장 기본적인 도입 단계이자 현실적인 적용은 이처럼 상황에 맞춘 정보를 적시에 제공하는 것이다. 사용자 맥락을 읽을 수 있는 기술이 제품에 적용되어 있고, 이러한 기술로 분석한 결과를 사용자가 인지할 수 있도록 제공한다. 현재 상황을 유지하기 위해, 고장이 났을 때의 사후 관리만이 아니라 사전적 대응을 하기 위해 현시점의 상황에 맞춘 정보가 전달되는 것이 핵심이다.

배달 앱으로 음식을 주문할 때 소비자들이 가장 신경 쓰는 것은 예상 소요 시간이다. 보통 배고픈 상태에서 주문을 하기 때문에 음식이 언제 도착하느냐는 아주 중요한 문제다. 이에 배달의민족은 배달에 걸리는 전체 시간을 '주문 접수'-'조리 중'-'배달 시작'-'배달 완료'로 나누어 각 단계의 예상 소요 시간을 합한 수치를 제공하고 있다. 기다리는 고객에게 욕구 충족의 최종점goal을 미리 알려주는 것이다. 먼저 음식점에서 조리 소요 시간을 입력하면, 배달대행 업체는 배달에 걸리는 시간을 계산한다. 이때 최근 한 달간의 건별 배달 소요 시간, 주문 시간 기준 30분 이내 전체 픽업 시간, 주문자와 식당의 거리 등을 감안해 산출된 데이터를 활용한다. 각 주문에 따라 배달 예상 시간을 산출하는 맞춤형 시스템으로 총 소요 시간을 미리 제공함으로써 이용자의 막연한 기다림을 약속된 확신으로 바꾼 것이다.[7] 더불어 배달의민족은 주문 시 안내된 예상 시간보다 배달이 늦게 이뤄진 경우 할인 쿠폰을 지급한다. 예상 시간보다 배달이 늦어지더라도 소비자들은 금전적 배상을 받는 셈이어서 서비스에 대한 만족도가 떨어지지 않는다.

화장품 편집숍 세포라는 대화형 경험 솔루션 업체인 와일드바이츠Wildbytes와 협력해 만든 '디지털 미러'를 스페인 마드리드의 플래그십스토어에 시범 설치해 화제를 모은 바 있다. 매장의 방문 고객이 이 거울을 들여다보면 거울이 자동으로 해당 고객의 성별·연령대·스타일을 인식한다. 여기에 현재 마드리드의 계절이나 날씨, 실시간 인기 상품 등의 다양한 정보를 더하여 개별 고객에게 딱 맞는 메이크업·스킨케어·향수 등을 제안한다.[8] 화장품뿐만 아니라 지금 입고 있는 옷을 더 돋보이게 해줄 아이템들도 소개해준다. 스카프를 착용한 고객에게는 이를 보완할 립스틱을 제안하고, 동물무늬 원피스를 입은 고객에게는 이를 강조할 아이섀도를 권하는 방식이다.[9] 이러한 시도는 고객이 수많은 제품 중에서 뭘 고를지 고민하기 전에 고객의 현재 상태와 주변 맥락을 파악해 제품을 추천하는, 선제적 대응기술의 가장 일반적인 형태라고 볼 수 있다.

휴대폰 위치정보를 활용해 소비자의 상황에 딱 맞춘 정보를 제공하는 기술도 활발히 이용되고 있다. 미국에서 개발된 스트라바 루츠Strava Routes는 사용자가 달리기·승마·걷기·등산·트레일러닝·자갈길트레킹·산악자전거 등의 스포츠를 선택하면, 사용자의 현 위치를 기준으로 이 종목에 최적화된 경로를 생성해주는 길 찾기 앱이다. 이때 단지 빠른 길을 찾아주는 것이 아니라 사용자의 목적에 맞는 정보를 제공한다. 예컨대 자전거를 탄다면 언덕을 피하거나 고도를 선택할 수 있고, 포장도로와 비포장도로도 고를 수 있어 스포츠를 즐기는 데 용이하다. 특히 소요 시간을 지정할 수 있어서 사용자가 도로의 상황에 맞춰 시간을 계획할 필요가 없다는 것이 장점이다. 자신이 즐기고 싶은 시간에 상황에 맞는 길을 선택할 수 있는 것이다.

2단계: 맞춤 조정

선제적 대응기술의 2단계인 맞춤 조정 단계는 사용자에 맞춰진 기능이 맥락에 따라 자동으로 변화하고 구현되는 수준을 의미한다. 이를 통해 소비자의 사용 편의성은 획기적으로 높아진다.

IFTTT는 "이렇게 하면 저렇게 해라IF This, Then That"라는 조건문의 약자로, 특정한 조건에 따라 미리 정해놓은 행동을 취하라는 의미를 지니고 있다. 예를 들어, 휴가를 떠나 장기간 집을 비울 경우에는 시간대에 따라 집 안 조명을 켜고 끄는 것은 물론, 집 안에서 어떤 움직임이 감지되면 외부에 있는 사용자에게 즉시 이를 알리도록 하는 등의 조건을 설정할 수 있다. 휴가 모드 외에 영화관람 모드, 수면 모드, 외출 모드 등에 따라 사용자의 맥락을 감지해서 사전에 정의된 기능이 실행되도록 한다.[10] 이 밖에도 자율좌석제를 시행하는 회사에서는 개별 직원의 사원증을 인식해 책상의 높이나 모니터 설정을 이전에 사용했던 것과 동일하게 변경해주는 것도 가능한데, 이 역시 선제적 대응기술의 2단계인 맞춤 조정이 적용된 것이다. 사용 환경에 따라 제품이 스스로 기능을 '켜고 끄는' 선제적 대응기술도 점차 확산되고 있다. 가장 쉽게 볼 수 있는 예는 주변 조도에 따라 자동으로 밝기를 조절하는 TV나 컴퓨터 디스플레이의 기능이다. 현재 화면 밝기와 주변 밝기를 비교해 명암을 바꾸거나 백라이트 값을 조절하고, 정지된 영상과 움직이는 영상을 판단해 화면 밝기를 변경할 수 있어 절전에도 도움이 된다.

한편, 최근 아파트와 같은 공동주택이나 다중이용시설의 경우 자동환기창의 보급이 활발하다. 금호석유화학의 휴그린은 제어 기술이 탑재된 창문 제품이고, LG하우시스의 지인 자동환기, KT의 AI 청정환기시스템 등은 기존 창문에 센서를 덧붙이는 방식이다. 이러한 자동환기창은 창밖의 초미세먼지·황사·꽃가루·온도 등의 대기 상황을 체크하고, 실내의 온도·습도·이산화탄소 농도 등을 감지하여 기준치 이상 오염됐을 경우 자동 환기를 실시한다. 만약 실외 공기의 질이 좋지 않다면 필터로 공기를 정화시켜 실내로 들인다. 비슷한 기술이 적용된 사례로 스마트 슬라이더Smart Slydr가 있다.[11] 자동 환기는 물론, 반려동물이 쉽게 출입할 수 있도록 창문을 여닫을 수 있는 기술이다. 스마트 슬라이더는 창문 또는 슬라이드 도어에 죔쇠clamp를 부착하고 앱이나 음성으로 쉽게 환기할 수 있게 할 뿐만 아니라, 반려동물을 키우는 고객의 편의를 고려했다. 펫패스Pet Pass라는 장치를 착용한 반려동물이 스마트 슬라이더가 장착된 문 근처에 오면 자동으로 문이 열리고 멀어지면 닫히는 방식으로, 반려동물의 자유로운 이동을 배려하는 동시에 방범도 보장된다.

학습자의 수준과 문제 해결 패턴에 따라 진도와 과제가 바뀌는 교

출처: Smart Slydr

●●● 기존 창문에 센서를 달아 앱, 음성인식 등으로 여닫을 수 있는 스마트 슬라이더. 반려동물을 키우는 소비자를 고려한 '펫패스' 옵션이 눈길을 끈다.

육 업계의 선제적 대응기술 역시 맞춤 조정 단계다. 웅진씽크빅의 학습용 패드 '스마트올'은 아이의 학습 과정을 인공지능이 분석해 수준에 맞는 맞춤 코스를 제공한다. 개인별 미션 학습을 매일 부여하고, 오답의 원인을 분석해 유사한 문제를 출제하며 반복 학습을 독려한다. 또 문제를 풀 때 건너뛰기나 찍기 등의 잘못된 습관이 감지되면 실시간 피드백을 통해 개선을 유도한다. 성취도에 따라 과목별 코스와 문항이 지속적으로 변경되기 때문에 같은 서비스를 구독하면서도 학습자에 따라 서로 다른 학습이 가능하다.

3단계: 예측 수행

선제적 대응기술의 마지막 단계는 패턴을 통해 앞으로의 일을 예측해 사전에 조치를 취하는 기술이다. 예를 들어 실내에서 이산화탄소에 과하게 노출되어 사람이 쓰러졌을 때, 그 사람의 자세를 감지해 자동으로 119에 신고된다면 이는 2단계 맞춤 조정에 해당한다. 반면 실내 공기 중 이산화탄소의 농도가 비정상적임을 감지한 상태에서 사람의 표정·자세·호흡 등이 평소와 다른 것을 센서가 인식하고 창문을 열어 환기를 시킨다면 이것은 3단계인 예측 수행에 이른 것이다.

일본 최대 유통 기업인 이온Aeon그룹은 선제적 대응기술로 보이지 않는 위험을 제거한 덕분에 재난·도난 등의 피해로 발생하는 손실액을 기존 대비 70%나 줄일 수 있었다.[12] 2021년 5월 이온스타일 가와구치점에 도입된 후지쯔의 휴먼센싱은 성별·연령에 따라 센싱의 대상을 구분하는데, 별도의 개인정보 수집 없이 매장 내 CCTV 카메라로 촬영된 영상을 활용한다. 마스크를 착용하거나 얼굴 정보가 찍히지 않았어도 사전에 입력된 고객의 걸음걸이와 같은 움직임 정보와 대상자의 자세를 대조하고,[13] 여러 사람 사이 혹은 주변 물체와의 관계성을 읽어내는 것이 인상적이다.[14] 절도 의도가 있는 것으로 의심되는 행위가 포착되면 스피커로 경고 방송을 내보내는 것도 가능하다. 이 기술은 노인요양·보호 시설에서도 응용되고 있다. 고령자의 움직임이 평소와 달라지는 것이 감지되면 쓰러지거나 낙상하는 등의 사고가 발생하기 전에 의료진에게 알림으로써 빠른 조치가 가능하도록 돕는다.[15]

예측 수행이 가장 활발히 적용되고 있는 영역은 자율주행 분야다. ADAS Advanced Driver Assistance Systems로 포괄되는 첨단 운전자 보조 시스템들은 예측 수행 레벨의 대표적 사례로, 자율주행 자동차에는 필수적인 요소다. 운전 중 발생할 수 있는 수많은 상황 가운데 일부를 차량이 자체적으로 인지하고 상황을 판단해 기계장치를 제어하는 기술이기 때문이다.[16] 유럽연합EU은 2024년부터 출시되는 모든 신차에 ADAS 장착을 의무화하기로 결정하기도 했다.[17] ADAS 중에서도 승객 모니터링 기술로는 실내에 탑재된 각종 센서로 탑승자의 상태를 체크할 수 있다. 운전자의 심박·호흡·스트레스 정도를 실시간으로 측정해서 운전자 스스로 혹은 동승자가 문제 상황에 미리 대처할 수 있도록 신호를 보내는 것을 목표로 하고 있다.[18]

현대자동차는 2021년에 열린 도쿄 올림픽의 양궁 종목 경기에 자율주행 인식 기술을 응용한 비접촉 심박수 측정 장비를 지원했다.[19] 경기 중인 선수의 얼굴 색상의 미세한 변화를 감지하여 맥파를 검출하고 심박수를 측정하는 것으로, '비전 기반 심박수 측정 장치'라고 부른다. 구체적으로는 선수의 얼굴을 촬영한 영상을 프레임 단위로 분석해서 선수의 긴장 또는 이완 상태를 실시간으로 파악하는 방식이다. 심장 박동에 따라 얼굴의 색이 아주 미세하게 변하는 원리에 기반한 것인데, 활시위를 당기는 선수의 얼굴 영역을 판별하는 동시에 주변 노이즈는 걸러내는 별도의 안면 인식 알고리즘까지 적용되어 있다.[20] 이는 본래 운전자의 홍채와 안면을 인식하고 부주의를 감지해서 자율주행 기능을 작동시키는 차량 내 ADAS 기술을 발전시킨 것이다.

자동차에 적용되는 예측 수행 레벨의 선제적 대응기술이 스마트폰과 만나 그 예측력을 더 높이기도 한다. 삼성전자는 2016년 인수한 세계적인 차량 소프트웨어 기업 하만 인터내셔널과 손잡고 '디지털 콕핏Digital Cockpit(디지털이 접목된 자동차 조종 공간)'을 개발하고 있다.

출처: 삼성전자

●●● 삼성전자가 하만 인터내셔널과 함께 개발 중인 '디지털 콕핏'. 스마트폰과 자동차 소프트웨어를 연계해 탑승 전과 후 운전자가 최적의 상태를 유지할 수 있도록 돕는다.

스마트폰에 탑재하는 삼성헬스 서비스를 자동차 소프트웨어와 연계해 탑승 전에는 모바일 기기로 신체 활동을 기록하고, 탑승 후에는 자동차 내 모니터링 기기·웨어러블 기기·스마트폰 등을 활용해 운전자의 상태를 주기적으로 확인한다. 이를테면 운전자의 전날 수면 패턴과 현재 눈꺼풀 움직임 등을 종합적으로 파악해 졸음운전의 가능성이 높다고 판단되면 실내 환기를 유도하고, 운전자에게 주의 메시지를 전달하는 것이다. 혹은 운전자의 스트레스 수치에 따라 조명·향기·음악 등 차량 내부 분위기를 자동으로 변경해주기도 한다.[21]

사실 이러한 단계의 최첨단 기술이 적용된 제품을 실생활에서 찾아보기는 아직 쉽지 않다. 하지만 관련된 기반 기술이 놀랍도록 빠르게 발전하고 있고, 이제 시장에서의 차별화 성패는 기술의 적용을 소비자에게 선제적 도움을 주는 제품으로 연결시키는 수준까지 끌어올릴 수 있는가에 달려 있다. 그리고 이를 위해서는 소비자행동에 대한 풍부한 이해와 상상력이 수반되어야 한다. 예를 들어, 네덜란드에서 이용객 수가 두 번째로 많은 공항인 에인트호번 공항은 입출국 심사를 비롯해 쇼핑·식음료 시설 등 공항 내 각종 서비스를 하나로 제어하는 내부 시스템, 얼굴 인식 기술 등을 이용해 여행자의 편의를 도모하는 미래 공항의 모습을 제안하고 있다.[22] 비행기 이륙이 지연됐을 때 휴대폰 메시지로 알려주는 것은 기본이고, 이로 인해 생긴 여유 시간 동안 할 수 있는 활동까지 함께 제안할 수 있다면 선제적 대응의 발전된 형태라 할 수 있다. 더 나아가 여행자가 여유 시간 동안 할 활동으로 식사를 선택한 경우 여행자가 원하는 레스토랑에 미리 주문 내용을 전달하고 음식을 준비할 수 있게 만들어 보안검색대를 통과할 때쯤에는 음식이 고객을 기다리고 있게 하는 것이 선제적 대응기술이 향해야 할 궁극적 목표다. 소비자가 모르는 욕구를 발견해주고, 아직 발생하지 않은 문제에 대한 해결책을 제공하는 상상력을 누가 먼저, 더 적합하게 발휘하느냐가 앞으로 선제적 대응기술 경쟁력의 승부처가 될 것이다.

전망 및 시사점

공공 영역에도 필요한 선제적 대응

2022년 8월, 수원의 한 다세대주택에서 세 모녀가 숨진 채 발견돼 많은 사람들을 안타깝게 했다. 이 사건은 2014년 '송파 세 모녀 사건'

과 판박이처럼 닮아 그동안 우리나라 복지 시스템의 허점이 사실상 개선되지 않았다는 것에 우리 사회는 큰 충격을 받았다. 복지 전문가들은 '수원 세 모녀 사건'이 이른바 '신청주의 복지'의 한계를 드러낸 것이라고 지적한다. 세 모녀는 모두 건강이 매우 좋지 않은 상태에서 월 1만7,000원 정도의 건강보험료를 16개월 동안이나 체납할 만큼 위태로운 상황이었음에도 복지 신청을 하지 않아 비극적인 사태를 맞았다. 언론에서는 복지 신청만 제대로 됐더라면 매달 125만 원 정도를 지원받을 수 있었을 것이라고 보도했지만, 이들은 전입신고도 하지 않아 당국이 상황을 파악할 수 없었다. 이 사건은 송파 세 모녀 사건 이후 강화된 '위기가구 발굴 시스템'이나 '찾아가는 복지'에 대한 필요성을 다시 한번 환기시켰다. 만약 복지 영역에 선제적 대응기술의 개념이 적용됐다면 보다 신속하게 위기 상황을 인식하고 대처할 수 있지 않았을까 하는 아쉬움이 크다. 전기·수도·가스 등의 사용 추이나 통신비·의료비 등의 연체 현황 같은 정보들을 서로 연계시키는 행정망이 있었다면, 복지 신청이나 전입신고를 하지 못했더라도 정부가 먼저 이들에게 도움의 손길을 내밀 수 있었을 것이다.

이처럼 선제적 대응기술을 공공 영역에서 활용하면 정책 효과를 극대화할 수 있다. 선제적 공공서비스의 경우 국가별·지역별 소비자에 따라 필요로 하는 선제적 대응의 형태가 다르므로 지역성이 매우 중요하다.[23] 시민들의 생활을 보조할 수 있는 충분한 수준의 정책 수행을 위해 선제적 대응을 제공할 인프라를 갖출 필요가 갈수록 커지고 있다.

우리나라의 공공주거 부문에서는 선제적 대응기술을 수용하고 있다. LH가 2023년 상반기부터 적용할 예정인 공공임대 전용 스마트 홈 서비스가 대표적이다. 공공임대주택의 역할을 강화하기 위해 주거 약자를 위한 돌봄 시스템을 도입한 것이다. 이 시스템은 스마트 기기를 통한 제어를 기본으로 하며, 선제적 대응기술의 세 단계가 복합되어 있다. 고령 입주자가 12시간 이상 휴대폰을 사용하지 않으면 사전에 등록된 보호자에게 자동으로 연락이 가거나, 입주민의 위치나 수도 사용량 등의 정보를 분석하여 이상 징후가 관찰될 경우 관리사무소에 알리는 주거약자 전용 서비스가 포함된다. 또한 날씨 맞춤형 건강 정보, 건강 방송, 복약 알림 등의 사회복지 서비스도 가능하다. 찾아가는 공공서비스를 기술로 실천하고 있는 셈이다.

2022년 여름, 엄청난 양의 폭우 속에 서울 강남 한복판이 물바다가 됐다. 예상치 못한 재난을 겪고 대비책이 시급한 가운데, 참고할 만한 사례로 미국 노스캐롤라이나주의 케리Cary가 있다. 이 도시에는 사물인터넷과 빅데이터 분석 기술을 통해 홍수 발생 가능성을 사전에 시민들에게 경고하는 시스템이 구축되어 있다. 2개의 강이 모이는 유역의 상부라는 위치적 특성상 이곳의 치수 정책은 해당 시민과 인근 지역에까지 영향을 미친다. 그렇다고 강우량을 조절하거나 집중호우로 인한 홍수를 막을 수는 없기에, 비로 인한 영향을 줄이는 데 집중했다. 이전까지는 하천의 높이가 높아지거나 배수가 잘 되지 않는 때 시민들이 신고하면 이를 취합한 후 공공 안전요원을 현장에 파견해 바리케이드를 치고 도로를 폐쇄하는 방식으로 대처했다.[24] 반면, 지금은 하천 유역을 따라 수위 센서를 설치하고 도시 곳곳에 강수량 측정기를 설치해두었다. 이를 통해 모인 데이터를 기상예보

데이터와 통합 분석해, 수위가 상승되는 정도나 속도의 이상 징후를 더 잘 식별하게 됐다.[25] 개별적이고 간헐적인 제보에 의존하는 대신 체계적으로 수집된 데이터와 정해진 조건에 기반하여 담당 공무원과 시민들에게 자동으로 경보가 보내지는 것이다. 무엇보다 시에서 운영하는 포털사이트iot.connectedcary.org/portal/home를 통해 하천의 수위, 일간 강수량, 공원 및 숲길 사용 가능 여부, 주차 시설 사용 가능 여부, 도심 소음 수준 등의 정보를 실시간으로 제공해 시민들의 행동을 선제적으로 유도한다.

궁극적인 소비자만족을 향하는 기술의 움직임

사물인터넷·인공지능·빅데이터 등으로 대표되는 4차 산업혁명 기술들의 특성을 활용해 사용자와 사용 과정을 관찰하고 데이터를 모아서 이를 활용한 솔루션까지 만들어낼 수 있는 합리적 혁신을 꾀할 수 있다면, 이것은 새로운 경쟁력의 최우선 요소가 될 것이다. 따라서 사용자의 데이터에서 만들어지는 선제적 대응에 대한 다방면적인 연구와 접근이 필요한 시점이다. 우선, 여러 제품을 통해 하나의 서비스를 제공하는 방식이 보편화될 것이다. 기술이 발전하면서 제품 간의 연계를 통한 편의의 중요성도 점차 높아지고 있다.[26]

수용적이고 일방적이었던 기존 패러다임과 상반된, 상호적인 커뮤니케이션을 통한 소비경험을 가능하게 하는 초연결 기술에 기반한 선제적 대응기술은 특히 '스마트홈'에서 소비자와의 접점을 형성하고 있다. 앞서 소개한 웰컴 투 래미안과 같은 스마트홈 시스템은 사물인터넷 기술을 기반으로 집에 머물러 있는 사람의 생활 패턴을 데이터화하고, 이를 인공지능으로 직조한 편의 기능을 '집'에 구현한 것을 뜻한다. 이는 초연결 기술들을 일상에서도 사용할 수 있을 만큼 그 경제성이 높아졌다는 것을 보여준다. 다만 이 기술에도 여전히 소비자의 불편은 잔존해 있다. 모든 제품을 동일 플랫폼 기반의 것으로만 구매하거나 제품을 구매할 때마다 호환성을 면밀히 따져야만 기능을 제대로 활용할 수 있기 때문이다.[27]

최근 삼성전자·LG전자·구글·아마존·애플 등 수십여 개의 기업들이 스마트홈 통신 표준 규격 '매터Matter'를 공통으로 채택해 발전시키기로 하면서 스마트홈 시스템의 편의성을 높일 수 있는 계기가 마련되고 있다. 이러한 움직임은 스마트홈 관련 이슈가 디바이스가 아닌 서비스로 전환됨을 의미하는 동시에, '단순한 조건부 자동화가 아닌 인공지능을 이용한 사용자 맞춤형 및 예측 기반의 지능형 서비스에 대한 중요성에 집중해야 한다'는 것을 뜻하기도 한다.[28] 관련 제품이나 서비스의 시장 생산에 있어 공급주도적 관점에서 생산 요소를 투입하고 가공하는 구조에서 벗어나, 사용자 데이터를 조사·활용함으로써 프로세스를 탄력적으로 조정하는 형태가 되어야 한다.[29] 소비자에게 발생 가능한 문제를 예측하고 효율적 관리와 처리가 가능한 체계를 수립하여 불편을 최소화할 수 있는 서비스를 도입해야 소비자와 기술 간의 적극적 상호작용을 꾀할 수 있다.

앞서 언급했듯이 0.1명을 타깃으로 하는 초개인화로서 맥락에 맞는 니즈를 만족시키는 트렌드의 적용은 이미 이루어지고 있으며, 실제 소비자의 제품 선택으로 표현되기 시작했다. 소비자들은 맞춤화를 향한 기업의 노력이 자신의 지갑을 여는 데서 끝나는 것이 아니라, 제품을 사용하는 내내 자신의 문제를 해결하기 위해 기업이 무엇을 하고 있는지 지속적으로 인지하기를 희망한다. 선제적 대응 서비스의 최종적인 지향점은 소비자를 게으르게 만드는 것이 아니다. 소비자의 행동 변화를 유도해 예측된 상황을 일어나지 않게 함으로써 궁극적인 소비자만족을 실현하려는 것이다.

"모든 기술은 인간적인 면모가 중요하다."

스티브 잡스와 함께 오랫동안 애플의 마케팅을 담당했던 광고 전문가 켄 시걸Ken Segall이 집필한 『미친듯이 심플』의 핵심 메시지다.[30] 기술은 발전하면 할수록 인간에게 가까워져야 한다. 선제적 대응기술은 우리로 하여금 그 오랜 꿈에 한 걸음 더 다가서게 만들고 있다.

Magic of Real Spaces

공간력

공간의 힘을 다시 보라. 작은 개인 블로그부터 거대한 메타버스에 이르기까지 가상공간이 세상을 호령하는 시대지만, 가상의 영토가 넓어질수록 실제공간의 역할도 중요해진다. 흔히 가상공간을 온라인, 현실공간을 오프라인으로 구분한다. 그러나 실제공간은 단지 온라인의 상대 개념이 아니라 우리 삶의 근본적인 토대이자 터전이다. 자기만의 매력으로 무장한 실제공간에는 아무리 정교한 가상공간도 따라올 수 없는 강력한 힘이 존재한다. 『트렌드 코리아 2023』에서는 사람을 모으고 머물게 하는 공간의 힘을 '공간력'이라고 부르고자 한다. 공간력은 ① 공간 자체의 힘으로 사람을 끌어당기는 '인력引力', ② 가상의 공간과 연계되어 효율성을 강화하는 '연계력', ③ 메타버스와의 융합을 통해 그 지평을 넓히는 '확장력'의 세 가지로 구분된다.

먼저 공간의 인력을 만들어내기 위해서는 ① 매장을 더 크거나 작게 하며 마치 중력처럼 고객을 끌어당겨 고객과의 거리를 최대로 가깝게 하는 방법, ② 차별화된 고객경험을 느끼게 하는 방법, ③ 지역 주민의 교류와 공감의 마당이 되게 하는 방법을 동원할 수 있다. 다음으로, 공간의 연계력을 높이려면 각종 데이터와 인공지능 기술을 활용해 ① 개인별 맞춤 서비스를 제공하고, ② 상품이 고객에게 이르는 퍼스트마일-미들마일-라스트마일-엑스트라마일의 전 단계에서 서비스 속도를 향상시키며, ③ 매장 내 고객행동을 과학적으로 분석하는 '서비스로서의 리테일' 개념의 도입이 필요하다. 마지막으로, 공간의 확장력에도 주목해야 한다. 이제 가상공간은 단순히 물건을 파는 유통의 공간을 넘어, 브랜드의 정체성을 표현하고 고객의 입소문을 유도하는 매체의 역할도 수행한다. 엔데믹 시대에 펼쳐질 공간의 새로운 기회를 잡기 위해서는 테마파크와 같은 궁극의 경험공간으로 거듭나야 할 것이다.

"두루 헤아리며, 깊은 생각에 잠기는 시간"

2021년 11월 12일 개관한 이후 일평균 3,000여 명의 관람객이 방문하고 있는 특별한 전시관이 있다. 젊은 관람객들 사이에 '불상 보고 멍 때리기'를 뜻하는 '불佛멍'이란 신조어를 만들고, 전시된 불상의 미니어처 기념품이 연일 품절되는 상황까지 일으키며 화제가 된 이곳은 바로 서울 국립중앙박물관의 '사유의 방'이다. 이 전시실 안에는 오로지 반가사유상 두 점만이 전시되어 있다. 본래부터 국립중앙박물관의 소장품이었던 반가사유상이 왜 새삼스레 뜨거운 주목을 받게 된 것일까? 그 답은 다름 아닌 공간에 있다. 사유의 방 관람객은 먼저 예상을 깨는 '방'의 규모(440제곱미터, 약 133평)에 먼저 압도되고,

출처: 국립중앙박물관

●●● 획기적인 공간 배치로 화제를 부른 국립중앙박물관 '사유의 방' 전시. 일평균 3,000여 명이 방문하며 큰 인기를 얻고 있다.

기존 박물관 전시실과 확연히 다른 분위기에 놀란다. 전시물을 보호하는 유리벽이 없고 360도로 관람이 가능한 덕에 벽과 바닥, 천장과 불상, 나아가 같은 공간에 있는 다른 관람객들까지 전시의 일부처럼 보이게 만드는 '공간의 힘'을 오롯이 느낄 수 있다.[1]

공간은 사람을 이끌고, 머물게 하고, 느끼게 한다. 공간은 '空(비어 있을 공)'과 '間(사이 간)'이 합쳐져 만들어진 말로, 한자의 뜻 그대로 보자면 아무것도 없는 '빈 곳'을 가리키지만 동시에 어떤 일이 일어나거나 사물이 '존재할 수 있는 자리'가 될 가능성을 뜻하기도 한다. 공간에는 '빈 공간 사이' 이상의 의미가 있다.

컴퓨터를 이용한 전자통신망이 발달하기 시작한 후, 그동안 우리가 생활해온 실제공간 이외에 '가상공간Cyber-space'이라는 개념이 생겨났다. 이 가상공간 속에서 소통하고 거래하는 등 실제공간과 진배없는 기능을 수행할 수 있게 되면서 공간의 개념은 가상공간을 의미하는 온라인과 현실공간을 의미하는 오프라인의 두 영역으로 병립하게 됐다. 계속해서 기술이 발전함에 따라 가상공간의 편리성이 강해졌고, 어느새 가상공간이 실제공간을 위협하는 현상까지 벌어지고 있다. 특히 유통 분야에서는 전자상거래의 비약적인 발전으로 전통적인 공간에 기반한 소매 채널이 사라질 것이라는 의미에서 '소매의 종말Retail Apocalypse'이란 다소 섬뜩한 용어까지 등장했다. 더구나 2020년부터 지속되고 있는 코로나19 팬데믹으로 인해 서로 접촉하지 않는 '언택트untact' 트렌드가 모든 이의 일상에 굳건하게 자리 잡으면서 이러한 우려는 더욱 강해졌다. 실제로 팬데믹 이후, 영어로 'brick-and-mortar(벽돌과 회반죽이라는 뜻으로 실제공간을 의미)'라고 표현하는 수많은 매장 공간들이 어려움에 빠졌다. 미국과 일본을 주름잡던 거대 백화점 그룹들부터 동네 작은 음식점까지 많은 매장들이 쓰러지는 도미노처럼 문을 닫고 있다. 소매의 종말이란 말처럼 공간은 정말로 종언을 맞이할 것인가?

하지만 앞서 '사유의 방'의 사례에서 보았듯, 공간은 힘이 세다. 흔히 가상공간을 온라인, 현실공간을 오프라인으로 구분하지만 실제공간은 단지 온라인의 상대 개념이 아니다. 우리의 삶이 펼쳐지는 근본적인 토대이자 터전이다. 연속된 위기의 거센 파도 속에서도 반짝반짝 빛을 내는 공간에는 여전히 수많은 고객들의 발걸음이 이어지고 있다. '재미'를 찾을 수 없는 지루한 공간은 차츰 고사枯死하지만, 자기만의 매력을 지니고 고객에게 다가서는 매장은 최고의 핫플레이스로 끊임없이 회자된다. 그렇다면 고객에게 사랑받는 공간에는 어떠한 비밀이 숨어 있을까? 또 온라인과 메타버스가 대안적인 공간으로서 폭발적으로 성장하고 있는 가운데, 전통적인 공간은 이들과 어떤 관계를 맺으며 시너지를 낼 수 있을까? 공간의 실제적·잠재적 힘에 대해 깊이 헤아려볼 시점에 이르고 있다.

『트렌드 코리아 2023』에서는 이러한 공간의 힘을 '공간력'이라고 부르고자 한다. 이때 공간력을 ① 공간 자체의 힘으로 사람을 끌어당기고 머물게 하는 '인력引力', ② 가상의 공간과 서로 연계되어 효율성을 강화하는 '연계력', ③ 메타버스와의 융합을 통해 그 지평을 확장하는 '확장력'의 세 종류로 구분할 수 있다.

1. 인력, 사람을 이끌고 머물게 하는 힘

공간의 인력이란 만유인력처럼 공간 자체의 힘으로 사람을 끌어들이고 또 그 안에 머물게 하는 힘이다. 사실 실제공간은 가상공간으로는 대체될 수 없는 고유한 장점을 가지고 있다. 미국의 경영학 교수인 마이클 레비Michael Levy와 바턴 웨이츠Barton A. Weitz에 의하면 실제 매장에서는 ① 스스로 거닐고 둘러볼 수 있는 '둘러보기', ② 만지고 냄새 맡는 등 상품의 물성을 오감으로 느낄 수 있는 '감각적 쇼핑', ③ 직원들의 도움을 직접 받을 수 있는 '인적 서비스'를 누릴 수 있다.[2] 하지만 최근의 쇼핑 경향에서 보듯 가상공간은 언제 어디서나 편리하게 접근해 엄청난 종류의 상품들을 비교할 수 있다는 막강한 장점을 지니고 있다. 따라서 공간이 그 자체의 힘으로 고객을 끌어들이고 머물게 하려면 더욱 다양한 전략을 모색해야 한다.

더 크게, 더 가깝게 변신하는 공간

공간에는 사람을 잡아당기는 힘이 있다. 소매유통 입지에 관한 이론 중 중력重力 모델이 이를 잘 설명한다. 허프의 중력 모델Huff Gravity Theory은 "질량이 있는 모든 물체들이 서로 끌어당기는 힘(만유인력)을 갖는다"라는 뉴턴의 중력 개념을 바탕으로 한다.[3] 만유인력의 크기는 두 물체의 질량에 비례하고, 두 물체 사이의 거리의 제곱에 반비례한다. 허프의 소매유통 중력 모델도 이에 빗대어 점포의 크기가 클수록 더 많은 고객을 유인하는 한편, 쇼핑센터까지의 거리가 멀수록 점포의 매력도가 떨어진다고 설명한다.

M Magic of Real Spaces

중력 모델에서 매장의 크기는 고객 유인의 일차적 요소다. '빅박스 Big Box 매장'이 기본적으로 높은 집객력을 가지는 것 또한 중력 모델로 설명이 가능하다. 빅박스 매장이란 물리적 외형이 거대한 박스처럼 생겼다고 해서 붙여진 이름으로, 쇼핑몰이나 백화점 등의 대형 유통 매장을 지칭한다. 가구 거리나 패션 거리처럼 상호보완적인 동일 카테고리의 점포들이 함께 무리 지어 있는 것이 제각기 독립적일 때보다 더 큰 흡인력을 갖는 것도 같은 이치다. 이를 '누적 유인의 원리 The principle of cumulative attraction'라고도 부른다. 일종의 클러스터가 형성되어 매장 전체의 집합적 규모를 늘리고 중력 모델에 의한 효과를 강화하는 것이다.

코로나19 이후 리오프닝reopening 시대가 본격화되면서 국내 유통 기업들은 대형 매장 건설에 대규모 투자 의사를 밝히고 있다. 롯데그룹은 주요 매장의 리뉴얼과 함께 대형 복합몰 건설을 추진하고, 신세계그룹도 스타필드 수원·창원·청라 등 신규 점포 출점과 함께 화성 테마파크 사업과 복합 개발 사업에도 대규모 예산을 집행할 계획이다. 실제로 2022년 롯데월드 어드벤처 부산이나 레고랜드 코리아 리조트와 같은 대규모 테마파크들이 속속 들어섰다. 온라인 시장처럼 오프라인에서도 거대 인프라 구축이 유통 매장 트렌드의 커다란 한 축이 될 것으로 보인다.[4]

고객을 이끄는 중력 효과를 극대화하는 또 하나의 방법은 거리 단축이다. 빅박스 전략과는 반대로 다수의 소형 매장을 운영함으로써 고객에게 더 가까이 접근하는 것이다. 아마존은 백화점 개장을 준비하고 있는데, 이 매장의 면적은 3만 제곱미터 정도로 일반적인 백화점의 3분의 1 수준이다. 매장의 사이즈를 줄이는 대신 유연성을 강화하여 고객과의 물리적인 거리를 줄이고 접점을 확대하려는 시도다. 이와 같이 크기를 대폭 축소하고 도심으로 파고드는 전략은 눈여겨봐야 할 주요 유통 트렌드다. 미국의 유통 업체 노드스트롬도 로컬 매장의 규모를 크게 줄이면서 고객과의 연결점을 더 촘촘히 형성하기 위해 노력하고 있다. 전통적으로 매장 대형화 전략을 펼쳐온 이케아 역시 뉴욕 맨해튼에 소규모 매장을 오픈한 이후 도심에 소형 접점 매장을 지속적으로 론칭하고 있다. 국내에도 이케아 플래닝 스튜디

출처: 이케아

●●● 이케아 랩(성수동)과 이케아 플래닝 스튜디오(코펜하겐). 최근 이케아는 대형 매장 대신 다수의 소형 매장으로 고객에게 더 가까이 다가가는 선택을 적극적으로 펼치고 있다.

오와 이케아 랩 같은 소형 실험 매장을 론칭했다.

결론적으로는 매장의 형태에 있어서도 중력의 효과를 강화하는 전략적 방향을 설정하되, 대형 매장과 소형 매장이 지닌 각각의 장점을 모두 가져갈 수 있는 정반합적 이원화 방식이 향후 유통 매장 트렌드로 나타날 전망이다.[5]

고객의 경험을 '연출'하라

서울 여의도 신영증권 빌딩 1층과 2층에는 '카페꼼마'라는 북카페가 들어서 있다. 책과 커피를 사랑하는 사람들로 늘 북적이는 곳이다. 재미있는 것은 이 공간이 예전에는 대형 서점이 입점해 있다가 영업 실적이 좋지 않아 철수한 곳이라는 사실이다. 단위면적당 진열하고 판매할 수 있는 책의 양은 매장 내 공간을 널찍하고 여유롭게 사용하는 북카페에 비해 대형 서점이 훨씬 많았을 것이다. 그럼에도 북카페의 영업 실적이 더 좋은 것은 왜일까? 바로 고객경험CX, Customer Experience 때문이다. 북카페 손님들은 커피 한 잔만 구매하면 약 500평의 공간에서 1만5,000여 권에 이르는 책 중 원하는 것을 마음대로 꺼내어 하루 종일 읽을 수 있다. 이제 공간은 효율이 다소 떨어지더라도 다른 곳에서 경험할 수 없는 고객경험을 선사해야 한다. 카페꼼마의 사례는 현대 상업 공간이 음식·커피·디저트와 함께 성장하고 있는 이유를 잘 보여준다.

그렇다면 공간에서 펼쳐질 고객경험은 어떤 속성을 지녀야 할까? 제임스 길모어James Gilmore와 조지프 파인Joseph Pine은 경험 경제의 중요성을 설파하면서 "재화와 서비스의 홍수 속에서 비즈니스를 차별화하는 힘은 경험을 연출하는 것"이라고 역설한다. 경험 경제에서 소비자는 단순한 사용자나 클라이언트의 개념을 넘어 극진히 대접해야 하는 '손님guest'이다. 더불어 판매자는 연출가가 되어 추억할 만한 경험을 제공하며, 수요의 핵심 요인으로 기능이나 혜택을 뛰어넘은 '놀라움sensation'을 일으킬 수 있어야 한다.[6]

이러한 경험 경제 모델을 극적으로 구현시킨 사례가 바로 미국 뉴욕의 쇼필즈Showfields다. 쇼필즈의 매장에서는 이름 그대로 '쇼'가 펼쳐진다. 사전에 티켓을 구매한 고객들만 입장할 수 있고, 매장 내에서는 마치 공연하듯 상품을 소개한다. 쇼필즈 공연의 테마는 브랜드로, 이곳에서 고객들은 온라인 브랜드의 제품들을 실제로 체험해볼 수 있다. 배우들이 각 브랜드의 쇼룸을 넘나들며 공연을 하는 동안 고객들 역시 여러 쇼룸을 드나들면서 이를 관람하고, 서로 소통하며 제품을 사용해보는 것이다. 공연이 끝나면 정해진 공간에서 제품을

경험 경제의 특성

	상품 경제	서비스 경제	경험 경제
경제적 기능	제자	전달	연출
상품의 특성	유형성	무형성	기억 가능성
판매자	제조사	공급자	연출가
구매자	사용자	클라이언트	게스트
수요의 요인	기능	혜택	놀라움

출처: 제임스 길모어·조지프 파인, 『경험 경제: 경험을 비즈니스로 만드는 법』, MX디자인랩 옮김, 유엑스리뷰, 2021.

구매할 수도 있다. 이는 테마파크에서 온종일 놀다가 돌아가는 길에 기념품을 구매하는 풍경과 유사하다.[7]

우리나라에서도 이러한 공연 형식을 통해 고객경험을 극적으로 연출한 곳이 있다. 제주 구좌읍 종달리에 위치한 '제주 해녀의 부엌'은 부둣가에 방치됐던 오래된 어판장을 공연장 겸 식당으로 개조한 공간이다. 미리 예약한 손님만을 대상으로 해녀들의 삶을 소재로 한 연극을 선보이고, 실제 해녀가 등장해 자신의 이야기를 진솔하게 들려주기도 한다. 공연을 관람한 후에는 음식에 대한 친절한 설명과 함께 제주산 식재료를 이용한 코스 요리를 즐길 수 있다. 제주도만의 오리지널 콘텐츠인 해녀의 인생과 해산물을 소재로 하여 다른 곳에서는 경험할 수 없는 지역성locality을 표현함으로써 세련된 고객경험을 연출한 것이다. 경험의 차원이 실제 퍼포먼스를 통해 고객들에게 제공됐을 때 체험의 가치와 밀도가 더욱 농밀해질 수 있음을 보여주는 사례다.

더 즐거운 고객경험을 위해서는 고객의 발걸음까지도 정교하게 기획해야 한다. 대형 쇼핑 공간에서 고객들은 자신이 내키는 대로 걷고 있다고 생각하지만 대부분은 공간기획자들이 숙고 끝에 설정한 동선을 따르게 된다. 이를 '상업적 산책로promenade retail'라고 하는데, 고객들이 마치 컨베이어 벨트를 타고 가듯 쇼핑을 하게 된다고 해서 '리테일 컨베이어 벨트'라고도 표현한다.[8] 예를 들어 더현대서울의 상업적 산책로는 스트리트, 즉 길의 이미지를 차용하고 있다. MZ세대의 새로운 문화 코드 중 하나는 체험이 가능한 스트리트 문화다. 명품 브랜드들까지 나서서 다양한 컬래버레이션을 시도하며 스트리트 감성을 덧대고 있을 만큼 뒷골목의 비주류 문화가 급속도로 성장하며 주류로 올라서고 있다. 그 감성을 동선을 통해 경험하게 한 것이다.

교류와 공감의 마당으로 발전하다

현대의 상업 공간은 사회적 교류의 장으로 활용되기도 한다. 취향이 비슷하거나 같은 사회적 가치를 공유하는 사람들이 모여 함께 이야기를 나누는 공간으로 발전해간다. 브랜드의 공간은 고객의 체험을 통해 사회적 교류의 장이 되고, 능동적 참여의 경험을 이끌어내 브랜드와 보다 긴밀한 관계를 형성한다. 공간은 고객들의 소통적 참여와 자율적 행위를 이끌어냄으로써 고객이 그곳에 다시 방문하게 만들고 더 오래 머물게 하며, 나아가 긍정적인 브랜드 이미지도 심어줄 수 있다. 파편화되고 원자화되는 나노사회의 흐름 가운데 연결의 가치를 강화할 수 있는 수단으로서 이러한 교류와 공감은 공간의 매우 중요한 기능이 되고 있다.

무인양품의 양품계획 부문 사장, 도마에 노부오는 오프라인 매장을 "사람과 사람이 만나는 커뮤니티 인프라"라고 정의한다. 점점 사라지는 오프라인 매장의 기능을 '판매하는 곳'으로만 국한하지 않는 것이다. 특히 무인양품은 새로운 매장을 개장할 때 해당 지역색을 입혀 로컬화된 차별적 서비스를 제공할 수 있도록 준비한다.[9] 무인양품이 매장을 일종의 '커뮤니티 센터'로 생각한다는 것을 알 수 있는 대목이다.

효과적인 교류를 위해서는 이처럼 지역사회의 특성을 반영하고 지역 주민과 함께 상생·협력할 수 있는 방식으로 공간을 기획하고 디자인해야 한다. 미국의 포틀랜드에서 시작해서 전 세계 10개의 체인을 보유한 에이스 호텔은 이러한 철학을 기반으로 운영되고 있다. 1990년대부터 저평가된 역사적 건물을 선별해서 지역 크리에이터들과 함께 독특한 호텔을 만들고 소상공인 브랜드를 입점시켜 로컬 플랫폼으로 변신시켰다. 로컬 브랜드와 적극적으로 협업하고 게스트는 물론, 지역민에게도 공간을 아낌없이 제공한다.[10]

제주에 위치한 호스텔 '옥림여관' 역시 이와 같은 로컬 소셜라이징local socializing에 특화되어 있다. 여행객들에게 지역 내 자전거 상점을 연계해주고, 피트니스 클럽과도 협업해 투숙객들이 일 단위로 운동할 수 있는 서비스를 제공한다. 또한 영화 상영회와 같은 이벤트를 열고 인근의 주민들도 호스텔을 부담 없이 체험하도록 한다.[11] 일본의 시부야 트렁크 호텔도 지역의 중심 커뮤니티 센터 역할을 한다. 호텔 내에서 지역 예술가나 크리에이터의 전시가 이루어지고, 트렁크 스토어에서 판매되는 물건은 모두 로컬 제품이며 호텔의 식당에서 제공되는 모든 음식은 로컬 식자재를 활용한 건강식이다. 이 호텔은 스스로를 '소셜라이징 플랫폼'으로 지칭하며 로컬의 가치를 우선순위에 두고 있음을 표현했다.

2. 연계력, 가상과 현실을 연결하는 힘

이제 온라인과 오프라인 공간은 각각이 독립적으로 존재하지 않는다. 서로가 서로를 보완한다. 특히 현실공간은 디지털 기술과의 결합을 통해 온라인과 연계되며 매우 빠르고 편리해졌다. 오프라인 공간의 장점은 그대로 살리면서 현실공간에서 온라인의 가속 경험을 가능하게 하는 솔루션이 다양하게 펼쳐지고 있다. 이른바 '온-오프 블랜딩' 전략을 통해 피지털physital(물리적 공간을 의미하는 '피지컬'과 '디지털'의 합성어) 매장에서 고객에게 주어지는 편익은 더욱 커질 전망이다.

더욱 정교해진 공간의 개인별 맞춤 서비스

오늘날 전자상거래 업계에서 빅데이터 분석과 인공지능 기술을 토대로 한 개인화 추천 서비스는 필수가 됐다. 나아가 오프라인 공간에서도 온라인의 논리와 기술을 도입하며 개인화의 새로운 국면을 열고 있다. 예를 들어 맥도날드는 매장 내 메뉴판을 인공지능 기술을 통해 날씨나 시간대, 매장의 주문 현황에 따라 데이터를 조합하여 실시간으로 메뉴를 바꿔 보여주는 스마트 메뉴판으로 교체했다. 여름철 점심시간에는 커피보다는 콜라 같은 탄산음료를 메뉴판의 전면에 배치하는 식이다. 또한 드라이브스루 주문대로 진입하는 자동차의 번호판을 인공지능이 인식해서 해당 고객의 이전 주문 내역을 확인하고 이에 맞춰 메뉴판을 자동으로 변경하며, 결제 단계에서는 고객이 선호할 만한 메뉴를 제시해서 추가 주문을 유도하기도 한다. 데이터를 활용해 오프라인 매장의 구매 현장에서 고객의 반응을 극대화하려는 전략이다.

2022년 5월 미국 로스앤젤레스에 문을 연 세계 최초의 아마존 오프라인 패션 매장인 아마존 스타일Amazon Style은 빅데이터 · 인공지

M

Magic of Real Spaces

능·머신러닝·물류 네트워크 등 다양한 첨단 기술을 활용한다. 매장에는 많은 옷들이 줄지어 걸려 있는 대신 가장 어울리는 조합으로 의류 제품을 디스플레이해놓은 공간이 있다. 고객이 아마존 쇼핑 앱으로 옷걸이에 부착된 QR코드를 찍으면 온라인 쇼핑몰에서 보는 것처럼 그 상품의 가격·색상·사이즈·고객평 등을 확인할 수 있다. 더불어 인공지능이 고객의 관심사에 맞춘 다른 옷도 추천해준다. 입고 싶은 옷을 결정했다면 앱 내의 피팅룸에 해당 제품을 추가한 뒤 앱에 표시된 위치의 실제 피팅룸으로 입장하면 된다. 선택한 옷은 직원이 피팅룸으로 가져다준다. 아마존 스타일의 피팅룸은 일반 의류 매장에 비해 훨씬 많고 편리하다. 룸 한쪽에서는 터치스크린이 설치되어 있고 고객이 입장하는 순간 스크린에 고객의 이름이 표시된다. 고객은 마치 나만의 맞춤형 피팅룸에 들어선 듯한 기분을 느끼게 된다.

출처: 아마존

오프라인 매장에 다양한 첨단 기술을 적용한 아마존 스타일. 전용 앱을 활용하면 인공지능의 상품 추천, 피팅룸 배정 등의 서비스를 받을 수 있다. 앱에서 원하는 옷을 고르면 피팅룸에 세팅되고, 피팅룸 안에서 상품 추가나 사이즈 교환 등을 요청하는 것도 가능하다.

이 스크린을 통해 인공지능이 추천하는 다른 제품 목록도 볼 수 있어서, 피팅룸을 나가지 않고도 추가로 입어보고 싶은 옷을 고르고 전달받아 착용해볼 수 있다.

이처럼 아마존 스타일의 피팅룸은 고객이 옷을 일일이 가지고 들어가거나 사이즈를 바꾸기 위해 여러 번 드나드는 수고를 할 필요가 없다. 고객의 취향과 최신 유행을 분석한 인공지능의 추천 상품을 실시간으로 선택해서 즉시 입어볼 수도 있다. 아마존 스타일 매장은 물리적 공간과 디지털 기술을 활용해서 온라인 구매의 한계를 극복하고 오프라인 매장의 장점을 극대화한 공간인 셈이다. 나아가 이곳은 옷을 구경하고 구매하는 단순한 쇼핑 매장을 넘어 의류 관련 정보와 경험을 얻는 쇼핑 플랫폼이다. 아마존은 이러한 방식을 가리켜 '매장 내 쇼핑경험의 재창조'라고 부른다.[12] 아마존의 이러한 전략들은 퍼스널 쇼퍼로서 추천 기능을 정교화하기 위한 과정으로, "고객 100만 명의 단일한 데이터보다 한 명의 100만 가지 데이터가 더 가치 있다"는 빅데이터 전략에 기반한 것이다.[13]

엑스트라마일까지 고려하는 물류의 신속성

현실 매장의 장점은 즉각적인 반족이 가능하다는 것이다. 구매한 상품이 배송되기까지 기다릴 필요 없이 마음에 드는 물건을 들고 나오면 된다. 인간은 무언가를 갈구하는 감정이 드는 순간부터 그것을 손에 넣을 때까지의 시간을 최소화하고자 하는 심리가 있다. 오프라인 매장은 이를 최대한으로 만족시킬 수 있으므로 온라인 대비 압도적인 편리함을 제공한다. 그런데 이러한 오프라인의 장점을 극대화하려면 역설적이게도 온라인 기술이 접목되어야 한다. 예를 들어, 미국의 유통 체인 크로거Kroger와 타깃Target의 경우 고객이 매장을 방문해서 전용 앱을 실행하면 쇼핑 목록이 자동으로 생성되어 각 매장의 구간별로 효율적인 안내를 받을 수 있도록 했다. 역시 미국의 유통업체인 로우스Lowe's는 고객 안내용 로봇 나비NAVii를 매장에 도입해 고객들이 필요한 제품을 쉽게 찾을 수 있도록 돕는다. 오프라인 매장에 디지털 기술이 접목되면서 편리함과 신속성이 배가되고 있는 것이다.[14]

이제는 판매의 속도를 넘어 반품의 속도까지 신경 쓰는 사례들도 등장하고 있다. 글로벌 부동산 업체 CBRE는 코로나19 이후 매장의 미래에 대한 보고서에서 매장의 진열 공간뿐 아니라 반품 공간의 변화에도 주목했다. 온·오프라인 구매 소비자들이 매장에 직접 방문해서 반품을 하게 되는데, 이때 매장 내부가 잘 보이는 곳에 반품 공간을 마련하는 것이 고객경험 개선에 중요한 역할을 할 것이라는 분석이다. 이 경우 반품하러 온 고객들이 매장을 둘러보며 추가 쇼핑을 할 가능성이 높아진다. 실제로 월마트나 베스트바이는 매장 내 반품 공간을 확대하고 있다. 미국의 백화점 체인 콜스Kohl's는 2019년부터 매장 내에 아마존 반품 센터를 운영하며 아마존 고객을 콜스 매장으로 모이게 하는 채널로 활용하고 있다. 반품 공간이 피지털 매장의 완성도를 높이고 고객경험을 개선하는 데 매우 중요한 요소라는 점은 눈여겨볼 만하다.[15] 따라서 앞으로의 물류에서는 퍼스트마일-미들마일-라스트마일에 더해 **엑스트라마일**까지 고려하여 치밀하게 설계해야 한다.

오프라인 매장, 고객의 행동을 관찰하다

오프라인 매장은 고객행동을 정밀하게 분석하기에 매우 좋은 기회의 장이다. 이를 적극적으로 비즈니스 모델화하는 회사들도 속속 나타나고 있다. 대표적인 사례가 큰 화제를 불러일으킨 뒤 "우리들의 실험은 성공적이었다"는 메시지와 함께 문을 닫은 미국의 베타B8ta다. 20여 개의 독립형 소매점 체인을 보유한 서비스형 소매업체 베타는 물건을 판매하는 것을 주된 목적으로 하지 않는다. 대신 매장 공간에 최신 IT 제품을 접목시켜 일종의 프레젠테이션 센터로 활용한다. 입점하는 브랜드는 베타의 오프라인 공간을 구독하는 방식으로 대가를 지불한다. 베타의 매장 내부에는 고객들의 행동을 분석하기 위한 카메라들이 설치되어 있다. 이 카메라를 통해 고객이 진열대 앞에 서 있는 시간, 진열대를 그냥 지나친 손님, 점원이 고객에게 제품을 설명하거나 시연하는 모습 등의 데이터가 상품별로 쌓인다. 여기에 구체적인 고객 데이터도 수집해서 특정 제품에 관심을 갖는 고객의 연령, 성별 등의 인구통계학적 정보를 물건을 진열한 기업에게 전달한다. 기업은 이 데이터를 인공지능으로 분석하여 영업이나 마케팅, 신상품 개발이나 기획에 활용할 수 있다.[16]

엑스트라마일Extra mile
제품이 생산되어 고객의 손에 이르려면 다양한 물류의 단계를 거쳐야 한다. 수출입 운송 서비스를 통해 이뤄지는 공항·항만·내륙 운송을 '퍼스트마일', 운송 네트워크를 활용해 유통 기업 간에 이뤄지는 운송을 '미들마일', 마지막으로 고객에게 전달되는 구간을 '라스트마일'이라고 한다. 엑스트라마일은 퍼스트마일에서 라스트마일까지의 구간이 끝난 다음, 고객의 변심이나 기타 사유에 의해 발생하는 반품이나 반송 등 추가적인 서비스를 의미한다.

독일의 체험형 쇼핑 매장 블랭크Blaenk도 고객행동 분석을 위한 매장을 운영한다. 이 매장도 고객의 동선을 살피고 쇼핑카트 데이터를 인공지능으로 분석한다. 일본의 츠타야 가전도 비슷한 매장을 운영하는데, 인공지능 카메라를 이용해 매장 내 고객행동 데이터를 수집한다. 매장의 실제 제품 앞에서 보여지는 고객의 실시간 반응은 온라인에서는 얻을 수 없는 정보다. 이를 측정하고 분석하여 입점 브랜드에게 데이터를 제공하는 방식을 통해 매장 공간은 오프라인 데이터 미디어 플랫폼으로 거듭나고 있다.[17]

컨설팅 회사인 맥킨지도 일찍이 2019년 9월 미국 미네소타에 모던 리테일 컬렉티브Modern Retail Collective라는 매장을 오픈했다. 이곳에는 주얼리·화장품·속옷 등의 다양한 브랜드 제품이 갖춰져 있다. 오프라인 공간을 기술과 브랜드 상품을 동시에 경험할 수 있는 리테일 랩으로 활용한 것이다.[18] 기업과 브랜드들은 매장에서 새로운 경험을 제공하고, 소비자의 행동 하나하나를 데이터로 수집하며, 챗봇을 통해 구매 혹은 비구매 이유 등 소비자경험에 대한 정교한 통찰을 얻어 이를 쇼핑경험 개선에 활용할 수 있다. 맥킨지는 이러한 형태의 유통을 '서비스로서의 리테일RaaS, Retail-as-a-Service'이라고 지칭한다.

3. 확장력, 메타버스에 적용되는 공간의 힘

최근 들어 공간의 개념이 단순한 온/오프라인의 이분법을 넘어 현실세계의 재반영인 제3의 공간, '메타버스'로 확장되고 있다. 공간경험을 메타버스로 확장하기 위한 가장 기본적인 방법은 메타버스에 가상현실VR, Virtual Reality 매장을 개설해 현실의 오프라인 매장을 간접적으로 경험하게 만드는 것이다. 대표적인 예가 현대백화점의 'VR 판교랜드'다. VR 판교랜드는 스마트폰을 통해 매장을 360도로 둘러볼 수 있는 VR 백화점이다. 모바일에 현장을 그대로 담아 실제 백화점 안을 걷고 있는 듯한 기분이 든다. 실제와 같이 VR을 통해 매장으로 이동하고 백화점에서 진행하는 행사 정보도 파악할 수 있다. 몇몇 브랜드 매장들은 VR 쇼룸으로 연결되어 가상공간에 진열된 상품을 보다 자세히 살펴볼 수도 있다. 이때 연동된 온라인 쇼핑몰에 접속하면 해당 상품을 바로 구매할 수 있고, 카카오톡 메신저를 통한 매장 직원과의 구매 상담도 가능하다. 나아가 가상공간 중간중간에 미니 게임을 배치해 놀이하듯 즐겁게 쇼핑할 수 있게 구성했고, 미술관 등의 VR 전시회도 즐길 수 있다.[19] 메타버스를 통해 공간력을 강화하고 있는 것이다.

현실공간과 연계된 메타버스 마케팅은 큰 시너지를 발휘할 수 있다. 대표적인 사례가 미국의 멕시코 음식점 체인 치폴레Chipotle다. 2021년 10월, 치폴레는 핼러윈을 맞이해 메타버스 플랫폼 로블록스 안에 가상 레스토랑을 차렸다. 아바타가 매장을 방문하면 해골 모습의 직원 아바타가 여러 핼러윈 의상들 중 원하는 것으로 골라 갈아입도록 권유한다. 핼러윈 의상을 갖추고 직원 아바타에게 말을 걸면 매일 선착순 3만 명에게 무료 부리토 쿠폰을 제공한다. 이 이벤트가 눈길을 끄는 것은 메타버스상의 경험을 현실 세계로 확장해 해당 쿠폰을 실제 치폴레 매장과 웹페이지, 앱에서 사용할 수 있도록 연계했다는 점이다. 그동안 치폴레는 매년 10월 31일에 핼러윈 의상을 입고 매장을 방문한 고객에게 음식을 할인해주는 이벤트를 벌여왔는데,

출처: 치폴레

메타버스 세계에 구현된 치폴레의 핼러윈 이벤트. 해마다 오프라인 매장에서 진행했던 행사를 가상 매장으로 확장시켜 고객에게 새로운 경험을 제공했다.

이러한 전통을 메타버스 세계로까지 확장시킨 것이다.[20]

패션·음악·스포츠 등 다양한 브랜드들이 앞다투어 메다버스로 진출하는 가운데, 맥도날드도 디지털 공간에서 음식을 판매하기 위해 '가상 음식 및 음료 제품, 아트워크, 텍스트, 오디오, 비디오 파일과 NFT를 포함한 다운로드 가능한 멀티미디어 파일' 등의 상표를 출원했다. 맥도날드는 현재 가상 콘서트를 비롯한 가상 이벤트들을 준비 중이며, '실제 음식'과 '가상 상품'을 동시에 취급하는 가상 레스토랑 또한 계획하고 있다. 메타버스 내에서 주문한 '실제 음식'은 자동으로 배달되어 제공될 예정이다.[21]

'디지털 트윈'이라는 평행공간을 활용해 현실의 공간을 메타버스에 그대로 구현하고, 이를 분석하여 실제공간을 개선하는 프로젝트도 시도되고 있다. 마이크로소프트의 '다이내믹스 365'는 실제 매장을 디지털 공간으로 옮기고 이를 구동해 실험함으로써 영업이나 마케팅 효과를 어떻게 극대화할 수 있을지 분석하는 솔루션이다. 매장 안에 설치된 CCTV를 활용하여 내부 구조와 고객 동선을 파악한 다음 디지털 공간에 구현해 시각화한다. 이를 이용하면 고객의 행동을 매우 세밀하게 분석할 수 있다. 입구와 출구의 카메라로는 고객의 매장 방문 횟수와 추세, 일별·시간별 변화를 파악한다. 고객 대기 시간을 측정한 뒤 축적된 데이터를 기반으로 추가 대기열을 생성할지 말지 계획을 세우고, 길게 늘어선 대기열을 관리할 수도 있다. 매장이 가장 붐비는 요일이나 시간대를 식별하고, 어떤 고객이 어느 제품을 오래 쳐다봤는지 분석하는 것도 가능하다. 이때 인공지능은 개별 구매자를 식별하거나 얼굴의 특징을 분석하지 않고도 인원 수를 세거나 체류 시간을 분석할 수 있는 컴퓨터 비전 기술로 구동된다.[22]

이러한 솔루션을 이용하면 제품을 어떻게 배치하고 디스플레이할지, 고객의 체류 시간이나 방문율을 높이기 위해서 어떻게 매장을 관리해야 할지 분석할 수 있다. 현실 데이터를 디지털로 옮겨서 최적의 마케팅 방법을 고안하고 이를 다시 현실에 적용하는 것이다. 인공지능으로 물리적 환경에서 데이터를 관찰하고, 이를 디지털 세계에서 이해하고, 결과적으로 물리적 환경을 변화시킬 수 있다. 이는 디지털 트윈을 통해 현실을 개선하는 **CPS** 기술 솔루션이다.

증강현실AR, Augmented Reality 기술 역시 메타버스와 결합하며 그 활용이 일반화되고 있다. 쇼피파이의 조사에 따르면 AR로 고객과 상호작용하는 솔루션을 갖춘 제품은 그렇지 않은 제품에 비해 94%나 높은 구매전환율을 보였다. 이케아나 홈디포 같은 브랜드는 실제 방을 스캔하여 가상 세계로 옮긴 뒤 집이나 사무실에 가구와 장식을 배치해보는 서비스를 제공하고 있다. 이러한 서비스를 이

CPS Cyber Physical System
CPS는 사물인터넷, 빅데이터 등의 디지털 기술을 활용하여 사이버 세상과 물리적 세상을 연계하고 동기화하는 과정을 말한다. CPS는 기술 요소들을 활용하여 물리적 세상을 사이버 세상에 반영하고, 사이버 세상의 기술을 활용하여 물리적인 세상을 통제하고 제어하는 시스템이다.[23]

용하면 매장에 방문하지 않고도 편리하게 구매할 수 있어, 기업의 입장에서는 소비자의 구매 장벽을 허물고 반품률도 크게 낮출 수 있다.

뷰티 브랜드 업체들도 AR을 활용해 개별 소비자의 피부톤에 따라 각양각색의 화장품들이 어떻게 표현되는지 테스트할 수 있는 서비스를 내놓고 있다. 제품 테스트를 위해 상점에 직접 방문할 필요가 없고 위생 문제를 걱정하지 않아도 된다는 것이 장점이다. 여기에 놀이 요소도 더해서 고객들이 제품을 가지고 더 많은 시간을 보낼 수 있도록 했다. 실제로 게임화gamification AR을 도입했을 때 고객들의 이용률과 이용 시간이 크게 높아졌다. 스냅챗은 2021년 영국의 AR 스타트업 '아리엘Ariel AI', AI 기반의 의류 추천 기업 '핏 애널리틱스Fit Analytics' 등을 인수했다.[24] 이를 통해 여러 기술이 도입되면서 스냅챗 플랫폼에서 여러 브랜드의 옷을 가상으로 착용해보고 구매 여부를 결정할 수 있는 방식으로 경험의 차원을 넓혀갈 것으로 보인다. 이러한 의지를 보여주듯 2022년 6월, 스냅챗은 프랑스 칸에서 패션 잡지 〈보그〉와 협업하여 AR 패션쇼를 열었다. 이 패션쇼에서는 구찌, 베르사체 등 16개 명품 브랜드의 제품들을 AR로 선보였고, 참가자들은 스냅챗의 AR 필터를 이용해 해당 의류들을 입어보고 사진을 찍은 뒤 곧바로 SNS에 공유하기도 했다.[25]

창작자 경제creator economy에 기반한 가상 시장의 경제활동이 빠르게 확장됨에 따라, 유통 기업들은 오프라인에서 제공했던 고객경험을 가상공간이나 메타버스에서 새롭게 해석하고 각색하여 고객들에게 보여줘야 하는 시대를 맞고 있다. 향후 기업들은 가상 경제와 이어지는 '메타커머스Meta-commerce'를 완성해나감으로써 고객의 경험

몰입도를 극대화하는 한편, 디지털 트윈 기술 등을 통해 오프라인 공간을 새로운 차원으로 업그레이드해야 한다.

전망 및 시사점

코로나19 팬데믹은 공간을 위축시키는 동시에 역설적으로 현실공간의 활동에 대한 동경을 더욱 크게 만들어놓았다. 그동안 억눌려왔던 소비 니즈가 다시 반등하고 있다. 이러한 리바운드rebound 현상은 오프라인 공간의 소비트렌드에 극명하게 나타난다. 온라인이 효율적이고 편리한 것은 사실이지만, 현실공간의 오감 체험과 현장감은 결코 따라올 수 없다. 앞으로는 물건을 판매하기만 하는 곳을 넘어, 사람을 끌어모으고 소통하며 알리는 매체로서의 공간 개념이 중요해질 것이다. 그렇다면 엔데믹 이후 공간이 지니게 될 새로운 기능은 무엇이고, 우리는 어떻게 공간력을 강화해나갈 수 있을 것인가?

공간은 잡지다

공간은 단순히 브랜드와 상품을 판매하는 곳이 아니라 그 가치를 한층 높일 수 있는 매우 효과적인 '매체'다. 별도의 광고나 홍보 매체를 통하기보다는 자신의 매장 공간을 효과적으로 활용하여 마케팅 활동을 펼쳐나갈 수 있다. 이를 보여주는 좋은 사례가 아이웨어 브랜드 젠틀몬스터다. 2021년 기준 전 세계 30개국에 진출해 400여 개의 매장을 보유하고 있으며 기업 가치 1조 원을 달성하는 등 빠른 성장을 보이고 있는[26] 젠틀몬스터는 TV를 비롯한 미디어 매체 광고를 하지 않는다. 대신 매장 공간을 홍보 채널로 만들어 메시지를 전달하는 전략을 펼친다. 이때 가장 중요한 역할을 하는 것이 바로 공간이다. 젠틀몬스터는 혁신적인 공간 마케팅으로 브랜드 가치를 끌어올리는 데 성공했다. 감성적으로 자극받은 소비자들이 자신의 경험을 자발적으로 퍼트리도록 바이럴viral을 활성화시킴으로써 브랜드의 자본력을 높인 것이다.

D2CDirect to Customer 커머스 브랜드들도 오프라인 매장을 열고 있다. 패션 제품을 판매하는 '무신사', 안경 전문 판매 업체 '와비파커', 투명한 가격 정책으로 유명한 패션 브랜드 '에버레인' 등이 현실공간을 오픈했다. 이 매장들은 주된 목적은 판매가 아니다. 브랜드의 가치를 알리고 고객과 소통하는 '미디어'로서의 기능이 강화되어 있다. 비용 면에서나 효과 면에서나 페이드 미디어Paid Media를 통한 커뮤니케이션보다 오프라인 매장 공간이 더 효율적이기 때문이다.[27]

팝업스토어 플랫폼 프로젝트렌트의 최원석 대표는 "좋은 콘텐츠를 가진 개인이나 브랜드를 보여주는 잡지(매거진) 같은 공간을 만들고 싶다"고 이야기한 바 있다. 프로젝트렌트는 막대한 자본력을 가진 대기업만 팝업스토어를 열 수 있다는 고정관념을 버리고 중소 브랜드들이 오프라인 채널에서 고객과 직접 만날 수 있는 장소를 제공한다. 매장을 장기간 임차하는 대신 단기간 동안 제품을 알리고자 하는 브랜드에게 공간을 대여하는 방식이다. 판매가 아닌 자신의 브랜드를 보여주고 알리기 위한 콘텐츠로 채워진 공간을 만드는 것이다. 현실공간에는 고객이 브랜드를 직접 보고 만지는 경험을 통해 고객과의 직접적인 스킨십이 가능하다는 장점이 있다. 이를 똑똑하게 활용한다면 공간은 그 어떤 미디어보다 강력한 효과를 발휘할 수 있다.[28]

공간력의 출발점이자 지향점은 결국, 고객

"우리의 고객이 되어주세요Be Our Guest!"

디즈니의 만화영화 〈미녀와 야수〉에서 촛대·그릇·찻잔 등이 식탁을 차리며 부르는 흥겨운 노래의 일부다. 하지만 이는 한 영화 속의 삽입곡 구절에 그치지 않는다. 세계적인 테마파크인 디즈니랜드를 운영하는 등 공간경영의 정수를 보여주는 디즈니의 구호다. 디즈니는 고객경험을 고도화하기 위한 그들만의 구체적인 '손님학guestology'을 갖추고 있다. 디즈니에게 고객은 마치 우리 집을 찾아온 손님처럼 극진히 대접해야 하는 존재로, 디즈니 손님학의 핵심은 모든 서비스를 손님의 관점에서 조직하고 제공하는 것이다. 디즈니랜드에 머무는 동안 일어나는 서비스의 각 단계를 잘게 쪼개서 맞춤화된 경험을 세련되게 구현한다. 디즈니는 신입직원 교육에서부터 직원들로 하여금 '당신은 고객을 환상의 세계로 이끄는 마법을 부리는 사람'이라는 신념을 갖게 하는 것으로 유명하다. 디즈니랜드의 직원들은 방문객들에게 개별적으로 관심을 표현하는데, 방문객들이 특별한 대우를 받고 있다고 느끼게끔 만드는 것이 중요하기 때문이다.

이러한 손님학 전략의 완성을 위해 디즈니는 오감 경험을 통해 고객들이 진정으로 몰입할 수 있는 쇼를 펼치고, 고객의 판타지를 현실에서 창조하며 그들만의 공간으로 인도하도록 노력한다. 무엇보다 고객들의 기대를 훨씬 뛰어넘는 서비스를 제공하기 위해 최선을 다한다. 최상급의 대면 서비스부터 게스트 관점에서의 고객경험 분석, 이를 반영한 인프라 설계, 고객과의 상호작용에 이르기까지 활용할 수 있는 모든 요소들을 통해 탁월한 경험을 제공하는 방법을 고민하는 것이다.[29]

사실 이것은 디즈니랜드와 같은 테마파크만의 문제가 아니다. 오늘날 유통 공간의 공통적인 문제다. 유통 공간, 그중에서도 백화점과 테마파크 사이에는 유사점이 많다.[30] 우선, 백화점과 테마파크는 현대인에게 환상적인 즐거움을 안겨주는 공간이다. 규모가 매우 크고 랜드마크로서의 역할도 한다. 일상에서는 보기 힘든 광경이 눈앞에 펼쳐지며 항상 축제(백화점에서는 할인판매 기간을 '축제'라고 부르곤 한다)가 열린다. 직원들의 노동은 일종의 연예 활동(고객을 즐겁고 기분 좋게 하는 것은 백화점 직원의 노동 목적 중 하나다)이고, 다양한 공간적 장치를 통해 현실이 아닌 곳에 와 있는 듯한 환상감을 창조한다. 이에 비추어볼 때 현대 가상공간은 최고의 고객경험을 선사하는 일종의 테마파크가 되어야 한다.

프랑스의 정신분석학자 자크 라캉Jaques Lacan은 "일상이란 죽음으로 가는 지루한 통로"라고 표현하며 지루함을 돌파할 수 있는 것은 비일상성으로, 일상에서 볼 수 없는 환상감을 제공해야 한다고 역설한 바 있다. 소매의 종말이 예견되는 가운데 팬데믹 이후의 세상에서 살아남기 위해 공간력에 주목해야 한다. 공간력은 하나의 테마와 컨셉을 통해 공간 이미지를 창출함으로써 고객의 환상을 현실공간에

●●● 매력적인 공간은 지루함을 돌파하는 비일상성을 제공해야 한다. 소매의 종말이 예견되는 오늘날, 매력적인 컨셉과 테마를 갖춘 공간력은 리테일 최고의 무기가 될 것이다.

구현하는 데에서 나온다.[31] 공간의 죽음이 운위되는 가상의 시대, 공간이 공간만의 힘을 갖추려면 그 출발점이자 궁극적인 지향점은 결국 고객이어야 한다.

Peter Pan and

the Neverland Syndrome

네버랜드 신드롬

최근 한국 사회에서 나이보다 어리게 사는 것이 하나의 미덕이 되고 있다. 영원히 아이의 모습으로 사는 피터팬과 그 친구들이 사는 곳, '네버랜드'의 이름을 따서 우리 사회에 나이 들기를 거부하는 피터팬들이 많아지는 트렌드를 '네버랜드 신드롬'이라고 부르고자 한다. 네버랜드 신드롬은 ① 공주세트나 포켓몬빵 같은 아이템을 구매하는 등 어린 시절로 돌아가고 싶어하고, ② 외모를 유지하는 것을 넘어 승진을 마다하면서까지 현 상태에서 더 나이 들지 않으려 하며, ③ 아이들처럼 쉽고 재밌고 명랑하게 노는 것을 좋아하는, 세 유형으로 나뉜다. 우리 사회의 유년화는 단지 일부의 취향이 아니라 사회 전체의 '사고방식way of thinking', 나아가 '생활양식modus vivendi'이 되고 있다.

이러한 트렌드의 확산을 미래가 불안정하고 힘든 상황에서 어린 시절에 대한 향수에 젖으며 위안을 얻는 것이라고 해석할 수도 있지만, 가장 근본적인 원인은 인간의 수명이 길어지면서 동반하게 된 생애주기의 구조적 변화에 있다. 건강하게 오래 살게 되면서 청춘의 기간이 길어진 가운데, 생애과정이 다양화되며 어른이라고 부를 수 있는 전형적인 모습이 사라진 것이다. 네버랜드 신드롬은 사회 전체가 유아화되는 부작용에 대한 우려도 낳는다. 자기중심적인 주장만 강요한다든지, 생명이 없는 캐릭터에 집착한다든지, 문제 발생의 원인을 자신이 아니라 타인이나 정부의 탓으로 돌린다는지, 자기 취향에 지나치게 몰두하는 등의 행동은 아동기적 특성과 관련이 있다.

청년의 활기는 극대화하면서도 유아적 미성숙의 징후를 최소화하려면 어떻게 해야 할까? 네버랜드가 유토피아가 될지 디스토피아가 될지는 이 질문에 답하기 위한 우리의 노력에 달려 있다. 유아적이고 무책임한 자기중심주의가 아닌 청년의 신선함과 발랄함을 가슴에 품을 수 있을 때, 우리 개개인은 물론 사회 전체의 진정한 성숙이 가능할 것이다.

'#으른이다'.

숏폼 동영상 플랫폼 틱톡에서 최근 떠오르고 있는 인기 해시태그다. 이 해시태그가 달린 영상에는 갓 사회초년생이 된 20대들이 '어릴 적 자신이 상상한 어른의 모습'과 '현재 어른이 된 실제 나의 모습'을 비교하는 내용이 담겨 있다. 상상과 현실의 괴리가 재미의 포인트다. 이 영상들에 나오는 '어릴 적 상상 속' 어른은 정장을 차려입고 비즈니스 미팅에서 프레젠테이션을 하거나 한 손에는 커피를, 다른 한 손에는 서류를 들고 정신없이 살아가는 등 쉽게 짐작할 수 있는 모습들이다. 반면에 현재 어른이 된 나의 '실제' 모습은 매우 흥미롭다. 방 한쪽 벽면을 빼곡히 채운 '건담' 피규어와 '원피스' 캐릭터 인형에 흡족해하는 모습, 귀여운 잠옷을 입고 수십 장의 스티커를 펼쳐놓은 채 어떤 것을 다이어리에 붙일지 골똘히 고민하는 모습 등이 주로 등장한다. 이러한 영상들에서는 "어른이 됐지만 아이 때와 별로 달라진 것이 없다"는 자조自嘲와 "이제는 내가 벌어서 애정하는 취미에 자유롭게 돈을 쓸 수 있다"는 자부가 교차한다. '어른이다'가 아니라 '으른이다'라고 해시태그를 붙이는 이유도 이와 무관하지 않을 것이다.

최근 '어른아이'들이 부쩍 많아졌다. 핸드폰에 '아이언맨' 캐릭터가 돋보이는 빨간색 케이스를 끼워 들고 다니는 중년 남성, '헬로키티' 액세서리를 아무렇지 않게 차고 다니는 중년 여성, 가수 임영웅의 영상에 '주접' 댓글을 다는 것을 하루의 낙으로 생각하는 시니어 영웅시대(임영웅 팬클럽)를 어렵지 않게 볼 수 있다. 마스크를 쓴 채 인사하는 일이 많은 요즘, 차림새만 봐서는 모녀인지 자매인지 혹은 조

손녀 관계인지 분간하기 힘든 경우도 왕왕 발생한다. '어른'의 모습이라고 생각되던 전형에 맞지 않는 스스로를 '어른이(어른+어린이)'라고 부르는 사람들도 많아졌다.

한국 사회에서 나이보다 젊게, 아니 어리게 사는 것이 하나의 미덕이 되고 있다. "멋져 보인다"보다 "어려 보인다"가 더 큰 찬사로 여겨진다. 아동 취향의 물건을 모으며 기뻐하는 소비자들을 '키덜트'라고 부르는데, 그동안 이들은 주류에서 벗어나 조용히 혼자서 자신의 취미를 즐기는 소수 마니아 집단으로 여겨졌다. 그런데 이런 취향을 향한 사람들의 시선이 "그렇게 안 봤는데, 대단하다"는 식의 감탄으로 변하고 있다. 이제 어른이들은 "어른이란 이러해야 한다"는 테두리에 스스로를 가두지 않고, 자신만의 방식대로 행복을 추구해나간다. "귀여움이 세상을 구한다"며 귀여운 것에 무조건적인 애정을 드러내고, 당당한 유치함을 통해 일상의 재미를 모색한다. 현재의 나는 어린 시절의 연장선이라 생각하며 복잡한 내면을 풀어줄 열쇠를 어린 자신에게서 찾는다.

영국의 작가 제임스 매튜 배리James Matthew Barrie의 작품 『피터팬』의 주인공 피터팬은 나이를 먹지 않는 마법에 걸려 영원히 아이의 모습으로 살아간다. 여기서 착안해 정신분석학에서는 몸은 어른이 됐는데도 심리적으로 아이 상태에 머무르려 하는 퇴행적 심리 상태를 '피터팬 신드롬'이라고 지칭한다. 피터팬이 사는 '네버랜드Neverland'는 피터팬처럼 늙지 않는 아이들이 모여서 자유롭게 모험을 즐기며 사는 곳이다. 1980년대의 글로벌 팝스타 마이클 잭슨은 자신의 저택 이름을 '네버랜드 목장Neverland Ranch'이라고 지은 뒤, 그곳을 테마파크처럼 판타지가 가득한 공간으로 꾸미고 자신은 늙지 않는 아이처럼 살겠다고 말하기도 했다. 당시 사람들은 "역시 유명 연예인은 다르구나" 하며 그를 기인奇人처럼 생각했다. 하지만 오늘날 늙지 않고 아이처럼 살고 싶다는 욕망은 아주 보편화됐다. 다시 말해서 우리 사회의 유년화는 단지 일부의 취향이 아니라 사회 전체의 '사고방식way of thinking', 나아가 '생활양식modus vivendi'이 되고 있다. 젊음이 단지 찬미와 동경의 대상이 아닌 '추앙'의 단계에 이른 것이다.

이에 피터팬과 친구들이 모여 사는 나라, 네버랜드의 이름을 따서 나이 들기를 거부하는 피터팬들이 많아지는 트렌드를 '네버랜드 신드롬'이라고 부르고자 한다. 한 가지 유념해야 할 점은 피터팬 신드롬이 어른들의 세계에서 홀로 아이로 남아 고립된 채 퇴행하는 부적응 상태를 표현하는 것이라면, 네버랜드 신드롬은 사회 구성원 모두가 스스로를 나이보다 젊다고 여기고 '어른이'라고 불리는 것을 즐거워하는 현상을 가리키는 가치중립적인 용어라는 것이다. 우리 사회에서 전방위적으로 나타나고 있는 청년화 혹은 유년화 현상인 네버랜드 신드롬이 어떠한 모습으로 드러나고 있고, 그 배경은 무엇이며, 우리 사회에 어떠한 시사점을 던지는지 차례로 살펴보자.

네버랜드의 세 가지 신드롬

나이 들기를 거부하는 사람들이 사는 곳, 네버랜드의 징후syndrome는 세 가지로 나누어 살펴볼 수 있다. 첫째는 어린 시절로 돌아가고 싶어하는 '돌아감return'이고, 둘째는 지금 상태에서 더 나이 들지 않으려 하는 '머무름stay'이며, 셋째는 아이들처럼 재미있게 놀고 싶어하는 '놂play'이다.

1. Return, 어린 시절로 돌아가다

한소희, 태연 등 유명 연예인들의 색다른 액세서리가 사람들의 눈길을 끌며 화제에 올랐다.[1] 상당한 크기의 보석이 달린 분홍색 귀걸이와 목걸이 세트였는데, 이 액세서리 세트의 이름은 '프린세스 목걸이 세트'. 명품 브랜드 제품이 아니라 플라스틱으로 제작된 1,000~3,000원짜리 유아용 완구 액세서리다. 일명 '공주세트'로 불리는 제품들이 멋쟁이들의 인싸템으로 떠올랐다. 이후 1년에 가까운 시간 동안 SNS에는 어린이부터 중장년층까지 연령대를 막론하고 공주세트를 착용한 채 찍은 인증사진들이 끊임없이 올라왔으며, 해당 제품의 품귀 현상까지 일어났다. 이제 유치찬란함은 어른답지 못한 감

출처: 다이소

연예인들이 착용하며 화제를 모은 다이소의 '프린세스 목걸이 세트'. 플라스틱 완구 제품이지만 SNS 인싸템으로 떠오르며 나이를 막론하고 '공주세트'에 열광하게 됐다.

성이 아니라 당당하게 파티의 주인공으로 빛나기 위한 덕목이 되고 있다.

어린 시절과의 '키치kitch(저렴하고 유치한 감성)'적인 만남은 순간의 익살스러운 파티 용품 수준에 그치지 않는다. 세련되고 모던한 식당과 카페가 즐비한 한남동에 시선을 사로잡는 핑크색 매장이 등장했다. 이름부터 '로얄royal멜팅클럽'인 이 디저트 카페는 반짝이는 장식부터 의자와 테이블, 판매하는 굿즈까지 온통 핑크 일색으로 '핑크 공주'들의 성지를 표방하는 공간이다. 키즈 베이킹 클래스를 운영하는 등 어린이를 위한 서비스도 운영 중이지만, 이곳을 찾는 고객 중 대부분은 '티아라(공주의 왕관)'가 올려진 시그니처 케이크나 화려한 색감을 자랑하는 캐릭터 디저트를 찾는 어른들, 그리고 어린 시절 '핑크'에 열광했던 여성 소비자들이다. 어린이 공간과 어른 공간은 엄연히 다르다는 불문율을 깨고 소녀 취향의 어른과 아이가 한 공간에 어우러지고 있다.

2022년 3월, 전국적인 품절 대란을 일으켰던 포켓몬빵은 잠재적 어른이들이 얼마나 많은지 보여준 사례다. 1990년대에 어린이들 사이에서 인기가 높았던 제품을 그 시절 감성을 그대로 담아 재출시했다. 그 시절을 경험한 성인들에게는 어린 시절의 향수를, 청소년들에게는 새로운 재미를 선사하여 10대부터 40대까지 폭넓게 인기를 끌었다. 특히 '득템력(『트렌드 코리아 2022』 참조)'이 소비의 중요한 덕목이 된 요즘, '띠부띠부씰'을 뽑는 재미를 예전 그대로 살린 것이 어른이들의 동심을 자극했다. 여기에 총 151종에 이르는 포켓몬들의 출현 빈도가 각기 다르다는 원작 애니메이션의 내용을 살리기 위해 띠부띠부씰의 생산량을 조절함으로써 수집하는 재미를 더했다. 그 결과 포켓몬빵은 출시 43일 만에 1,000만개가 판매됐는데, 이는 1990년대의 인기를 넘어서는 수준이었다.[2] '어린 취향'이 이제 소수의 마니아층만이 아니라 전 국민적으로 통하는 황금열쇠가 됐음이 드러나는 대목이다.

키덜트의 주류화는 우리나라만의 이야기가 아니다. 미국 장난감 업계에서는 앞으로 주목해야 할 소비자층으로 키덜트를 꼽는다. 우리에게도 익숙한 글로벌 장난감 제조사 레고는 2020년 미국에서 "어른들 환영Adults Welcome"이라는 마케팅 캠페인을 벌였으며, 홈페이지에 성인을 위한 섹션을 별도로 만들었다. 또한 미국 장난감협회The Toy Associations는 매년 '올해의 제품'을 시상하는데, 2022년부터 '올해의 어른 장난감' 카테고리를 신설하기도 했다. 해당 협회가 2021년 진행한 조사에서 미국 성인 응답자의 58%가 스스로를 위해 장난감이나 보드게임을 구입한 적이 있다고 답했기 때문이다.[3]

어린 시절로 돌아가기 위해 필요한 것은 장난감만이 아니다. 최근 미국 여행 업계에서 떠오르는 트렌드는 '어른들을 위한 서머캠프Adult Summer Camp'다. 미국에서 서머캠프는 주로 청소년들이 여름방학을 맞이하여 참여하는 수련회 같은 것으로, 집을 떠나 타지에서 온 또래 친구들과 어울릴 수 있는 특별한 기회가 되곤 한다. 그런데 이와 같은 어린 시절의 추억을 상징하는 서머캠프를 그리워하는 어른들이 많아진 것이다. 물론, 호텔급 숙소에 머물고 저녁에는 와인 파티를 여는 등 세부적인 구성은 어른 고객에게 맞춰져 있지만 서머캠프만의 힐링 포인트는 놓치지 않는다. 예를 들어, 캠파워먼트Campowerment

사가 주최하는 '치치Chi Chi 캠프'에는 참여자들이 반드시 지켜야 하는 독특한 룰이 있다. 캠프가 시작된 후 24시간 동안은 자신의 직업을 밝혀서는 안 된다는 것이다. 20대에서 70대까지 다양한 연령대의 참여자들 모두가 사회인의 모습을 내려놓고 인간 대 인간으로 친구가 되는데, 이곳에서는 이를 '마법 같은 경험'이라 표현한다.[4]

2. Stay, 나이 듦을 거부하다

코로나 사태로 2년 넘게 차가웠던 극장을 가장 뜨겁게 달궜던 2022년의 히트작은 〈탑건: 매버릭〉이었다. 블록버스터 오락영화로서 완성도가 높기도 했지만, 역시 가장 화제가 된 것은 배우 톰 크루즈의 여전한 매력이었다. 1986년 〈탑건〉에서 보여줬던 그의 아우라는 30여 년이 지나도록 변함이 없었고, 60세를 넘긴 '톰 아저씨'의 근육질 몸매는 "늙지 않는다는 것"이 어떤 것인지를 잘 보여줬다. 특히 주목할 부분은 톰 크루즈가 맡은 역할인 매버릭이 더 이상 진급하지 못하고 대령으로 남아 현직 파일럿으로 임무를 수행했다는 점이다. 전편에서 동기로 나왔던 '아이스맨'은 태평양 함대사령관까지 진급한 뒤 암으로 사망하는 반면, 매버릭은 여전한 실력과 체력을 자랑하며 멋지게 작전을 성공시킨다. "비행기가 중요한 것이 아니라 조종사가 중요한 것"이라는 한 마디로 골동품이 되어버린 F-14 전투기처럼 스스로 퇴물이 되어가고 있다고 생각하는 중장년 관객의 가슴을 벅차오르게 만들면서 말이다. 태평양 함대사령관까지 진급했지만 병으로 일찍 사망한 아이스맨과 젊은이에 뒤지지 않고 여전히 현역으로 활약하는 진급 못한 대령 매버릭, 관객들은 이 두 동기 중 누가 더 멋지다고 생각할까?

연공서열 문화가 오랫동안 지속되어온 한국 사회에서 '나이를 먹는다는 것'은 조직에서의 직급이 실무자에서 관리자로, 나아가 의사결정권자로 바뀌며 자연스레 '윗사람'이 되는 것을 의미했다. 그런데 최근에는 승진을 당연히 따라야 할 수순으로 생각하지 않는 사람들이 등장하기 시작했다. 승진에는 권한 확대·임금 인상·사회적 인정이라는 보상이 주어지지만, 그만큼 무거운 책임이 따르고 고용의 불안정도 감수해야 한다. 그러니 승진해서 자신의 '워라밸'을 희생시키느니 차라리 평사원으로 지내기를 희망하는 것이다. 또한 실무자와 책임관리자를 상하 관계로만 보는 것이 아니라, 성격이 다른 개별 직무로 생각하는 변화도 엿보인다. 여기에는 기업들이 책임이 따르는 직무에는 별도의 수당을 지급하는 방식의 직무급제를 도입한 영향도 한몫하고 있다. 과거에는 관리자 직책을 맡는 것이 승진이었으므로 다시 사원으로 돌아오는 것은 좌천이며 굴욕이라 여겼던 반면, 이제는 본인의 적성에 맞지 않다고 판단하면 직책을 기꺼이 반납하는 사람도 생겨나고 있다('오피스 빅뱅' 참조).

나이라는 통념에 얽매이지 않는 것은 친구 관계와 여가 생활에서도 마찬가지다. 전국의 수많은 '아우디(아줌마들 우정 디질 때까지)' 모임에서는 소녀 시절의 우정을 확인하듯 양말 색깔을 무지개색으로 맞춰 신은 채 여행 사진을 남기고, 지역 맘카페에서 만난 사람과 현실의 이웃'술'촌이 되어 우정 반지로 유대감을 표현하기도 한다. 시니어 팬덤도 청년 팬덤에 못지않은 것으로 유명하다. 늦은 나이에 '덕질' 활동을 시작하는 팬을 지원하기 위한 팬덤 전문 학원도 생겨났다. 가수 임영웅의 팬들이 운영하는 영웅시대 네이버 밴드에서 만든 '참된 덕후 교실'은 음원사이트 가입 및 승인 방법, 각종 응원법 등 팬 활동에 필요한 전반적인 교육을 무료로 제공한다.[5]

그동안 우리 사회에서 나이가 든다는 것은 성장을 의미했다. 세월의 더께가 앉으며 외모에는 연륜이 쌓이고, 조직에서는 직급이 올라가며, 인간관계와 취향은 성숙해졌다. 말하자면, 자기 나이에 맞는 '나이값'이 정해져 있었다. 그런데 요즘 이런 생각이 흔들리고 있다. 성숙이든, 성장이든, 연륜이든 "변하는 것은 싫다"고 말하는 사람들이 늘어나는 추세다. 외모만 해도 그렇다. 연륜 있는 외모보다는 젊은 외모가 더 가치 있다. 연예인이나 외모에 관심이 있는 일반인들 사이에서는 예전부터 어려 보이는 것이 중요하긴 했지만, 전문가들은 나이가 들어 보이는 것을 선호했다. 나이가 많다는 것은 곧 오랜 경험을 상징하며, 그것은 그 사람의 권위와 실력으로 간주됐기 때문이었다. 하지만 30대에 대기업 임원에 발탁되는 경우가 많아지면서 더 이상 나이로 전문성이나 업무 실력을 판단할 수 없게 됐다. 이제 젊은 외모는 자기 관리의 척도로 여겨진다. "도무지 나이를 가늠할 수 없다"라는 감탄은 그만큼 자기 관리 능력이 뛰어나다는 뜻이며, 어리다는 것은 그 자체로 경쟁력이 되고 있다.

3. Play, 아이처럼 재밌게 놀다

언제쯤 잘 칠지 모르겠지만 좋아하는 사람들과 즐거우면 됐지 뭐

#명랑골프 #골린이 #골스타그램

팬데믹 이후 골프에 입문하는 '골린이'들이 많아지며 자주 등장하는 단어가 있는데, 바로 '명랑골프'다. 2022년 9월 기준 '#명랑골프'라는 해시태그가 달린 인스타그램 검색 게시물 수는 52만 개에 달했다. 명랑골프란 룰을 엄격히 따지거나 스코어에 연연하지 않고 동반자와 편하게 즐기는 골프를 말한다. 사실 골프는 심판의 자격 등급까지 나눠져 있을 만큼 복잡하고 엄격한 룰이 있는 스포츠다. 그리고 플레이어 스스로 그 룰을 철저히 적용해야 한다. 많이 연습하지 않으면 실력이 쉽게 늘지 않아서 아주 진지하게 몰두하며 임해야 제대로 즐길 수 있다. '헌신적인 골퍼dedicated golfer'라는 표현이 있을 정도다. 그랬던 골프가 갑자기 '명랑'해진 계기는 역시 코로나19 사태다. 실내 대신 야외에서 즐길 수 있는 친목 활동을 찾는 젊은 사람들이 골프에 관심을 가지게 되면서 골프 문화가 크게 바뀌었다. 이들은 스포츠로서의 진지함보다는 취미로서의 재미를 우선시한다.

즐거움은 어린이의 일이다. 어린이들의 만화를 '명랑만화'라고 부르듯, 어린이용은 대체로 성인용을 쉽고 즐겁게 변형시킨 것들이다. 네버랜드 신드롬의 세 번째 특징은 일명 '엄근진(엄격·근엄·진지의 준말)'이 명랑만화 필터를 씌운 듯 재밌고 귀엽게 바뀐다는 것이다. 그 대표적인 사례로 최근 갑자기 인기가 높아진 위스키가 있다. 과거의 위스키는 취하기 위해 마시는 독주나 비싸고 고급스럽지만 딱딱하고 고루한 '아재 술'로서의 이미지가 강했다면, 요즘은 하이볼이나 칵테일로 만들어 가볍게 즐길 수 있는 술이 됐다. 전통주의 경우도 마찬가지다. 전통을 이어가는 진지하고 깊이 있는 접근 대신, 과일을 첨가해 예쁜 색감을 내거나 귀여운 일러스트가 그려진 라벨을 입히는 등의 방법으로 신선하고 다가가기 쉬운 술로 변신하고 있다. 과거 엄근진했던 아이템들이 지금은 어렵지 않게 즐길 수 있는, 가장 힙한 청년 문화로 탈바꿈하는 중이다.

네버랜드에서는 어려운 것도 쉽게 소화한다. 달리 표현하면, 어렵고 딱딱한 주제도 말랑말랑하게 연성화된다. 본래 연성화는 '뉴스의 연성화' 등으로 언론에서 자주 사용되는 말이다. 뉴스의 연성화란 경성 뉴스hard news, 즉 사안이 시급하고 공공의 중요성을 가진 뉴스가 아니라 사적이며 오락적 가치 위주인 연성 뉴스soft news 중심으로 뉴스 소비가 이뤄지는 것을 말한다. 그런데 최근에는 콘텐츠 소비 전반에서 연성화가 나타나고 있다. 주제가 가벼워졌을 뿐 아니라 콘텐츠의 형태·스타일·난이도 등이 소비자가 받아들이기 쉽게 '말랑말랑' 해지고 있다. 방대한 시리즈로 제작되는 '○분 요약'이나, 문장이 아닌 단문으로 소식을 전하는 '카드뉴스' 방식의 요약 콘텐츠들이 대표적이다. 요즘 SNS에서 많이 보이는 그림일기도 콘텐츠 연성화의 예 중 하나다. '인스타툰(인스타그램에서 연재되는 만화)' 중에는 '일상툰'이 많은데, 단순한 그림체로 자신의 일상이나 제보받은 사연을 10컷 이내의 만화로 표현한 것이다. 자극적이거나 흡인력 있는 스토리가 아닌 소소한 공감 포인트에서 재미를 찾기 때문에 '에세이의 그림일기화'라고 할 수 있다. 때로는 부조리한 사회현실이나 일상에서 마주치는 진상들의 행패를 슬쩍 꼬집기도 하며 불편할 수 있는 메시지를 무겁지 않게 독자들에게 전달하는 수단이 되기도 한다.

즐거움을 주는 또 다른 방법은 놀이로 만드는 것이다. 최근 유행한 '무지출 챌린지'는 놀이화의 대표적 사례다('체리슈머' 참조). 교통비를 쓰는 대신 걸어다니거나 외식 대신 도시락으로 식사를 해결하며 하루 지출을 0원으로 만드는 도전 과제를 이어가는 것인데, 이제까지 소비자들이 불경기에 허리띠를 졸라매는 모습과 본질적으로는 다르지 않다. 하지만 피할 수 없는 현실의 어려움에 대한 절박한 대처가 아니라 야무지게 '퀘스트'를 달성하는 게임 플레이어처럼 그 과정을 놀이화한다는 점에서 차이가 있다. 이러한 챌린지들은 혼자보다 여럿이 함께하며 재미를 배가한다는 점에서도 놀이적 특성을 보인다.

어른이들의 놀이화 습성에 맞추어 기업들의 매장 공간도 어려지며 일명 '놀이터 마케팅'을 펼치기 시작했다. 가구 회사가 오픈한 브랜드 홍보 매장은 어떤 모습일까? 가전제품 회사는 새로 출시한 TV를 홍보하기 위해 매장을 어떻게 꾸밀까? 시몬스의 '시몬스 그로서리 스토어 청담'과 LG전자의 '스탠바이미 클럽'은 가구 및 가전의 이미지가 밝고 가벼워지고 있는 요즘의 변화를 반영한 공간이다. 3층짜리 주택 전체를 개조해서 만든 시몬스 그로서리 스토어 청담은 침대라는 자사의 주요 제품을 전시하는 대신 그들이 지향하는 가치인 '쉼'에 맞춰 '멍 때리기'를 주제로 하는 미디어아트 전시를 선보였다. 어른이들의 소장욕을 자극하는 굿즈도 제작·판매하며 누구나 놀다 갈 수 있는 공간을 마련했다. 스탠바이미 클럽에서는 LG전자의 신제품인 이동식 TV '스탠바이미'로 다양한 놀이를 경험할 수 있다. 방문객들은 입장할 때 스탬프투어 미션지를 받은 뒤 단계를 하나씩 클리어할 때마다 스탬프를 받는다. 전자오락, 자전거 타기로 팝콘 튀기기, OTT 콘텐츠 및 웹툰 감상 등 여덟 가지 미션을 즐기며 자연스럽게 제품을 체험해볼 수 있게 한 것이 눈길을 끈다.

네버랜드에서 가장 주목해야 할 대상은 '캐릭터'다. 재미있고 귀여운 캐릭터들이 시도 때도 없이 등장하고 있다. 대표적인 예로, 2014년 서울 잠실의 석촌호수에 출현한 '러버덕'이 있다. 어린아이들의 목욕용 장난감인 오리인형 러버덕의 난데없는 등장에 어른, 아이 할 것 없이 모두 열광했다. 이 거대한 오리를 보기 위해 한 달 동안 약 500만 명의 사람들이 석촌호수를 찾았다. 그 인기의 추억을 바탕으로 롯데월드타워는 2022년 10월에 '러버덕 프로젝트 서울 2022'를 진행할 예정이라고 한다.[6] '국민 캐릭터'가 된 카카오프렌즈의 라이언과 춘식이는 댄스듀오를 결성해 활동할 만큼 인기를 끌고 있고, 롯데홈쇼핑의 캐릭터 벨리곰, 현대백화점의 윌리 등 아동들이나 좋아할 법한 캐릭터들이 셀러브리티들이 맡아왔던 브랜드 홍보대사 역할을 톡톡히 하고 있다. '캐릭터의 셀럽화'라고 부를 만하다.

캐릭터의 존재감은 실제 소비로도 연결된다. 소주 광고모델은 당시 가장 핫한 여성 연예인이라는 공식을 깨고 귀여운 두꺼비 캐릭

출처: 롯데홈쇼핑

초대형 전시, 이벤트 등에 적극적으로 활용되며 브랜드 홍보대사 역할을 하고 있는 롯데홈쇼핑의 자체 캐릭터 '벨리곰'. 네버랜드에서 가장 주목해야 할 대상은 재미있고 귀여운 캐릭터들이다.

터가 광고를 맡으면서 '두꺼비 소주'로 불리게 된 하이트진로의 '진로 이즈 백'은 2021년 한 해 동안 가정용 제품 기준으로 매출이 전년 대비 37% 증가했다.[7] 그 인기에 힘입어 하이트진로는 두꺼비 캐릭터를 활용한 각종 굿즈를 제작하고 이를 판매하는 팝업스토어를 전국 투어 형식으로 운영했는데, 서울 강남점의 경우 9주 동안 무려 8만 명이 다녀갔다.[8] 이러한 어른이들의 캐릭터 사랑은 설문조사 결과에서도 확인된다. 2021년 한국콘텐츠진흥원에서 진행한 조사에서 응답자의 62.4%가 상품 구매 시 캐릭터에 영향을 받는다고 답했고, 53%는 캐릭터 상품에 추가 비용을 지급할 의사가 있음을 밝혔다. 이에 따라 국내 캐릭터 시장의 규모는 2005년 2조700억 원대에서 2022년 20조 원대까지 성장할 것으로 전망된다.[9]

등장 배경과 우려

"청춘이라는 나라가 있다. 거의 모든 사람이 이미 오래전 잃어버린 그 나라의 명예시민이 되고자 한다. 40대, 50대, 심지어 60대도 자기는 아직 청춘인 것 같다고 말한다."[10]

중년을 위한 삶의 지침을 담은 책 『아직 오지 않은 날들을 위하여』의 저자 파스칼 브뤼크네르Pascal Bruckner의 말이다. 브뤼크네르에 의하면 과거 젊음은 출세의 걸림돌이었다고 한다. 그런데 오늘날 사람들은 젊음을 칭송하고 그 세계로 들어가고 싶어 안달하게 됐다는 것

P

Peter Pan and the Neverland Syndrome

이다. 나이를 거꾸로 먹는 탓에 노인으로 태어나 아이로 죽는 '벤자민 버튼'의 기이한 이야기가 현대인 모두의 로망이 됐다. 그 이유는 무엇일까?

사회가 어려지는 이유

전술한 네버랜드의 여러 징후들을 해석하는 방향은 여러 가지가 있다. 미래가 불안정하고 힘든 상황에서 어린 시절에 대한 향수에 젖으며 위안을 얻는 것이라고 해석할 수도 있고, 팬데믹과 같은 절대 불안을 안고 집에 머무르다 보니 성인 장난감 시장이 크게 성장했다고 볼 수도 있다.[11] 올해의 키워드 '디깅모멘텀'에서 설명했던 것처럼, 추억의 아이템에 몰두함으로써 자신이 통제할 수 있는 행복의 요인을 찾는 것일 수도 있다.

남녀노소를 불문하고 꾸준한 추세로 사회가 유년화되고 있는 배경에는 그보다 훨씬 더 근본적인 변화가 자리하고 있다. 바로, 사람들이 더 오래 살게 됐다는 것이다. 인간의 수명이 길어지면서 생애주기도 구조적 변화를 겪고 있다. 100년 전 서구인의 일생을 시간으로 환산하면 대략 50만 시간이었는데, 현대인의 삶은 약 70만 시간 정도라고 한다.[12] 이를 일생을 24시간으로 보는 '인생시계' 개념으로 표현하자면, 인류의 평균수명이 60세일 때 40세는 오후 4시이지만 평균수명이 80세일 때 40세는 정오에 불과하다. 100세가 되면 정오는 50세인 셈이다. 의학의 발전으로 인간에게 주어진 추가 시간은 노년이 아닌 청년기의 연장으로 이어진다. 과거 아이와 어른의 단순한 이분 구조였던 인간의 삶은 이제 청년–노년으로, 이후 청년–중년–

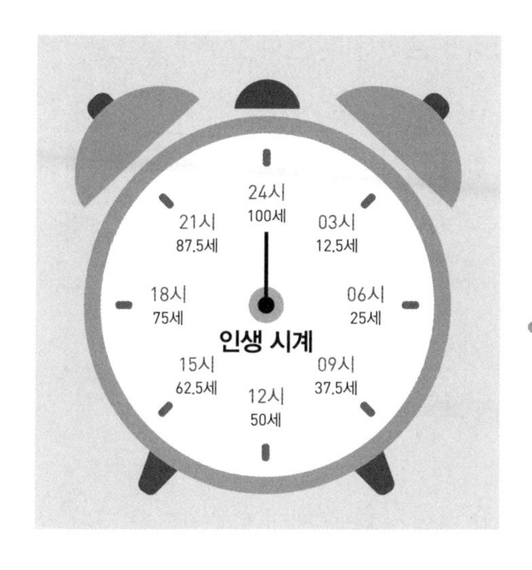

고령화 시대, 일반 수명이 80세를 넘어 100세까지 늘어난다면, 50세는 오후 12시에 불과하다. 기나긴 청년기는 이제 불가피한 추세다.

노년으로, 21세기부터는 청년이행기 - 청년 - 중년 - 연소노인 - 고령노인으로 새롭게 정의되고 있다. 사회활동에서 은퇴하는 '진짜' 노년은 줄어들고, 일하고 즐기는 청년기가 늘어나게 된 것이다.

이렇듯 생애과정이 더욱 복잡해지면서 어른의 전형이라 할 수 있는 '평균적인' 삶의 모습이 실종됐다('평균 실종' 참조). 더 오래 교육을 받는 사람이 증가하고 결혼 및 출산의 경험은 개인의 선택에 따라 없을 수도, 시점의 편차가 20년까지 벌어질 수도 있게 됐다. 경제활동 역시 안정적이지도 연속적이지도 않다. 급변하는 사회 환경과 긴 청년기 속에서 직장을 그만두고 다시 배움의 단계로 돌아가 새로운 커리어를 시작하는 경우가 적지 않기 때문이다. 이렇다 보니 취업·부모됨·자가마련·은퇴 등 "이 나이쯤엔 무엇을 하고 있어야 한다"는 식의 '사회적 나이' 개념이 흐려지고 있다.

프랑스의 사회학자 장 비아르Jean Viard는 현시대를 끊음과 이음을 반복하는 '단속성斷續性'의 시대라 표현한다. 그의 표현에 따르면, '현대사회의 불규칙한 박동'이 현대인에게 한 직장에 오래 머무르지 말고 끊임없이 변화를 꾀해야 한다는 압박을 가한다는 것이다.[13] 변해야 살아남는 시대에 사람들은 '청년-중년-노년'의 단계가 순차적으로 이어지는 삶이 아니라, '생애1-생애2-생애3-…'으로 여러 차례 끊고 다시 시작하는 삶을 살게 된다. 이러한 삶의 단속성은 어떻게 살아야 하는가에 대한 근본적 불안을 더하며 어른과 아이를 구분 짓는 기준도 뒤흔든다.

이런 상황에서 이전 세대의 경험은 다음 세대에게 참고가 되지 않는다. 최근 정신건강의학 전문의나 관련 분야의 전문가가 출연하는 상담 콘텐츠가 인기를 얻고 있는 것도 삶의 방향을 잃은 어른이들이 많은 현 사회의 단면을 보여준다. 예전에도 자신의 사연을 털어놓으며 공감을 얻는 콘텐츠는 존재했지만, 요즘 들어 전문가의 상담 예능 프로그램이 유난히 뜨는 이유는 명확한 솔루션을 제시해주기 때문이다. 자신이 어른인지조차 확신할 수 없는 사람들에게는 잘하고 있다는 격려와 구체적인 어른의 매뉴얼이 절실하다.

저출산 시대에 육아 코칭 콘텐츠가 인기인 것도 주목할 만하다. 그런데 육아 조언이 소비되는 양상이 과거와는 사뭇 다르다. 어린 자녀를 둔 부모들만이 아니라, 자신의 어린 시절을 이해하고 싶은 성인들 혹은 장성한 자녀의 현재를 이해하고픈 장년의 부모들도 육아 코칭 프로그램을 챙겨본다. 시청자들은 방송에서 다뤄지는 다양한 사례에 자신의 어린 시절을 대입해보면서 "지금 내가 겪는 문제가 나의 잘못만은 아니다"라는 위로를 얻는다.

'알파세대' 키워드에서 언급했듯이, 요즘 아이들은 8포켓·10포켓이라 불릴 만큼 예전에 비해 풍족한 환경에서 부족함 없이 양육되는 경우가 많다. 역설적이게도 이러한 성장 과정은 사회적 유년화를 부추기는 하나의 원인이 될 수 있다. 정신분석학에서는 아이가 어른으로 성장하기 위해서는 '대상 상실'의 경험이 필요하다고 말한다. 젖먹이 아기가 어머니로부터 젖을 떼는 과정을 경험하듯, '상실'이란 자신이 모든 것을 가질 수 없으며 부족함이 존재하는 현실을 수용하는 과정이다.[14] 상실을 경험하고 그다음을 모색할 때 아이는 더 큰 세상으로 나아갈 준비를 하게 된다.[15] 그런데 요즘처럼 '어느 것 하나 부족함 없이' 자라다 보면 어른이 되기 위해 필수적인 '상실을 경험할 기회'를 갖지 못하게 되고, 육체적 나이는 들지만 정신적 나이는 그에 미치지 못하는 어른아이 상태에 머무를 수도 있다. 어른이 되도록 자극하는 사회적·심리적 압력이 존재하지 않기 때문이다.

과거에는 아이들이 상실을 자연스럽게 경험하게 되는 압력들이 존재했다. 자녀들이 이의 없이 따르도록 만드는 가부장의 권위, 공동체의 규범, 사회 이념, 문화적 전통 등은 어린아이에게 자립을 촉구하는 문화적 기제로 작용했다. 하지만 나노화된 현대사회에서 모든 것은 개인의 선택과 개별 가정의 문제로 환원되며 조금의 결핍도 없이 완벽하게 자녀를 키우고자 하는 부모들의 노력 속에 어린 자녀가 상실을 경험할 기회는 줄어들고 있다. 상실의 압력이 존재하지 않는 환경에서 사람들은 따뜻한 어머니의 품을 떠나지 않으려는 아이처럼 자신의 행복을 위협하는 어려움에 직면하지 않고 국면을 전환할 동력을 잃게 된다.

네버랜드의 그늘

경희대 이영준 교수가 한 칼럼에서 재미있는 지적을 했다. 30년 만의 동창회에서 옛 친구를 만났을 때, 서양인들은 "와우! 너 많이 변했구나!" 하며 엄지손가락을 치켜든다. 코흘리개 시절에는 미숙한 것투성이었는데 시간이 흘러 이렇게 멋진 어른이 됐다는 칭찬의 의미다. 그런데 한국의 동창회에서는 "와우! 너 하나도 안 변했구나!"라고 말해줘야 칭찬이라는 것이다.[16]

변치 않고 젊어 보인다는 칭찬이 누구에겐들 기분 좋지 않겠느냐마는, 변하지 않는다는 말의 이면에는 성숙하지 못했다는 의미도 포함돼 있다. 그러한 맥락에서 아이들만이 살고 있는 네버랜드 역시 즐겁고 아름답기만 한 곳은 아닐 것이다. 사회의 유소년화가 야기할 수 있는 몇 가지 부정적 면모를 짚어보는 일도 필요하다.

어린이들이 순수한 존재이기는 하지만, 아직 성인이 되지 못한 미성숙함도 함께 가지고 있다. 아동의 '인지발달이론'을 확립한 피아제Piaget는 전조작기(2~7세)의 특성으로 타인의 입장을 헤아리지 못하는 '자아중심성', 생명이 없는 사물도 살아 있다고 생각하는 '물활론', 벌을 받는 것이 싫어서 규범을 지키는 '타율적 도덕성', 한 부분에만 집중하고 다른 부분은 무시하는 '집중성' 등을 지적했다.[17] 이러한 아동기의 특성들은 네버랜드 신드롬에 대입해볼 수 있는데, 지나치게 자기중심적인 주장만 강요하는 것, 생명이 없는 캐릭터에 집착하는 것, 문제 발생의 원인을 자신이 아니라 타인이나 정부의 탓으로 돌리는 것, 지나치게 자기 취향에만 몰두하는 것 등이 이와 관련이 있다.

어린아이들은 자기만의 세계에 갇혀 있는 경우가 많다. 일본의 정신과 전문의 가타다 다마미 교수는 이를 '유아적 만능감'에 빠지는 것이라 표현했다.[18] 자신은 무엇이든 가능하며 완벽해야 한다고 믿는 것으로, 이상과 현실의 격차를 쉽게 회피해버리는 상태를 가리킨다. 이러한 소위 '정신승리'의 상태에서는 정신적 저항력이 점차 약화되며 현실도피·책임전가·의존증에 빠지기 쉽다. 가타다 교수는 일본에서 사회적 이슈가 되고 있는 은둔형 외톨이, 초식남, 괴물 부모(본인 자녀만을 위주로 부당한 요구를 일삼는 부모) 등이 모두 만능감을 잃지 못한 상태에서 비롯된 것이며, 이를 '전 국민의 철부지화' 현상이라 진단한 바 있다.

일본만의 문제가 아니다. 한국을 포함한 여러 선진국에서 부모로부터의 독립하지 못하는 캥거루족이 점차 많아지고 있다. 부모와 함께 살며 경제적 측면에서 도움을 얻는 캥거루족은 일본에서는 '패러사이트 싱글(기생충 독신)', 영국에서는 '키퍼스KIPPERS, Kids in Parents Pockets Eroding Retirement Savings(부모의 퇴직연금을 축내는 자녀들)', 이탈리아에서는 '밤보치오네bamboccione(큰 아기)'로 불린다. 각 명칭이 나타내는 바와 같이 경제적 자립을 하지 못한 성인 자녀는 부모의 노후에 경제적 기반을 약화시키는 불안 요소로 작용한다. 부모와의 동거 여부만을 기준으로 봤을 때 한국에서는 만 19~49세 성인 자녀 중 미혼의 경우 64.1%가 부모와 함께 살고 있으며, 대상을 40대로 좁혀도 그 비율이 48.8%에 달한다.[19] 이러한 사회현상들은 개인뿐 아니라 구조적 문제가 함께 작용한 결과라는 점에서 그 해결이 쉽지 않다.

전망 및 시사점

2025년이면 대한민국이 만 65세 이상 인구가 전체 20%를 넘는 초고령 사회에 진입할 것으로 전망된다. 초고령 사회를 목전에 둔 상황에서 네버랜드 신드롬을 앓고 있다는 것은 하나의 역설이다. 물론 나이 들기를 거부하는 네버랜드 사회가 전술한 바와 같은 여러 미성숙의 문제를 가지고 있기는 하지만, 긍정적인 전망도 함께 던져준다. 국민들의 생물학적 나이가 많아진다 해도 시장 및 사회 분위기가 활기를 잃지 않고 역동성을 띨 수 있다는 의미이기 때문이다. 소비의 피터팬화는 개인에게도 장점이 많다. 불안이 팽배한 사회 속에서 어린 시절의 향수는 심리적 안정감을 주고, 어른의 삶과 무관한 재미는 어른으로 살며 얻는 스트레스를 해소할 창구가 되어준다.

미국에서 유행하는 밈 중에 'adulting is hard'라는 것이 있다. 의역하자면 '어른 해 먹기 힘들다' 정도인데 스스로 빨래를 해보지 않은 청년들이 세탁기 사용에 서툴러 고장을 낸다거나 용돈을 받아 써온 탓에 매달 날아오는 고지서 처리가 얼마나 힘든지를 직접 납부해 보고서야 깨닫는다는 내용이다. 빠르게 자립하여 가족을 부양하면서도 힘든 내색 한 번 않는 것이 당연했던 세대에겐 이러한 모습이 철부지로 보일지도 모른다. 하지만 "어른이란 이러해야 한다"는 생각 자체가 기성세대만의 것일 수 있다.

고대부터 있었을 것 같은 '청춘'의 개념은 제2차 세계대전 이후에 서서히 형성됐고,[20] '중년' 역시 20세기 후반에야 탄생한 개념이다.[21] 전형적이라 생각했던 중년의 모습은 겨우 한두 세대가 겪었을

뿐인, 이 시대와 세대가 만나 빚어낸 결과에 지나지 않는 것이다. 과한 책임감과 쓸데없는 체면 차리기 대신, '하루만 어른 안 할래' 같은 밈을 공유하며 어른으로 사는 것이 얼마나 고된 일인지 솔직하게 고충을 나누는 것도 '요즘어른'으로 살아가는 새로운 방식이 될 수 있다.

"노년의 비극은 아직 젊다는 데 있다."

오스카 와일드Oscar Wilde의 말처럼, 누구나 "나는 아직 젊다"고 생각한다. 우리가 내 나이만큼 충분히 늙었다고 여기지 않는다면, 어쩌면 어른이란 인간 발달의 특정 '시점'을 가리키는 말이 아닌 삶의 지향을 향해 스스로를 만들어나가는 '과정'을 가리키는 말일지도 모른다. 철학자 앙리 베르그송Henri Bergson도 "삶은 탄생에서 죽음까지 날아가는 화살이 아니라 선율적 지속"이라고 하지 않았던가? 그렇다면 우리의 고민은 "요즘엔 다들 도무지 어른스럽지 못하다!"가 아니라, "어떻게 어린이 같은 삶의 경이를 잃지 않으면서도 경험의 지혜를 일생을 통해 켜켜이 쌓아 올려갈 수 있을까?"여야 할 것이다. 인생이란 리허설 없이 매일 무대에 서면서 연기를 배워나가야 하는 쉼 없는 공연의 연속이다. 모두가 그 배우기를 절대never 멈출 수 없는 네버랜드에서, 결국 우리는 매일 조금씩 더 성숙하기를 포기할 수 없는 조금 나이 든 어린아이들이다.

주

서문

1 韓 수출 투자 성장 다 고꾸라져…"1년 내 경제위기 올 확률 66%" / 매일경제, 2022.07.26.

2 포켓몬빵, 단맛 술, 언더붐 열풍…모두 불황때문이라고? / 매일경제, 2022.08.26.

3 이병남 · 김양우 · 신규섭, 『COMMON SENSE 상식, 불변의 원칙』, 시공사, 2022.

1 • 2022 대한민국

나노사회로의 전환

1 작품 한 편에 포스터만 30종류? 넷플릭스는 왜 이럴까 / 조선일보, 2022.02.03.

2 세계화의 종말, 논쟁에서 현실로 / 한경비즈니스, 2022.09.08.

3 우크라 전쟁 그리고 신냉전…갈등 극복할 리더십 찾는다 / 매일경제, 2022.09.05.

4 미국인 43% "10년 내 내전 발생할 것"…정치 분열 극심 / 조선비즈, 2022.09.01.

5 애쓰모글루 "韓 진짜 문제는 정치 분열…재벌 역할은 줄어" / 매일경제, 2022.09.08.

6 우리사회 가장 큰 갈등, '남녀 · 빈부'…'이념 갈등'은 후순위 / 헤럴드경제, 2022.01.05.

7 '무야호 · 군싹 · 돈쭐 · 슬세권 · 퐁퐁남'…2021 올해의 신조어 5 / 여성조선, 2021.12.10.

8 네이버 통합검색, AI 통해 맞춤형 취향검색으로 진화 / ZDNet Korea, 2021.10.28.

9 "이 영상 나한테 왜 떴지?" 뜬금없는 유튜브 알고리즘에 피로감 / 동아일보, 2021.01.05.

10 "100개씩 소량생산, 45일 만에 가능" 공장 없이 화장품 파는 위탁업자 '역대 최대', 조선비즈 / 2022.09.11.

11 POD 플랫폼 '마플샵' 뉴 미디어 커머스로 주목 / 패션비즈, 2020.04.01.

12 '마플샵' 인기…나만의 굿즈샵으로 수익창출 / 뉴스웍스, 2020.05.19.

13 반값? 우린 '반의 반값'으로 낮췄습니다 / 조선일보, 2022.04.22.

14 "일단 이 옷을 사세요, 그다음에 만들어 드릴게요" 코로나가 바꾼 패션산업 / 조선일보, 2021.10.08.

15 "니 아부지 뭐하시노" 제발 묻지 마세요 / 뉴시안, 2022.09.06.

16 성인 절반은 비혼 · 이혼 · 사별…'독신 천국', 한국이 일본보다 빨리 오나 / 매일경제, 2022.09.10.

17 결혼 · 이혼 · 재혼…지금은 연애예능 전성시대 / 중앙일보, 2022.09.13.

18 국민 3명 중 1명 사회적 고립…"어려울 때 도움 구할 곳이 없다" / 중앙선데이, 2022.01.08.

19 플랫폼 노동자 증가 · 디지털 전환에 고용원 없는 자영업자 14년만 최다치 / SBS Biz, 2022.08.29.

20 꾸벅꾸벅 조는 김부장님…밤마다 뭘하나 봤더니 / 조선일보, 2022.04.07.

21 결혼 · 이혼 · 재혼…지금은 연애예능 전성시대 / 중앙일보, 2022.09.13.

22 또 하나의 가족 공간 '펫 하우스' / 매거진한경, 2018.03.02.

23 MZ세대 20% "친구가 없다"…전 세계 '외로움 위기' 주의보 / 매일경제, 2022.02.09.

대투자 시대 생존법

1 무엇이 삶을 의미 있게 하는가 / 중앙일보, 2021.12.31.
2 금리인상에 은행 예적금 선호 뚜렷 / 조선비즈, 2022.08.28.
3 증시 거래 감소세 뚜렷…증권사 MTS 돌파구 마련 시급 / 뉴데일리, 2022.09.20.
4 "폭락장에 대출금까지 날렸어요" 개인회생 신청 절반이 2030 빚투족 / 파이낸셜뉴스, 2022.09.15.
5 해외 주식 소수점 투자, 아낀 것 같은데요. 사실은 비쌉니다 / SBS, 2022.04.25.
6 뮤직카우, '혁신금융서비스'로 지정 / 매일경제, 2022.09.07.
7 희귀 슈퍼카 조각투자 상품 등장… 2030 새 투자처로 뜰까 / 한국일보, 2021.11.10.
8 일상생활을 하는데 돈이 벌린다? 'X2E'의 역사-② / 서울경제, 2022.05.01.
9 신한카드, MZ 맞춤공간 '플레이앤'서 경품 이벤트 / 대한금융신문, 2022.03.28.
10 덕후 활약에 중고거래 시장도 '방긋'… "안전거래 미리 살펴라" / 이데일리, 2022.08.26.
11 "폭락장에 대출금까지 날렸어요" 개인회생 신청 절반이 2030 빚투족 / 파이낸셜뉴스, 2022.09.15.
12 직장인 두 명 중 한 명 "나는 N잡러"…月평균 95만원 더 벌어 / 매일경제, 2021.05.11.
13 알바몬 '긱몬', 앱 다운로드 수 30만 돌파 / 이데일리, 2022.09.02.

슬기로운 엔데믹 생활

1 네이버, UGC 플랫폼 '20년 롱런'…'MZ세대 유입' 지속 성장 / 전자신문, 2022.08.16.
2 '5년 후 나에게 Q&A a day' 예스24 1위 "다이어리북의 이례적 역주행" / 파이낸셜뉴스, 2022.05.19.
3 종이 다이어리, 세대별로 원하는 디자인이 다르다 / 중앙일보, 2022.01.01.
4 "장보기 비법 있으면 공유 좀"…짠테크족에 간절한 건 이것? / 헤럴드경제 / 2022.07.18.
5 치킨쿠폰 대신 영양제 선물…건강 투자하는 젊은층에 건기식 시장↑ / 아시아경제, 2022.08.31.
6 영양제 많이 먹는 2030…간 건강 조심하세요 / 하이닥, 2022.05.06.
7 소식좌 열풍에 '한입' 먹거리 뜬다 / 뉴시스, 2022.06.04.
8 "뺄수록 잘 팔린다"…위메프, 로우푸드 인기 / 이뉴스투데이, 2022.07.19.
9 헬시 플레저 열풍…저칼로리·저지방 로우 푸드 각광 / 뉴시스, 2022.02.11.
10 주류업계까지 불어온 '제로' 열풍…내년 주류열량 표시 앞두고 저칼로리 경쟁 / 아주경제, 2022.09.18.
11 "간단하게 채식한다" 식품업계, 비건 간편식 공략 가속 / 데일리한국, 2022.05.06.
12 "헬시플레저에 안성맞춤"…샌드위치·바비큐 등 '하얀 고기' 뜬다 / 천지일보, 2022.04.14.
13 "음식으로 위안 얻는다" 식품업계에 부는 위로음식 바람 / 아시아경제, 2022.09.08.
14 새해목표 빌씨 무너져버린 당신…타인과 함께했다면 달랐을 텐데 / 매일경제, 2022.02.03.
15 생보사 "함께 못해도…앱으로 건강증진 나눌 수 있죠" / 아시아타임즈, 2022.09.01.
16 운동하면서 즐기는 '헬시플레저' 문화 확산, 게임처럼 운동할 수 있는 플랫폼 인기 / 스포츠조선, 2022.07.24.
17 "습관형성 중요"…루틴한 삶에 대한 선호도↑ / 데일리팝, 2022.07.26.
18 챌린저스, 캠페인 제휴 기업 전년比 11배 이상↑ / ZDNet Korea, 2022.05.27.
19 작심삼일 반복하기, 새해에도 '갓생' 열풍…목표 성취하며 건강한 습관 형성 / 데일리팝, 2022.01.17.

일상 속 오아시스를 찾아서

1 "마스크 벗는데 나는 더 우울"…엔데믹 블루 경고등 / 동아일보, 2022.05.03.

2 '찐'한옥에 3인분 같은 아침상…'촌캉스'로 진짜 해남을 만나다 / 중앙일보, 2022.09.14.
3 몸빼 입고 아궁이에 불 때고…MZ세대는 시골에서 휴가 중 / 한겨레, 2021.10.01.
4 "해변에서 일하고 퇴근 후에는 서핑"…데스커, 양양 워케이션 마케팅 실험 / EBN, 2022.08.30.
5 화마 이긴 동해시, 야놀자와 워케이션 도시 만든다 / 헤럴드경제, 2022.05.19.
6 휴가지서 일하니 능률 쑥쑥 / 머니S, 2022.07.27.
7 '촌캉스', 제주에서 '한 달 살기' 이어…이젠 '호텔 롱스테이'가 대세 / 시사캐스트, 2022.08.03.
8 "똑같은 여행지 지겹다"…2030이 부산보다 많이 찾은 이곳은 / 매일경제, 2022.08.28.
9 '촌캉스' 올여름 MZ세대 여행트렌드 / 동아일보, 2022.06.17.
10 "휴가지서 일하니 능률 쑥쑥"…워케이션, 지방 살리는 대안 될까 / 머니S, 2022.07.27.
11 MZ세대에게 먹히는 새로운 마케팅 키워드 '로컬' / 캐릿, 2022.08.24.
12 58년 역사 '시골점방', 손녀가 이어받으며 '레트로 감성' 넘치는 카페로 변신 / 농민신문, 2022.04.04.
13 요즘 Z세대는 호캉스 가는 대신 욕조 대여 한다고? / 캐릿, 2022.09.07.
14 지역 수제맥주 시리즈 6탄…CU, '경상 유자에일' 출시 / 뉴스1, 2022.06.30.
15 '대선주조 92주년 역사' 현대백화점 부산점에서 본다 / 한국일보, 2022.07.18.
16 기업·농촌 상생하는 '시몬스 파머스마켓' 아시나요? / 농민신문, 2022.05.25.
17 가게 이름에 지역명 사용 늘었다…"'로코노미' 부상" / 서울경제, 2022.06.22.
18 산멍하고 빵먹, 커피와 '절묘한' 짝짓기…빵이 산으로 갔다 / 중앙일보, 2022.05.10.
19 나는 시골로 간다, '러스틱 라이프' / 한국뉴스투데이, 2022.05.08.
20 MZ세대에게 먹히는 새로운 마케팅 키워드 '로컬' / 캐릿, 2022.08.24.
21 추억여행 vs 우려먹기…다시 소환되는 그 때 그 예능들 / 데일리안, 2022.09.12.
22 K팝보다 '이문세 성시경 옛 발라드' 강세…상반기 대중음악은 '역주행' / 한국일보, 2022.07.04.
23 포켓몬 이어 디지몬빵, 저녁엔 고길동맥주…추억 먹는 '어른이' / 매일경제, 2022.08.19.
24 모바일로 돌아온 추억의 온라인게임 / 베타뉴스, 2022.08.18.
25 "코로나19가 가져온 변화…" 일보다 행복이 먼저 가치관 변화 / KJtimes, 2022.09.08.
26 코로나19가 근본적으로 변화시킨 4가지 소비 트렌드 / Think with Google / 2021.06.
27 제주도, 짐 없이 빈 손으로 가볍게 가세요! / 마켓뉴스, 2022.07.21.
28 "한국공항공사 공식 홈페이지를 통해 One-Stop 예약 서비스를 이용하세요!(ft. 카약, 트립닷컴 파트너십 체결)", 한국공항공사 블로그(blog.naver.com/prkac/222257432588), 2021.02.26.
29 굿럭컴퍼니, GS리테일·스태셔와 짐보관 서비스 MOU / 시사오늘, 2022.06.27.

메타버스와 내러티브가 만드는 새로운 현실

1 '사이버스페이스', 〈시사상식사전〉, 네이버 지식백과 검색.
2 인간에게 가상공간이 왜 필요해졌을까? / 〈월간참여사회〉, 2022년 1-2월호, 2022.01.01.
3 메타, AI 슈퍼컴퓨터 공개…메타버스 구축 등에 활용 / 매일경제, 2022.01.25.
4 '기회의 땅' 메타버스: 비전, 기술, 전략 대해부 / 딜로이트 인사이츠, 2022.08.
5 제페토, 글로벌 100개社·3.2억명 쓴다 / 전자신문, 2022.08.29.
6 "점심시간 '에버랜드' 잠깐 다녀오겠습니다"…식곤증 날릴 티익스프레스 타러 로그인 / AI타임스, 2022.06.20.
7 메타버스에 열린 병원…치료·교육·홍보 활용법 모색 / 뉴시스, 2021.10.18.

8 "메타버스에 탑승하세요~" 대학병원 메타버스 경쟁 '본격화' / 농업경제신문, 2022.06.01.
9 만질 수도 없는 '구찌 가방'이 465만 원에 팔렸다 / 한국경제, 2021.06.17.
10 경계 없는 NFT 도대체 뭐길래? 메타버스에 올라탄 글로벌 패션 10 / 패션엔, 2022.01.03.
11 옷도 메타버스 속으로…'메타패션 시대' 활짝 / 뉴스드림, 2022.04.15.
12 '가상 인간' 세계, 우리는 가짜가 아니다 / 시사IN, 2022.07.22.
13 신한라이프, 가상인간 '로지'와 광고모델 계약 연장 / 포춘코리아, 2022.05.16.
14 4대보험 가입한 '가상인간' 리아…"정직원 입사해 업무 처리해요" / 한국일보, 2021.12.03.
15 '가상 인간' 세계, 우리는 가짜가 아니다 / 시사IN, 2022.07.22.
16 카카오프렌즈 첫 실감형 콘텐츠 체험공간, '라이언 홀리데이 인 부산' 15일 오픈 / 경상일보, 2022.07.04.
17 "싱싱한 키위 있습니다" 이 용달차에 요즘 MZ 난리났다 / 중앙일보, 2022.07.09.
18 줄 서서 산다는 '김씨네 과일가게'…이제 CJ온스타일서 만난다 / 머니투데이, 2022.07.13.
19 http://m.casamiashop.com/ithome/detail?DP_DISPLAY_ID=13507
20 보고 있다가 나도 모르게…구매 버튼 눌렀다 / 조선일보, 2021.10.08.
21 「ユニクロ 銀座店」が刷新! 初のカフェ「ユニクロコーヒー」に行ってきた / マイナビニュース, 2021.09.16.
22 요즘 대세 '세계관(Universe) 마케팅'…제품보다 '브랜드 스토리' 팔아라 / 매경이코노미, 2022.07.08.
23 파타고니아 회장, '환경 보호' 위해 지분 4.2조원 전액 기부 / 문화일보, 2022.09.15.
24 에너지 역사·정책 집대성한 '에너지 사이버박물관', 내년 초 개관한다 / 뉴스1, 2022.05.22.

〈트렌드 코리아〉 선정 2022년 대한민국 10대 트렌드 상품

1 전엔 믿지 않았을 말들 / 쿠키뉴스, 2022.09.17.
2 콘텐트리중앙 제작역량으로 '넷플릭스 강자' 입증, 홍정인 존재감 커진다 / 비즈니스포스트, 2022.09.20.
3 네이버웹툰 '로어 올림푸스', 美 아이스너상 수상…"만화계 아카데미상" / 조선비즈, 2022.07.24.
4 '웹툰·웹소설' 플랫폼으로 변신한 리디, 어떤 성과 낼까? / 이코노미스트, 2022.08.21.
5 재택근무 동료와 바로 옆자리처럼 '스몰톡'…업무용 메타버스로 / 한겨레, 2022.05.17.
6 "비대면 진료, 피할 수 없다"…제도화 '공감대', 실현 방안은 '이견' / 쿠키뉴스, 2022.08.25.
7 엠디톡, 비대면 진료앱 재방문 80% 넘어 / 한국경제, 2022.09.06.
8 앱 통해 의사 상담 후 약 처방…"집에서 전국 모든 병원 진료 받죠" / 서울경제, 2022.09.12.
9 웅진싱크빅, '스마트올' 20만 회원 돌파…연 매출 2,300억 달해 / 머니투데이방송, 2022.01.12.
10 취미/자기계발 열풍, 클래스 101 등 필두로 디지털 대전환 일어났나 / 모비인사이드, 2022.07.18.
11 '앱 하나로 다한다' 슈퍼앱 전성시대 / 한국일보, 2022.08.19.
12 22년도 비대면서비스 이용권[바우처] 수요기업 추가 모집 / 중소벤처기업부 보도자료, 2022.08.25.
13 "추억만으론 안 돼, 요즘 입맛에 맞게" 2022년 '어른이'와 어린이를 모두 잡다 / 〈동아비즈니스리뷰〉, 345호, 2015.04.
14 심상찮은 품절 행렬…롯데제과 '디지몬빵', '제2의 포켓몬빵'될까 / 이투데이, 2022.08.31.
15 상상도 못했는데 '포켓몬김'…이제는 아이들 반찬까지 오픈런? / 한겨레, 2022.08.31.

16 추석에도 엄빠들 '탑차런'…포켓몬빵 디지몬빵 열풍 계속 / 매일경제, 2022.09.08.
17 삼양식품, 짱구 띠부띠부씰 3탄 77종 공개 / 서울파이낸스, 2022.07.01.
18 카카오 '춘식이' 띠부씰 동봉…달고나맛 뿌셔뿌셔 나왔다 / 매일경제, 2022.09.15.
19 이번엔 '디지몬빵?'…SNS 인증샷 · 연일 품절 대란에 부모들 '한숨만' / 이데일리, 2022.08.31.
20 캐릭터에 빠진 유통家…콜라보 넘어 NFT로 VIP 혜택 준다 / UPI뉴스, 2022.06.30.
21 '진격의 할매' 김영옥 · 나문희 · 박정수, 할매들의 매운맛 고민 상담 / 뉴스토마토, 2022.01.25.
22 '부모의 길' 선택한 청소년들…간섭 아닌 길 안내를 / 한겨레, 2022.03.18.
23 급격히 늘어나는 '상담 예능'의 배경 / 일요시사, 2021.03.08.
24 무라벨 생수병 늘려야 하는 이유…MZ는 안다 / 뉴스펭귄, 2022.08.11.
25 산뜻한 무라벨, 생수서 일반 제품으로 확산 / 식품음료신문, 2022.05.10.
26 "같은 값이면 친환경 포장"…소비자가 바뀌니, 기업도 바뀐다 / 여성신문, 2022.09.08.
27 제품 이어 포장지도 '친환경'…ESG경영 속도내는 IT업계 / 디지털타임스, 2022.07.20.
28 "과자 포장지 잉크 절반만 사용"…식품업계 친환경 바람 / 동아일보, 2022.04.18.
29 '친환경 아니었어요?'…무라벨 생수의 함정 / 오마이뉴스, 2022.07.03.
30 우리 가족 음료 깐깐하게…'제로 칼로리' 음료 매출 '껑충' / 뉴데일리경제, 2022.08.30.
31 마시는 프로바이오틱스로 장 건강 · 면역력 높이세요 / 조선경제, 2022.08.31.
32 롯데칠성, 제로 탄산 인기…성장 걱정도 '제로'? / 아이투자, 2022.09.01.
33 추석 오고 가는 덕담과 술잔 속 칼로리 0인 술은? / 이뉴스투데이, 2022.09.09.
34 리뉴얼 대선소주, 출시 한 달 만에 617만 판매 / 한국경제, 2022.02.23.
35 급부상 중인 무알콜 맥주 시장 / 식품외식경영, 2022.07.22.
36 롯데마트, '헬시플레저', '어다행다' 트렌드에 맞춰 제로 칼로리 음료 단독 상품 3종 선보여 / 공직신문, 2022.08.19.
37 주류업계까지 불러온 '제로' 열풍…내년 주류열량 표시 앞두고 저칼로리 경쟁 / 아주경제, 2022.09.15.
38 "나는 알콜프리!"…무알콜 선호하는 MZ세대 / 노컷뉴스, 2022.09.19.
39 "원소주 12일부터 편의점 판매"…화 · 목 · 토 4병씩 들어온다 / 이코노미스트, 2022.07.05.
40 원소주 인기에 롯데칠성 · 하이트진로도 "신상 소주"…3조시장 변화올까 / 오피니언뉴스, 2022.09.16.
41 '아재술'이라더니 MZ가 더 난리…비싸도 매출 99% 뛰었다 / 매일경제, 2022.09.08.
42 프리미엄 소주 열풍 비껴간 '하이트진로 · 롯데칠성'…"증류식 소주 어쩌나" / 뉴데일리경제, 2022.06.02.
43 '위스키에 빠진 MZ세대'…CU, 올 상반기 양주 매출 50% ↑ / 네이트뉴스, 2022.07.08.
44 주류에 힘주는 편의점, 홈술족 공략 특화매장 선봬 / 서울와이어, 2022.03.14.
45 홈플러스 "얼그레이 하이볼, 캔으로 간편하게 즐기세요" / 이코노믹리뷰, 2022.07.31.
46 "마트여서 안 된다는 고정관념 깼죠"…4개월간 60억 수익 낸 롯데마트 보틀벙커팀 / 조선비즈, 2022.05.27.
47 와인 유통 '3사 3색'…롯데 · 신세계 · 현대 선점 경쟁 치열 / UPI뉴스, 2022.04.28.
48 셀프 스튜디오 '인생네컷', 증명사진 및 프로필 사진 출시 / 이투뉴스, 2022.07.21.
49 에이피알, 즉석 포토스튜이오 브랜드 '포토그레이(PHOTOGRAY)' 전국 확대 / 매일경제, 2022.03.15.
50 5000원짜리 즉석사진으로 얼마나 버냐고?…월 매출 2.5억 대박 / 조선일보, 2022.09.14.
51 "편의점서 스티커 사진 찍고 추억 남겨요" / 파이낸셜뉴스, 2022.09.07.

52 30대 김대리도 흰머리 고민…'새치 샴푸' 시장 뜨거워진다 / 매일경제, 2022.05.17.
53 닥터포헤어, 새치커버 샴푸 출시 '전세대 아우르기' 소비자 집중공략 / 코스메틱인사이트, 2022.09.15.
54 30대 김대리도 흰머리 고민…'새치 샴푸' 시장 뜨거워진다 / 매일경제, 2022.05.17.
55 CKD '염색샴푸' 석달 만에 4만 개 판매 / 장업신문, 2022.09.14.
56 젊은 날의 '새치' 어른스러움 아닌 탈모신호 / 경향신문, 2012.11.27.
57 늘어나는 '젊은 새치' 이젠 뽑지 말고 '새치 샴푸'로 관리하세요 / 한국경제, 2022.05.11.
58 '더티트렁크', '말똥도넛' 론칭한 92년생 F&B 대표 / 폴인, 2022.08.17.
59 "주차비 받을 만하네"…한 달 만에 '핫플'된 북한강 스타벅스 / 한국경제, 2022.02.05.
60 카페·노천탕…섬 마을 곳곳이 볼거리 / 조선일보, 2022.08.30.
61 고래 보러 가자 '우영우 핫플'로…김포 대명항 활기 넘친다 / 경인일보, 2022.08.21.
62 ③ '천차만별' 동물병원 진료비 공개된다…펫보험 활성화 이끌까 / 우먼타임스, 2022. 09.07.

2 • 2023 트렌드

Redistribution of the Average 평균 실종

1 '강남3구'가 서울 재산세 39%…역대급 부동산 자산 양극화 / 서울신문, 2022.07.13.
2 MZ세대 자산 양극화 심화…상위 20%가 하위 20%의 35배 / 동아일보, 2021.10.12.
3 인플레이션이 부른 소비 양극화 / 조선일보, 2022.06.14.
4 고물가에 소비 양극화, 백화점 잘나가고 마트는 울상 / 중앙일보, 2022.06.10.
5 "무조건 싼 것 사자" 대형마트 값싼 '자체 브랜드' 매출만 쑥쑥 / 조선일보, 2022.08.01.
6 비누도 아껴쓴다 vs 루이비통 플렉스…'지갑'의 양극화 / 서울신문, 2022.07.28.
7 앙드레 코스톨라니, 『돈 뜨겁게 사랑하고 차갑게 다루어라』, 한윤진 옮김, 2015.
8 송강호·박해일은 참패했는데 톰 크루즈는 왜 흥행했나 / 조선일보, 2022.07.06.
9 "역시 대세는 숏폼"…틱톡 월평균 사용시간, 유튜브 제쳤네 / 매일경제, 2022.07.25.
10 숏폼 시대에 돌아온 19살 원조 SNS '블로그' / 매경이코노미, 2022.08.04.
11 "대전환의 시대, 이념에서 벗어나라"…정치적 양극화 경계 한목소리 / 경향신문, 2022.06.22.
12 美 민주당 지지하면 사망률 6분의 1로?…정치양극화의 그늘 / 한국일보, 2022.07.10.
13 "난 나라를 팔아먹어도 ㅇㅇ당이야"…'정당 양극화'에 빠진 미국, 그리고 한국 / 프레시안, 2022.06.18.
14 우리나라 정치양극화 문제의 현황과 해법 / 한국행정연구원 기획 세미나 자료집, 2022.04.
15 에어비앤비 "영구 원격근무 허용…근무지 자유롭게 이동 가능" / 연합뉴스, 2022.04.29.
16 '보통 이상' 줄고, '미달' 증가…코로나 '학력 양극화' 현실로 / 경향신문, 2021.06.02.
17 고소득층, '학력격차 우려' 학원 더 보내…'사교육 양극화' 심화 / 세계일보, 2021.03.15.
18 '코로나 2년' 소비 살아났지만…교육 양극화는 심화 / MBN, 2022.02.25.
19 "베스트셀러보다 2쇄 찍는 책 더 늘어났으면" / 아시아경제, 2022.08.05.
20 MZ, 출판 독립선언…"내 맘대로 쓰고 살래" / 서울신문, 2022.06.17.
21 "책방은 덕질이죠"…동네서점이 먹고 사는 법 / 머니S, 2022.08.12.
22 아파트 평면의 진화…"지금은 비스포크 시대" / 아시아경제, 2022.08.18.
23 "똑같은 평면은 싫다"…A에서 E타입까지 아파트 다양화 / 한국경제, 2022.07.21.
24 2001 Annual Report;2011 Annual Report; 2021 Annual Report, Amazon(ir.aboutamazon.com/

annual-reports-proxies-and-shareholder-letters).
25 Search Engine Market Share Worldwide, Statconunter(gs.statcounter.com/search-engine-market-share).
26 스콧 갤러웨이, 『거대한 가속』, 박선령 옮김, 리더스북, 2021.
27 한국인, 하루 유튜브 50분 보고 카톡 67번 한다 / 한국경제, 2022.05.17.
28 로버트 프랭크 · 필립 쿡, 『승자독식사회』, 권영경 · 김양미 옮김, 웅진지식하우스, 2008.
29 코로나19와 디지털 전환에 따른 자영업 시장의 변화 / 〈하나금융포커스〉, 제12권, 17호, 2022.08.22.
30 강 평균 깊이 150cm, 우리 군사들 건너라? '평균의 함정'에 빠지면 목숨도 위험하다 / 〈동아비즈니스리뷰〉, 174호, 2015.04.
31 토드 로즈, 『평균의 종말』, 정미나 옮김, 21세기북스, 2018.

Arrival of a New Office Culture: 'Office Big Bang' 오피스 빅뱅

1 미 · 유럽도 일할 사람 없어 발동동…자발적 퇴사 급증한 '대퇴직' 시대 / 중앙일보, 2022.07.02.
2 MZ세대 '회사 충성' NO! '성장 돕는 리더' YES! / 매경이코노미, 2022.06.10.
3 MZ세대 신입사원 10명 중 3명, 입사 1년 내 짐 쌌다 / 파이낸셜투데이, 2021.11.10.
4 청년 10명 중 8명, 첫 직장 떠난다…평균 2.9년만에 이직 / 중앙일보, 2022.06.14.
5 공시 어렵게 붙고도 사표 던지는 2030…그 사연 봤더니 / 매일경제, 2022.03.02.
6 위와 동일
7 大이직의 시대…연봉 점프업? 커리어 버블? / 매일경제, 2022.04.29.
8 요즘 2030 "승진 안할래요" "본사 안갈래요" / 조선일보, 2021.10.11.
9 MZ세대 복지에 열광…집 청소, 골프회원권 대여까지 / 중앙일보, 2022.02.26.
10 위와 동일.
11 모니터 보며 Cheers!…특강 · 회식도 랜선으로 / 글로벌이코노믹, 2020.11.15.
12 "허리급 이탈 막자" MZ연봉 더 올리고 이색복지 띄워 / 매일경제, 2022.01.19.
13 MZ세대 복지에 열광…집 청소, 골프회원권 대여까지 / 중앙일보, 2022.02.26.
14 재택근무 시대, 오피스에 투자한 우아한형제들 / 폴인, 2022.03.14.
15 4,900억 사옥 지었는데…네이버 직원들 "주5일 재택 원해" / 매일경제, 2022.04.06.
16 재택근무 끝났다…하이브리드 근무방식 시동, 중기이코노미, 2022.04.13.
17 "취직하느니 배민 뛴다" MZ세대 홀리는 '긱노동'…배달 아닌 전문직 일자리도 / 매일경제, 2022.02.03.
18 〈시사기획 창〉, 'MZ, 회사를 떠나다〉, KBS 1TV, 2022.07.26.
19 〈슈퍼프리랜서는 어떻게 탄생하는가?〉, 소프트웨어정책연구소 연구자료, 2021.12.06.
20 이 프로젝트 맡을 전문가 있소? 억대 연봉 '수퍼 프리랜서' 시대 / 중앙일보, 2022. 07.05.
21 긱 워커들이 위협받고 있다 / 하버드 비즈니스 리뷰, 2022.08.02.
22 흙수저인 나도 혹시 건물주로?…대박 꿈꾸는 직장인들 / 헤럴드경제, 2022.01.19.
23 기업 엔데믹 선언에…직장인들 '출근 포비아' 이직 · 퇴직 시도도 / 조선일보, 2022.04.13.
24 MZ세대, 연공서열 기반 보상 납득 못해…성과급 체계 수술해야" 〈매일경제〉 2022.02.10.
25 MZ세대 '회사 충성' NO! '성장 돕는 리더' YES! / 매경이코노미, 2022.06.10.
26 "MZ 직장인 잡아라"…스타트업계 '셀프 브랜딩'에 꽂힌 이유 / 아주경제, 2022.09.05.
27 "미 조용한 사직 열풍 왜 불까" / 매경이코노미, 2022.09.07.

28 조용한 퇴사 / 중앙일보, 2022.09.08.
29 "오히려 좋아" 토스에 지원자 몰리는 이유 / 한경비즈니스, 2022.06.30.
30 모두에게 사랑받는 일터 만들기 / 하버드 비즈니스 리뷰, 2022.05.06.
31 "온보딩", 〈시사상식사전〉, 네이버 지식백과 검색.
32 쿠키런, 10년 넘게 이어진 글로벌 팬덤 만든 조직문화 / 폴인, 2022.07.06.
33 향후 10년 내 이런 HR 직무가 뜬다 / 하버드 비즈니스 리뷰, 2020.09.28.
34 '확 바뀐' 롯데쇼핑, MZ세대가 조직문화 혁신 이끈다 / 데일리한국, 2022.05.25.
35 모두에게 사랑받는 일터 만들기 / 하버드 비즈니스 리뷰, 2022.05.06.
36 이언 게이틀리, 『출퇴근의 역사』, 박중서 옮김, 책세상, 2016.
37 이제 사무실과 '헤어질 결심'…엔데믹 표준이 됐다, 원격근무 / 중앙일보, 2022.07.06.
38 '일잼러' 8인의 3가지 공통점 / 폴인, 2020.05.28.

Born Picky, Cherry-sumers 체리슈머

1 "매달 나가는 돈 부담스러워"…고물가시대 구독 끊는 고객들 / 아시아경제, 2022.08.04.
2 "배달 음식 '공구' 하실 분, 모집합니다" / MBC, 2022.01.20.
3 "140원 받으려 만보 걷는다"…MZ가 꽂힌 '디지털 폐지줍기' / 중앙일보, 2022.07.13.
4 '불황 주시型' 소비자에겐 지갑 열 명분을 줘라 / 한국경제, 2009.05.17.
5 양파 딱 한 알만! 농산물 낱개 판매, 기다렸어요 / 대한민국 정책브리핑, 2022.06.29.
6 치솟는 물가에…대형마트서 소포장 사고 편의점에서 쿠폰 꺼낸다 / 매일경제, 2022.06.20.
7 양배추 900원, 깻잎 500원…고물가 잡는 편의점 / 서울신문, 2022.07.03.
8 소용량 주류 뜬다…롯데칠성 250㎖ '처음처럼' 7억병 판매 / 파이낸셜뉴스, 2021.10.27.
9 "마트여서 안 된다는 고정관념 깼죠"…4개월간 60억 수익 낸 롯데마트 보틀벙커팀 / 조선비즈, 2022.05.27.
10 ⑤ "동훈씨, 나 3000원 있어요"…'하늘아래 최고 가성비' 배송비체험 / 뉴시안, 2022.07.25.
11 호텔을 집처럼, 집을 호텔처럼 원격 근무가 빚은 숙박 트렌드 / 〈동아비즈니스리뷰〉, 332호, 2021.11.
12 "샤넬 넌 버릴 게 없구나"…'샤넬 단추' 40만 원에 당근에서 팔리는 사연 / 이코노미스트, 2021.12.18.
13 당근마켓에 "화장품 샘플 나눔합니다" 불법, 중고거래 금지 품목은? / JTBC, 2022.07.05.
14 "배달비 비싼데 같이 시켜요"…당근마켓 '공구' 서비스 선봬 / 한국경제, 2022.07.19.
15 신생 스타트업이 올해 월 거래액 4000억 목표?…'뭉쳐야 할인'으로 차별화 나선 '올웨이즈' / 매경이코노미, 2022.03.13.
16 피클플러스, Pre-A 9억 원 투자유치 / 비지니스코리아, 2022.03.28.
17 독서실 자리 하나에 사람은 둘…2030 짠테크에 주인 이것까지 설치 / 매일경제, 2022.08.19.
18 LG유플러스 구독 플랫폼 '유독'…T우주와 뭐가 다를까? / 머니S, 2022.07.15.
19 SKT, T우주 편의성 강화…"하반기 '공유-선물' 등 기능 추가" / 뉴데일리, 2022.08.09.
20 캐롯 퍼마일자동차보험, 단숨에 업계 TOP5…폭풍 성장 비결은? / 위클리오늘, 2022.07.20.
21 위와 동일
22 MZ세대 보험시장 화두…미니보험 열풍 / 아주경제, 2022.04.03.
23 韓 경제고통지수 10년 만에 최고…35개국 중 몇 위일까? / 머니투데이, 2022.01.29.
24 작년 말 주민등록인구 5천164만 명, 2년째 감소…40%는 1인 세대 / 연합뉴스, 2022.08.23.

25 고경표 "57억 복권 당첨? 일단 전세 대출 있어서…" 현실 반응 / 머니투데이, 2022.08.05.
26 5% 절약이 5% 수익보다 낫다, 100억 자산에도 낡은 차 타 / 중앙SUNDAY, 2022.07.30.
27 탬버린즈, '핸드 새니타이저000' 완판행진 비결은 / 싱글리스트, 2021.01.06.
28 삼성 스마트폰 '총공세'…엔트리급 저가 라인업 확대 / 전자신문, 2022.03.23.
29 당신도 '돈 안쓰기' 챌린지에 빠지셨나요? / 시사IN, 2022.08.19.

Buddies with a Purpose: 'Index Relationships' 인덱스 관계

1 '온라인 마담뚜'가 나타났다…오늘도 '셀소' 올리는 청춘 / 중앙일보, 2021.07.23.
2 결혼정보회사 듀오, 홈페이지 통해 회원 수 공개…6월 27일 기준 36,117명 / 글로벌에픽, 2022.07.01.
3 유튜브 채널 '트렌드코리아TV'.
4 'Z세대의 스마트폰'에는 무엇이 들어 있을까 / 시사IN, 2022.08.29.
5 "SNS 속 우린 모두 친구"…대세가 된 '후렌드' / 위클리오늘, 2021.02.22.
6 '랜덤채팅 음악방송'…틈새 인기 유튜버 화제 / 브릿지경제, 2021.05.03.
7 'Z세대의 스마트폰'에는 무엇이 들어 있을까 / 시사IN, 2022.08.29.
8 카카오 CEO도 놀랐다…카톡 오픈채팅 사용자 76% 쑥 / 매일경제, 2022.07.26.
9 지인→관심사 위주로 바뀌는 '카톡'…"게임·음악 같은 취향 모은다" / 뉴시스, 2022.05.04.
10 서울대 소비트렌드분석센터 자체 인터뷰 자료.
11 MZ세대 新소통법…非同期 커뮤니케이션 / 매경이코노미, 2021.10.27.
12 카톡차단확인방법, '송금' 찾아라? 차단당하면 프사 보일까, 카카오톡 삭제된 메세지 보는법도 / 내외경제tv, 2020.01.02.
13 위치 공유 애플리케이션 '젠리', 재미도 좋지만 사생활 노출 주의가 필요하다 / 시빅뉴스, 2020.11.30.
14 친구가 날 차단했다! 일본 유행 '인간관계 리셋 증후군' 테스트 / 일요신문, 2022.02.24.
15 "인간관계 정리하고 싶어요" '인맥 다이어트'하는 청년들 / 아시아경제, 2020.12.12.
16 로빈 던바, 『프렌즈』, 안진이 옮김, 어크로스, 2022.
17 MZ세대 新소통법…非同期 커뮤니케이션 / 매경이코노미, 2021.10.27.
18 변광호, 『E형 인간 성격의 재발견』, 불광출판사, 2017.
19 조직 성과 높이려면 '약한 연결'의 힘을 이용하라 / 한경비즈니스, 2021.11.18.
20 '랜덤재생·채팅'…부가 기능 진화하는 미디어 플랫폼 / 이투데이, 2021.05.17.
21 왓챠파티, 터졌다…K-OTT 성장모델 제시 / 아이뉴스24, 2021.09.05.
22 삼성, 라이브채팅에 AWS 활용한다 / IT비즈뉴스, 2022.08.12.
23 "내가 동네 친구를 만나는 방법", 프럼에이 블로그(blog.naver.com/froma_co/222011936463), 2020.06.25.
24 로빈 던바, 『프렌즈』, 안진이 옮김, 어크로스, 2022.

Irresistible! The 'New Demand Strategy' 뉴디맨드 전략

1 세르주 라투슈, 『낭비사회를 넘어서』, 정기헌 옮김, 민음사, 2014.
2 "OS 업데이트하면 기능 똑같은데…" 새 폰 살까 말까 / 중앙일보, 2022.09.13.
3 무라카미 하루키, 『무라카미 하루키 잡문집』, 이영미 옮김, 비채, 2011.
4 소도 잡아먹는 외상, 할부의 역사 / 미주중앙일보, 2018.10.02.

5 윤석금 웅진그룹 회장 / 비즈니스포스트, 2022.07.18.
6 장영훈, 구독경제에서의 소비자문제 개선방안 연구, 한국소비자원 정책연구보고서, 2019.
7 카드사에 할부이자를 왜 내? 美·英선 선구매-후지불이 뜬다는데 / 조선일보, 2021.01.10.
8 구멍 뚫린 BNPL…국회 "빅테크·카드사 규율 통일해야" / 조선비즈, 2022.08.03.
9 애플도 뛰어든 BNPL 시장이 뭐기에… / 주간조선, 2022.07.04.
10 애플, 룰루레몬이 '중고거래'에 주목하는 이유 / 한국경제, 2022.06.15.
11 클레이튼 크리스텐슨, 『혁신기업의 딜레마』, 이진원 옮김, 세종서적, 2020.
12 위니아딤채, 김장시즌 효자상품 '2020년형 딤채 김치냉장고' 판매량 대폭 증가 / 투데이신문, 2022.09.18.
13 바쁘다 바빠 현대인의 '비스포크 큐커' 100% 활용기 - 삼성닷컴 e식품관 / 삼성뉴스룸, 2022.08.23.
14 "KITTE, 특별한 컨셉으로 니치 타깃 공략에 나선 매장들", 퍼블리 네이버포스트(post.naver.com/viewer/postView.nhn?volumeNo=17529579&memberNo=31994377), 2019.01.09.
15 마스다 무네아키, 『지적자본론』, 이정환 옮김, 민음사, 2015.

Thorough Enjoyment: 'Digging Momentum' 디깅모멘텀

1 "내가 보려고 쓰는 쌉소리컨셉공부법", 네이트판(pann.nate.com/talk/350613972), 2020.04.13.(원글을 각색함)
2 "아이돌 덕후의 삶이란 기쁨과 고달픔이 함께 간다", 글쓰는보리 브런치(brunch.co.kr/@nightknight/26), 2020.07.17.(원글을 각색함)
3 도티끌, 『이 나이에 이럴 줄은』, 스튜디오티끌, 2019.
4 상상하는 건 다 만든다…'레고손맛'에 빠진 아재들 / 프리미엄조선, 2016.10.04.
5 위와 동일
6 "음악 '디깅'을 아시나요?", 오즈앤엔즈 네이버포스트(post.naver.com/viewer/postView.naver?volumeNo=27736737&memberNo=46184220&vType=VERTICAL), 2020.03.16.
7 '오타쿠'와 달리 '덕후'는 공감중시, 스타벅스 다이어리처럼, 場을 펼쳐줘라 / 〈동아비즈니스리뷰〉, 199호, 2016.04.
8 모멘텀 무슨 뜻? 그때그때 달라요~ / YTN, 2020.07.07.
9 "'컨셉질'이 인생에 도움 준다고 생각하는 달글", 인스티즈(www.instiz.net/pt/7053893), 2022.04.22.
10 정영복, 『팔리는 컨셉 만들기』, 한스컨텐츠, 2008.
11 평범한 사람들의 멋지고 아름다운 모습 담고 싶었죠 / 국민일보, 2022.05.07.
12 '#pov', 틱톡 검색.
13 '트위터 봇', 나무위키 검색.
14 '오늘의랜덤지식봇' 트위터 계정(https://twitter.com/randomknow_bot).
15 Aussie restaurant with bad manners on the menu goes global / 9now, 2022.04.
16 천둥, 『요즘 덕후의 덕질로 철학하기』, 초록비책공방, 2020.
17 '덕질 유형 테스트', 푸망(poomang.com/detail/sscuk).
18 커지는 디지털 덕질 문화, 브랜드의 활용법은? / 더피알타임스, 2022.03.16.
19 Z세대 사이 준등기깡 대유행 / 주간경향, 2021.03.03.
20 ENA만? '우영우' 신드롬에 박은빈·강태오 전작 방송사도 신났다 / 스포츠서울, 2022.08.02.

21 유튜브 채널 '샾잉'(www.youtube.com/watch?v=4MgIG2CcU1g).
22 샘 고슬링, 『스눕』, 김선아 옮김, 한국경제신문사, 2010.
23 귀여움, 인간을 지배하는 힘 / 조선비즈, 2014.10.27.
24 '캐릭터면 완판' 편의점, '캐릭터빵' 이어 '캐릭터 키링'도 효자상품 / 더팩트, 2022.08.06.
25 키덜트 쇼핑 '띵고' 운영 틴고랜드, 20억원 투자 유치 / 벤처스퀘어, 2022.02.08.
26 틱톡, #collector check 트렌드(www.tiktok.com/music/Collector-Check-6823765053741861637).
27 유튜브 채널 '혜안'(www.youtube.com/watch?v=7ti6mLiRPvl&t=137s).
28 코로나시대, 회전문 관객이 뮤지컬 지켰다 / 파이낸셜뉴스, 2022.03.23.
29 "[방탈출 373] 황금열쇠 건대 유토피아호-플래시 후기", 히니 네이버블로그(blog.naver.com/sobaddest/222861589414), 2022.08.30.
30 미하이 칙센트미하이, 『몰입 flow』, 최인수 옮김, 한울림, 2004.
31 마틴 셀리그만, 『긍정심리학』, 김인자 옮김, 물푸레, 2009.
32 유튜브 채널 '플라톤아카데미TV'(www.youtube.com/watch?v=8T5JHwYqMWU).
33 "이상한 변호사 녹은영?"…마블 '쉬헐크' 본 오은영 반응 / 조선일보, 2022.08.28.
34 댄스듀오 라이언·춘식 돌아온다…8월 컴백 예고 / 이데일리, 2022.08.01.
35 게임·하이퍼텍스트가 시대정신 '건강한 중독자' 덕후가 21세기 인재다 / 〈동아비즈니스리뷰〉, 199호, 2016.04.
36 마틴 셀리그만, 『긍정심리학』, 김인자 옮김, 물푸레, 2009.

Jumbly Alpha Generation 알파세대가 온다

1 당신의 아기, 첫마디가 "알렉사"라면 / 중앙일보 2018.06.18.
2 어른 뺨치는 구독 경쟁…초등 유튜브 학원 북적 / 한국경제, 2022.08.05.
3 "청소년기 자아중심성", 굿네이버스 좋은마음블로그(dongjak.goodneighbors.kr/gndongjak/board/cd104104100/info/614);한국청소년개발원, 『청소년심리학』, 교육과학사, 2014.
4 위와 동일
5 "Z세대, 짧아야 본다"…치열해진 쇼트폼 경쟁 / 한국경제, 2022.08.25.
6 서울대 소비트렌드분석센터 자체 인터뷰 자료;틱톡이 보여줬다 "쇼트폼 올려봐, 너도 스타 될 수 있어" / 조선일보, 2022.09.02.
7 2026년까지 디지털 초·중·고급 인재 100만 명 키운다 / 연합뉴스, 2022.08.22.
8 아트 마크먼, 『스마트 싱킹』, 박상진 옮김, 진성북스, 2012.
9 "외식도 더치페이" 홍진경, 13살 딸 라엘 교육 철학(공부왕찐천재) / 뉴스엔, 2022.07.06.
10 아이들이 직접 돈을 벌어보게 하자! / 한국경제, 2022.04.25.
11 단계를 밟아가는 경제교육이 필요하다 / 한국경제, 2022.07.10.
12 올해도 재테크 책 열풍…'세금내는 아이들' 인기 / 한국경제, 2021.12.05.
13 "15 Kidpreneurs Who Took The Business World By Storm", SC 블로그(surveycrest.com/blog/kidpreneurs-in-business-world), 2017.3.20.
14 아이들이 학교로 돌아가서…로블록스 1분기 '어닝쇼크' / 더밀크, 2022.05.10.
15 초등생들의 마라탕 사랑 허세가 아니었습니다 / 오마이뉴스, 2022.08.14.

16 물건 팔기보단 아이들이 잘 놀 수 있는 공간 만들다 / 중기이코노미, 2022.05.23.
17 뷰티 대신 데코용품 매출 '쑥'…코로나 이후 달라진 다이소 인기템 / 뉴스토마토, 2021.12.02.
18 용돈 받는 알파세대 정조준하는 다이소 / 뉴스토마토, 2022.05.24.
19 지난해 신혼부부 큰 폭 감소…맞벌이·대출액↑ / KBS, 2021.12.09.
20 비대면 수업 후유증, 등교 거부하는 아이들 / 주간조선, 2022.08.25.
21 두통에 집중력도 뚝, 아이들은 언어발달 더뎌…마스크 언제까지 써야 할까 / 조선일보, 2022.08.27.
22 배상률·이창호·이정림, 『청소년 미디어 이용 실태 및 대상별 정책대응방안 연구1: 초등학생』, 한국청소년정책연구원, 2020.
23 자녀들 사진 막 올리고, 왜 문제인지 모른다…영국이 택한 방법 / 중앙일보, 2022.07.29.
24 100번째 어린이날 날아온 우울한 성적표…OECD 행복지수 꼴찌 / 매일경제, 2022.05.04.

Unveiling Proactive Technology 선제적 대응기술

1 "'모자 벗어주세요' 보이스피싱 막는 똑똑한 ATM 나온다" / 조선일보, 2022.03.07.
2 인간과 기술의 관계, 변하고 있다 / 경향신문, 2012.07.22.
3 삼성물산, 미세먼지 자동환기·얼굴인식 출입문…IoT 홈랩 개관 / 매일경제, 2019.03.21.
4 일상 속 위험 알려주는 앱 'K-가드' 개발 / KBS, 2022.08.26.
5 LG전자 AI 가전 관리 '프로액티브 서비스' 美 상륙 / IT조선, 2019.12.18.
6 "모든 LG가전제품 '씽큐' 생태계로 연결" / 서울경제, 2021.06.23.
7 오락가락 배달 예상시간 이제 그만…'배민' 도착시간 정확해진다 / 머니투데이, 2021.06.01.
8 AI-Powered Digital Mirror 'Reads' Sephora Shoppers' Look / retail Touch Points, 2019.03.27.
9 Inside Sephora's Magic Mirror / RIS NEWS, 2019.03.27.
10 '좋은 제품' 아닌 '좋은 경험' 제공하는 회사가 성공한다 / 〈동아비즈니스리뷰〉, 190호, 2015.12.
11 유튜브 채널 'Wearable Search'(www.youtube.com/watch?v=pud8wqkgj5Q).
12 후지쯔, AI 휴먼센싱 기술 필두…"제조·금융 분야까지 확대 공략" / 아이뉴스24, 2021.10.12.
13 富士通､"歩き方"で人物照合　顔情報不要で精度90% / 日刊工業新聞, 2022.08.12.
14 映像内の人や物の関係性を高精度に推定可能なシーングラフ生成技術､富士通 / マイナビニュース, 2022.08.22.
15 富士通､高齢者の姿を点データで把握　プライバシー配慮 / 日本經濟新聞, 2022.07.06.
16 자동차 ADAS란 게 무엇인가요? / 아주경제, 2018.10.28.
17 EU "2024년까지 모든 신차에 ADAS 장착 의무화"…국내 영향은? / 뉴스1, 2022.07.28.
18 M.E.C.A. 시대에 대응하는 현대차그룹의 전방위 안전 전략 / 현대자동차그룹, 2020.01.23.
19 양궁 '금빛 과녁' 뒤에 현대차 첨단기술…슈팅머신·비접촉 심박수 측정 장비 개발 지원 / 경향신문, 2021.07.27.
20 "첨단 기술은 다 쏟아부었다"…한국 양궁 승진보 뒤엔 현대차 있었다 / 매일경제, 2021.07.27.
21 삼성전자·하만, 디지털 콕핏 2021 공개…"자동차는 제3의 생활공간" / 조선비즈, 2021.01.08.
22 유튜브 채널 'Eindhoven Airport N.V.'(www.youtube.com/watch?v=ow_TV4LIGcs).
23 IoT 시장, 성급한 기대보다 소비자의 눈으로 봐야 / LG경영연구원, 2014.07.01.
24 The Town of Cary, NC, teams up with SAS and Microsoft Azure to protect citizens from flooding, safeguard watersheds and support environmentally sound development /

SAS(sas.com/en_us/customers/townofcary-flood-prediction.html).
25 Flood prediction project powered by SAS IoT analytics and Microsoft Azure earns national innovation award / SAS(sas.com/en_us/news/press-releases/2020/october/sas-iot-and-microsoft-azure-earns-town-of-cary-award-for-flood-prediction.html)
26 이현정 · 김향미 · 이창섭, 사후 서비스에서 선제적 서비스로 서비스 패러다임의 전환, 〈한국콘텐츠학회논문지〉, 20(4), 2020, pp.396~405.
27 IoT 플랫폼간 벽 없앨 표준 등장, 스마트홈 시대 가속화 / 동아일보, 2021.06.22.
28 스마트홈 통합표준 가시화…"서비스서 판가름" / 정보통신신문, 2022.04.14.
29 정주원, 제4차 산업혁명 시대의 소비생활 변화와 소비자교육, 〈한국가정과교육학회지〉, 29(3), 2017, pp.89~104.
30 켄 시걸, 『미친듯이 심플』, 김광수 옮김, 문학동네, 2014.

Magic of Real Spaces 공간력

1 사유의 방, 공간의 힘 / 미주중앙일보, 2022.01.15.
2 Michael Levy · Barton A. Weitz, 『Retailing Management』, McGraw-Hill Education, 2011.
3 'Gravity', 〈지형공간정보체계 용어사전〉, 네이버 지식백과 검색.
4 오프라인에 다시 돈이 몰리는 이유 / 모비인사이드, 2022.06.14.
5 아마존 백화점을 상상해보았습니다 / 모비인사이드, 2021.09.01.
6 제임스 길모어 · 조지프 파인, 『경험 경제』, MX디자인랩 옮김, 유엑스리뷰, 2021.
7 이동진, 『오프라인의 모험』, 블루랍스터, 2021.
8 김난도 외, 『더현대 서울 인사이트』, 다산북스, 2022.
9 '로컬 커뮤니티'로 성장하는 무인양품의 원칙, 뭘까 / 폴인, 2022.01.17.
10 골목 문화 품은 팝업스토어, MZ세대 명소로 떴다 / 중앙SUNDAY, 2022.02.12.
11 지역과 소비자 연결하는 '로컬 콘텐트' / 이코노미스트, 2022.02.26.
12 디지털과 만난 패션 쇼핑 경험은?…아마존, 오프라인 '옷 가게' 연다 / CIO Korea, 2022.01.24.
13 옴니채널 기획시 체크해야 할 주요 포인트 / 요즘IT, 2022.05.26.
14 "리테일의 종말: 오프라인 스토어 생존을 위한 4가지 방식", BCG 블로그(bcgblog.kr/how-physical-stores-can-survive), 2021.05.03.
15 5 ways the coronavirus pandemic is reshaping the future of retail stores / CNBC, 2020.12.17. 뒤쪽의 창고, 출입구 쪽 반품이 중요해진다 / 티타임즈, 2020.12.21.
16 오프라인의 미래: '리테일 공간' / neovalue.com , 2022.08.30.
17 위와 동일
18 "여기서 신어보고 온라인으로 주문하세요" 매장의 정체성을 재정의하라 / 〈동아비즈니스리뷰〉, 290호, 2020.02.
19 '메타버스'가 백화점에 침투했다…현대백화점 'VR 판교랜드' 떴다 / 테크M, 2021.05.19.
20 코로나 시대, 핼러윈도 메타버스 시대…로블록스로 간 '치폴레' / 브랜드브리프, 2021.10.28.
21 맥도날드, 메타버스에 가상 레스토랑 오픈한다 / 하입비스트, 2022.02.16.
22 페북이 가장 앞선 메타버스 회사? MS가 있다 / 티타임즈, 2021.11.11.
Microsoft Dynamics 365 블로그(cloudblogs.microsoft.com/dynamics365).

23 강형묵·황경태, 제조 분야 사이버 물리 시스템(CPS) 연구 동향 분석, 〈정보화정책〉, 25(3), 2018, pp.3~28.

24 "리테일 브랜드가 지금 AR 기술을 적용해야 하는 이유", 셔터스톡 블로그(shutterstock.com/ko/blog/why-retailers-need-ar-technology), 2021.10.19.

25 스냅챗 "AR 필터 넘어 영감 주는 크리에이팅 플랫폼으로 진화" / 브랜드브리프, 2022.07.01. How AR Is Redefining Retail in the Pandemic / Harvard Business Review, 2020.10.07.

26 젠틀몬스터, 폭풍성장의 비결 / 중앙일보, 2022.06.15.

27 이동진, 『오프라인의 모험』, 블루랍스터, 2021.

28 테마파크 같은 동네 되려면, '이것'을 채워라 / 폴인, 2021.03.10.

29 "1957년, 시대를 앞서간 디즈니의 마케팅 전략은?", 혜화동 네이버포스트(post.naver.com/viewer/postView.nhn?volumeNo=28499082&memberNo=39382420), 2020.06.10.;하대석, 『아이 엠 미디어』, 혜화동, 2020.

30 김난도 외, 『더현대 서울 인사이트』, 다산북스, 2022.

31 위와 동일

Peter Pan and the Neverland Syndrome 네버랜드 신드롬

1 '공주세트' 착용한 송혜교, 빛나는 공주님 미모 '깜짝' / 머니S, 2022.08.13.

2 "삼립 사장님도 못 구합니다" 포켓몬빵 마케터의 웃픈 고백 / 중앙일보, 2022.04.12.

3 Adults Who Love Toys? The Toy Industry Loves Them, Too / Bloomberg, 2022.06.17.

4 Why Adult Summer Camps Are Trending Right Now / Artful Living, 2022.05.18.

5 '내 가수 못 보면 어때, 채팅하면 되지' K덕질 근황 / 국민일보, 2022.02.12.

6 러버덕, 8년 만에 다시 돌아온…9월 30일부터 석촌호수 전시 / 뉴시스, 2022.09.07.

7 '두꺼비' 진로소주 1초에 11병씩 팔려 / 경향신문, 2022.04.11.

8 '두껍상회 서울 강남' 9주간 약 8만 명 방문 / 스포츠경향, 2022.01.26.

9 두꺼비 광고 스타 뜨고 타이니탄·펭수 실물처럼 추앙…올 캐릭터 시장 20조 넘본다 / 중앙선데이, 2022.07.16.

10 파스칼 브뤼크네르, 『아직 오지 않은 날들을 위하여』, 이세진 옮김, 인플루엔셜, 2021.

11 Adults Who Love Toys? The Toy Industry Loves Them, Too / Bloomberg, 2022.06.17.

12 장 비야르, 『기나긴 청춘』, 강대훈 옮김, 황소걸음, 2021.

13 위와 동일

14 가타다 다마미, 『철부지 사회』, 오근영 옮김, 이마, 2015.

15 이수련, 『잃어버리지 못하는 아이들』, 위고, 2017.

16 "너, 변했구나" / 조선일보, 2022.09.08.

17 지영주 외 24명, 『인간성장발달』, 퍼시픽북스, 2015.

18 가타다 다마미, 『철부지 사회』, 오근영 옮김, 이마, 2015.

19 마흔 넘어서도 '캥거루족' 생활…9.2%가 부모와 산다 / 조선일보, 2022.06.29.

20 가타다 다마미, 『철부지 사회』, 오근영 옮김, 이마, 2015.

21 패트리샤 코헨, 『중년이란 상품의 역사』, 권혁 옮김, 돋을새김, 2016.

『트렌드 코리아 2023』 집필진

Trenders날 2023

간호민 SBS미디어넷, 강민수 주식회사 알체라, 강민지 세종대학교, 강정룡 부산국제영화제, 권대헌 넥슨게임즈, 권도형 아모레퍼시픽, 권선향 (주)아워홈, 김기홍 kt alpha, 김다영 오비맥주, 김도연 국립부산과학관, 김동우 한국재정정보원, 김민진 천호엔케어, 김보연 (재)은평문화재단, 김선영(Sophia) 삼성전자, 김승호 SK D&D, 김아람 서울충무초등학교, 김용범 삼성SDS, 김원호 롯데백화점, 김인진 (주)웰코스, 김재은 스마일게이트 엔터테인먼트, 김정은 데브캣, 김정현 LG U+, 김정훈 GS엠비즈, 김준수 현대백화점 상품본부, 김지효 CTC, 김진훈 BGF리테일, 김태근 하나투어, 김태욱 언더에디션, 김태인 아모레퍼시픽, 김하연 코오롱글로벌, 김현아 (주)카카오, 김현웅 SK 티맵 모빌리티, 김현일 LG생활건강, 김혜영 AK몰, 김효겸 흥도초등학교, 김효근 고영테크놀러지, 김희연 카카오 스페이스, 노승아 KB증권, 노영훈 BGF리테일, 노우현 AK PLAZA, 류지희 LVMH P&C, 문부열 동의대학교, 문소정 롯데온, 박성진 웹투게더, 박소정 한국보건산업진흥원, 박재형 경남에너지(주), 박준형 신세계프라퍼티, 박지희 서울미양초등학교, 박해림 신세계푸드, 박혜민 SK플래닛, 배영국 SK지오센트릭, 변성업 아모레퍼시픽, 송윤환 11번가, 송현아 한국전력공사, 신봄 GS칼텍스, 심지훈 신한금융지주회사, 엄인영 (주)베가스, 우아영 서울대학교, 위충규 현대건설, 유소연 바른농업회사법인(주), 유시균 삼성전자, 유총명 서울특별시 동부병원, 윤지운 KT CS, 이경준 한국로봇산업협회, 이동규 롯데마트, 이상희 캐세이퍼시픽항공, 이수복 서울주택도시공사, 이수아 LG전자, 이승호 한국인터넷진흥원, 이원일 삼성디스플레이, 이은혜 카카오 스페이스, 이재원 코엑스, 이재인 LG전자, 이재현 (주)세라젬, 이정희 한샘, 이주왕 분당서울대학교병원, 이지현 한국휴렛팩커드(유), 이진 롯데e커머스, 이진선 국토교통과학기술진흥원, 이태수 흙살림, 이한샘 (주)오뚜기, 이현엽 한국콘텐츠진흥원, 이현준 현대백화점, 이혜림 국민연금공단, 임경진 현대자동차, 임미섭 이랜드 스파오, 임애령 CTC, 장동민 CTC, 장복기 쿠팡, 장형준 황금눈쌀, 전윤하 이수건설

(주), 전현수 KT 융합기술원, 정강우 한살림, 정다운 왓챠, 정다울 롯데중앙연구소, 정미경 삼성SDS, 정석원 이마트, 정수정 삼성증권, 정윤영 KB국민은행, 정은혜 CTC, 정인욱 강원 FC 프로축구단, 정지영 환인제약, 정창용 KB증권, 정화영 AK PLAZA, 조동주 CTC, 조성훈 골프존커머스, 천지영 동양생명보험(주), 최병길 신세계아이앤씨, 최정환 캐논코리아, 최종철 충청북도청, 최지연 메가존클라우드, 최형민 네이버, 최희경 LG전자 하이프라자, 추연우 BGF리테일, 하정수 삼성전자, 한동헌 스튜디오 나무, 한미선 LG전자 하이프라자, 한주형 KT, 허재훈 현대L&C 마케팅팀, 허주연 (주)스톤아이, 홍서연 신한은행, 홍영기 (주)티알엔 쇼핑엔티, 황지희 애경산업, 황하영 CJ올리브영

진행(서울대학교 생활과학연구소 소비트렌드분석센터)

총괄 전미영 **윤문** 조미선 **행정·교정** 김영미 **프레젠테이션 제작** 전다현
10대 트렌드 상품 조사 전다현, 박이슬 **자료 조사** 윤효원, 박수현, 박지현
영문 키워드 감수 미셸 램블린Michel Lamblin, 나유리 **중국 자료 조사** 고정, 임욱

공저자 소개

전미영 서울대학교 소비트렌드분석센터 연구위원. 서울대 소비자학 학사·석사·박사. 소비자행복과 소비자심리 분야에 관심이 많고, 서울대에서 소비자조사법과 신상품개발 방법론 과목을 강의하고 있다. 삼성경제연구소 리서치 애널리스트와 서울대 소비자학과 연구교수를 역임했으며, 현재 롯데쇼핑 ESG위원회 위원장, LG U+ MZ세대 자문단 자문위원, 국토교통부 정책홍보 자문위원, 교보문고 북멘토 등으로 활동하고 있다. 한국소비자학회 최우수논문상을 수상했으며, 『트렌드 차이나』, 『나를 돌파하는 힘』을 공저했다. 다수 기업과 소비트렌드 기반 신제품 개발 및 미래전략 발굴 업무를 수행하고 있다.

최지혜 서울대학교 소비트렌드분석센터 연구위원. 서울대 소비자학 석사·박사. 소비자의 신제품 수용, 세대별 라이프스타일 분석, 제품과 사용자 간의 관계 및 처분행동 등의 주제를 연구하며, 서울대에서 소비자심리와 트렌드분석 과목을 강의하고 있다. 워싱턴주립대학교Washington State University에서 공동연구자 자격으로 연수했으며, 『더현대 서울 인사이트』를 공저했다. 삼성·LG·아모레퍼시픽·SK·코웨이·CJ 등 다수의 기업과 소비자 트렌드 발굴 및 신제품 개발 프로젝트를 수행했으며, 현재 인천시 상징물 위원회 자문위원을 맡고 있다.

이수진 서울대학교 소비트렌드분석센터 연구위원. 서울대 소비자학 학사·석사·박사. 사회변화에 따른 소비지출의 변화 및 소비심리를 주로 연구하며, 서울대에서 소비자심리, 소비문화 과목을 강의하고 있다. 한국FP학회 최우수논문상을 수상했으며, 『더현대 서울 인사이트』를 공저했다. 한국벤처혁신학회 연구이사, KBS 2TV 〈해 볼만한 아침 M&W〉–'이수진의 소비트렌드'의 고정출연진으로 활동하고 있으며, 매일경제TV 시황 캐스터로 활동한 바 있다. 현재 현대·삼성 등 다수의 기업들과 소비트렌드 기반 미래 전략 발굴 업무를 수행하고 있다.

권정윤 서울대학교 소비트렌드분석센터 연구위원. 서울대 소비자학 학사·석사·박사. 세대별 소비 특성, 가족 내 소비의 전이, 물질소비와 경험소비 등의 주제를 연구하며, 현대사회와 변화하는 소비문화에 대해 관심이 많다. 가전·여가·식품 등 여러 산업군의 기업들과 소비자 조사를 수행해왔으며 전성기 매거진, CJ온스타일, 삼성생명 등과 세대별·산업별 트렌드 도출 프로젝트를 진행했다. 현재는 소비자를 연구하는 방법론으로서 질적 연구에 전문성을 넓히고 있다.

이준영 상명대학교 경제금융학부 교수. 서울대 소비자학 학사·석사·박사. 리테일 소비자행동 및 디지털 고객경험 고도화 전략에 관심이 많다. LG전자 LSR연구소에서 글로벌트렌드분석·신제품개발 등의 업무를 수행했으며, 현재 상명대학교 소비자분석연구소 소장과 한국소비문화학회 편집위원을 맡고 있다. 저서로는 『코로나가 시장을 바꾼다』, 『1코노미』, 『케미컬 라이프』, 『소비트렌드의 이해와 분석』 등이 있고, JTBC 〈차이나는 클라스〉, EBS 〈내일을 여는 인문학〉, KBS1라디오 〈빅데이터로 보는 세상〉 등에 출연했다.

이향은 LG전자 생활가전&공조H&A 사업본부 상무. 영국 세인트 센트럴 마틴Central Saint Martins 석사, 서울대 디자인학 박사. 고객경험CX혁신과 관련된 상품기획을 담당하며 신사업 모델 발굴, CX전략 수립, 제품/공간 서비스디자인 등 융합적 통찰력을 발휘하고 있다. 성신여대 서비스·디자인공학과 교수로서 학계와 업계를 오가며 다수의 기업 고객경험 및 상품기획 프로젝트를 수행했으며, Q1(상위 25%) SSCI 및 SCIE 국제 저명 학술지에 연구 논문들을 게재했다. 독일 iF디자인 어워드의 심사위원으로 선정됐으며, 현재 중앙일보에 '이향은의 트렌드터치'를 연재하고 있다.

한다혜 서울대학교 소비트렌드분석센터 책임연구원. 서울대 심리학 학사, 소비자학 석사 및 박사과정 수료. 심리학적 관점으로 소비를 바라보는 데에 관심이 많아 다양한 심리학 이론을 기반으로 한 소비심리 파악 및 데이터를 통한 소비행동 분석으로 전문성을 넓히고 있다. 가전·통신·식품 등 여러 산업군의 기업들과 트렌드 분석 및 신제품 개발 프로젝트를 진행했으며, 현재는 빅데이터를 기반으로 소비자가 구매 후 경험하는 소비감정의 측정과 구조에 대한 연구를 진행 중이다.

이혜원 서울대학교 소비트렌드분석센터 책임연구원. 서울대 소비자학 학사·석사 및 박사과정 수료. 효형출판·다산북스·리더스북 등에서 경제경영서를 기획·제작했고, 카카오페이지의 초기 서비스 운영과 모바일향 콘텐츠 기획을 담당했다. 시기·연령·코호트에 따른 소비자들의 서로 다른 행동과 태도 등 세대론에 입각한 트렌드 예측과 신기술로 인한 소비자 행태 변화에 관심을 두고 있다.

추예린 서울대학교 소비트렌드분석센터 책임연구원. 서울대학교 소비자학과 석사 및 박사과정 재학. 삶에 대한 목표와 의지를 적극적으로 소비에 반영하는 개인들의 의식적인 소비절제 행동에 관심이 많다. 비정형 텍스트데이터와 심층면담 분석을 통해 현상적 의미를 도출하는 '질적 연구'를 주로 수행하고 있으며, 2021년 한국생활과학회 동계연합학술대회 우수포스터논문상을 수상했다. 삼성전자·LG U+·SK·코웨이·배달의민족 등 다수의 기업과 소비트렌드 분석 프로젝트를 수행하고 있다.

〈Trenders날 2024〉 모집

서울대학교 생활과학연구소 소비트렌드분석센터CTC는 2024년 소비트렌드 예측을 위한 트렌드헌터그룹 'Trenders날 2024'를 모집합니다. 소비트렌드에 관심 있는 분이라면 누구나 'Trenders날'이 될 수 있습니다. 'Trenders날'의 멤버로 활동하면서 소비트렌드 예측의 생생한 경험은 물론, 개인적인 경력도 쌓을 수 있습니다. 아래의 요령에 따라 응모하시면, 소정의 심사와 절차를 거쳐 활동 가능 여부를 개별적으로 알려드립니다.

1. 모집개요

가. 모집대상 우리 사회의 최신 트렌드에 관심 있는 20세 이상 성인

나. 모집분야 정치, 경제, 대중문화, 라이프스타일, 과학 기술, 패션, 뉴스, 소비문화, 유통, 건강, 통계, 해외 DB 조사 등 사회 전반

다. 모집기간 2023년 1월 31일까지

라. 지원방법 이름과 소속이 포함된 간단한 자기소개서를 pdf 또는 doc 파일로 첨부하여 trendersnal@gmail.com으로 보내주십시오.

마. 전형 및 발표 선정되신 분에 한하여 2023년 2월 28일까지 이메일로 개별 통지해 드립니다.

2. 활동내용

가. 활동기간 2023년 3월 ~ 2023년 8월

나. 활동내용 트렌드 및 트렌다이어리 작성법 관련 교육 이수, 트렌다이어리 제출, 2024년 트렌드 키워드 도출 워크숍

다. 활동조건 센터 소정의 훈련 과정 이수 후, 센터가 요구하는 분량의 트렌다이어리 제출, 트렌드 키워드 도출 워크숍 참여

라. 혜 택 각종 정보 제공
CTC 주최 트렌드 관련 세미나 · 워크숍 무료 참여
『트렌드 코리아 2024』에 트렌드헌터로 이름 등재
『트렌드 코리아 2024』 트렌드 발표회에 우선 초청
활동증명서 발급 등

(위의 활동내용은 소비트렌드분석센터 사정에 따라 추후 조정될 수 있습니다.)

『트렌드 코리아 2024』 사례 모집

2024년 한국의 소비트렌드를 전망하게 될 책, 『트렌드 코리아 2024』에 게재될 사례에 대한 제보를 받습니다. 본서 『트렌드 코리아 2023』의 10대 키워드인 'RABBIT JUMP'에서 아이디어를 얻었거나 해당 키워드에 부합하는 상품 · 정책 · 서비스 등을 알고 계신 분은 간략한 내용을 보내주시면 감사하겠습니다. 특히 본인이 속해 있는 기업이나 조직에서 선보인 새로운 상품, 마케팅, 홍보, PR, 캠페인, 정책, 서비스, 프로그램 등의 소개를 희망하시는 경우에는 해당 자료를 첨부하여 보내주셔도 좋습니다.

1. 제보내용

- 『트렌드 코리아 2023』의 'RABBIT JUMP' 키워드와 관련 있는 새로운 사례
- 2024년의 트렌드를 선도하게 될 것이라고 여겨지는 새로운 사례
- 위의 사례는 상품뿐만 아니라 마케팅, 홍보, PR, 캠페인, 정책, 서비스, 대중매체의 프로그램, 영화, 도서, 음반 등 모든 산출물을 포함합니다.

2. 제보방법 example.ctc@gmail.com으로 이메일을 보내주십시오.

3. 제보기간 2023년 8월 31일까지

4. 혜　　택 채택되신 제보자 중에서 추첨을 통해 『트렌드 코리아 2024』 도서를 보내드립니다.

5. 제보해주신 내용은 소비트렌드분석센터의 세미나와 집필진의 회의를 거쳐 채택 여부를 결정하며, 제보해주신 내용이 책에 게재되지 않거나 수정될 수 있습니다.

트렌드 코리아 2023

초판 1쇄 발행 2022년 10월 5일
초판 35쇄 발행 2023년 3월 27일

지은이 김난도 · 전미영 · 최지혜 · 이수진 · 권정윤 · 이준영 · 이향은 · 한다혜 · 이혜원 · 추예린
펴낸이 성의현
펴낸곳 미래의창

편집주간 김성옥
편집진행 김윤하 · 김효선 · 최소혜
디자인 공미향
홍보 및 마케팅 연상희 · 이보경 · 정해준 · 김제인

등록 제10-1962호(2000년 5월 3일)
주소 서울시 마포구 잔다리로 62-1 미래의창빌딩(서교동 376-15, 5층)
전화 02-338-6064(편집), 02-338-5175(영업) **팩스** 02-338-5140
홈페이지 www.miraebook.co.kr
ISBN 978-89-5989-709-4 13320

※ 책값은 뒤표지에 있습니다.

생각이 글이 되고, 글이 책이 되는 놀라운 경험. 미래의창과 함께라면 가능합니다.
책을 통해 여러분의 생각과 아이디어를 더 많은 사람들과 공유하시기 바랍니다.
투고메일 togo@miraebook.co.kr (홈페이지와 블로그에서 양식을 다운로드하세요)
제휴 및 기타 문의 ask@miraebook.co.kr